MIKE ENGEL

E.D.E.N.

MIKE ENGEL

E.D.E.N.

ROMAN

Die Deutsche Nationalbibliothek verzeichnet diese Publikation in der Deutschen Nationalbibliografie; detaillierte bibliografische Daten sind im Internet über **http://dnb.d-nb.de** abrufbar.

Coverdesign: Emir Orucevic / Pulp Art
Satz und Herstellung: Ingeborg Helzle (eBookerei.com)
Lektorat: Christiane Geldmacher (textsyndikat.de), Simone Philipp
Druck und Bindung: Create Space Independent Publishing

ISBN 978-1519414076

INHALT

Sucht, und ihr werdet finden.

Matthäus-Evangelium

Wer sucht, soll nicht aufhören zu suchen, bis er findet;
und wenn er findet, wird er erstaunt sein;
und wenn er erstaunt ist, wird er verwundert sein,
und er wird über das All herrschen.

Apokryphes Thomas-Evangelium

TEIL 1
HIMMELFAHRT

1

Stoller hatte das Leben satt und wollte es an seinem vierzigsten Geburtstag beenden. Sein Erwachen begann an einem froststarren Freitag im Februar, dem dreizehnten Tag des Monats, in dem die Temperaturen kein einziges Mal über dem Gefrierpunkt gelegen hatten.

Mühsam öffnete er die Augen und blinzelte zu dem Holzstuhl, der ihm als Nachttisch diente. Tabletten und Rohrreiniger, die seiner sinnlosen Existenz ein Ende bereiten sollten, standen unangetastet da. Verdammt!, fluchte er innerlich. Wieso hast du das nicht hingekriegt?

Das Glockengeläut der Friedhofskapelle hallte schmerzvoll in seinem Schädel nach. Durchs gekippte Fenster strömte eisige Luft. Der Wecker zeigte zwölf Uhr. Stoller schloss die Augen, fuhr sich stöhnend mit der Hand durch die Haare und versuchte sich zu erinnern. Was ist passiert, wie bin ich nach Hause gekommen? Und wo kommt die verdammte Hüftprellung her?

Langsam, wie aus Nebelschwaden, kroch die Erinnerung zurück. Er hatte sich auf der Betriebsfeier der WOHLAG betrunken, wieder einmal. Nach dem Essen hatte er Gin Tonic in sich hinein geschüttet, damit er todesmutig würde. Doch dann hatte er sich im Rausch des Vergessens verloren und war nicht mehr in der Lage gewesen, die tödlichen Mittel einzunehmen. Statt in ewigen Schlaf war er ins Koma gefallen. »Versager!«, flüsterte er.

Er hatte die beliebige Aneinanderreihung zufälliger Ereignisse ohne Bedeutung und Zweck, die seriellen Enttäuschungen und Leiden, aus denen sein Leben bestand, endlich beenden wollen. Sein Wunsch, freimütig aus der Welt zu scheiden, war nicht plötzlich gekommen oder durch ein bestimmtes Ereignis ausgelöst worden. Er war seines Lebens einfach nur überdrüssig geworden.

Seine Unlust am Dasein war schleichend gewachsen. Die Tage im Büro erschienen ihm ebenso unnütz wie die freie Zeit dazwischen, in der er nicht viel mit sich anzufangen wusste. Er hatte keine Freundin und keine Freunde, seine sozialen Bindungen waren unfreiwillig und hießen Hardy und Viola. Seine Bürokollegen.

Er mochte die Menschen nicht, so wenig wie sich selbst. Die Krise in der Lebensmitte hatte ihn voll erwischt. Seit einem Jahr steckte er hoffnungslos darin fest. Bis zur Rente als Bauingenieur zu arbeiten, um dann von der entwerteten Zeit erstickt zu werden, erschien ihm nicht erstrebenswert. Es gab überhaupt kein Streben mehr für ihn, keine Perspektive, keine Freude. Ihm war die Motivation abhanden gekommen, der Wille zum Leben.

Stoller öffnete wieder die Augen und starrte auf die tödlichen Helfer. Würde er den Mut aufbringen, sie zu schlucken, wenn er wieder nüchtern war? Du musst, sagte er sich. Überwinde dich und nimm sie gleich, du Feigling!

Doch er konnte nicht. Er fühlte sich zu verkatert. Außerdem kroch ihm der Gestank von Erbrochenem in die Nase. Die Polizisten, die seine Leiche fänden, sollten sich nicht ekeln. Er nahm sich vor, die Lache vor der Tür weg zu wischen. Danach wollte er Kaffee trinken.

Am letzten Tag seines Lebens, seinem Geburtstag, der sein Todestag werden sollte, wollte er noch ein Mal den Duft frisch aufgebrühten Kaffees riechen.

2

»Ja-ja-ja!«, schrie er und schlug dabei mit beiden Fäusten aufs Lenkrad.

Er glaubte zu spüren, wie in seinem Gehirn Alpha- und Thetawellen durch die Neuronen zuckten, wie Adrenalin, Dopamin und Serotonin in wildem Tumult durcheinander tosten wie im aufgepeitschten Meer.

»Yes!«, schrie er noch lauter.

Die Frau, die vor seinem Wagen die Straße überquerte, blickte zu ihm. Aufgeregt drückte er aufs Gaspedal, als die Ampel auf Gelb schaltete. Die Reifen drehten quietschend durch. Im Rückspiegel sah er, wie die Frau ihm kopfschüttelnd hinterher schaute und einen Scheibenwischer vor ihrem Gesicht simulierte.

Ja, es kam ihm selber verrückt vor. Er würde es der Menschheit ermöglichen, vom Baum des Lebens zu kosten und ihren Göttern gleich zu werden. Heilige Erregung durchzuckte ihn. Es war die größte Erfindung der Menschheitsgeschichte. Alles andere schrumpfte zur Bedeutungslosigkeit im Vergleich mit seiner Entdeckung.

Er versuchte, seinen Atem zu beruhigen, damit er nicht hyperventilierte. Er würde die Welt verändern, er allein, Doktor Daniel Meckel, fünfundvierzig Jahre alt, Professor für Epileptologie am neurowissenschaftlichen Forschungszentrum der Charité. Und er würde den Nobelpreis erhalten, keine Frage. Sofern er keinen Fehler machte und den Zufall kontrollierte.

Die unfassbaren Ergebnisse musste er in weiteren Versuchen nur noch bestätigen. Und dann publizieren. War es denkbar, dass jemand vor ihm die gleiche Entdeckung gemacht hatte? Oder gleichzeitig? Womöglich gab es doch so etwas wie morphogenetische Felder, noch nicht entdeckte Naturgesetze, die Parallelität und Synchronizität regelten. Nahezu alle großen Entdeckungen und Erfindungen waren gleichzeitig gemacht worden: Das chemische Periodensystem der Elemente, die Evolutionstheorie, die DNS, die Elektrizität, die Fliegerei. Jedes Mal hatte sich herausgestellt, dass sie zur selben Zeit von mindestens einem anderen entdeckt worden waren, doch Ruhm und Ehre erhielt stets nur der Erste. Die parallelen Entdecker waren längst tot, bis die Wissenschaft ihre Leistungen anerkannte.

Das darf dir nicht passieren! Selbst wenn irgendjemand in irgendeinem Labor der Welt ähnliche Studien vornimmt: Du wirst der Erste sein, der damit an die Öffentlichkeit geht. Der Erstgeborene, der die Lorbeeren ernten wird. Er musste jetzt nur wachsam sein und konzentriert die abschließenden Tests durchführen. Aber dafür war er ja hier. Es war die richtige Entscheidung gewesen, dem Ruf zu folgen und von Bonn nach Berlin zu ziehen. So schnell wäre der Durchbruch sonst niemals geglückt.

Wieder stand er vor einer roten Ampel und tippte mit den Fingern ungeduldig aufs Lenkrad. Sein Blick fiel auf den Karton auf dem Beifahrersitz. Er schob den Pulsator und die Anschlusskabel beiseite und nahm ein paar Unterlagen heraus. Die Dokumentation seiner letzten Versuche mit den alles entscheidenden Testergebnissen. Das große Geheimnis, das er im Laufe der Nacht entschlüsselt hatte. Die Dokumente waren kostbarer als alles Gold der Welt.

Am Wochenende würde er zu Hause arbeiten und weitere Tests durchführen. Dann konnte er nächste Woche nicht nur

Hagen und Wolff zufrieden stellen, sondern auch den Leuten der 21e AG von seinen Fortschritten berichten. Könnte er.

Zufrieden legte er die Papiere zurück, schloss den Deckel, ließ das Fenster herunter surren und sog den Geruch der Stadt ein. Berlin roch erdig und grob, mit Duftnoten von Teer, Schwefel und verbranntem Plastik.

Es konnte ihn immer wieder neu begeistern, dass ein flüchtiger Hauch von einem Nichts reichte, um über den Steg der Erinnerung an weit entfernte Momente zu gelangen, die tief vergraben in den Schluchten der Hirnfalten verborgen lagen.

Natürlich war immer alles da, jeder Moment, jeder Gedanke, jedes Erlebnis, alles ein verschlungenes, undurchdringliches Netz, verbunden durch fragile Brücken biochemischer Stoffe und elektrischer Aktivitätsmuster, die sinnliche Reize und innere Impulse zu einem Weltbild, zur Welt verknüpften. Der Fluss von chemischen Stoffen und physikalischen Wellen durch Nervenfasern und Membrane mündete in Gedanken, die zu Büchern, Kunstwerken, Raumschiffen und Weltformeln führte. Und zum Gottes-Algorithmus.

Ein Mann um die Dreißig mit schulterlangem, rotblondem Haarzopf ging über die Straße. Er trug eine rote Jeans und einen schmutzigen Norweger-Pullover. Daniel fühlte sich unangenehm an seinen Institutskollegen Richter erinnert. Der Mann trug ein Schild, auf dem *Apokalypse* stand, und suchte den Blick der Passanten. Er schaute zu Daniel hinüber und drehte ihm das Schild zu. Auf der Rückseite stand *Das Ende ist nahe.* Er zwinkerte verschwörerisch, bevor er die andere Seite erreichte.

Daniel schloss fröstelnd das Fenster und gab Gas. Er hatte keinen Sinn für Verrückte.

Was für eine irre Welt, dachte er, und blickte dabei in den Rückspiegel, um seine eisblauen Augen zu sehen und sich seiner selbst zu vergewissern. Eine Welt, die nur im Gehirn und durch die fünf Sinne existierte. Ein einziges kurzes Leben, bei dem man sein ganzes Erleben von einem grauen Klumpen vorgegaukelt bekam. Und er würde bald der Obergaukler sein, der größte Gaukler der Welt und aller Zeiten. Der Gott-Gaukler.

3

Anna musste an ihr Erlebnis am Strand des Todes denken. Sieben Jahre lag die Nacht zurück, die Nacht ihres Sterbens und ihrer Wiederauferstehung. Die Nacht, die alles verändert hatte. Der Tod hatte ihr die Musik zurückgebracht, ihre Religion, die rettenden Tonbrücken, über die sie weit aus sich hinaus und tief in sich hinein gehen konnte.

Sie lauschte Mozarts Klaviersonaten in A-Moll, während sie Ingwertee trank und auf den Friedhof blickte. Die weiß verkleideten Trauerweiden sahen aus wie verschneites Gebirge. Ein vierköpfiges Rudel Schwanzmeisen tummelte sich in dem mit Erdnussbruch gefüllten Futterhaus, das sie am Tag nach ihrem Einzug gekauft und auf die Fensterbank gestellt hatte.

Metatron strich schnurrend um ihre Füße. Als sie am Morgen im Katzenhaus des Tierheims gestanden hatte, war ihr der Kater mit dem dichten schwarzen Fell und den gelbgrünen Augen sofort aufgefallen. Er hatte sie reglos angesehen, als hätte er schon immer auf sie gewartet.

Ihr Blick fiel auf die letzten unausgepackten Kartons. In ihrer Wahrnehmung hatten sie sich in den letzten Tagen verändert. Vor dem Umzug drückten sie eine unbestimmte Hoffnung auf Zukunft aus. In den Kisten steckten vor vier Wochen außer Tellern und Töpfen, Klamotten und Klaviernoten auch ihre Vorfreude auf ein neues Leben und die Erwartung radikaler Veränderungen.

Jetzt stellten sie eine Mahnung dar, eine Erinnerung daran, dass sie ihre heikle Verfassung mitgebracht hatte.

Anna trank die Tasse aus und ging zum Klavier. Seit dem Umzug hatte sie nur im Hotel gespielt, für Geld. Jetzt wollte sie für sich spielen und die Schwermut, die sie überkam, vertreiben, damit sich keine Panik aus dem Hintergrund dazu schleichen konnte.

Sie setzte ihre Brille auf, nahm aus der alten Holzkiste mit dem geschwungenen Namensschriftzug ihrer Großmutter die Notenblätter, suchte nach den A-Dur-Klavierkonzerten von Liszt und begann zu spielen.

Nach wenigen Takten brach sie ihr Spiel ab und ließ den Kopf auf die Tasten fallen. Liszts großartige, rätselhafte Etüden konnten ohne den kleinen Finger der linken Hand nicht fehlerfrei gespielt werden. In jedem Klaviersatz des anspruchsvollen Parcours fanden sich Satzstrukturen, bei denen die Außenhand die Melodie und die drei Finger der Innenhand die Begleitung spielten. Durch Umlegen der Fingersätze konnte sie Stücke von Mozart, Rachmaninoff oder Schubert problemlos meistern, doch die Sonaten der Komponisten aus dem neunzehnten Jahrhundert waren physische Brecher und technisch zu anspruchsvoll, um das fehlende Glied ausgleichen zu können.

Das fehlende Glied. Was würde ich dafür geben, es zurück zu bekommen, fragte sie sich. Sie hatte mit dem Finger Schuld abschneiden und sich befreien wollen. Doch sie hatte sich mehr abgeschnitten als nur ein Stück ihres Körpers. Sie hatte sich von der Zukunft abgetrennt.

Anna schloss die Augen und schlug mit der Stirn auf die Tasten, vom Bass- bis in den Oberstimmenbereich. Dann atmete sie durch, hob die Brille auf, die zu Boden gefallen war, und nahm sich aus Trotz den *Totentanz* von Liszt vor.

4

Beim Blick in den Spiegel erschrak er. Viola hatte wieder einmal recht gehabt. Seine Kollegin hatte ihm prophezeit, dass er einmal auf die Schnauze fallen würde. Letzte Nacht musste es passiert sein. Eine Schürfwunde zog sich über seine Stirn, zwischen den braunen Haaren klebte Blut. Die rechte Hüfte war geschwollen und rotblau verfärbt.

Aus dem stillen See der Erinnerung tauchten Bruchstücke auf. Vage entsann er sich daran, wie er in der Nacht auf dem Nachhauseweg hingefallen war. Er hatte den Sturz nicht abfangen können und sein Gesicht war auf dem Asphalt gelandet.

In einem Steakhaus am Alexanderplatz hatte die kleine Betriebsfeier stattgefunden. Die WOHLAG feierte den Auftrag für ein Großprojekt, einen Wohnkomplex mit mehreren hundert Einheiten und angeschlossenem Einkaufszentrum. Grund genug für Stoller, Gin Tonic in sich hineinzugießen.

Viola hatte ihm vorgehalten, er habe innerhalb einer Stunde mindestens zehn Mal geflucht und dreimal *Zum Teufel aber auch!* gerufen.

»Zum Teufel mit dem Teufel!«, hatte er gewettert. »Ich scheiß auf ihn und deinen Gott und deine Engel und Geistführer und Gurus!« Hämisch hatte er gelacht und das leere Glas auf den Tisch geknallt.

»Was bist du nur für ein schlechter Mensch!«, hatte Viola verächtlich entgegnet.

»Irgendwer muss die Statik ja ausgleichen. Wenn es nur Gutmenschen wie dich gäbe, würde alles zusammenbrechen.«

Der dünne Faden der Erinnerung riss.

Stoller starrte sein Spiegelbild an. Die Haare hingen ihm strähnig ins Gesicht. Seit dem siebzehnten Lebensjahr trug er sie so. Sie reichten bis zur Schulter und wenn sie ihm ins Gesicht fielen, bedeckten sie Augen und Nase. Die Haarmatte verlieh ihm eine rebellische Pose und war Ausdruck seiner Individualität. Hinter seinen Haaren konnte er sich der Welt entziehen. Aber sah er inzwischen nicht aus wie ein in die Jahre gekommener Rockstar, der sich dem Altern verweigern und mit seiner Mähne die Zeit anhalten wollte?

Kontrolle der Zeit war sein großes Thema. Er hätte gerne als Disponent gearbeitet, wenn er nicht Bauingenieur für Tragwerksplanung geworden wäre. Als gewissenhafter Disponent seines Daseins führte er detaillierte Listen, anhand derer er sich jederzeit seiner Lebensleistung vergewissern konnte. Die Durchsicht der Listen verschaffte ihm einen Eindruck davon, was sein Leben ausmachte und womit er seine Zeit verbrachte.

Von den rund siebenhunderttausend Stunden, die ein durchschnittliches Menschenleben zu bieten hatte, zog er jene ab, die er in Bussen und Bahnen verbrachte, auf der Toilette, unter der Dusche, essend, fernsehend, rauchend, trinkend. Er rechnete aus, wie viele Tiere er gegessen und wie viele Flaschen Gin er getrunken hatte. Wie viele Zigaretten geraucht und wie viele Atemzüge genommen.

Er führte Listen, in denen er die Dauer der alltäglichen Verrichtungen festhielt, summierte, auf Tage und Wochen hochrechnete und ihren prozentualen Anteil an seiner Lebenszeit kalkulierte. Mindestens ein Prozent seines Lebens verbrachte er auf der Toilette, fünf Prozent mit Nahrungszubereitung und Essen, dreißig Prozent mit Schlafen.

Auf diese Art hatte er sein Leben berechnet und erkannt, woraus es bestand: Aus immer wiederkehrenden Routinen und Ritualen, die am Ende keinen Sinn ergaben.

Daneben taxierte er die Wahrscheinlichkeit des Zufalls: Wie realistisch war es, während eines Gewitters von einem Blitz oder einem Blumentopf getroffen zu werden? Wie hoch war die Wahrscheinlichkeit für einen tödlichen Unfall, Krebs, einen Meteoriteneinschlag oder einen Lottogewinn?

Kalkulationen, Statistiken, Wahrscheinlichkeiten: Am liebsten hätte Stoller die ganze Welt berechnet und zuletzt in eine Formel gepackt.

Er beugte sich näher zum Spiegel und betrachtete die Falten um seine Mundwinkel. Alkohol und Tabak hatten Furchen in sein Gesicht gegraben. Gestern hatte er seinen dritten Absturz innerhalb von zehn Tagen gehabt. Die Sauferei hat dich ganz schön ruiniert, dachte er. Auch finanziell. Die letzte Miete konnte nicht abgebucht werden, weil sein Dispo im Minus war.

Er überlegte, wann er das letzte Mal abstinent gewesen war. Vor sechs Jahren? Da hatte er es einen Monat lang geschafft. Seither nicht länger als eine Woche. Seit fünfundzwanzig Jahren rauchte er Tag für Tag zwei Schachteln Zigaretten, fast zwanzigtausend Schachteln bisher, bald eine halbe Million Stängel.

Nein, so ging es keinen Tag weiter. Und es würde sich ändern, noch heute, ein für alle Mal und endgültig, schwor er sich.

5

Das wird die Welt verändern wie nichts vorher und nichts nachher. Daniel konnte sich kaum beruhigen. Am liebsten hätte er die nächste rote Ampel ignoriert, um schneller ans Ziel zu gelangen. Aus der Innentasche seines Jacketts nahm er den Hornkamm, den ihm seine Mutter zum sechzehnten Geburtstag geschenkt hatte, und kämmte sich vorm Rückspiegel die verbliebenen Haare. Vor fünf Jahren hatte sein kreisrunder Haarausfall begonnen. Die bleiche Sichel auf seinem Kopf schwoll langsam, aber beständig zu einem Vollmond.

Noch konnte er seine Haare, deren Farbe nassem Sand ähnelte, so kämmen, dass die Kopfhaut bedeckt wurde. Doch es war nur eine Frage der Zeit, bis er ein Haarteil benötigen würde. Aus dem Spiegel blickte ihm gekränkte Eitelkeit entgegen.

Die Erinnerung an seine Mutter, die ihm mehr als einmal Narzissmus vorgeworfen hatte, wischte er beiseite und überlegte sein weiteres Vorgehen. Sobald sich die Ergebnisse bestätigten, würde er sich an die wissenschaftliche Öffentlichkeit wenden und seinen Forscherbericht an alle relevanten Fachmagazine schicken. Vielleicht schon nächste Woche, noch bevor 21e auf einer Pressekonferenz die Produkte vorstellen würde, die *er* vollkommen machen sollte, Geräte, für die *er* den Geist liefern sollte, Deus in Machina.

Bald schon könnte er die Hoffnung erfüllen, theoretisch. Praktisch konnte er selbst entscheiden, ob er das Erwartete tun oder seinen heimlichen Alleingang fortsetzen würde.

In seinem Inneren wusste er, dass er sich längst entschieden hatte.

Was würden die Leute der 21e sagen, wenn sie aus den Medien von der Sensation erfuhren? Die Twentyfirst Century Electronics AG stattete seine Forschungen mit finanziellen Mitteln großzügig aus. Wie würden seine Geldgeber reagieren, wenn die Wahrheit ans Licht käme – dass sich ihre Erwartungen nicht erfüllen würden? Dass er gar nicht vorgehabt hatte, für ihre irrwitzigen Zukunftsprojekte das fehlende Element, die gesuchten Algorithmen, die Quintessenz zu finden und zu liefern? Dass er den Konzern und dessen Forschungs- und Entwicklungsabteilung für seine eigenen Zwecke instrumentalisierte?

Benutzte er nicht auch Hagen und Wolff und gaukelte ihnen etwas vor, um von ihrem geheimen Wissen zu profitieren? Ohne sie und Hackers Erfindung hätte er den Algorithmus niemals in so kurzer Zeit gefunden.

Daniel wusste, es war ein Spiel mit dem Feuer. Er spielte mit zwei ungeheuren Mächten, die einflussreicher waren als Generäle und Präsidenten. Mächte, die das Leben von Milliarden Menschen beeinflussten, und die jederzeit jeden einzelnen davon töten konnten – und es gelegentlich taten, wenn es notwendig erschien und zweckdienlich war. Er benutzte Giganten, um ein Gigant zu werden. Und um Unsterblichkeit zu erlangen. Denn nur Ruhm war unsterblich.

Ein Hupen riss ihn aus seinen Gedanken. Die Ampel war auf Grün gesprungen, ein Polizeiauto neben ihm losgefahren, im Rückspiegel sah er den gestikulierenden Hintermann. Daniel drückte aufs Gas, nahm den Gedankenfaden wieder auf und spann ihn fort. Müsste er außer dem Nobelpreis für Medizin nicht auch den für Physik bekommen? Und für Biologie? Es müsste ein Meta-Nobelpreis geschaffen werden, um die Bedeutung seiner Erfindung angemessen zu würdigen.

Was würde passieren, wenn die Nachricht den Vatikan erreichte? Daran hatte er noch nicht gedacht, und als er es jetzt tat, wurde ihm heiß. Die Religionen der Welt würden die Erfindung nicht überleben. Das Ende aller Religion war nah. Er versuchte, seinen schneller schlagenden Puls zu kontrollieren.

Der Algorithmus wurde immer mächtiger. Er konnte diverse Interessen bedienen und zur Erreichung unterschiedlicher Ziele eingesetzt werden. Er konnte kommerzialisiert werden und zu sagenhaftem Reichtum führen, vergleichbar dem Suchalgorithmus der Google-Gründer. Außer Geld ermöglichte er Macht und Kontrolle. Und für seinen Erfinder Professor Meckel versprach er ewigen Forscherruhm.

Du darfst jetzt nicht überschnappen, versuchte er sich zu dämpfen. Er stellte seinen delfingrauen Audi A4 im Parkhaus an der Alexanderstraße ab und ging in die Galeria Kaufhof am Alexanderplatz. Seit er dem Durchbruch näher gekommen war, hatte er gegen seine Gewohnheit mit dem Trinken angefangen. Früher hatte er nie mehr als zwei Gläser Rotwein zum Essen getrunken, doch neuerdings schätzte er die beruhigende und zugleich beflügelnde Wirkung einer maßvollen Ration Hochprozentigem. Heute durfte es zur Feier des Tages eine größere Ration sein.

Als er mit zwei Flaschen Lagavulin, einem torfigen Single Malt, und zwei Flaschen russischem Wodka der Marke Beluga zurück in den Wagen stieg, knallte er die Fahrertür energisch zu, als wollte er mit dem Knall sein Gewissen abtöten. Was waren diese kleinen Lügen gegenüber 21e und Hagen und Wolff, die mehr passives Verschweigen als aktiver

Betrug waren, im Vergleich zu seinen bisherigen Grenzüberschreitungen? Was zählten die Lügen des kleinen Davids gegen zwei übermächtige Goliaths in Anbetracht der Versuche, denen er seine Erkenntnisse verdankte?

Für den Gottes-Code hatte er alle wissenschaftlichen Ethik-Codes aufgegeben, alle moralischen Schranken niedergerissen und sein Gewissen willentlich ignoriert. Aber tat er es nicht für die Wissenschaft, für die Entschlüsselung des Gehirns, das alles erzeugte?

Daniel trat aufs Gaspedal, ließ das Fenster herab und sog die kalte Luft tief durch die Nase ein. Er fühlte sich wie ein Bergsteiger, der noch einmal Atem holt, bevor er den Gipfel erklimmt.

6

Anna stand vom Klavier auf und öffnete das Fenster. Der Friedhof sah aus wie ein vor den Blicken der Welt verborgener Park, ein geheimer Garten der Toten. Am Tag ihres Einzugs war sie zum ersten Mal dort gewesen, gleich nachdem sie ihn entdeckt hatte. Seitdem spazierte sie fast täglich an den alten Gräbern und verwitterten Mausoleen vorüber. Manchmal legte sie Blumen auf ein altes Grab ohne Inschrift und dachte dabei an ihre Mutter oder an ihr nie geborenes Kind. Der stille Friede, der wie eine schützende Plane über dem Ort lag, konnte ihren inneren Aufruhr besänftigen, zumindest manchmal.

Ein freundlicher Angestellter des Friedhofs hatte ihr das großflächige Areal mit dem Stolz des Eingeweihten gezeigt und dabei erklärt, in Friedrichshain habe es vor hundert Jahren noch zahlreiche Brauereien und Schlachthöfe gegeben. Die Arbeiter wurden nach ihrem Tod in Grabfeldern aus einzelnen Parzellen bestattet, deren schmiedeeisernen Umfriedungen eng aneinander grenzten. Dicht an dicht lagen die Brauer und Schlächter dort, ein altes Massengrab. Auf der anderen Seite des Friedhofs standen die prächtigen Mausoleen der früheren Fabrikbesitzer und Direktoren. Kuppelbauten, Pyramiden, Säulenhallen. Gräber, die wie kleine Paläste aussahen und den Ausspruch, der Tod mache alle gleich, zu verhöhnen schienen.

Schwaden verbrannten Holzes zogen mit der Winterluft in ihre Nase. Augenblicklich bekam Anna das Gefühl, ihr Hals werde zugeschnürt und sie bekomme keine Luft mehr.

Ihr Herz begann zu rasen, in der Brust breitete sich ein Druckgefühl aus. Schwer atmend betrachtete sie ihre zitternden Hände, die feucht wurden.

Anna wurde übel, sie spürte den nahenden Kollaps, der von Ängsten begleitet wurde. Angst vor Kontrollverlust, Angst vor einem Herzinfarkt, nackte Todesangst. Sie knallte das Fenster zu und ließ sich rücklings auf den Sessel fallen.

»Fick!« Ihre Augen füllten sich mit Tränen. Sie nahm die Brille ab, legte sie auf den Tisch und verfluchte ihre Ohnmacht.

Sie hatte gehofft, durch den Umzug dem Horror entrinnen zu können. Sie wollte die quälenden Erinnerungen abschütteln wie Staub und endlich ankommen, Geborgenheit und Schutz finden, seelische Heimat. Sie wollte in Freiheit leben, und aus dieser Freiheit heraus Leben schenken, nachdem sie es gestohlen hatte. Wiedergutmachung wollte sie für das Kind, das sie abgetrieben hatte.

Der Wunsch nach einem Baby wurde seit Jahren drängender, ihre biologische Uhr tickte mit Ende Dreißig lauter. Ein Kind könnte vielleicht ihre Sehnsucht erfüllen und Erlösung bringen.

Erlösung hieß das Zauberwort, der magische Schlüssel zum Glück. Anna stand auf, nahm die Brille, setzte sich ans Klavier und stürzte sich in die erlösende Musik wie eine Surferin in die Welle.

7

Stoller hatte die stinkende Hinterlassenschaft der Nacht beseitigt, geduscht und Espresso mit warmer Milch gekocht. Am Küchentisch sitzend rauchte er seine dritte Zigarette, nippte am Kaffee und starrte aus dem Fenster auf den Friedhof. Seine Wohnung lag im vierten und obersten Stock eines Mietshauses, das aus mehreren Gebäudeteilen bestand und so alt war wie die Grabfelder, auf die er blickte.

Er hatte die Wohnung vor Jahren von einem Kollegen übernommen, der Berlin verlassen wollte. Erst nach seinem Einzug hatte Stoller realisiert, dass er neben den Toten lebte.

Eine alte Frau in einem nicht viel jüngeren Pelzmantel führte einen Promenadenmischling über den Friedhof. Der Hund zerrte an der Leine, die Frau stolperte hinterher. »Ich werde noch vor dir ins Gras beißen«, sagte Stoller, zog an der Zigarette und blies langsam den Rauch in Kringeln aus. Dann sah er, wie die Frau strauchelte und stürzte.

»Verdammt!« Unwillkürlich sprang er auf, öffnete das Fenster und rief der Alten zu, ob sie Hilfe brauche.

Die Frau rappelte sich auf und schaute zu ihm hoch. »Was sagen Sie?«

»Alles in Ordnung?«, schrie er gegen ihre Schwerhörigkeit. »Brauchen Sie Hilfe?«

»Danke, geht schon. Kurti hat's immer zu eilig.«

Er wünschte ihr einen schönen Tag, setzte sich wieder, zündete sich eine neue Zigarette an und hob den Blick zum Himmel, der sich grau eingefärbt hatte und an dem sich dunkle Wolken zusammenrotteten. Es sah aus, als bewegte sich der Himmel, er trieb wie ein Fluss, in dem eine Ladung schwarzer Ballen schwamm. Durchs Fenster kamen frostige Luft und Rauchschwaden, es roch nach verbranntem Holz und hatte zu schneien begonnen. Waren Feuer und Schnee nicht die passende Begleitung zum Sterben?

Bald wirst du die gleiche Totenruhe genießen wie die da draußen. Er schloss das Fenster und grübelte über sein Leben nach, wie so oft im letzten Jahr. Wie in einer Schleife durchlief er die Stationen seiner Existenz, seine Begegnungen und Beziehungen, Erfahrungen und Erlebnisse. Und die Einsamkeit der letzten Jahre.

Vom Lärmen der Welt hatte er sich zurückgezogen. Den Teil seiner Freizeit, den er nicht dem Alkohol opferte, verbrachte er außerhalb der Stadt, in der Stille der Wälder, der Weite der Felder, in menschenleerer Einsamkeit.

Außer den natürlichen Geräuschen vernahm er dann nur das gelegentliche Piepsen des Metalldetektors, mit dem er auf Schatzsuche ging. Als er in der Zeitung gelesen hatte, dass man mit alten Metallscheiben und kunsthistorisch bedeutsamen Artefakten reich werden konnte, kaufte er die Ausrüstung und machte sich auf die Suche. Nächtelang studierte er Geschichtsbücher, alte Landkarten, historische Schlachtpläne und geologische Untersuchungen, und fuhr an den Wochenenden aufs Land, um auf kargen Äckern sein Glück zu finden.

Im Schlaf träumte er oft davon, in einem Stall, einer Höhle oder alten Mine, auf dem Meeresgrund oder unter einer alten Baumwurzel einen Schatz zu finden. Es blieben Träume. Während die Sondengänger-Magazine von spektakulären Münzfunden berichteten und er den Eindruck gewann, jeder mit der gleichen Suchtechnik ausgestattete Amateur würde jahrtausendealte Bronzespitzen oder silberne Armreifen einer römischen Siedlung ausgraben, fand er nur wertlosen Schrott.

Das einzige Schmuckstück, das er je gefunden hatte, war ein rostiges Kruzifix an einem dünnen Silberkettchen. Der Anhänger mit dem Gekreuzigten war aus Blei. Aber es ging ihm auch weniger ums Finden als ums Suchen. In der Natur war er allein, auf der Flucht vor sich selbst und auf der Suche nach etwas Unbekanntem. Außerdem interessierte er sich für die Technik. Mit niederfrequenten Wechselströmen konnte etwas Verborgenes ausfindig gemacht werden, das seit Jahrtausenden unter der Erde lag, seit Generationen unberührt von Menschen, vergessen von der Zeit. Mit unsichtbaren Wellen unsichtbare Schätze ans Licht bringen zu können, empfand er als magisch.

Der Klang einer Trompete holte ihn zurück. Auf dem Friedhof fand gerade eine Beerdigung statt. Zwischen den Bäumen stand ein Trompeter, der erst *My Way* und danach *Time to say Goodbye* spielte. Stoller musste lächeln. Spielt der das für mich?

Aber seit wann hatten sie ein Klavier auf dem Friedhof? Gequält fuhr er sich durch die Haare. Womit hab ich das verdient, ausgerechnet heute. Die dramatische Musik kam aus der Nachbarwohnung. Nach drei Monaten Leerstand war also wieder jemand eingezogen.

Vorher hatte eine Familie mit zwei kleinen Kindern und einem großen Hund dort gewohnt. Das tägliche Geschrei und Gekläffe hatte ihn fast wahnsinnig gemacht und seinen Hass auf Kinder und Haustiere verstärkt. Aber ein Musiker, der zu Hause übte, war noch schlimmer. Gut, dass ich das nicht mehr ertragen muss.

Stoller schüttelte über sich selbst verwundert den Kopf. Wie banal seine Gedanken waren, sogar heute. Banale Gedanken, wehleidige Gefühle. Wie armselig. Er hasste sich für sein Selbstmitleid. In den letzten Jahren war das schneller gewachsen als Haare und Nägel. Wenn man es genauso abschneiden könnte, hätte er längst eine große Schere genommen.

Er trank den letzten Schluck Kaffee, drückte die Kippe aus und sah zur Uhr. Etwas mehr als eine Stunde war er wach, wenn man es wach nennen konnte. Sterbenselend fühlte er sich, doch sterben konnte er noch nicht. Er würde später nachholen, was er letzte Nacht versäumt hatte.

Auf seiner Mailbox waren zwei Anrufe von Viola. Beim ersten gratulierte sie ihm zum Geburtstag und fragte, wo er blieb. Beim zweiten forderte sie ihn zum Rückruf auf. Er überwand sich und rief sie an. Das Steak müsse schlecht gewesen sein, er habe Durchfall und könne nicht kommen, sie solle Raumann Bescheid sagen.

Bevor sie auflegte, versuchte Viola ihm mit einer spitzen Bemerkung ein schlechtes Gewissen zu machen. Aber woher sollte sie wissen, dass ihn nichts mehr berühren konnte, weil er fertig war mit dieser Welt.

Er schenkte Kaffee nach und zündete sich eine weitere Zigarette an. Minutenlang starrte er auf die tödlichen Mittel auf dem Tisch. Dann zog er sich seinen Haarvorhang vor die Augen und blickte reglos hinein.

Die Pianoklänge aus der Nachbarwohnung verstummten und auch von der Beerdigung war nichts mehr zu hören. Die plötzliche Stille riss ihn aus seiner Starre. Sein Magen knurrte, er hatte noch nichts gegessen. Ein Vorteil, weil die Todeshelfer schneller wirken würden. Andererseits bestand die

Gefahr, dass er sich übergeben musste, wenn er die Gifte auf nüchternen Magen einnahm. Er beschloss, einzukaufen und sich eine Henkersmahlzeit zuzubereiten. Zum Nachtisch würde er die chemischen und pharmazeutischen Substanzen einnehmen. Es würde etwas länger dauern, aber tödlich würde das Dessert auf alle Fälle sein.

8

Er nahm eine Tüte mit Altpapier, Werbung und Zeitschriften für Sondengänger und machte sich auf den Weg. Ordnung war ihm immer wichtig gewesen und auch der Tod musste seine Ordnung haben. Er wollte eine aufgeräumte Wohnung hinterlassen, die ihn nicht in Frage stellen würde.

Als er durch den Hof zu den Mülltonnen ging, schlug die Glocke der Friedhofskapelle. Er warf das Altpapier in den dafür vorgesehenen Container.

»Hey!« Der Protest kam aus der Tonne. Die Frau, die das Papier auf den Kopf bekommen hatte, krabbelte hervor und schob sich ihre Brille nah vor die Augen. Stoller war so verblüfft, dass er in seiner Bewegung erstarrte. Ihre Blicke verkeilten sich, während Schneeflocken dazwischen tanzten, und für einen ewig langen Augenblick schien die Zeit stehen zu bleiben.

Normalerweise blickte er nie länger als einen kurzen Moment in die Augen eines anderen Menschen. Aber jetzt konnte er gar nicht anders, als gebannt in die Tiefen dieser dunkelbraunen, fast schwarzen Augen abzutauchen, aus denen es neugierig strahlte. Ihm wurde schlagartig heiß und sein Herzschlag beschleunigte sich. In diesem Augenblick gab es einen lauten Knall.

Kinder rannten durch den Hof, Rauchschwaden und der Geruch von Schwarzpulver zogen durch die Luft. Wieso hatten die jetzt noch Silvesterknaller?

»Beinah hätte ich sie weggeschmissen.« Die Frau wandte ihren Blick ab und hielt Notenblätter hoch. »Hältst du?« Sie reichte ihm die Blätter und hüpfte gewandt aus der Tonne, wobei ihre Haarzöpfe, die ihr bis zu den Schultern reichten, um den Kopf schlugen. Die Farbe ihrer Haare war dunkelbraun wie die Halbbitterschokolade, die Stoller so gern aß.

Betörender Duft nach Vanille und Marzipan zog in seine Nase. Er kannte den Geruch. Sternbalsam. Das einzige Gewächs, für das er sich begeistern konnte. Er hatte die wundersame Pflanze und ihren einzigartigen Nachtduft durch seine Großmutter kennen gelernt. In ihrem Garten hatte sie einen Blumenkasten mit der botanischen Besonderheit bepflanzt, deren lateinischen Namen er sich nie merken konnte. Wenn er die Ferien bei seiner Oma verbracht und keinen Schlaf gefunden hatte, war er in den Garten geschlichen, um sich minutenlang mit dem intensiven Aroma vollzusaugen. Er hatte nicht genug davon bekommen können. Genau wie jetzt.

Staunend musterte Stoller die duftende Erscheinung. Sie war einen Kopf kleiner als er und etwas übergewichtig. In ihrem rundlichen Gesicht saß eine rot gefasste Brille auf einer hügeligen Nase. Die buschigen Augenbrauen stießen am Ende des Nasenrückens fast zusammen. Ihr Mund war mit knallrotem Lippenstift angemalt. Es wirkte übertrieben wie ein Clownsmund.

Sie trug einen alten Parka mit Fellmütze, darunter einen weißen Wollpullover und einen braunen Strickrock, der bis zu den Knien reichte. Unter dem Rock eine regenbogenfarben geringelte Wollstrumpfhose mit Löchern, über den Fußgelenken Stulpen, dazu schmutzig weiße Turnschuhe. Sie erschien ihm wie eine Mischung aus Aschenputtel, Pippi Langstrumpf und Tank Girl.

Als er wieder aufschaute, fing er ihren amüsierten Blick auf.

»Dann bist du das Piano. Ich glaube, wir wohnen Wand an Wand.«

»Oh, stört es sehr?«

»Nein, nein«, log er, »gar nicht.« Statt sich abzuwenden und zurück ins Haus zu gehen, wie es normal für ihn gewesen wäre, stand er wie ein wissbegieriger Schüler vor ihr. »Wohne ich neben einer richtigen Konzertpianistin?«, fragte er und hätte sich für die plumpe Frage am liebsten die Zunge abgebissen.

Sie lächelte und hielt ihm ihre linke Hand vors Gesicht. »Wo ist der Fehler?«

Er starrte auf den vernarbten Stummel ihres kleinen Fingers wie auf eine seltene Attraktion. Sie ließ die Hand wieder sinken. »Konzertpianistin nicht, aber Barpianistin im Safranski. Dafür reicht's noch. Wusstest du, dass ein Bruder von Wittgenstein seinen rechten Arm im Krieg verloren hatte und trotzdem noch als Pianist erfolgreich war?«

»Nein, das wusste ich nicht. Ich heiße übrigens Stoller. Und du?«

»Stoller wie toller?«, fragte sie vergnügt. »Toller Stoller?«

Er musste schmunzeln. Wie oft war er in seiner Kindheit damit aufgezogen worden.

»Oder oller Stoller«, sagte er. »Eigentlich Max, aber mich nennen alle nur mit Nachnamen. Und, verrätst du mir deinen Namen?«

»Anna.« Sie wedelte mit dem Schatzsucher-Magazin, das er ihr auf den Kopf geworfen hatte. »Hast du schon einen Schatz gefunden oder warum wirfst du das weg?«

Wenn sie die Wahrheit erführe, dachte er, warum ich die Hefte nicht mehr brauche, verschwände der strahlende Glanz in ihren Augen wie ein aufgeschrecktes Reh.

»Ich hab die Hoffnung aufgegeben«, antwortete er, »als Bauingenieur hatte ich bis jetzt mehr Glück.«

»Ah, die mit Helm auf dem Kopf und Schreibbrett in der Hand über Baustellen stiefeln und alles angucken, was die Arbeiter gemacht haben.«

»Das sind die Bauleiter. Ich arbeite am Computer. Ich bin Tragwerksplaner und für die Statik zuständig.«

»Verstehe. Du passt auf, dass nichts zusammenbricht. Da hast du eine sehr verantwortungsvolle Aufgabe, nicht wahr?«

»Na ja ...« Er lächelte verlegen und hielt ihr die Notenblätter hin. Einen Moment lang sahen sie sich in die Augen, gemeinsam die Noten zwischen sich haltend. In seinen Schläfen fühlte er seinen aufgeregten Puls. Sag was!, befahl er sich und suchte nach passenden Worten. Gerade als er seinen Mund aufmachen und sie zum Kaffee einladen wollte, klingelte ein Handy im Rington eines altmodischen Wählscheibentelefons.

»Blödes Ding!« Anna steckte die Notenblätter ein, gab Stoller das Magazin zurück, zog aus dem Parka ihr Handy und blickte aufs Display. »Schade, da muss ich ran, das Hotel«, sagte sie und legte ihm lächelnd die freie Hand auf den Arm. »Wir sehen uns.«

Sie wandte sich ab, begrüßte den Anrufer und ging in den Seitenflügel.

Stoller blickte ihr nach und streichelte über die Stelle, auf die sie ihre Hand gelegt hatte. Stundenlang hätte er in der Kälte stehen und sich von Annas Duft und ihrer hellen Stimme wärmen lassen können.

Er spürte, wie er von einem mächtigen Gefühl durchströmt wurde. Einem Gefühl, auf das er sein Leben lang gewartet hatte.

9

Liebe war für ihn bloß ein abstrakter Begriff gewesen, ein leeres Wort, eine aus Buchstaben geformte Hülse mit unbekanntem Inhalt, eine zusammenfassende Formel für einen Kosmos voller Gefühle, die ihm fremd waren. Die fiebrige Unruhe des Verliebtseins, die Sehnsucht nach dem anderen, die sich mit der Angst vor Enttäuschung und Verlust paarte, kannte er nur aus den Berichten anderer.

Sein System war in Aufruhr. In seinem Bauch dröhnte es, die Vibrationen erfassten seinen ganzen Körper, er fühlte sich wie elektrisiert, voller Energie, die er nicht zu kanalisieren wusste. Euphorisch lief er durch die Wohnung. Der Appetit war ihm vergangen. Er musste sich bewegen, die Energie umsetzen. Er schaltete das Radio ein, wählte einen Sender mit elektronischer Musik, drehte die Lautstärke auf und tanzte ausgelassen wie in Trance, bis Werbung die Musik unterbrach.

Keuchend stellte er das Radio aus und goss sich ein Glas Wasser ein. Dabei fiel sein Blick auf den Abflussreiniger und die Tabletten. Er stellte beides zur Seite. Die Lust aufs Sterben war ihm für den Moment vergangen.

Seine Gedanken und Gefühle schossen kreuz und quer. Um sich zu beruhigen, legte er sich aufs Bett. Nach einer Viertelstunde, in der sich das Tempo seines Herzschlags verlangsamt und der innere Sturm abgeschwächt hatte, schlief er ein.

Als er aufwachte, war es kurz vor Mitternacht. Mit hinter dem Nacken verschränkten Händen blickte er an die Decke und sah Anna vor sich, wie sie an den Mülltonnen vor ihm gestanden hatte, in ihrer bizarren Kostümierung und dem knallroten Mund. Eigentlich mochte er keine Frauen, die sich schminkten. Sie vermittelten ihm den Eindruck, sie müssten sich hinter der bunten Maske verstecken. Bei Anna war es anders. Sie benutzte weder Rouge noch Lidschatten und auch keinen Eyeliner. Dadurch wurden die roten Lippen zu etwas Besonderem, zu einem Markenzeichen, unwirklich und theatralisch. Zu einem großen roten Punkt, wie er unter ein dickes Ausrufezeichen gepasst hätte.

Stoller seufzte selig. *Ich bin verliebt.* So muss es sich anfühlen, wenn man verliebt ist. Wie schön es war, das zu erleben. Er hatte in seinem Leben fünf Frauen gehabt und ebenso viele Jahre in funktionalen Beziehungen verbracht. Doch dieses intensive Gefühl hatte er nie verspürt.

Sein Herz fühlte sich weich an, wie Zuckerwatte. Da hatte er sterben wollen, ohne dieses Gefühl kennen gelernt zu haben. Wie traurig wäre das gewesen! Endlich hatte er gespürt, worum sich für die meisten Menschen alles drehte. Wonach sie ihr Leben lang strebten.

War es nicht besser zu sterben, nachdem er von diesem schönen Gefühl gekostet hatte? Jetzt war er *wirklich* bereit. Es schien ihm in diesem aus der Zeit gelösten Augenblick des Glücks und der Liebe nichts Passenderes und Schöneres zu geben als den Tod.

Er überlegte, wie schön es wäre, für Anna zu sterben. Ja, wenn er vor der Entscheidung stünde, sich für sie zu opfern, täte er es sofort und mit größter Freude, denn dann hätten sein Leben und sein Tod einen Sinn gehabt.

Erleichtert seufzte er nochmals und blies dabei die Luft aus, als wäre es sein letzter Atemstoß. In diesem Moment vernahm er einen Schlag wie von einem Donnern und sah einen hellen Blitz, gefolgt von einer gewaltigen Erschütterung.

Erschrocken richtete er sich auf und blickte aus dem Fenster. Was war das? Er sah die Schemen der Grabsteine, die Kapelle und die Bäume, die unter einem sternenklaren Himmel ruhig in der Nacht standen. Ein kräftiger Ostwind hatte alle Wolken vertrieben.

Nichts, kein Gewitter, kein Erdbeben, um ihn herum war alles still. Er suchte nach der Herkunft dieses Donnerblitzes, der ihn so unvorbereitet durchdrungen hatte. Der Blitz hatte nicht draußen eingeschlagen, sondern in ihn, und es war keine Elektrizität im gewöhnlichen Sinn, die ihn durchfuhr, es war etwas Gewaltigeres mit noch größerer Spannung, von dem er durchflutet wurde. Aufgeregt und benommen starrte er nach oben und wusste intuitiv, dass die Schau nur für ihn bestimmt war.

Vom Himmel sah er blendend weißes Licht, rein und überirdisch. Aus diesem Himmelslicht lösten sich sphärische Gebilde, weiß umhüllte Engelswesen formten sich und flossen im geistigen Strom heran. *Fürchte dich nicht.*

10

Persönlichkeitsmerkmale: Selbstbewusst, arrogant, egozentrisch, aggressiv, pedantisch, rigide, hochmütig, paranoid. Erblickt in trivialen Alltäglichkeiten kosmische Bedeutung. Ausschließliche Beschäftigung mit Philosophie und Religion. Hält alle Einzelheiten minutiös im Tagebuch fest.

Während seiner Experimente mit dem Pulsator las Daniel in Pauls Patientenakte, die er mit nach Hause genommen hatte, und studierte die Dokumentation seiner jüngsten Versuchsreihen. Er nippte dabei an einem Glas Lagavulin, in dem Eiswürfel klackerten, und wippte in seinem Bürosessel vor und zurück. Den Chefsessel mit Wippmechanik und extra hoher Rückenlehne, in schwarzem Leder gesteppt, hatte er sich kurz nach dem Einzug gekauft. Er strahlte Ruhe und Souveränität aus.

Von seinem Thron hatte er die vier Computerbildschirme im Blick, die auf einem Winkelschreibtisch aus anthrazitfarbenem Metall und zwei mausgrauen Computertischen standen. Der Chefsessel stand im Zentrum seiner Kommandozentrale. Hier arbeitete Daniel mittlerweile lieber als im Institut, er war ungestört und fühlte sich sicher.

Empfindungen: Himmlischer Friede, Glück, Liebe, Erleuchtung, Erkenntnis, Gegenwart Gottes, Verschmelzung.

Er blickte von der Akte zu den Screens, betrachtete CT- und MRT-Aufnahmen von Hirnlängs- und querschnitten sowie endlos erscheinende Zahlenkolonnen und die Linien von EEG- und MEG-Messungen, die wie eine Reihe spitzer Gebirgsketten aussahen.

Die letzten Versuche hatte er mit Paul durchgeführt. Seine wichtigste Versuchsperson, hyperreligiöse Temporallappen-Persönlichkeit, prototypischer Idealkandidat. Bei allen künstlich ausgelösten Ekstasen schwangen in Pauls Gehirn über verschiedene Hirnareale verstreute Neuronenpopulationen synchron. Außerdem war ein deutlicher Anstieg der hochfrequenten Gamma-Wellen messbar sowie eine Zunahme des Blutflusses im Frontallappen auf beiden Seiten.

Zugleich bewiesen die Messungen eine Abnahme der Durchblutung im linken oberen Scheitellappen, dem Orientierungsareal. Dieser Rückgang der Hirnaktivität führte zu einem Verlust des Raum- und Zeitgefühls und damit zu einem Einheitsgefühl. Ähnliches geschah im Zustand der Meditation, wodurch dem Meditierenden der Eindruck entstand, der Beobachter und das Beobachtete seien ein- und dasselbe.

War es wirklich so einfach? Er spähte zum Pulsator, der in seiner speziellen Halterung steckte und an dem ein rotes Lämpchen Aktivität signalisierte. Handliche Geräte, die magnetische Impulse ans Gehirn sendeten, gab es erst seit wenigen Jahren. Sie waren in Forschungsprojekten der transkraniellen Magnetstimulation zur Behandlung von Depressionen, Migräne, Tinnitus und Parkinson entwickelt worden. Die Geräte sendeten einzelne elektromagnetische Impulse an das Gehirn und wirkten auf die elektrischen Vorgänge innerhalb der Synapsen im Schmerzzentrum der Patienten.

Oder im religiösen Zentrum, wie der Pulsator.

Daniel nahm einen Schluck Whisky und schaute in den Spiegel, der, in einen Aluminiumrahmen gefasst, zwischen zahllosen Hirnscans an der Wand über der langen Seite seines Eckschreibtischs hing.

Hatte er es tatsächlich geschafft? Hatte er wirklich den Code entdeckt, der den Himmel im Hirn öffnete?

Er nahm seinen Kamm aus der Tasche und kämmte sich vor seinem Spiegelbild die dünnen Haare. Als es an die Tür klopfte, zuckte er erschrocken zusammen. »Was denn?« Einen genervten Tonfall konnte er nicht unterdrücken. Er steckte den Kamm zurück.

»Wieso schließt du dich schon wieder ein?«, rief Anna durch die geschlossene Tür.

»Ich arbeite. Was willst du?«

»Ich hab unseren Nachbarn getroffen. Willst du nicht wissen, wer neben uns wohnt?«

Angewidert verzog er das Gesicht. »Keine Zeit.«

»Was ist so wichtig, dass du rund um die Uhr daran arbeiten musst? Ist schon nach Mitternacht! Du tust gerade so, als müsstest du die Welt retten.«

Der Gedanke gefiel ihm. Zwar würde er nicht die Welt retten, aber eine neue erschaffen. Er würde der Menschheit den Zugang zu einer unbekannten Welt ermöglichen, der phantastischen Welt des Geistes. Diese Aufgabe duldete keinen Aufschub. Er sah zur Uhr. Fünf nach zwölf. Seit fünf Minuten war er vorüber, jener Freitag, der Dreizehnte, der in der Wissenschaftsgeschichte einen Ehrenplatz einnehmen würde.

Er schenkte sich Whisky nach und überwachte die Ausschläge des Computerdiagramms, die mit der Funkleistung des Pulsators korrelierten. Daniel war zufrieden. Es lief alles nach Plan.

11

Sein Herz pochte heftig, er wagte nicht zu atmen. Was geht da vor sich, werde ich verrückt? »Was ...?«

Fürchte dich nicht. Gott will sich dir zeigen und dich beschenken. Gott will mit dir spielen.

Konsterniert schüttelte er den Kopf. Gott?!

Stoller war eingefleischter Atheist. Religionen, Götter und Glauben erschienen ihm als eingebildete Krankheiten und heimtückische Täuschungsmanöver, glückselig machende Beruhigungsmittel für die Massen, Opium fürs Volk.

Religion war eine zivilisatorische Erfindung, eine historische Errungenschaft, um Gemeinsinn und sozialen Zusammenhalt zu stiften. Gott als Leim der Gesellschaft. Glaube als Halluzinativ für einfache Gemüter, die der Komplexität des Lebens, seiner Entstehungsgeschichte und der Geschwindigkeit seiner Entwicklung entflohen zu einem imaginierten Etwas. Lügen für unmündige Schafe, denen es an Intelligenz und Vernunft mangelte, die glücklich waren in ihrer Ohnmacht und fehlenden Selbstverantwortung.

Gläubige erfüllten sich ihre Sehnsüchte und Träume von einer mit Sinn erfüllten Welt. Wie banal und dumm musste Religion sein, damit sich ausgerechnet Süchtige und Gefängnisinsassen ihr zuwandten. Wenn man nichts und niemanden mehr hatte im Leben, fand man im riesigen Fundus der spirituellen Lehren immer irgendeinen Trost, einen Freund und Führer, Helfer oder Heiler.

Als er zum einzigen Mal in den letzten Jahren im Kino gewesen war, hatte er den Film *Religulous* gesehen. Der Dokumentarfilm enttarnte jede Form der Religion und des Glaubens als faulen Budenzauber für Idioten und Geisteskranke. Der Film hatte Stollers Einstellung bestätigt und ihm bewiesen, dass seine Wahrnehmung der Wirklichkeit vernünftig und richtig war. Frömmigkeit bekämpfte er mit Spott und Hohn, mit Häme und Sarkasmus.

Wie konnten moderne Menschen im einundzwanzigsten Jahrhundert, dem Beginn der Verschmelzung des Menschen mit den von ihm erschaffenen Technologien, an eine überirdische Allmacht glauben? Die Schöpfung von Göttern und Religionen erschien ihm als Ausdruck der Ängste des Menschen. Angst vor der Unberechenbarkeit der Natur. Angst vor Sterben und Tod. Angst, die Sinnlosigkeit menschlicher Existenz anzuerkennen. Der Glaube an das Überirdische hatte keinen vernünftigen Grund, er war eine Illusion des Herzens.

Stollers Überzeugung wurzelte in der Rationalität wissenschaftlicher Beweisbarkeit. In den Naturwissenschaften hatte er vor langer Zeit Glaubensgewissheit gefunden. Er glaubte nicht an jahrtausendealte Legenden und phantastische Märchen um metaphysische Götter. Er vertraute dem, was er wusste und baute auf die geistigen Errungenschaften menschlicher Götter: Kopernikus und Kepler, Newton und Galilei, Darwin und Euklid, Freud und Einstein.

Das Leben mitsamt den Naturgesetzen, der Mensch und sein unfassbarer Geist waren aus einem zufälligen Knall im Nichts entstanden, aus ungeordnetem Chaos, in Jahrmillionen langen Prozessen aus Selektion und Mutation. In diesem Wissen lag Stollers Wahrheit. Bis zu diesem Moment. Jetzt erschien ihm alles in einem anderen Licht.

Wieso ausgerechnet ich? Im religiösen Sinn war er ein Sünder und Ungläubiger. »Ich bin ein schlechter Mensch!«, rief er.

Die Engel lachten. *Gott will mit dir spielen.*

Hinter den sphärischen Wesen tauchten eine in Rot gekleidete Frau und ein Mann in einem weißen Gewand auf. Sie schienen transparent und fließend zu sein, lebendigen Flammenfiguren gleich, wie Rauchschleier, denen Bilder eingeprägt sind. Stoller wusste intuitiv, dass es Maria und Jesus waren.

Hab keine Angst, sprach Jesus besänftigend.

Stoller wurde in Licht gebadet und von Liebesgefühlen durchströmt, von reiner übermenschlicher Liebe, die ihm den Atem nahm. Tränen brachen aus ihm heraus, er schluchzte, wie er noch nie geschluchzt hatte. Seit seiner Kindheit war keine einzige Träne aus seinen Augen geflossen, nicht beim Tod seines Vaters, und auch nicht, als seine Mutter gestorben war.

Wein ruhig, tröstete ihn Maria, *du warst sehr tapfer.*

»Wieso ich?«, wimmerte er zwischen Schluchzern.

Erinnerst du dich daran, als du ein Kind warst, wie du dich da gefühlt hast? Kaum hatte sie es ausgesprochen, tauchten Momente aus seiner Kindheit vor seinem geistigen Auge auf, er durchlebte alle bedeutsamen Erlebnisse und die dabei empfundenen Gefühle noch einmal. Er sah seine betrunkenen Eltern, die sich mit Gläsern bewarfen. Wie oft hatte er ihnen den Tod gewünscht. Gleichzeitig hatte er Angst davor gehabt, ganz allein auf der Welt zu sein.

Nach dem tödlichen Autounfall seines Vaters war Stollers Mutter depressiv geworden. An seinem zwanzigsten Geburtstag, er war gerade zum Studium nach Aachen gezogen, starb sie an Darmkrebs. Seitdem war er das Gefühl nie losgeworden, sein Wunsch nach dem Tod seiner Eltern trage Mitschuld an ihrem leidvollen Sterben.

Du bist kein schlechter Mensch, erklärte Jesus und mit jedem Wort fühlte sich Stoller mehr und mehr geliebt. *Wer sein Leben verliert um meinetwillen, wird es finden. Du hast dir die Gnade meines Vaters verdient.*

Stoller starrte mit offenem Mund zum Himmel, von wo sich göttliche Liebe als warmer Lichtstrom in ihn ergoss. Kribbelnde Energie schlängelte sich von seinem Kreuzbein die Wirbelsäule hoch bis in den Kopf. Es fühlte sich an, als stünden Rückenmark und Gehirn unter Strom. Als hätte jemand einen Schalter umgelegt und einen Stromkreis geschlossen.

Dann geschah etwas, das sein Bewusstsein zu sprengen schien. Für einen ewigen Moment durfte er die Wirklichkeit sehen und an der Wahrheit schnuppern. Hinter dem Nebel der Unwissenheit sah er eine reine Lichtwelt. Stoller wusste mit absoluter Gewissheit: Das ist der unsichtbare, allgegenwärtige Gott.

Es kam ihm vor, als würde ein Vorhang aufgezogen und als dürfte er Gott in die Karten schauen, einen Einblick erhaschen in den großen, unerklärlichen Schöpferplan. Er schaute die Konstruktion der Welt vom Kellerfundament bis zum Dachfirst. Den Aufbau der Welt und den Bauplan des Lebens durfte er erblicken, von Wellen verzückter Ekstase durchströmt.

Er erkannte die Zusammensetzung der Materie, sah die flirrenden Atome, Trilliarden schwirrender Energiepunkte im Nichts, angetrieben und zusammengehalten von unsichtbaren Kräften, in unendlicher Geschwindigkeit um sich selbst kreisend und zugleich feste Punkte im Raum als Teil strukturierter Materie. Die Welt erschien ihm als schwingende, vibrierende Realität aus Teilchen und Wellen, ein lebendes, pulsierendes Puzzle.

Er begriff, dass die vierdimensionale Raumzeit und die Wahrnehmung durch die fünf Sinne irreal waren und zugleich notwendig, um das Trugbild der Wirklichkeit zu suggerieren. Raum und Zeit waren lediglich Projektionsflächen des menschlichen Bewusstseins für seine eigenen Maskenspiele.

Stoller erschien es, als werde er augenblicklich von Erkenntnis und Wissen geflutet. Er erkannte sich selbst und Gott in allen anderen Menschen, in jedem Augenblick und in allen Dingen, er begriff das Leben als Ganzheit, als Einheit des Seins, als All-Eins-Sein von Gott und Mensch.

Die Menschen waren Bestandteil von Gott, der mit sich selbst spielte. Gott spielte in allen, mit allen und als alle sein aufregendes Spiel um Leben und Tod. Es war Gottes phantastisches Spiel mit sich selbst, das sich als Drama des Lebens auf der Weltbühne ereignete. Alle Menschen waren miteinander verbunden, so wie jede Zelle des Körpers mit jeder anderen in Verbindung stand, das Selbst bildete eine Identität mit allen anderen. Im Grunde waren die anderen und alles andere nicht existent, weil man selbst alles und die anderen war.

Die Gesichter seines Lebens, die plötzlich vor Stoller auftauchten, erschienen ihm wie Silhouetten im leeren Raum. Scherenschnitte vor einer Kulissenwelt der Sinne, die das wahre Leben unter Trugbildern verbarg.

Stoller kniete auf seinem Bett vorm Fenster und genoss die einzigartige Schau. Die Bibel wurde ihm erklärt, ihm wurden die Gebote und zahlreiche Textstellen vorgeführt und ihre Bedeutung in ihn eingegossen. Er hatte das Gefühl, in einem einzigen Augenblick die tiefsten Wahrheiten zu erkennen, das ganze Universum zu begreifen und alle Weisheit zu erlangen.

Als er aus dem Bett springen wollte, um die Beweise für Gottes Existenz, die ihm deutlich und klar vor Augen standen, aufzuschreiben, hörte er eine warnende Stimme: *Nein, das darfst du nicht!* Ihm wurde mitgeteilt, dass es keinen Gottesbeweis geben durfte. Wollte er es trotzdem versuchen, würde er verrückt werden oder einen Hirnschlag erleiden. Die Warnung machte ihm Angst.

Fürchte dich nicht, hörte er die innere Stimme. Er wusste nicht, ob Gott oder Jesus oder Maria oder die Engel mit ihm sprachen. *Wer überwindet, dem werde ich zu essen geben von dem Baum des Lebens.*

»Was überwinden?«

Du musst dich selbst überwinden, damit du dich erkennst und erkannt wirst und deine Aufgabe erfüllst. Denn du bist zu Großem ausersehen.

»Was soll das heißen, du bist ausersehen?«

Du hast eine Mission. Du wirst binnen drei Tagen die Welt retten und die Menschheit erlösen. Du bist der Auserwählte. Der Messias.

Stoller schluchzte erschüttert, Tränen flossen in Strömen über sein Gesicht. »Messias? Die Welt retten? Ich? Wie soll ich das anstellen?«

Achte auf die Zeichen.

Er blickte nach oben, zu den Sternen, woher sich das Licht und der Strom der göttlichen Offenbarung ergossen. Er war der Auserwählte, der Messias. Ausgerechnet er, Max Stoller, der größte Atheist auf Erden.

12

Der große Doktor Meckel tappt im Dunkeln, lästerte eine Stimme in seinem Kopf, als das Licht erlosch. Alle Experimente mit dem Pulsator waren erfolgreich verlaufen, deshalb wurde er beim letzten Versuch übermütig und drehte die Leistung des Geräts hoch. Erst flackerte das Licht, dann wurde alles dunkel. Kurzschluss.

Er trank sein Glas Whisky leer, stand auf, schloss die Tür auf und tastete sich im Dunkeln durch den Flur zum Sicherungskasten.

Anna schrie hysterisch, als er mit ihr zusammenstieß, und hörte erst auf, als er die Sicherung eingedrückt hatte und es hell wurde. Mit wütendem Vorwurf in den Augen sah sie ihn an. »Was schleichst du denn im Dunkeln herum! Du hast mich zu Tode erschreckt!«

Wieder einer ihrer Gefühlsausbrüche. Er empfand beinahe Mitleid. »Nicht meine Schuld, dass du so schreckhaft bist.«

»Hast du den Kurzschluss ausgelöst?«

»Es ist alles gut.«

»Sag schon. Hat deine Arbeit was damit zu tun?«

Wenn er die Frage wahrheitsgemäß beantworten würde, kämen sofort weitere auf, denen er sich keinesfalls stellen wollte. »Kümmere dich um deine eigenen Probleme. Damit solltest du genug zu tun haben«, sagte er und drängte sich an ihr vorbei.

»Wenn ich keine Probleme finde«, rief sie ihm sarkastisch nach, »komme ich zu dir und lass mich untersuchen. Da findest du bestimmt welche.«

Und ob ich etwas fände. Er schloss die Tür seines Labors hinter sich und drehte den Schlüssel um.

Annas idealistischer Humanismus erinnerte ihn an das magische Bewusstsein von Urzeitmenschen. Sie ignorierte die Erkenntnisse seiner Zunft, um sich ihre Illusionen hinsichtlich Willensfreiheit und Würde nicht nehmen zu lassen. Wenn er sie einem Hirnscan unterziehen würde, könnte er sie eines Besseren belehren. Er könnte ihr zeigen, dass ihre Gedanken weder frei noch geheim waren. Er könnte ihr beweisen, dass er in ihrem Zerebrum lesen konnte.

Gehirne konnten von Neurowissenschaftlern immer genauer studiert werden, weil die Sprache des Denkapparats immer besser verstanden wurde. Grund dafür waren die übereinstimmenden Aktivitätsmuster der Nervenzellen als Reaktion auf äußere Reize. Das Gehirn benutzte feste Regeln, nach denen die elektrische Aktivität in Wahrnehmungen, Gefühle und Handlungen umgesetzt wurde.

Dieser Code wurde dank komplexer Rechenprogramme immer detaillierter entschlüsselt, die Gedanken wurden lesbar. Anhand der Hirnaktivität konnten Daniel und seine Kollegen nicht nur Begriffe und Dinge erkennen, an die ein Mensch gerade dachte, auch Bilder, die ein Proband betrachtete, konnten anhand der Daten ebenso eindeutig identifiziert werden wie konkrete Gedächtnisinhalte der Versuchspersonen. Bald würde es möglich sein, Träume zu rekonstruieren.

Auch konnten Träume von Versuchspersonen künstlich beeinflusst werden. In nicht allzu ferner Zukunft würde es möglich sein, jedwede Phantasie in die Köpfe der Menschen zu verpflanzen. Bilder und Gedanken konnten aus dem Gehirn gesaugt werden. Eines Tages würden Gehirne auf Computer geladen werden.

An der gezielten Manipulation des Gehirns arbeiteten Neurowissenschaftler auf der ganzen Welt seit Jahrzehnten. Ratten konnten ferngesteuert dazu gebracht werden, nach links oder rechts zu laufen oder sich in den Tod zu stürzen, wenn der elektrische Impuls des Chips in ihrem Hirn es befahl.

Aber noch nie war die gezielte Beeinflussung des religiösen Zentrums zuverlässig gelungen. Bis der große Doktor Meckel den Code entschlüsselt hatte, mit dem er im Kopf himmlische Welten entstehen lassen konnte. Er war ein kleiner Gott geworden.

13

Anna schloss die Zimmertür und legte sich aufs Bett, am ganzen Körper zitternd. Der Zusammenprall im Flur hatte Herzrasen ausgelöst. Sie spürte ihren Taktgeber in der Brust hämmern, in arhythmischen Wellen kam ein Stechen dazu. Es konnte nur ein Infarkt sein, der sich so ankündigte.

Oder hatte es etwas mit ihrer chronischen Bauchfellentzündung zu tun, die ihr trotz aller Beschwichtigungen und Beteuerungen der Ärzte wie ein Darmkrebsgeschwür vorkam, das sie innerlich zerfraß?

Am einen Tag äußerte es sich als Blutgerinnsel im Gehirn, ein andermal als seltene Erbkrankheit oder als neuer tödlicher Virus, von dem sie als erstes betroffen war. Dann wieder als banaler Herz- oder Hirninfarkt, der sie innerhalb der nächsten Minuten aus dem Leben katapultieren würde.

Anna heftete ihren Blick an die Deckenlampe und den hellorangenen Lampenschirm, der die Sonne darstellen sollte, aber eher wie ein Ball aussah. Je länger sie an die Lampe starrte, desto flatterhafter wurde ihre Wahrnehmung. Der orangene Ball geriet in Schwingung, die Sonne löste sich auf und zerschmolz, flirrte in der Luft wie eine Fata Morgana, gab ihre Farbe ab und nahm neue auf.

Plötzlich war sie karmesinrot und schipperte wie ein Luftschiff hin und her. Anna sah die gelbe Streifentapete und die Gardinen mit Blumenmuster, hörte Autos vor dem Fenster rauschen, roch den Regen, das Feuer.

Sie schrie und sprang aus dem Bett, grub ihre Fingernägel in die Wand und schlug ihren Kopf dagegen, um mit dem

Schmerz die Erinnerung zu erschlagen. Warum hört das nicht auf, warum hört das niemals auf, schluchzte sie innerlich, ohne Ton und ohne Tränen.

Sie nahm ihre Brille, öffnete die Nachttischschublade und holte eine Rasierklinge heraus. Nachdenklich betrachtete sie das rettende Stahlplättchen. Musste es wirklich sein?

Sie dachte an ihr erstes Mal. An ihrem dreizehnten Geburtstag, einem warmen Sonntag im September, hatte sie sich erstmalig die Unterarme mit einer Rasierklinge geritzt. Vorher hatte sie sich nur kräftig gekniffen und wie eine Irre ihre Fingernägel in die Haut gekrallt und gekratzt, bis es blutete. An dem Geburtstag ging sie zum ersten Mal professioneller vor. Kontrolliert ritzte sie die Epidermis mit Werkzeugen auf. Erst schnitt sie mit einem Teppichmesser, dann mit einer Rasierklinge konzentriert und fein säuberlich Striche in die Haut, aus denen ihr dunkelrotes Inneres langsam hervorquoll.

Seit einem Vierteljahrhundert nutzte sie diese Art der Selbstbefreiung. Vermutlich war sie die älteste Ritzerin der Welt. Sie schämte sich dafür. Manchmal tat sie es jahrelang nicht, dann mehrmals im Monat. In Mexiko hatte sie geglaubt, es endlich überwunden zu haben. Aber nach drei Jahren Abstinenz hatte sie sich zwei Tage nach dem Umzug von Bonn nach Berlin neue Klingen gekauft.

Sie hielt sich das Stahlblatt an die Wade und zögerte. Der Nachbar kam ihr in den Sinn. Diese Begegnung hatte sie für einen schönen Moment lang befreit. Erlöst von allen Ängsten, die in ihr hausten und nicht mehr auszogen. Es war machtvoller gewesen, als sich Arme und Beine gleichzeitig zu ritzen.

Zuvor hatte sie noch mit einer Panikattacke gerungen. Um den Kampf nicht zu verlieren, hatte sie sich losgerissen, das

Altpapier geschnappt und war in den Hof gelaufen. Kaum zurück in der Wohnung, hatte sie bemerkt, dass Noten fehlten, die sie versehentlich mit entsorgt hatte.

Gott sei Dank hatte sie noch daran gedacht, sich die Lippen zu schminken. Niemals ging sie ohne roten Mund aus dem Haus. Nicht weil sie übermäßig eitel war, sie fühlte sich mit geschminkten Lippen einfach sicherer und geschützter. Vor neuen Begegnungen oder an unbekannten Orten zog sie sich ihre Lippen alle fünf Minuten nach. Sie besaß mehrere Exemlare ihres Lieblingsstifts, damit sie immer in irgendeiner Hosen- oder Manteltasche einen dabei hatte. Zusammen mit ihrem kleinen Handspiegel, den ihr ihre Mutter einst geschenkt hatte. Auch vorm Klavierspielen und in den Arbeitspausen zog sie ihre Lippen nach. Einmal hatte sie den Stift vergessen und war panisch zurück nach Hause gefahren, obwohl sie sowieso schon zu spät zur Arbeit unterwegs war.

Im Nachhinein war es ihr wie ein Augenzwinkern Gottes vorgekommen, dass er sie noch einmal in den Hof geschickt hatte. Ihr Zusammentreffen mit dem Nachbarn hatte sie auf unerklärliche Weise für ein paar Minuten lang alles vergessen lassen.

Das ist ein guter Mensch, hatte sie sofort gedacht, und sich später über ihre eigene Leichtigkeit gewundert, mit der sie auf den Unbekannten reagiert hatte. Trotz ihrer inneren Katastrophe, trotz der Trümmerhaufen, die der in ihr tobende Krieg hinterlassen hatte, brachte sie es meistens fertig, die Fassade einer halbwegs normalen, aufgeweckten und offenherzigen Frau aufrecht zu erhalten. Die Unsicherheit hinter ausgestelltem Selbstbewusstsein zu verbergen, gelang ihr fast immer. Nur manchmal geriet ihre Schauspielerei ungewollt formell.

Sie konnte sich nicht erklären, was der Nachbar in ihr ausgelöst hatte, aber es war befreiend und beglückend. Beim Blick in seine Augen hatte sie das Gefühl gehabt, sie würden sich erkennen. Die berühmte Seelenverwandtschaft.

Dabei wusste sie nicht, was an Stoller so besonders war, außer dass er angenehm roch, wie Zitrusfrüchte, die in frische Erde eingelegt waren. In körperlicher Hinsicht erschien er ihr durchschnittlich, mittelgroß und mittelschlank. Sein Gesicht wirkte männlich und jungenhaft zugleich. Mit seiner abgewetzten braunen Lederjacke und den langen Haaren sah er aus, als sei er vor zwei Dekaden aus dem Fluss der Zeit geraten und am Ufer gestrandet.

Wie er ihr in die Augen geschaut hatte. Staunend und suchend wie ein schüchterner Schuljunge. Vielleicht war es das, was ihr das Gefühl der Befreiung vermittelte: Wie er in ihre Augen geblickt hatte, als wollte er jeden dunklen Winkel darin erforschen, die ganze Wahrheit ergründen und schließlich mit gleißendem Licht alles Dunkle vertreiben.

Wunschprojektionen, Traumfluchten, Hirngespinste. Wahrscheinlich eine Vorstellungsfixierung. Die Illusion einer Erlösung durch den Helden, den Retter und Ritter. Wie lächerlich.

Anna atmete tief durch und machte sich ans Werk. Vor jedem Schnitt biss sie die Zähne zusammen, doch noch während die Klinge sich durch die obere Hautschicht grub, entspannte sich erst ihr Kiefer, dann der ganze Körper. Der Schmerz war befreiend. Erlösung auf Zeit.

Mit einem Taschentuch wischte sie das Blut ab und betrachtete ihr Werk. Es war gut. Erleichtert atmete sie durch, ging ins Bad und ließ die Wanne voll laufen. Sie goss ihr liebstes Badeöl dazu, eine Mischung aus Ölen, Blumenessenzen und Vanille, die sie auf einer Website im Internet selber zusammengestellt hatte. Nach dem Bad betrachtete sie sich lange im Spiegel. Langsam fuhr sie mit den Händen über die Hüften und ihren Bauch. Mindestens fünf Kilo zu viel. Du musst wieder auf Diät!

Mit den Fingerspitzen strich sie über die Narben der verbrannten Haut. Als die aufbrechende Erinnerung zu einer neuen Panikwelle anschwoll, ging sie schnell ins Bett, stellte den CD-Spieler an und hörte Goldbergs Bach-Variationen. Sie nahm die Bibel vom Nachttisch und schlug sie auf.

Das Erlebnis am Strand des Todes hatte ihr kindliches Interesse an Spiritualität neu geweckt. Am Tag ihrer Rückkehr aus Mexiko hatte sie sich in einem Antiquariat eine handliche Prachtbibel mit einem Einband aus glänzendem Schildpatt gekauft. Sie war einer inneren Stimme gefolgt, die ihr befohlen hatte, das Buch der Bücher zu lesen.

Die Frage nach dem Sinn des Lebens hatte Anna vor ihrem Erlebnis nicht sonderlich beschäftigt, sie hätte sich als transzendental obdachlos bezeichnet. Seit sie das Hauptwerk des Christentums las, hatte sie zwar noch keine Antwort erhalten, aber die vage Ahnung eines letzten Grundes, dem sie nachspüren wollte. *Sucht, und ihr werdet finden.*

14

Als er zur Uhr blickte, war es sechs Uhr morgens. Die himmlischen Wesen hatten sich verflüchtigt, die Erscheinungen in Luft aufgelöst. Draußen dämmerte es, über den Gräbern hing Morgendunst.

Während sich seine Gedanken überschlugen, sah Stoller sich wie ferngesteuert ins Bad gehen. Er hatte das Gefühl, er sei außer sich und beobachte sich selbst, wie er sich auszog und in die Duschbadewanne legte. Nachdem er sich in eine fötale Stellung gerollt hatte, ließ er sich mit warmem Wasser beregnen. Er fühlte sich wie im Mutterleib.

Fast eine Stunde lag er reglos in der Ausgießung des heißen Wassers. Als er aufstand, fühlte er sich frisch und voller Energie. Geburt, schoss es ihm in den Sinn. *Ich bin wiedergeboren!* Sein unfassbares Erlebnis hatte ihn vom Tod im Leben erweckt.

Während er Frühstück machte, das wie jeden Tag aus dreifachem Espresso mit warmer Milch und zwei gebutterten Scheiben Toast mit Honig bestand, versuchte er, das Tosen in seinem Kopf zu beruhigen. Seine Aufregung wurde von tiefer Verunsicherung begleitet. Was war da mit ihm geschehen? Konnte es tatsächlich etwas außerhalb der sinnlich wahrnehmbaren Realität geben, etwas Über-Sinnliches? Echtes Glück?

Diese Erfahrung war das Größte, das er je erlebt hatte, intensiver als alles, was ihm jemals in seinem Leben widerfahren war. Die erlangten Erkenntnisse schienen ihm alles Schulwissen zu übersteigen, das sich ein Mensch in seinem

Leben aneignen konnte. Oder hatte er sich alles nur eingebildet?

Sein Blick fiel auf die Tablettenschachtel und die giftige Chemikalie. Er schüttelte den Kopf. Der Tod musste warten. Erst musste er die Wahrheit über sein Erlebnis herausfinden. Stoller brannte vor Wissensdurst und Verlangen nach Erkenntnis. Er brauchte Gewissheit und wollte verstehen, was er erlebt hatte. Ob ihn göttliche Wahrheit ergriffen hatte. Oder nackter Wahnsinn.

15

Gott wohnt im Gehirn. Mit diesem Gedanken und heftigen Kopfschmerzen erwachte Daniel auf dem Schlafsofa in seinem Arbeitszimmer. Halb neun. Keine drei Stunden hatte er geschlafen. Er blinzelte zur Whiskyflasche auf dem Schreibtisch. Sie war fast leer.

Daniel gähnte und dachte an den Alptraum, aus dem er erwacht war. Er war Zuschauer einer Szene gewesen, in der er selbst im Mittelpunkt stand. Krankenpfleger schnallten ihn ruppig auf einen elektrischen Stuhl, ein OP-Team drängte sich um ihn. Ein korpulenter Arzt mit dem Gesicht eines Schweins sägte ihm über den Augen den Schädelknochen auf und nahm die Schädelplatte ab, wie den Deckel von einem Topf. Mit beiden Händen griff er in die Kopfschale, nahm das Gehirn heraus und warf es achtlos in einen Plastikeimer, der auf dem Boden stand.

Aus einer Schüssel nahm ein anderer Arzt eine Handvoll kleiner Statuen, die in einer Salzlösung schwammen und verschiedene Gottheiten darstellten. Ein Kruzifix aus Holz, ein silbernes Bildrelief des ägyptischen Sonnengottes Re, Buddha aus Jade, Ganesha aus Elfenbein und religiöse Figuren, die Daniel nicht kannte.

Der Arzt reichte sie dem Dicken, der sie in Daniels Kopf legte und den Schädel damit auffüllte. Zuletzt setzte das Schweinsgesicht die Platte auf, die Assistenten trieben wie Bauarbeiter mit Hämmern Nägel durch den Rand der Schädeldecke in den unteren Teil der Hirnschale. Der Knochen splitterte und zwischen Deckel und Topf klafften Lücken, durch die der Beobachter die Gottheiten wie in einem vergitterten Gefängnis sehen konnte.

Hatte sein Traum mit der Erkenntnis zu tun, zu der er durchgedrungen war? Mit dem Algorithmus, der bewies, dass Gott und der Glaube im Gehirn gründeten?

Daniel streckte sich und gähnte erneut. Langsam stand er auf und trank gegen die Kopfschmerzen den Rest aus der Whiskyflasche. Vor dem Wandspiegel kämmte er sich die Haare und ließ dann seinen Blick über den Friedhof streifen. Die frostharte Erde dampfte in der Sonne. Eine Frau in einem beigefarbenen Steppmantel und ein kleiner Junge legten Blumen auf ein frisches Grab. Der Dunst ihres kondensierenden Atems vermischte sich mit dem Dampf der Erde.

Verächtlich schüttelte Daniel den Kopf. Wie dumm die Menschen sind. Vergeuden kostbare Lebenszeit und werfen Blumen auf einen Knochenacker, genährt von einer sinnlosen Hoffnung. Es konnte kein Leben nach dem Tod geben, denn außerhalb des Zerebrums gab es keine Seele und keine geistige Welt.

Gott wohnte im Gehirn. Alles, was den Menschen bewegte, hatte seine Grundlagen in den biochemischen und elektrischen Vorgängen des Denkorgans und hinterließ dort seine Spuren. Spirituelles Erfahren korrelierte nicht nur mit neurophysiologischen Prozessen, es beruhte auch auf ihnen.

Der menschliche Geist war nicht vom Himmel gefallen, er hatte sich in der Evolution der Nervensysteme herausgebildet. Das Bewusstsein wurde vom Gehirn erzeugt. Der Mensch wurde nicht von Gott, sondern von organischen Prozessen gelenkt, und sein Schicksal stand nicht in den Sternen, sondern in den Genen. Er war nicht die Krone der Schöpfung, der Mensch war die Krönung der Evolution.

Der Geist steckte in der Materie, in einem etwa anderthalb Kilogramm schweren Brocken, der etwa zwei Prozent des Gesamtkörpergewichts ausmachte, aber rund zwanzig Prozent der Energie verschlang. Ein bizarr geformter Klumpen, der zu achtzig Prozent aus Wasser bestand und dessen materielles Substrat zum Großteil aus weißer Substanz beschaffen war, aus Dendriten und Zellfortsätzen, die das Hirngewebe bildeten.

Nur in der äußersten Schicht dieses Klumpens, in der grauen Substanz der wenige Millimeter dünnen Hirnrinde, die aus Zellkörpern und rund zwanzig Milliarden Neuronen mit jeweils zehntausend Vernetzungen bestand, fand das Geistesleben des Menschen statt.

Hier wurde die Welt erschaffen, die Abbildung der Wirklichkeit ebenso wie Träume und Visionen. Hier wohnten das Bewusste und das Unbewusste, alle Gedanken wurden dort gebildet und zu vergänglichen, zu flüchtigen und nahezu unsichtbaren Gebäuden verknüpft, in denen elektrische Signale mit einer Geschwindigkeit von dreihundertsechzig Stundenkilometern oder hundert Metern pro Sekunde durch das hoch verdichtete Netz aus Nervenfasern rasten, auf Bahnen mit einer Gesamtlänge von knapp sechs Millionen Kilometern.

Es war das rätselhafteste und faszinierendste Organ, das die Evolution geschaffen hatte, unbegreiflich komplex und unglaublich simpel zugleich. Eine begrenzte Anzahl chemischer Stoffe und ein paar elektrische Hirnströme mit unterschiedlichen Frequenzen reichten zur Aufnahme und Ausgabe der Welt. Sie übersetzten die Signale von außen, die über die Sinne aufgenommen wurden. Gemeinsam mit den Impulsen von innen konnte alles geschaffen werden, was Geist geborenes Menschenwerk war.

Im Grunde war es ganz einfach, die Evolution hatte es ökonomisch eingerichtet. Das Leben basierte auf den vier Grundbausteinen, aus denen die DNS beschaffen war, fand statt in den vier Elementen und Dimensionen und ließ sich mathematisch fassen in Formeln, die auf die vier Grundzahlen zurückgingen. Und Gott basierte auf vier Hirnwellen, auf einem simplen Algorithmus aus Alpha-, Delta-, Gamma- und Theta-Wellen.

Der Gedanke trieb Daniel zur Eile. Die Sensation musste in die Welt, und die Zeit war sein natürlicher Feind. Außerdem stand sein Jour fixe mit Hacker auf dem Programm. Er musste ins Institut, die Telefonleitung seines Heimlabors war nicht abhörsicher, hatten ihm Hagen und Wolff eingebläut. Die Warnung hatte ihn zuerst beunruhigt, denn wer sollte sein Privattelefon abhören und warum? Doch dann hatte es ihn mit Stolz erfüllt, als er erkannte, wie wichtig er und seine Arbeit für die Welt waren.

Eilig versteckte er den Pulsator im Geheimfach seines Schreibtischs und die Akten im Schrank, schloss die Tür auf und hinter sich wieder zu, und hastete in die Küche.

16

Stoller spülte das Frühstücksgeschirr, setzte sich an den Tisch und schaute auf den Friedhof. Eine Mutter und ihr Kind gingen Hand in Hand die Gräber entlang. Früher hätte er sich lustig gemacht über deren sinnlose Zeitverschwendung. Jetzt spürte er warmes Mitgefühl.

Normalerweise rauchte er zum Kaffee, aber an diesem Samstag wollte er das heilige Gefühl nicht beschmutzen, von dem er noch immer erfüllt war. Verwandelt fühlte er sich, wie ausgewechselt oder erneuert. War er tatsächlich zu etwas Besonderem ausersehen? Aber in drei Tagen die Welt retten und die Menschheit erlösen, war das nicht ein bisschen viel für einen popeligen Statiker? Kein realistischer Zeitrahmen für eine Weltrettungsmission, was dafür sprach, dass er einen Spuk erlebt hatte.

Andererseits war das Erlebnis so mächtig und real gewesen, das konnte er doch nicht halluziniert haben. Oder waren ihm nach der Begegnung mit Anna alle Sicherungen durchgeknallt und war er übergeschnappt?

Er schloss die Augen und konzentrierte sich darauf, ihr Gesicht zu sehen. »Anna«, sagte er laut, »du fühlst einen Impuls. Du hast den Drang, nach draußen zu gehen, vor deine Wohnungstür. Und zwar jetzt!« Er riss die Augen auf, zog sich hastig Schuhe und Jacke an, lief in den Seitenflügel und hetzte die Treppen hoch bis zur Tür mit dem Namensschild Meckel. Nichts. Keine Anna.

Vorsichtig lauschte er an der Tür. Stille. Zögernd legte er den Finger auf die Klingel. Er traute sich nicht.

Enttäuscht ging er die Treppe hinunter und hoffte, Anna im Hof zu begegnen, doch er traf nur Hannes, der mit Bierflaschen und Frikadellen beladen von der Straße kam.

Hannes war der Hausirre, ein psychisch kranker Alkoholiker Mitte vierzig, der mehrmals täglich zwischen seiner Wohnung und dem Spätverkauf um die Ecke pendelte. Er steckte in einem großen, massigen Körper. Seine dunklen Haare waren fettig und ungekämmt, am unrasierten Mund klebte Senf. Seine Hände glänzten schmierig, die Fingernägel schwarz. Der blaue Seemannspullover, den er immer trug, war voller Flecken, die Jeans speckig und seine Arbeitsschuhe zerschlissen. Das alles konnte man auch riechen.

Hannes hatte Chemie studiert und war mehrmals in psychiatrischer Behandlung gewesen, woraus er kein Geheimnis machte. Bei jeder Begegnung mit ihm konnte man ahnen, dass er noch nicht geheilt war.

Die Schuld an seinem desolaten geistigen Zustand gab er den Polizeibehörden, der Bundeswehr und dem Verfassungsschutz. Angeblich hatte er zwei Jahre lang »bei der Militärpolizei« Dienst an Radargeräten geleistet und die elektromagnetische Strahlung, der er dabei ausgesetzt gewesen war, hatte sein Gehirn beeinflusst und ihn verrückt gemacht. Überall und jederzeit witterte er Verschwörungen und Geheimdienste am Werk. Er ließ es sich nicht nehmen, seinen Nachbarn bei jeder Gelegenheit wirre Monologe darüber zu halten. Zum Monatsende lieh er sich oft Geld von Stoller.

Diesmal sprach Hannes über die aktuelle Lage im Kiez. Statt wie sonst genervt zu sein, hörte Stoller geduldig zu. Er sah den Trinker mit anderen Augen. Zum ersten Mal empfand er Mitleid mit dem armen Kerl. Er schaute Hannes lange in die Augen, wie er es vorher noch nie getan hatte, und sah darin Unsicherheit und Leid.

Während Hannes gerade davon sprach, dass auf dem Nachbarhaus seit letzter Woche ein neuer Mobilfunkmast stand, holte Stoller sein Portemonnaie heraus und entnahm einen Fünfzigeuroschein. »Hier. Kauf dir mal was Gesundes. Obst, Gemüse.«

Hannes starrte entgeistert auf den Schein. »Is' das 'n Trick?«

»Nimm schon.«

Er nahm den Schein grinsend. »Monatsende kann ich's dir zurückgeben, wenn das Geld vom Amt da ist.«

»Nicht nötig, sieh's als Geschenk.«

»Nee, nee, ich brauch keine Almosen, hab auch meinen Stolz, ne. Kriegste alles wieder, vielleicht schon Montag, da will ein Kumpel seine Schulden zurückzahlen.« Er steckte den Schein weg und schlug Stoller jovial auf die Schulter. »Echt nett von dir, weißte, hätt ich echt nicht von dir gedacht, dass du so'n Guter bist.«

»Schon recht.«

»Na jedenfalls, was meinste, warum die da schon wieder so'n Mast hingeknallt haben, he?«

Stoller zuckte die Schultern. »Damit das Funkzellen-Netz dichter und der Empfang besser ist?«

»Ha, von wegen! Gibt doch längst genug Masten. Nee, ich sag dir was.« Hannes beugte sich verschwörerisch näher und senkte die Stimme. »Der Dienst!«, raunte er, »da steckt der Dienst dahinter, ist doch klar.«

Jetzt geht die Nummer wieder los, dachte Stoller. Er drehte den Kopf zur Seite, um dem säuerlichen Mundgeruch des Trinkers zu entkommen. Ihm wurde bewusst, dass sich seine

Wahrnehmung der Welt verändert hatte, nicht aber die Welt an sich.

»Die versuchen uns über die Handys zu manipulieren, wusstest du das nicht? Bewusstseinskontrolle durch Hirnwellenmanipulation, verstehste?«

Als Stoller aufblickte, machte sein Herz einen Sprung. Anna kam mit zwei Einkaufstüten in der Hand eilig durchs Hoftor.

»Morgen, Anna!«, rief er freudig und wandte sich ihr zu. Doch sie lief auf der anderen Seite des kleinen Rondells zum Eingang des Seitenflügels und lächelte entschuldigend. »Bin total durchgefroren. Brauch 'ne heiße Dusche, damit ich nicht krank werde, muss nachher noch spielen.« Schon war sie im Haus verschwunden. Stoller sah ihr missmutig hinterher.

Hannes beugte sich näher und hielt die Hand mit den Frikadellen als Schallschutz vor den Mund. »Du, wer weiß, ob die neuen Nachbarn nicht auch vom Dienst sind. Weißt schon, mit geheimem Spezialauftrag.« Er ließ sein ketzerisches Lachen ertönen, winkte zum Gruß und ging in den Seitenflügel.

Stoller stand alleine da. Er überlegte, ob er hoch gehen und bei Anna klingen sollte. Weil er nicht aufdringlich erscheinen wollte, verwarf er den Gedanken. Außerdem hatte er keine Zeit. In seinem Kopf surrte es vor Gedanken und Gefühlen. Du hast einen Hirntumor, flüsterte eine Stimme in sein Ohr. Du bist der Auserwählte, flüsterte es ins andere Ohr. Er hatte Angst durchzudrehen. Oder war er das längst?

17

Auf der Straße konnte er die Veränderung seiner Wahrnehmung noch deutlicher spüren. Er glaubte, die Welt in einem neuen Licht zu betrachten. Als hätte sich sein Blick geweitet, strömten nun viel mehr Eindrücke in sein Bewusstsein als üblich. Er registrierte ein Stück Plastikmüll und beobachtete eine Weile lang, wie es vom Wind hin und her gewirbelt wurde.

Eine Katze, die an eine Häuserwand geduckt kauerte, kam in seinen Blick und nahm seine Aufmerksamkeit gefangen. Ihr Miauen schien an ihn gerichtet zu sein. Er ging zu ihr. »Willst du mir was sagen?« Als er sich zu ihr beugte und sie streicheln wollte, huschte sie davon.

Weil er das Gefühl hatte, die Katze sei ein Zeichen, folgte er ihr bis zu einer Hofeinfahrt. Sie zwängte sich durch die Gitter des Tores und entschwand seinem Blick. Wieso führt sie dich hierhin, wer wohnt hier? Atemlos schaute er auf das Tableau mit den Klingelschildern. Er erschrak, als er den Namen Teufel las.

Panisch blickte er sich um. *Achte auf die Zeichen,* hörte er eine Stimme in seinem Kopf. Ein handbeschriebener Zettel klebte an einer Laterne. Er spürte, dass alles zwangsläufig miteinander verbunden war, die Katze, der Teufel, der Zettel. *Kaufe alles,* stand auf dem Zettel, *Elektro, Bücher, Möbel.* Stoller grübelte. Ein geheimer Code? Sollte er Kontakt zu der Person aufnehmen, die alles kaufte? Er wollte den Zettel bereits abreißen, hielt jedoch inne, als ein Pärchen an ihm vorbeiging, das sich angeregt unterhielt. Er schnappte einen einzelnen Satz auf, eine Frage: »Kennst du das Gesetz der großen Zahl?« Stoller wagte nicht zu atmen. Er *musste* das hören, eindeutig, aber was sollte es ihm sagen? Das Gesetz der großen Zahl?

Konfus wischte er sich die Haare beiseite, die ihm wie ein Tuch vors Gesicht gerutscht waren. Überall sah er nun Hinweise voller Bedeutung, Zeichen überall. Der Sonnenstrahl, der ihn blendete und seinen Blick auf ein Schild lenkte, konnte auch kein Zufall sein. Spontan folgte er einem roten Hinweispfeil, der an dem Schild hing, bis er nicht mehr weiter wusste. Der Blinker eines abbiegenden Autos wies ihm für einen Kilometer den Weg, bis sich die Spur verlor.

Verzweifelt tastete sein Blick die Welt nach Verständnis ab. Stoller überkam das bedrohliche Gefühl, in der Flut an Bedeutung zu ertrinken. Er hatte Angst irre zu werden. Oder bewiesen die Feuerstürme in seinem Kopf, dass er es bereits war?

Das nächste Zeichen nahm seine Gedanken in Geiselhaft, ein Schild an einem Haus mit Arztpraxen. *Geistiges Heilen* stand unter dem Namen einer Frau. Da musst du hin! Wenn du der auserwählte Messias bist, musst du heilen und Tote auferwecken können. Die andere Stimme in seinem Kopf hielt dagegen, das sei der Wahnsinn, er müsse in die Psychiatrie.

Minutenlang stierte er auf das Schild. Den Strom der Passanten, der sich um ihn herum schlängelte, nahm er nicht wahr. Mehrmals machte er ein paar Schritte auf das Haus zu, ging wieder zurück. Wieder hin, wieder zurück. Hin, zurück.

Sei auf der Hut, mahnte ihn die eine Stimme; du redest dir das alles nur ein, beschwor ihn die andere. Er sah den Menschen, die das Haus betraten, in die Augen, auf einen weiteren Hinweis hoffend. Mit panischer Angst stellte er fest, dass die beiden Frauen und der Mann, die hinein gegangen waren, dieselbe blaugraue Augenfarbe hatten. Das konnte kein Zufall sein. Eine Falle.

Schnell weg hier, jagte ihn die erste Stimme davon. Erst am Alexanderplatz blieb er stehen und sog die kalte Luft ein. Ein seliges Lächeln breitete sich unvermittelt auf seinem Gesicht aus. Die Angst war mit einem Augenblick verflogen und das friedliche, heilige Gefühl kehrte unerwartet als wohliger Strom durch sein Rückenmark zurück.

Stoller beruhigte seinen Atem und betrachtete die vorbei hetzenden Passanten, erleichtert, dass der Gedankensturm vorüber war. Auf einmal spürte er, wie er offen und empfänglich für die Welt und ihre Bewohner wurde. Er entdeckte in sich die Fähigkeit zur Empathie mit wildfremden Menschen, die nun alle seine Schwestern und Brüder waren, in der einen großen, von Gott geschaffenen Menschenfamilie.

Auf der U-Bahn-Treppe half er einer gestürzten alten Frau auf die Beine. Sie musterte ihn verwundert und bedankte sich kopfschüttelnd.

Er suchte nach weiteren Gelegenheiten für gute Taten und entdeckte eine Gruppe Punks, die mit ihren Hunden an der U-Bahn-Treppe saßen, Bier tranken und im Takt der Musik, die aus einem Ghettoblaster schepperte, den Kopf wippten. Als er in die Sammeltasse einen Fünfer steckte, sprang ein Mädchen mit grünen Strähnen im schwarzen Haar auf, schnappte sich den Schein und hüpfte fröhlich pfeifend davon, ohne Stoller zu beachten.

Er ging weiter und erblickte einen Bettler, den er vorher willentlich übersehen hätte, legte einen Zehneuroschein in den Hut und erfreute sich an der ungläubigen Freude des anderen. Danach half er einem unsicheren Kind über die Kreuzung. Als eine Frau rief, er solle ihr Kind in Ruhe lassen, bemerkte er, dass er es zu gut gemeint hatte.

Trotzdem war er zufrieden. Die Aufmerksamkeit und Wachheit, mit der er die Welt betrachtete, vermittelten ihm das Gefühl, sein Bewusstsein habe sich erweitert. Als er spürte, wie ihm die Erkenntnis seiner Verwandlung Tränen der Begeisterung in die Augen trieb, lief er rasch weiter. Auf sein Ziel zu, das er vorübergehend aus den Gedanken verloren hatte.

18

»Du Idiotin!« Anna stand im Bademantel und mit Handtuch über dem Kopf am Fenster und beschimpfte sich, während sie auf den Friedhof schaute und Minztee trank. Metatron schien ihre Stimmung zu spüren, er lag in Lauerhaltung auf der Sessellehne und fixierte sie argwöhnisch.

»Ksch! Hau ab!« Sie mochte es nicht, beobachtet zu werden, wenn sie wütend war. Auch nicht von einer Katze.

Wieso hast du nicht wenigstens kurz mit ihm geredet, marterte sie sich. Wie auf der Flucht war sie ins Haus gestürmt, als sie ihrem Nachbarn begegnet war. Sie war in Gedanken vertieft und zu überrascht gewesen. Und sie hatte sich nicht wach genug gefühlt. Nach wenigen Stunden unruhigen Schlafs war sie am frühen Morgen aufgewacht. Als sie die Augen öffnete, musste sie sofort an Stoller denken. Sie hatte von ihm geträumt, konnte sich aber nicht mehr an den Traum erinnern.

Nachdem Daniel die Wohnung verlassen hatte, um ins Institut zu fahren, war sie aufgestanden, hatte sich Espresso gekocht und weiter an den Nachbarn gedacht. Weil ihr bei den Gedanken heiß wurde, hatte sie sich zu dünn angekleidet, als sie einkaufen ging. Die Kälte zog in ihre Knochen wie Creme in trockene Haut. So war sie tatsächlich durchgefroren, als sie Stoller traf.

Aber sie ließ es sich nicht als Entschuldigung durchgehen. Zum dritten Mal rekonstruierte sie den minutiösen Ablauf der verpassten Gelegenheit. Wieso konnte sie im falschen Moment nie das Richtige tun? Das passende Verhalten fiel ihr immer erst im Nachhinein ein. Es war wie mit Gesprächen: Amüsante und kluge, geistreiche und sinnvolle Worte kamen ihr stets nach einem Gespräch in feurigen Dialogen, die nur in ihrem Kopf stattfanden.

Anna seufzte und nippte am Tee. Wir haben viele Gründe, sagte sie sich, auch für den verkorksten Moment wird es einen Grund geben. Du wirst ihm wieder begegnen, und wenn nicht Gott oder der Zufall oder das Schicksal dafür sorgen, hilfst du eben selber nach.

Die Idee elektrisierte sie. Anna trank die Tasse leer und zog sich an. Sie musste ihren Plan sofort in die Tat umsetzen, damit es keiner blieb.

19

Die Staatsbibliothek hatte er schon einige Male besucht, um die komplizierte Konstruktion zu bewundern. Besonders die großzügige Leselandschaft mit ihren terrassenartigen Emporen und den geschwungenen Freitreppen hatte die Tragwerksplaner vor Herausforderungen gestellt, die sie kongenial gelöst hatten. Ein kleines Meisterwerk der Statik.

Er war überrascht, wie gut besucht die Bibliothek an einem Samstagmorgen war. Mehr als die Hälfte der Lesetische war belegt.

Stoller war voller Tatendrang. Zuerst wollte er wissen, worum es in der Bibel ging und was dort über Offenbarungen und Prophezeiungen geschrieben stand. Er suchte sich Bücher über Propheten heraus und eine Lutherbibel, in der den sechsundsechzig Büchern des Buches Kurzzusammenfassungen vorangestellt waren und die wichtigsten Aussagen erklärt wurden.

Das Alte Testament war voller Berichte über die Offenbarungen der Propheten. Abraham zeugte auf Gottes Geheiß als hundertjähriger Greis ein Kind mit der neunzigjährigen Sara und brach auf ins Gelobte Land; Noah baute die Arche aufgrund seiner Verkündigung; Moses führte die Juden aus Ägypten und teilte das Meer, wie es ihm von Gott aufgetragen wurde; Jesaja trat als Mahner und Warner auf und war damit beauftragt, das bevorstehende Eingreifen Gottes anzukündigen; Daniel wurde in Gottes Geheimnisse und den Weltenlauf eingeweiht und musste die gewonnenen Erkenntnisse auf Leben und Tod verteidigen.

Siebzehn Bücher des früheren Testaments trugen Namen von Propheten, dazu gab es ein Zwölfprophetenbuch und zahlreiche Prophetinnen. Allen Berichten war eines gemeinsam: Sie schilderten, wie Gott sich normalen Menschen offenbart und sie mit einer Mission bedacht hatte.

Jakob hatte sogar mit ihm gekämpft und sich dabei das Hüftgelenk verrenkt. Unwillkürlich strich Stoller sich über die schmerzende Hüfte. Er spürte eine heilige Erregung. Gehörte er in eine Reihe mit den Auserwählten der Bibel?

Während sich das ältere Testament um Israels Geschichte mit einem strafenden Gott drehte, standen Barmherzigkeit und Nächstenliebe im Zentrum des zweiten. Die jahrtausendealten Textsammlungen erschienen Stoller stellenweise hochaktuell. Und voller Geheimnisse.

Ich will mein Gesetz geben in ihren Sinn, und in ihr Herz will ich es schreiben und will ihr Gott sein, und sie sollen mein Volk sein. Und es wird keiner seinen Mitbürger lehren oder seinen Bruder und sagen: Erkenne den Herrn! Denn sie werden mich alle kennen von dem Kleinsten an bis zu dem Größten.

Er grübelte, was die Stelle im Paulusbrief an die Hebräer bedeuten könnte. Zu Moses Zeiten wanderte Gott als Wolke mit dem Volk Israel durch die Wüste und wachte über die Bundeslade, in der außer den Gesetzestafeln so etwas wie ein unter Starkstrom stehender Zauberstab verborgen sein musste. Etwas, das mit Gottes Kraft oder seinem Heiligen Geist erfüllt war. Gott ließ Frösche regnen und alle Erstgeborenen sterben, er zeigte sich mit verheerenden Strafen apokalyptischen Ausmaßes.

Von solchen für alle sichtbaren Zeichen stand nichts im Neuen Testament. *Wisst ihr nicht, dass ihr Gottes Tempel seid und der Geist Gottes in euch wohnt? Der Tempel Gottes ist heilig und der seid ihr.* Laut Korintherbrief war Gott inwendig, in jedem Menschen, genauso wie es ihm in der Offenbarung erklärt worden war.

Du musst dich selbst überwinden, damit du dich erkennst und erkannt wirst, hatten ihm die Himmelsboten mitgeteilt. Stoller schoss der Spruch des Orakels von Delphi in den Sinn, den seine Kollegin Viola häufig zitierte: *Erkenne dich selbst!* Er glaubte jetzt den Sinn zu verstehen: *Erkenne dich selbst, denn dann erkennst du Gott.*

Nachdenklich strich er die Haare beiseite, die ihm vor die Augen gerutscht waren. Hatte er sich jemals ernsthaft die Frage nach dem Woher und Warum und Wohin gestellt, nach dem Wer bin ich? *Bittet, und es wird euch gegeben werden; sucht, und ihr werdet finden; klopft an und es wird euch geöffnet werden.* Nie hatte er diesen Rat befolgt, den er bestimmt schon als Kind aufgeschnappt hatte. Immer hatte er nur äußeren Schätzen nachgejagt, Status und Erfolg, irdischen Gütern, dem verborgenen Gold in der Erde.

Ihm kam eine Ahnung, warum ein neuer Messias notwendig sein könnte. Die Menschen hatten das zweite Testament nicht beherzigt, sie hatten nicht gesucht und deshalb weder sich noch Gott erkannt. Womöglich mussten sie aber genau das, um ihr Verhalten ändern und die Vernichtung der Welt verhindern zu können.

Vielleicht wurde er als neuer Messias gesandt, um ein drittes Testament zu verkündigen und die Menschheit zur Umkehr zu bewegen. Aber was sollte der Inhalt seines Evangeliums sein?

Auch im Neuen Bund fand Stoller eine Reihe von Textstellen, in denen geschildert wurde, wie normale Menschen aus heiterem Himmel eine Offenbarung des Göttlichen erfuhren.

Besonders beeindruckte ihn die Geschichte von Paulus. Er konnte sich in ihm wiedererkennen. Hatte er nicht wie dieser nach einem sündhaften Leben den *Geist der Offenbarung* geschaut, wie der Apostel an die Epheser schrieb?

Doch Paulus musste nicht die Welt retten. Das war die Aufgabe von Jesus Christus. Und zweitausend Jahre später die Mission von Maximilian Stoller, Tragwerksplaner aus Berlin. Ihm wurde schwindlig bei dem Gedanken.

20

Ein surreales Gefühl von Erhabenheit durchströmte ihn, als er im Schneetreiben von der Charitéstraße durch das alte Portal schritt und das Campusgelände betrat. Natürlich kannte er die Erklärung für das unwirkliche Gefühl: Schlafmangel und Alkoholintoxikation.

Nach dem Aufstehen hatte er kalt geduscht, zwei Aspirin geschluckt und vier Tassen starken Kaffee getrunken, bevor er los gefahren war. Anna hatte noch geschlafen.

Das Lächeln der Eingeweihten breitete sich auf seinem Gesicht aus, als er das Wärterhäuschen auf der linken und den Ziegelsteinturm auf der rechten Seite passierte und den Virchowweg entlangging, die kalte Luft tief in seine Lungen ziehend.

Der Charité Campus Mitte erschien ihm wie eine eigene Welt. Eine kleine Stadt in der Stadt, bestehend aus Dutzenden Häusern in verwinkelten Straßen. Hundertfünfzig Jahre alte Ziegelsteinbauten neben modernen Gebäuden aus Beton und Granit, historische Metallzäune neben neuen Toren mit Überwachungskameras, Türen aus Glas und Stahl zwischen alten Ziegeln und Zinnen, Zeiten und Welten überbrückend.

Daniels Arbeitsplatz befand sich im Virchowweg Sechs, dem Hauptsitz des neurowissenschaftlichen Forschungszentrums. Das NWFZ erstreckte sich zwar auf fast alle Gebäude des CCM und weitere Charité-Standorte, doch das Herz, oder besser das Gehirn des Zentrums saß im Virchowweg. Hier war auch die Geschäftsstelle von NeuroCure angesiedelt, einem vom Bund geförderten Exzellenzcluster mit dem Forschungsschwerpunkt Neurowissenschaften.

Der Neubau in Ziegelsteinoptik mit bodentiefen Fenstern erstreckte sich über sechs Ebenen. Auf Ebene Drei lag das Institut für medizinische Physik und Biophysik. Daniels Reich. Das NWFZ war wie nahezu jedes Gebäude auf dem Campus einem Hochsicherheitstrakt ähnlich. Alle Türen waren elektronisch gesichert. Zutritt zu den Fluren mit den Büros und Laboren, in denen sich die Forscher verbargen wie ein Geheimnis, erhielt man nur mit einem Transponder, der den Auserwählten Tür und Tor öffnete und den Fahrstuhl in Bewegung setzte.

Mit dem Funkschlüssel öffnete Daniel die gläserne Eingangstür und betrat das Gebäude. Am Wochenende wirkte es wie ausgestorben und roch noch steriler als sonst. Er fragte sich, wie viele Kollegen im Haus waren und an Fliegen, Mäusen und Ratten experimentierten. Auf dem Weg zu seinem Büro sah und hörte er niemanden.

Seine Räumlichkeiten waren vollgestopft mit Computern, Mikroskopen, Magnetstimulatoren, Dopplern und diversen Apparaturen und Gerätschaften für elektrophysiologische Diagnosemethoden wie Elektroneurographie, Elektromyographie und Elektroenzephalografie. Die Regale und Schränke quollen über von Zubehör der neurophysiologischen Diagnostik: Elektroden, Rubbelpasten und Kontaktgele, EEG-Hauben und Anschlusskabel, Ersatzschreibzeiger und EEG-Papier.

An der Wand über seinem Schreibtisch hing ein Spiegel in der Form eines Gehirns, den Anna ihm zur Promotion geschenkt hatte. Außerdem Hirnscans, Röntgen- und Tomographiebilder, Ausdrucke mit Zahlenkolonnen und Kurven, sowie ein eingerahmtes Stück Papier mit einem Zitat aus einem Werk Dostojewskis, einer klassischen Schläfenlappen-Persönlichkeit: *Verstand und Herz waren von einem ungewöhnlichen Licht durchleuchtet, all seine Aufregungen, all seine Zweifel, alle seine Beunruhigungen mit einem Schlag besänftigt, in einer höheren Ruhe voll klarer harmonischer Freude und Hoffnung, voll Verstand und Einsicht in die letzten Gründe der Dinge aufgelöst.*

Manchmal bezog Daniel das Zitat in Gespräche mit seinen Patienten und Probanden ein. Er versuchte ihnen damit zu verdeutlichen, dass ihre Erlebnisse im akuten Anfallsgeschehen keine persönlichen Gotteserfahrungen, sondern typische und allgemeine Erscheinungen darstellten, die Betroffene schon immer so oder ähnlich erlebt hatten.

Die alte Frau, deren Namen er sich nie merken konnte, hatte ihm ihre Erlebnisse während eines epileptischen Anfalls fast wortgleich mit Dostojewski geschildert. Sie war erstaunt gewesen, als Daniel ihr das Zitat vorgelesen hatte. Er hatte ihr entgegnet, es gebe nichts zum Staunen. Was sie erlebt habe, sei völlig natürlich gewesen. Schließlich sei jedes mystische Erlebnis bloß eine Halluzination, ein Hirnspuk, ein Spintisieren des Denkorgans.

Daniel schaltete die Computer ein und kämmte sich die Haare vorm Spiegel, während sich die Rechner dienstbereit machten. Sein elektronischer Kalender poppte auf. Für übernächsten Montag war die Pressekonferenz von 21e terminiert. Er musste sich beeilen, wenn er vorher an die Öffentlichkeit wollte.

Er schloss den Stahlschrank auf und entnahm ihm eine Akte mit der Aufschrift *Privat.* Laut Meilensteinplan hätte er die Testfrequenzen schon vor seinem Umzug nach Berlin liefern sollen. Die 21e AG unterstützte seine Forschungen seit mehr als zwei Jahren, seit er am Epilepsiezentrum der Uni Bonn, einem der weltweit besten und größten Einrichtungen auf dem Gebiet, im Fachbereich Experimentelle Epileptologie dem Zusammenhang zwischen Hirnelektrizität und Temporallappenepilepsie auf den Grund ging. Bis jetzt hatte er dem Konzern noch nicht viel zurückgegeben. Dem Terminplan hinkte er mehr als zwei Monate hinterher.

Auch der Zeitplan, auf den er sich mit Hagen und Wolff verständigt hatte, war von der Zeit überholt worden. Beim Gedanken an die beiden Herren überkam ihn ein mulmiges Gefühl, ein Unbehagen. Oder war es Angst? Als er heute früh aus dem Haus gegangen war, hatte er auf der anderen Straßenseite einen schwarzen BMW bemerkt, in dem zwei Männer mittleren Alters saßen, die den Hauseingang zu beobachten schienen. Oder hatte er das nur geglaubt, weil er paranoid wurde?

Er blickte zur Uhr. Bevor er mit Hacker telefonierte, wollte er noch einmal alle Ergebnisse der Versuchsreihen durchsehen, die ihm das große Geheimnis offenbart hatten. Konzentriert wandte er seine Aufmerksamkeit dem Computer zu.

21

Anna stand vorm Türspiegel ihres Jugendstil-Kleiderschranks und überlegte, was sie nach ihrer lächerlichen Aktion tun sollte. Sie hatte sich schnell angezogen, die Lippen geschminkt, war die Treppen des Hinterhauses hoch zu Stollers Wohnung im vierten Stock gerannt und hatte mit klopfendem Herzen geklingelt. Vergeblich.

Die folgende Stunde hatte sie immer wieder Müll aus der Wohnung in den Hof getragen in der abwegigen Hoffnung, ihm zu begegnen. Die Abfallmengen, die sie hinunter brachte, wurden immer kleiner. Zuletzt trug sie ein einzelnes Notenblatt, von dem sie noch eine Kopie besaß, zu den Müllbehältern. Doch den Nachbarn traf sie nicht. Missmutig schob sie die Abdeckung der Papiertonne hoch, ließ das Papier hinein fallen und blickte ihm traurig hinterher.

»Ach!«, hörte sie eine Stimme und drehte sich zu ihr. Sie gehörte dem ungepflegt aussehenden Nachbarn, dem sie schon mehrmals begegnet war. Er trug immer denselben Seemannspullover und hatte meistens eine Flasche Bier in der Hand.

»Sag mal, das ist schon auffällig«, rief er mit vorwurfsvollem Gesichtsausdruck und kam näher, »kaum wohnt ihr hier, werden wir überwacht!«

Anna verstand nicht. »Meinst du mich?«

»Ja-haha«, nickte er heftig und hob mahnend den Zeigefinger, »mir macht ihr nichts vor, ich kenn mich aus, ne. Meint ihr, ich hab keine Augen im Kopf oder was? Das sind doch Zivis vorm Haus! Die sind erst da, seit ihr hier wohnt.

Hier.« Er beugte sich so nah, dass sie seinen sauren Atem riechen konnte, und deutete mit Zeige- und Mittelfinger auf seine Augen. »Ich weiß Bescheid!«

Sie wusste nicht, was sie darauf erwidern sollte. Der arme Kerl schien Probleme zu haben. Sie lächelte schief. »Die bewachen und beschützen uns. Ist doch gut, uns kann nix passieren.«

Der Trinker musterte sie irritiert, die Aggressivität wich aus seinem Blick. »Ich sag ja nur. Normal ist das nicht. Erst der Handymast, jetzt die da draußen. Will's ja nur mal gesagt haben.«

»Ja, gut. Gut gesagt.« Ihr schien es, als passe sie nicht in sein Gesprächsmuster.

»Na denn, schönen Tag noch, ne.«

Er ging ins Haus. Sie sah ihm kopfschüttelnd nach. Eine kleine Ewigkeit stand sie unschlüssig im Hof, ehe sie in die Wohnung zurückkehrte.

Die Stille und der Blick in den Spiegel lösten eine Panikwelle aus, der sie entfliehen musste. Sie wollte im Volkspark spazieren und anschließend einen Gang über den Friedhof machen.

Vor dem Haus bemerkte sie einen schwarzen BMW, der auf der gegenüberliegenden Straßenseite parkte und in dem zwei Männer saßen, die den Eingang des Hauses beobachteten. Hatte der Trinker recht und das Haus wurde überwacht? Und konnte das wirklich mit Daniels Forschungen zu tun haben? Schon seit längerem hatte sie das ungute Gefühl, Daniel arbeite an etwas Unheimlichem, etwas Gefährlichem.

Es ließ ihr keine Ruhe, dass er sich ständig in seinem Arbeitszimmer einschloss und ihr nie etwas Konkretes von seinen Projekten erzählen wollte. Sie nahm sich vor, Nachforschungen über seine Arbeit anzustellen.

22

Fieberhaft suchte er nach Büchern, die Offenbarungen zum Thema hatten. Er schluckte, als der Bibliothekscomputer die Ergebnisliste anzeigte: Einhundertzweiundneunzig Bücher standen zur Auswahl. Stoller entschied sich für ein Werk, das vom Titel her auf eine allgemeine Beschäftigung mit dem Thema hindeutete: *Die Fülle der Gnaden. Ein Handbuch der Mystik.*

Die Inhaltsangabe ließ sein Herz schneller schlagen. Ein Kapitel beschrieb *die verschiedenen Arten mystischer Gnaden*, ein anderes *Offenbarungen und Visionen*, ein weiteres handelte davon, wie man echte Erleuchtungen von falschen unterschied und wie man sich solchen Erlebnissen gegenüber zu verhalten habe. Die Stunde der Wahrheit rückte näher.

Aufgeregt setzte er sich mit dem Buch an einen Lesetisch, strich den Haarvorhang beiseite und schlug es auf. Ein Klosterbruder namens Auguste Poulain hatte das Buch über Privatoffenbarungen vor mehr als einhundert Jahren geschrieben. Katholischen Mystikern zufolge erlangte man durch die Vereinigung mit Gott im Gebet die Fülle der göttlichen Gnaden. Es war die Stufe der höchsten Vermählung, die *Unio Mystica*.

Als Stoller im ersten Band des Buches las, musste er an eine Stelle im Evangelium denken, über die er zuvor gestolpert war. Dabei war es um die Schlüsselgewalt gegangen, die Jesus angeblich an Petrus übertragen hatte. Mit dem Schlüssel konnte man Irdisches binden und Himmlisches lösen.

In der *Fülle der Gnaden* gab es ein eigenes Kapitel über Bindung. Poulain schrieb von der Fesselung des Menschen an die sinnlich wahrnehmbare Welt. Wo die Sinne an das irdische Leben gebunden waren, wo das Ich im Getriebe der Welt verschwand, waren die Himmel, ihre Bewohner und ihr Herrscher unerreichbar. Für das Erlangen der mystischen Vereinigung des Menschen mit Gott mussten die Sinne von der Welt gelöst werden.

Stoller grübelte. Im Moment seiner Offenbarung war er vollkommen abgewendet gewesen von der Welt. Er war fest entschlossen gewesen, die Sinnenwelt ein für allemal zu verlassen.

Binden und Lösen. Verlieh der Petrusschlüssel die Macht, sich mit Gott zu verbinden? Vielleicht konnte er die Bindung des Geistes an den Körper aufheben. Den Geist lösen und an Gott binden.

Stoller wandte sich wieder Poulain zu und ließ seine Augen über den Text fliegen. Der Autor zitierte aus hunderten Offenbarungsberichten. Allerdings ausschließlich von tiefgläubigen Nonnen und Mönchen. Fast alle Erlebnisse fanden zudem in einer Zeit statt, die im vorwissenschaftlichen Dunkel lag, ohne Elektrizität und künstlichem Licht, eine Zeit der Unwissenheit. Das dunkle Mittelalter.

Ließen sich die Erfahrungen der Menschen jener Zeit mit seinem Erlebnis vergleichen?

Als er das Kapitel *Offenbarungen und Visionen* las, spielten die Zeit und die Umstände keine Rolle mehr. Darin wurde exakt beschrieben, was er selbst erfahren hatte. Das Gefühl von eingegossenem religiösen Wissen wurde vom Verfasser als *augenblickliche Erkenntnis* beschrieben. *Wenn Gott spricht, unterrichtet uns sein Wort in einem Augenblicke und lässt uns Wahrheiten verstehen, die wir in einem Monate uns sonst nicht hätten zurechtlegen können.*

Auch das Gefühl einer bleibenden Erinnerung traf auf seine Offenbarung zu. Hatte er sonst schon beim Zuschlagen eines Buches den Inhalt des Gelesenen vergessen, waren ihm die Inhalte seines Erlebnisses noch sehr präsent. *Ein Merkmal, an dem man die Worte Gottes erkennen kann, ist, dass sie sehr lange der Seele wie eingegraben bleiben, und dass einige nie mehr aus derselben verschwinden.*

Ebenso schien sein Empfinden der absoluten Wahrhaftigkeit des Erlebten typischer Bestandteil dieser Erlebnisse zu sein: *Die Sicherheit ist unerschütterlich. Die Seele hat eine solche Gewissheit darüber, dass diese Erscheinungen von Gott kommen, dass, wenn man ihr auch das Gegenteil sagen würde, sie nicht einmal den Gedanken fassen könnte, getäuscht zu sein.*

Poulain bewertete diese Punkte als Beleg einer echten und wahren Offenbarung des Göttlichen. Aufgeregt blickte Stoller von dem Buch auf. Er hatte das sichere Gefühl, Gott habe über ihm die Fülle seiner Gnaden ausgeschüttet.

23

Gefühle von Auserwählung, Empfang göttlicher Gnaden, Eingießung des Heiligen Geistes, Erwachen, Neugeburt.

Er nippte an dem Kaffee, den er sich in der verwaisten Teeküche zubereitet und mit einem Schuss Lagavulin verfeinert hatte, und betrachtete auf dem Computerbildschirm die Ergebnisse der Messreihen, die Zahlenkolonnen, Frequenzmuster und Wellenbänder. Die Daten verglich er mit der Liste der Empfindungen, die Paul verspürte, als er ihn mit den Frequenzen behandelt hatte.

Daniel lächelte zufrieden. Der Durchbruch erschien ihm noch immer wie ein Wunder. Ein Wunder, das er ganz allein vollbracht hatte.

Seinen Epileptikern hatte er eine neue erfolgversprechende Therapieform eingeredet. An den Köpfen seiner Probanden brachte er Elektroden an, um ihre Hirnströme zu messen. Gleichzeitig reizte er die Temporallappen in den Schläfen und die Epiphyse mit elektrischen Strömen. Es galt als erwiesen, dass die Epiphyse, die erbsengroße Zirbeldrüse, bei einem epileptischen Anfall zu viele Stromschläge abbekam.

Bei Schläfenlappenepileptikern konnten im Bereich hinter dem linken Ohr überaktive Hirnströme festgestellt werden. Also löste er einen elektrischen Sturm in der Zirbeldrüse und dem linken Temporallappen aus und zeichnete den Verlauf der daraus resultierenden Hirnstromkurven auf, während bei seinen Versuchspersonen religiöse Erlebnisse auftraten.

Gehirnwellen waren die Summe der elektrischen Aktivitäten der Großhirnrinde. Genau genommen war alles Leben bloß Elektrizität. Beim Gebären und Sterben, beim Lieben und Hassen tobten elektrische Stürme durch die Köpfe. Aus dem Zusammenspiel vieler kleiner elektrischer Signale entstanden Wahrnehmung und Erinnerung, Träume und Bewusstsein. Äußere Reize wie Licht wurden von Transportproteinen und Übertragungsmolekülen in elektrische Impulse umgewandelt. Sehen, Riechen, Hören, Schmecken und Fühlen – alle Sinnestätigkeiten basierten auf elektrischen Strömen.

Jede der unzähligen elektrochemischen Entladungen der Nervenzellen erzeugte ein winziges elektromagnetisches Feld mit einer Frequenz zwischen einer und vierzig Schwingungen pro Sekunde. In Ausnahmezuständen hatte dieses Feld eine Frequenz von einhundert Hertz und höher. Die Gesamtheit dieser Signale ergab die Gehirnwellen. Durch audiovisuelle, elektrische, elektromagnetische und taktile Reize konnten Frequenzen erzeugt und beeinflusst werden.

Die niedrigste Frequenz wiesen die Delta-Wellen auf, die im traumlosen Tiefschlaf und im Koma dominierten. Theta-Wellen sorgten für tiefe Entspannung, Träume, Visionen und spirituelle Erfahrungen. Alpha-Wellen erzeugten einen entspannten Zustand zwischen Schlafen und Wachen. Sie ermöglichten Tagträumereien und bildeten das Tor zum erweiterten Bewusstsein, in dem Gefühle ozeanischer Selbstentgrenzung und vermeintlich übersinnliche Erfahrungen möglich waren. Im normalen Wachbewusstsein herrschten Beta-Wellen vor.

Die hochfrequenten Gamma-Wellen führten zu einem hyper-psychologischen Zustand und einem Verlust der Ich-

Grenzen. Sie konnten Schizophrenie auslösen, aber auch mystische und religiöse Erlebnisse. Das hatten Daniels Experimente eindrucksvoll bestätigt.

In Bonn war er noch einen Schritt weiter gegangen. Er hatte dreien seiner Patienten Elektroden in den Schläfenlappen eingepflanzt, um den exakten Ursprungsort der epileptischen Anfälle lokalisieren zu können. So die offizielle Version. In Wahrheit manipulierte er die Hirnwellen der Probanden. Die dauerhaft verkabelten Versuchspersonen boten eine einmalige Gelegenheit, die elektrische Aktivität einzelner Nervenzellen und ausgewählter Zellverbände zu studieren, während sie mit elektromagnetischen Wellen stimuliert wurden.

Verblüffend war die Übereinstimmung der Hirnwellenkurven bei seinen Patienten, immer dann, wenn sie mystische Dinge zu sehen glaubten. Die mathematischen Muster ähnelten sich auffallend. Jeder Gedanke, jedes Bild hinterließ ein spezifisches Wellenmuster, einen individuellen Gedankenabdruck, der einmalig und unverwechselbar war.

Damals hatte Daniel zum ersten Mal das erhebende Gefühl gehabt, in den Hirnen seiner Patienten lesen zu können.

Schon zu Beginn seines Studiums hatte er über Gedankenmanipulation nachgedacht. Töne und Bilder ließen sich über Frequenzen in Wellenform transportieren und wurden vom Empfangsgerät – Radio, Fernseher, Telefon oder Computer – in sinnlich wahrnehmbare Impulse umgewandelt. Wieso sollte das nicht auch mit Gedanken, Träumen und Phantasien möglich sein? Gedanken, in EEG- und alle möglichen codierbaren Muster übersetzt, müssten sich wie Radiowellen und Frequenzen der Satellitenkommunikation transportieren lassen. Das Empfangsgerät war das Gehirn.

Die Idee der Gedankenübertragung hatten Kollegen mittlerweile in einem Telepathie-Versuch realisiert. Bei dem Experiment hatte ein Proband in Indien an einfache Worte wie »Hallo« und »Tschüss« gedacht. Seine Hirnströme wurden dabei gemessen und in einen Binärcode umgewandelt, der dann per E-Mail nach Frankreich geschickt wurde. Dort wurde der Code in ein Signal umgewandelt, das über transkranielle Magnetstimulation in das Gehirn der Versuchsteilnehmer übermittelt wurde. Obwohl die Probanden in Frankreich die in Indien gedachten Worte weder gehört noch gesehen hatten, konnten sie die Botschaften verstehen.

Das Telepathie-Experiment war im selben Jahr geglückt wie der Versuch seiner Kollegen eines Schlaflabors im Taunus, die bei Probanden durch externe Hirnwellenmanipulation luzide Träume erzeugt hatten.

Wenn man die Codes kannte, mit denen im Kopf die Wirklichkeit erzeugt wurde, konnte man auch den umgekehrten Weg gehen und das Gehirn mit Bildern und Visionen in Wellenform beschießen, um eine Wunschwelt zu erschaffen. Deshalb extrahierte Daniel aus den in seinen Versuchen gemessenen Mustern diejenigen, die übereinstimmend bei allen Personen auftauchten, wenn sie gerade Gott zu sehen glaubten. Er führte zahllose Versuchsreihen mit diesen Pattern durch, experimentierte mit Mustervariationen in jedem Wellenband.

Die Frequenzen, mit denen er arbeitete, stellten in ihrer Abfolge nichts anderes dar als einen einfachen Algorithmus. So simpel wie ein Kuchenrezept, und doch die womöglich rätselhafteste Formel der Welt. Die Gottes-Formel.

Daniel nahm einen Schluck Whisky-Kaffee und sinnierte. In dem Algorithmus steckte eine grandiose Möglichkeit, das

Gehirn zu erfahren. Eine Selbsterfahrungs-Technologie, mit der man auf die im Zerebrum eingespeicherten mystischen Inhalte zugreifen konnte. Er würde den Menschen mit dem Code den Geist aufschließen. Und den Glauben.

Glaube schien das Gegenteil von Wissen zu sein. Doch Daniel wusste mittlerweile, dass beides eine Form desselben war, eine Variante der unbegrenzten Möglichkeiten des Gehirns. Und nur er allein war im Besitz des Wissens über die Erzeugung und Manipulation des Glaubens. Mit dem Code konnte er gezielt das religiöse Zentrum aktivieren, dadurch himmlische Erlebnisse und Gefühle erzeugen, die wiederum den Glauben begründeten.

Er würde zum Herrn des Glaubens werden, er konnte Ungläubige zu Gläubigen machen, Atheisten zu Gottesanbetern. Er würde die Macht eines Messias erlangen.

24

Offenbarungen sind wie Wunder; sie geschehen nicht ohne sehr wichtigen Grund. Stoller sog die Buchstaben aus dem alten Buch auf wie kostbare Nahrung.

Den Wahrheitsgehalt eines mystischen Erlebnisses und der jeweiligen Inhalte konnte jedoch auch Poulain nicht beweisen. Er säte bereits den Keim neuer Zweifel, indem er ausführte, es gebe nur dann absolute Sicherheit über die private Offenbarung, wenn Gott zur Bekräftigung seines Auftrags ein Wunder wirkte, ansonsten bliebe nur die menschliche moralische Sicherheit. Von Wundern hatte Stoller noch nichts gesehen.

Ein Abschnitt beschäftigte sich mit den Aufgaben und Aufträgen, die Empfangende der Fülle der Gnaden auszuführen hätten. Der heilige Vinzenz Ferrer verkündete zu Beginn des fünfzehnten Jahrhunderts das bevorstehende Jüngste Gericht, das er in seinen Offenbarungen sah. Die letzten einundzwanzig Jahre seines Lebens predigte er darüber. In dieser Zeit hatte er zur Bekräftigung seiner Prophezeiung angeblich viele Wunder gewirkt.

Das Fortbestehen der Welt trotz des angekündigten Untergangs interpretierten einige Zeitgenossen als Beweis der Wahrhaftigkeit seines Auftrags. Weil sich so viele Menschen in Europa aufgrund der Predigten und Wunder bekehrt hätten, sei Gottes Strafgericht abgewandt worden. Gott ließ die Apokalypse ausfallen, weil der gute Vinzenz seinen Auftrag ernst genommen hatte.

Stoller überlegte, ob er ebenfalls als Prediger auftreten sollte. Er versuchte sich die damalige Zeit und den umherziehenden Vinzenz vorzustellen. Mussten ihn seine Zeitgenossen nicht für wahnsinnig gehalten haben, genauso wie man es heute tun würde?

Worin sonst könnte sein Beitrag für die Welt realistischerweise liegen? Er dachte an den Niedergang der katholischen Kirche, die durch ihre endlosen Skandale um Missbrauch, Intrigen und Korruption dabei war, sich selbst abzuschaffen. Sollte er als Bauingenieur für Tragwerksplanung eine neue Kirche begründen, eine neue Religion? Er hatte in seinem Leben noch keine einzige Brücke gebaut. Wie sollte er da als Pontifex Maximus, als großer Brückenbauer in Petrus' Spuren wandeln?

Die Lektüre verschaffte Stoller ein Wechselbad der Gefühle. Ein Absatz bestätigte ihm all das, was er letzte Nacht selbst erlebt hatte. Im nächsten Abschnitt verpuffte seine Euphorie und es ging talwärts. So behauptete der Verfasser, *wenn die Person vor den Offenbarungen lasterhaft war, und zumal wenn sie einen Ärgernis erregenden Lebenswandel führte, dann ist es nicht sehr wahrscheinlich, dass Gott ihr besondere Gnaden außer zu ihrer Bekehrung gegeben hat.*

Das ganze Theater ein Bekehrungserlebnis? So wie es der Alkoholiker George W. Bush erlebt hatte, bevor er in den Heiligen Krieg gegen das Böse gezogen war? O Gott, bitte nicht! Die Enttäuschung wollte seine Freude auffressen. Statt weltbewegender Auserwählung nur individuelle Bekehrung? Sollte ihm die Offenbarung bloß die Augen öffnen und eine neue Perspektive auf sein Leben zeigen?

Aber wieso hatte er dann diesen konkreten Auftrag erhalten, dessen Ernsthaftigkeit er doch ebenso gespürt hatte wie die augenblickliche Erkenntnis, die Poulain so exakt beschrieb?

Stoller las von den harten Prüfungen, die Auserwählte bestehen mussten. Nach ihren Offenbarungen erlebten fast alle Betroffenen Schwierigkeiten. Krankheiten, Widerspruch, Erfolglosigkeit. Es schien geradezu verdächtig, wenn eine Person mit Offenbarungen kein Kreuz zu tragen hatte. Manche zweifelten jahrzehntelang an ihrem Erlebnis, es geschahen weder Zeichen noch Wunder, die Mitmenschen stigmatisierten sie als Irre. Doch trotz ihrer Zweifel versuchten alle erwähnten Heiligen, ihre Mission zu erfüllen, so absurd es von außen erscheinen mochte. Erst die Geschichte gab vielen von ihnen recht.

Stoller entschied sich, Gott und seiner Mission eine weitere Chance zu geben. Obwohl ihm die Augen vom vielen Lesen brannten, las er Auszüge aus den Texten der christlichen Mystiker des Mittelalters.

So welt- und zeitfern wie befürchtet kamen ihm die Beschreibungen nicht vor. Die Menschen plagten zu allen Zeiten dieselben Probleme. Johannes Tauler beklagte schon damals *diese wunderliche Geschäftigkeit und ständige Ruhelosigkeit, die die Welt treibt. Wir müssen uns davon abkehren und zu uns selber kehren und unserer Berufung harren: wie, wohin und in welcher Weise uns der Herr gerufen hat. Achtet auf den Grund in euch und sucht das Reich Gottes.*

Auch Meister Eckhart riet: *Lieber Mensch, lerne dich selber kennen! Das ist dir besser, als ob du aller Kreaturen Kräfte erkenntest!*

Nach wenigen Texten fühlte sich Stoller mit den Mystikern verbunden und war davon überzeugt, sie hätten etwas ganz Ähnliches erlebt wie er. Genau wie ihm fehlte ihnen die Begrifflichkeit zur Kommunikation des überwältigenden Himmels. Sprache stieß an ihre Grenzen, wenn sie über das

Materielle und Sinnliche hinaus ins Überirdische, nach den Himmeln griff.

Das unbeschreibliche Gefühl, das ein Eingießen des Heiligen Geistes hervorrief, versuchten die Mystiker mit Bildern und Vergleichen zu fassen: *Von dieser Empfindung einen einzigen Tropfen zu fühlen und zu schmecken, dieser eine Tropfen übertrifft und löscht allen Geschmack und alle Süßigkeit, die alle Kreaturen in aller Weise, die man denken oder geben kann, zu leisten vermögen.* Himmlisches Manna, das wie goldener Nektar schmeckte.

In Stoller stieg eine Erkenntnis auf, an die er gerne glauben wollte: Er war weder krank noch hatte er sich etwas eingebildet. Er hatte eine glaubwürdige Begegnung mit dem Göttlichen gehabt, so wie Mönche, Mystiker und Heilige. Womöglich war er selbst ein Heiliger. Vielleicht sogar tatsächlich ein Auserwählter. Der Auserwählte.

TEIL 2
SUCHEN

25

»Stör ich?«

Erschrocken fuhr Daniel herum und blickte in das höhnische Gesicht von Doktor Richter. Weder ein Klopfen noch das sonst so geräuschvolle Drücken der Klinke hatte er gehört. Er schaltete den Bildschirm aus, drehte sich seinem Kollegen zu und sah ihn mit einem Blick an, der die Frage bejahte.

»Auch kein Zuhause?«, scherzte Richter. Er war Ende Dreißig und von hagerer Gestalt. In seinem schmalen Gesicht saß eine Goldrandbrille auf einer langen, spitzen Nase. Am Kinn klebte ihm ein spärlicher Bart, an dem er in Sprechpausen mit den Fingern zupfte. Seine rostfarbenen Haare standen ihm störrisch vom Kopf ab, als stünde er unter Strom. Sie wurden niemals gekämmt, wie Daniel voller Abscheu bemerkte.

Intuitiv nahm er seinen Kamm hervor und kämmte sich mit strengen Strichen über sein Haupt. »Hier bin ich zu Hause.«

Unter dem kritischen Blick des Kollegen fröstelte er. In Richters Gegenwart fühlte er sich noch unwohler als mit sich selbst. Manchmal dachte er, sein Kollege verberge ebenfalls ein Geheimnis. Und er wurde das unheimliche Gefühl nicht los, Richter verfolge ihn.

Die Spitznase hatte in Bonn in der Neurochirurgie gearbeitet und war als Assistent an den jährlich rund fünfzig Temporallappen-OPs beteiligt gewesen, die große Aufmerksamkeit in der neurowissenschaftlichen Forschungsgemeinde genossen. Nur eine Woche nach Daniels Umzug war er ebenfalls nach Berlin gezogen und hatte eine Stelle als wissenschaftlicher Mitarbeiter in der AG Klinische und Experimentelle Epileptologie angetreten. Die Labore und Büros seiner Gruppe lagen auf demselben Flur. Daniel fiel auf, dass er über die Projekte seines Kollegen wenig wusste.

Richter starrte zum offenen Stahlschrank und zupfte an seinem Ziegenbärtchen. »Der Anfang ist am härtesten. Bis man den Schlüssel gefunden hat.«

Daniel folgte Richters Blick. »Was meinen Sie?«

»Die ersten Wochen an einer neuen Arbeitsstelle. Bis man drin ist und alles in den richtigen Bahnen verläuft.«

»Woran genau arbeiten Sie eigentlich?«, fragte Daniel kritischer als beabsichtigt, während er aufstand und den Stahlschrank schloss. »Muss dringend sein, wenn Sie am Wochenende hier sind.«

»Ich habe nur etwas vergessen. Alzheimer lässt grüßen. Und Sie?« Richters Augen ergründeten den Raum. »Kein Schläfenlappen zu Besuch und trotzdem wird geforscht. Darf man erfahren, worüber?«

Daniel setzte sich und sortierte geschäftig Papiere. »Wie kommt es eigentlich, dass Sie auch nach Berlin gegangen sind? Man könnte fast meinen, Sie verfolgen mich. Kaum habe ich in Bonn angefangen, sind Sie auf der Bildfläche erschienen. Und kaum bin ich in Berlin, sind Sie auch hier.«

»Daraus schließen Sie, dass ich Sie verfolge?« Richter grinste spöttisch.

»Wieso hat es Sie ausgerechnet hierher verschlagen? Das NWFZ erstreckt sich über Dutzende Kliniken und Institute in der ganzen Stadt.«

Richter nickte und zupfte sich am Bart. »Ja, lustiger Zufall.«

»Ich dachte, die Neurochirurgie wäre an den Standorten im Wedding und Steglitz.«

»Ich will zurück an die Basis. Grundlagenforschung.«

»Und warum hier? Da wären Sie doch im Hufelandweg oder am Charité Center Fünfzehn oder im …«

»Die ganze Geschichte wäre jetzt zu viel«, schnitt Richter ihm das Wort ab. »In der Kurzform lässt sich sagen, es hat sich so gefügt.« Während er sprach, kam Richter an den Schreibtisch und zeigte auf den dunklen Bildschirm. »Wollen Sie mir nicht mal zeigen, was Ihre Arbeit so macht?«

Daniel versuchte, Witterung aufzunehmen wie ein Jagdhund. Doch wie schon während seiner Bonner Zeit konnte er Richter im wörtlichen Sinn nicht riechen. Der Kollege war olfaktorisch nicht existent. Leider galt das nicht für seine physische Existenz.

»Nein!« Er stieß das Wort aus wie einen Befehl, sprang von seinem Stuhl auf und stellte sich dicht vor die Spitznase. »Sie haben die Antwort auf Ihre Eingangsfrage nicht abgewartet. Ja, Sie stören.«

Richter hob abwehrend die Hände und machte Schritte rückwärts zur Tür. »Kein Problem.« Unter seiner Nase entstand ein hochmütiges Lächeln. »Wir sehen uns.«

»Wird sich kaum vermeiden lassen«, knurrte Daniel.

Richter verließ das Büro, ohne die Tür zu schließen. Daniel schlug sie hinter ihm zu und verriegelte sie mit dem Transponder. Dann setzte er sich auf den Stuhl und atmete durch. Er fühlte sich erschöpft, als hätte er mit letzter Kraft das Böse besiegt.

26

Stoller lieh sich eine Elberfelder Bibel und einige religionswissenschaftliche Bücher aus und trat aus der Staatsbibliothek in die eisige Kälte. Obwohl er nichts gegessen und nur wenig Leitungswasser getrunken hatte, fühlte er sich voller Energie. Er musste raus und seinen Auftrag erfüllen. Raus in die Welt, die womöglich in zweieinhalb Tagen unterging.

Statt die U-Bahn zu nehmen, ging er zu Fuß von der Stabi über den Alexanderplatz nach Friedrichshain und hoffte vergebens auf ein Zeichen. Kein Wunder, nirgends. Allerdings registrierte er erneut die Veränderung seiner Wahrnehmung. Die Menschen, denen er begegnete, betrachtete er als Gottes Geschöpfe und mit Ehrfurcht und Respekt.

Er dachte an die lächerlichen Listen, mit denen er seine Lebenszeit festgehalten und berechnet, umgerechnet, hochgerechnet hatte. Was habe ich mit meinem Leben nur angestellt? Hatte er bei zwischenzeitlichen Bilanzierungen seiner erreichten Leistungen immer nur formale Punkte betrachtet – Abschlüsse, Prüfungen, Erfolge in Studium und Beruf – zog er nun die *wahre* Bilanz seiner Existenz. Er überlegte, welche guten Taten er vollbracht hatte. Worin bestand die selbstloseste Aktion seines Lebens? Was war das größte Geschenk, das er jemandem gemacht hatte? Welche Opfer hatte er für andere erbracht? Es war ein ernüchterndes Fazit. Ihm fiel nicht viel ein. Er war ein Mensch, der die Welt mit Verachtung und Zynismus bespuckt hatte. Das Ergebnis seiner Inventur beschämte ihn zutiefst.

Eine Zoofachhandlung in der Karl-Liebknecht-Straße, an der er normalerweise achtlos vorübergegangen wäre, zog ihn magnetisch an. Hatte er sich früher immer über Menschen lustig gemacht, die sich Aquarien und Vogelkäfige anschafften, war er nun neugierig auf die skurrilen Geschöpfe, die zur Unterhaltung der Menschen gezüchtet wurden. Einem Impuls folgend betrat er das Geschäft und sah sich um.

»Juten Tach!«, begrüßte ihn eine freundliche Matrone mit altmodischer Dauerwelle. »Kommse rin, könnse kieken.«

Stoller ging an Volieren mit Papageien und Sittichen vorbei. Er hatte das Gefühl, mit den Vögeln in Kontakt zu treten und auf geheimnisvolle Weise zu kommunizieren. Ihm fiel der heilige Franziskus ein, von dem er bei Poulain gelesen hatte. Der Mönch hatte angeblich mit Vögeln gesprochen.

Ein Graupapagei krabbelte von der Stange an die offene Käfigtür, flatterte auf Stollers Schulter und knabberte vorsichtig an seinem Ohr.

»Keen Bammel, der tut nüscht.«

»Kann der sprechen?«

Die dicke Frau winkte lachend ab. »Wie'n Wasserfall, wenn er jut druff is. Heut' isser 'n bisschen still. Graupapajeien sollen ja die intellijentesten von allen sein. Die plappern nicht nur nach, die können ooch denken.«

»Woher wollen Sie das wissen?«

»Die Wissenschaft weeß dit. So'ne Graupapajeien können nicht nur fuffzich Worte lernen, sondern se sojar sinnvoll benutzen, wa. Und rechnen können se anjeblich ooch.«

»Mephisto, Mephisto«, kreischte der Papagei auf seiner Schulter und trat aufgeregt von einem Bein aufs andere.

Stoller war über die Größe der Voliere erstaunt, die er zusammen mit dem Vogel, Futter und einer Broschüre voller

Hinweise und Ratschläge zur Papageienhaltung aus dem Geschäft trug. Bepackt mit seiner Büchertüte und dem Käfig, über dem ein Schutztuch hing, wollte er schnell nach Hause und die Bibel studieren, bis ihm die Idee zur Weltrettung käme.

Vor einer kleinen Holzkirche in seiner Straße blieb er neugierig stehen. Sie duckte sich zwischen die Häuser, als wollte sie sich verstecken. Er wunderte sich, wieso er sie noch nie richtig wahrgenommen hatte, obwohl sie nur ein paar hundert Meter von seiner Wohnung entfernt lag. Neben der Pforte zum Vorgarten hing ein Schaukasten der Christuskirche. Auf einem Streifen Papier stand der Spruch des Monats: *Tut Buße, denn das Himmelreich ist nahe herbeigekommen.* Für den morgigen Sonntag war eine Predigt angekündigt über *Die Last des Propheten-Amtes.* Stollers Puls beschleunigte sich. Ein Zeichen!

Er beeilte sich nach Hause zu kommen und hoffte vergeblich, Anna im Hof zufällig zu begegnen. Den Vogelkäfig platzierte er auf der alten Holzkommode, die er letztes Jahr an der Straße gefunden und sorgfältig abgeschliffen hatte. Er überflog schnell die Hinweise in der Broschüre zur Eingewöhnung des Vogels und die Ernährungstipps, und versorgte seinen neuen Gefährten mit Wasser und Körnerfutter. Dabei redete er auf ihn ein, ihm sein neues Zuhause erklärend und »Ich bin Stoller« wiederholend.

Nachdem er hastig ein Käsebrot gegessen hatte, setzte er sich mit den Büchern aus der Bibliothek an den Schreibtisch neben Mephisto, der zum ersten Mal in der Wohnung etwas sagte: »Ich bin Stoller, ich bin Stoller.«

Stoller grinste ihn an. »Nein, du bist Mephisto. *Ich* bin Stoller. Probier's mal anders herum, sag du bist Stoller. Du bist Stoller.«

»Du bist Stoller«, krächzte der Papagei, »ich bin Mephisto.«

Stoller sah ihn überrascht an. »Ich seh schon, wir werden ein gutes Team. Aber jetzt will ich die Bibel lesen, okay?« Er beugte sich über das Buch.

»Okay.«

Verdattert hielt Stoller inne und schielte argwöhnisch zu Mephisto. Hat er mich tatsächlich verstanden? Seufzend schüttelte er den Kopf. Gott ist ein komischer Vogel. Dann setzte er sein Bibelstudium fort. Der Gedanke an ein mögliches Ende allen Lebens versetzte ihn in Panik.

27

Anflüge von Panik begleiteten sie bei ihrem Spaziergang im Volkspark Friedrichshain. Sie lief schnell, fast gehetzt, als säße ihr der Teufel im Nacken. Hilfesuchend blickte sie zum Himmel, sah in ein dunkles Grau, in eine Wolkendecke, dicht und bedrohlich. Im Himmel war keine Hilfe, es gab keine Erlösung, keinen Gott, niemand, der sich erbarmte, nicht in diesem Moment. Sie sog die kalte Luft ein. Warum hörte das niemals auf? Anna hatte Angst, wahnsinnig zu werden.

Sie suchte nach Gedanken, denen sie folgen konnte. Daniel kam ihr in den Sinn. Und ihr Vorhaben. Zarte Bisse ihres Gewissens nagten an ihr, bis es Aufmerksamkeit erhielt. Durfte sie seiner Geheimniskrämerei mit Heimlichtuerei begegnen und hinter seinem Rücken über ihn schnüffeln wie über einen Fremden? Über ihn forschen wie über eine Krankheit oder eine Gefahr?

Daniel hatte sich verändert seit dem Umzug. Er ging ihr aus dem Weg und verkroch sich in seinem Heimlabor. Trotz seiner Eitelkeit und der Haarkämmerei, die sich in den letzten Wochen zu einem Tick entwickelt hatte, ließ er sich immer mehr gehen, wechselte selten das Hemd, vernachlässigte die Körperpflege und roch unangenehm nach altem Hautfett.

Nie zuvor hatte sie ihn so viel Alkohol trinken sehen wie in Berlin, und niemals Hochprozentiges. Sie kannte ihn als gelegentlichen Rotweintrinker, nicht als Schnapssäufer. Anna hegte den Verdacht, sein übermäßiger Konsum hänge mit seiner Arbeit zusammen.

Deshalb überstimmte sie ihren inneren Richter, eilte im Laufschritt nach Hause, machte sich eine Kanne Ingwertee mit Zitrone, setzte sich an den Computer und durchforstete das Internet nach Informationen über Professor Doktor Daniel Meckel.

Seine Arbeitsgruppe war Teil eines europäischen Forschungsprojektes über Epilepsie namens EPICUR. Die Bundesregierung unterstützte die Forschung im Rahmen eines Exzellenzclusters zur Förderung der neurowissenschaftlichen Spitzenforschung. Zahlreiche Forschungseinrichtungen, Stiftungen und Institutionen wurden als Partner genannt. Außer von Steuergeldern wurden Daniels Forschungen auch von einer Firma namens 21e AG finanziert.

Anna besuchte die Website des Unternehmens, las Pressemitteilungen und Zeitungsartikel, und studierte Organigramme und Börsennachrichten, um sich über 21e zu informieren. Der weltweit operierende Konzern produzierte in seinem Heimatland Südkorea Haushaltsgeräte und Heimelektronik, Computer und Handys, und mischte seit einigen Jahren in der Medienindustrie mit. Nach Beteiligungen an Radio- und Fernsehsendern, TV-Produktions-, Werbe- und Internetfirmen hatte 21e zuletzt den achtgrößten Mobilfunkbetreiber der Welt aufgekauft.

Der Konzern war bislang vergleichsweise unbekannt, weil die Produkte für Handelsgesellschaften hergestellt wurden, die sie unter eigenen Marken vertrieben. 21e betrieb seine Welt umspannenden Geschäfte unter fremder Flagge, kaum beachtet von Medien und Öffentlichkeit. Von den Milliarden Konsumenten, die Produkte des Unternehmens nutzten, wussten die wenigsten etwas über den Hersteller. Anna las in einer Statistik auf der Website der Firma, dass jeder Erdenbürger im Laufe seines Lebens mindestens zwei Produkte benutzte, die von 21e hergestellt wurden oder für die der Konzern Teile lieferte.

Sie nahm die Brille ab und rieb sich die brennenden Augen. Während sie die Gläser putzte, fragte sie sich, welche Interessen die Firma verfolgte. Was hat 21e mit Epilepsie zu tun? Auf der Website stand nichts von Medizintechnik. Auch kein Verweis auf neurologische Forschungsförderung. Wieso unterstützte die Firma Daniels Arbeit?

Anna setzte die Brille wieder auf, druckte eine acht Seiten lange Liste mit seinen wissenschaftlichen Publikationen aus, verglich Themen, Inhalte und Veröffentlichungsdaten, und versuchte Zusammenhänge herzustellen, die Rückschlüsse auf seine aktuelle Forschung zuließen. Seine letzten Aufsätze handelten von Gehirnelektrizität und religiösen Erlebnissen im epileptischen Anfallsgeschehen. Seltsam, seit wann interessierte sich Daniel für Gott?!

Anna wurde deutlich, wie wenig sie über ihn wusste. Seine Gedankenwelt war ihr fremd. Auf sein Studium hatte sie abwehrend reagiert, weil ihr die deterministische und materialistische Weltsicht der Neurowissenschaften, der Religion der Gegenwart, zuwider war. Vielleicht war seine Geheimniskrämerei eine Reaktion auf ihr damaliges Desinteresse. Vielleicht fühlte er sich gekränkt.

Trotzig presste sie die Lippen aufeinander. Sie wollte nicht zulassen, dass ihre Gefühle für Daniel sie daran hinderten, die Wahrheit über ihn und seine Forschungsarbeit herauszufinden.

28

Stoller hatte die Bibel für eine Sammlung steinzeitalter Sagen und frommer Märchen für kindliche Gemüter gehalten. Tausendundeine Nacht in Israel. Jetzt fesselten ihn die Geschichten über Gott stärker als seine erste statische Berechnung.

Und überall sah er Geheimnisse. In der Beschreibung der Form und Ausmaße der Bundeslade und des salomonischen Tempels genauso wie in den mosaischen Berichten und Davids Psalmen und Sprüchen.

Das Neue Testament erschien ihm als einziges großes Geheimnis. Zwischen jeder Zeile und hinter jedem Wort schien sich Wahrheit zu verstecken. *Und ihr werdet die Wahrheit erkennen, und die Wahrheit wird euch frei machen.* Hinter jedem Ausspruch verbargen sich weitere Bedeutungsebenen, unter dem offensichtlichen Sinn lag eine tiefere, mystische Aussage.

Wo im zweiten Petrus-Brief von der vergangenen Sintflut und dem kommenden Sintbrand erzählt wurde, erkannte Stoller wie von selbst die Bedeutung der Textstellen für das individuelle Leben des einzelnen. Er fand das geistige Leben, von dem er einen Zipfel ertastet hatte, plastisch beschrieben, die Möglichkeiten und Grenzen der Erkenntnis deutlich aufgezeichnet, den Sinn des Lebens und die Aufgaben des Menschen einfach und verständlich dargelegt.

Liebe und Barmherzigkeit, ein vorurteilsfreies Gemüt, offen, dankbar und demütig, das waren die banalen Zutaten für ein glückliches und erfolgreiches Leben, wie es Gott gefiel. *Alles nun, was ihr wollt, dass euch die Menschen tun sollen, das tut ihr ihnen auch! Denn darin besteht das Gesetz und die Propheten.*

Im ersten Johannes-Brief glaubte Stoller die Erklärung für seine Offenbarung gefunden zu haben. *Wer nicht liebt, bleibt im Tod.* Durch die unbedingte Liebe, die er zu einer unbekannten Frau empfunden hatte, war die Offenbarung ausgelöst worden. Er war, genau wie die Apostel, vom Tod ins Leben hinübergegangen, von der Gottverlassenheit in die Gottverbundenheit, in die Einheit.

Am liebsten wäre er sofort zur Nachbarwohnung gerannt und hätte Sturm geklingelt, um Anna zu berichten, dass sie für sein ungeheuerliches Erlebnis verantwortlich war. Er schaute zur Uhr. Halb fünf in der Früh. Ohne zu merken, wie die Stunden davongeschlichen waren, hatte er die ganze Nacht hindurch am Schreibtisch gelesen. Mephisto schlief.

Stoller machte sich eine Kanne Tee und verlagerte seinen Studienort an den Computer. Er war überrascht, wie viele Websites sich mit Religion beschäftigten. Auf einer Seite mit verschiedenen Bibel-Online-Ausgaben wählte er eine Übersetzung, die nah am Urtext blieb, und gab verschiedene Suchbegriffe ein. Dreiunddreißig Textstellen enthielten *Offenbarung*, siebenundvierzig Mal tauchte *auserwählt* auf, *Engel* dreißigmal, *Licht* in zweihundertsiebenundfünfzig Versen.

Wie ein Scanner tasteten seine Augen die Buchstaben ab und flogen durch die Texte. Alles, was er las, schien ihm die Realität und Wahrheit seines Erlebnisses zu bestätigen, die empfangenen Erkenntnisse standen im Text originalgetreu wiedergegeben. Und da er die Bibel noch nie vorher gelesen hatte, konnte er das Erfahrene nicht gewusst haben, sondern musste es wirklich von Engeln und Gott persönlich übermittelt bekommen haben. Demnach konnte er auch am Inhalt seines Auftrags keinen Zweifel hegen.

Es gab aber auch Textstellen, die ihn vor Rätsel stellten. Weder aus der Offenbarung des Johannes wurde er schlau noch aus der geheimnisvollen Übertragung der Schlüsselgewalt auf Petrus. *Ich werde dir die Schlüssel des Reiches der Himmel geben; und was irgend du auf der Erde binden wirst, wird in den Himmeln gebunden sein, und was irgend du auf der Erde lösen wirst, wird in den Himmeln gelöst sein.*

Petrus konnte binden und lösen, und die Pforte zum himmlischen Reich öffnen. Aber wie funktionierte dieser Schlüssel? Stoller stellte sich vor, wie es wäre, so einen Schlüssel in der Tasche zu haben, mit dem er beliebigen Zugang zur göttlichen Sphäre hätte und zwischen den Welten hin und her wandern könnte. Zwischen Realität und Paradies, zwischen Erde und Eden.

Mit fiebriger Unruhe tippte er in das Suchfeld *Schlüssel* ein, und stieß auf eine ähnliche Stelle in Jesaja. *Und ich werde den Schlüssel des Hauses David auf seine Schulter legen. Er wird öffnen, und niemand wird schließen, er wird schließen, und niemand wird öffnen.*

Es gab diesen Schlüssel also schon lange. Er wurde von Gott auf David und dann auf Jesus übertragen und von diesem an Petrus übergeben. Ein Geheimschlüssel zur Erkenntnis Gottes.

Nachdenklich blickte Stoller vor sich hin. Zwischen altem und neuem Testament lagen mehr als tausend Jahre. Gab es den Schlüssel der Erkenntnis zu allen Zeiten?

Im Lukas-Evangelium warf der Apostel den Gesetzesgelehrten vor, den *Schlüssel der Erkenntnis* weggenommen zu haben. Sie selbst hätten ihn nicht benutzt, verbärgen ihn aber vor den anderen Menschen, die vom Geheimgang in die Götterburg nichts ahnten.

Aus der Johannes-Offenbarung schloss Stoller, dass in dem Schlüssel noch weitere Macht steckte, als einen Zugang zu Gott zu eröffnen. Es war auch der *Schlüssel des Todes und des Hades*, der *Schlüssel zum Schlund des Abgrundes*, er beinhaltete demnach die Macht über Leben und Tod.

Stoller berauschte sich an den Erkenntnissen, die er durch die Lektüre zu gewinnen glaubte. Er las pausenlos, ohne zu essen oder zu schlafen, nur literweise Tee trinkend, was er vorher nie gemacht hatte. Tee war etwas für alte Damen. Vorhin hatte er sich gefreut, als er eine Packung Schutzengel-Tee fand, die ihm Viola zum achtunddreißigsten Geburtstag geschenkt hatte.

Er trank die Tasse aus und wollte weiter lesen, doch beim Blick auf die Uhr erinnerte er sich an das Zeichen. Beinahe hätte er die Predigt versäumt. Hastig zog er sich seine Lederjacke an, eilte aus dem Haus und im Laufschritt durch die kalte Winterluft, damit er noch pünktlich zum Beginn des Gottesdienstes in der Christuskirche ankäme.

29

Der Pastor stand mit einem weißhaarigen Mann zwei Schritte hinter der Eingangstür und begrüßte Stoller mit Handschlag und einer sanften Stimme. »Guten Tag und herzlich willkommen in unserer Gemeinde. Ich habe Sie hier noch nie gesehen, sind Sie zum ersten Mal hier?« Er war höchstens fünfundvierzig, trug einen schwarzen Talar und hatte ein jungenhaftes, glattrasiertes Gesicht. Das obere Augenlid hing ihm über dem rechten Auge wie ein Segel. Es ließ ihn schläfrig erscheinen.

»Ja«, antwortete Stoller, »die Kirche ist mir vorher nie aufgefallen.«

Der alte Mann schaltete sich ein. Aus seiner buckeligen Nase wuchsen Haarbüschel. »Die haben wir schön versteckt, nicht wahr? Aus welchem Stadtteil kommen Sie denn?«

»Ich wohne hier in der Straße.«

»Nun«, sagte der Alte, »wir freuen uns über jeden, der sich für unsere kleine Gemeinde interessiert. Wir Methodisten legen großen Wert auf ein aktives Gemeindeleben, auf gemeinsam gelebten Glauben.«

»Methodisten? Ich kenne nur Katholiken und Evangelische.«

»Die methodistische Kirche zählt zu den Freikirchen«, erklärte der Pastor freundlich, »die einen anderen Weg zum Heil gehen als die calvinistisch-protestantische Kirche.«

»Und was ist der Unterschied zur normalen Kirche?«

»Was heißt schon normal? Für John Wesley, den Gründer unserer Kirche, schien die Auffassung der großen Kirchen nicht plausibel zu sein, dass ein Mensch von Gott auserwählt sein muss, um Erlösung zu erlangen. Er glaubte vielmehr, dass Gott jedem die Erlösung anbietet, der Mensch muss sie nur annehmen. Deshalb kann man nur als Erwachsener in unsere Kirche eintreten, nach einer bewussten Entscheidung für Jesus Christus, damit Christus sein Werk im Menschen vollbringen und ihn erneuern kann.«

Vorgestern noch wäre Stoller in schallendes Gelächter ausgebrochen. »Klingt interessant«, sagte er. »Ich bin schon sehr auf die Predigt gespannt.«

Der ältere Herr reichte ihm ein Gesangbuch und ein Faltblatt. »Da steht etwas über uns drin. Auf der Rückseite finden Sie das Monatsprogramm.«

Stoller bedankte sich, ging zu den Sitzreihen, setzte sich unter den neugierigen Blicken der zehn anderen Besucher auf eine der hinteren Bänke und blätterte im Gesangbuch. Als die Köpfe sich von ihm abwandten, schaute er sich in der Kirche um. So verloren im Stadtraum sie von außen wirkte, so vergessen von der Zeit erschien ihr Inneres. Die Holzfenster mit ihren schmalen Verstrebungen erinnerten ihn an eine urige Berghütte. Durch die akkurat geputzten Scheiben fiel ein dünner Strahl aus Sonnenlicht, der sich durch die Wolken gekämpft hatte, auf den Dielenboden.

Die Kirche war schlicht ausgestattet mit Holzbänken, die Platz für etwa hundert Gäste boten. An der Stirnwand hing ein Holzkreuz, rechts davon stand eine Kanzel, links eine kleine Orgel, dazwischen in einer Vase auf dem Boden, direkt unter dem Kreuz, ein opulenter Strauß frischer Blumen, die einen Duft verströmten, der sich auf angenehme Weise mit dem Geruch des alten Holzes mischte.

Eine alte Frau im Sonntagskleid setzte sich an die Orgel und begann zu spielen. Bevor die kleine Versammlung zu singen anfing, huschte eine junge Frau um die zwanzig, mit langen schwarzen Haaren und einem hübschen Gesicht, in die Reihe vor ihm. Sie trug einen roten Wollmantel mit weiter Kapuze.

Rotkäppchen knöpfte ihren Mantel auf, zog die Kapuze vom Kopf, spähte zur Tafel mit den Liednummern, die hinter der Kanzel angebracht war, und schlug das mitgebrachte Gesangbuch auf.

Stoller musterte sie neugierig. Was machte so eine junge Frau hier? Sie musste ebenfalls eine persönliche Gotteserfahrung gemacht haben. Warum sonst sollte sie am Sonntagmorgen hier sein statt sich mit einem Mann im Bett zu vergnügen.

Die Gesänge und Gebete schienen ewig zu dauern. Statt sich zu beteiligen, beobachtete Stoller die Anwesenden. Besonders Rotkäppchen zog immer wieder seinen Blick auf sich. Sie sang zurückhaltend leise, aber voller Hingabe und Konzentration. Sie wäre für ihn eine dieser lächerlichen Menschen gewesen, die sich von einer lachhaften Idee manipulieren ließen, hätte er nicht selbst erlebt, wie wahr sich diese Idee anfühlen konnte. Wahrer als alles Wissen um jedes Naturgesetz.

Aber wie wahr war sein Erlebnis wirklich?

Der Pastor bestieg die Kanzel. »Liebe Brüder und Schwestern, heute möchte ich über die Last des Propheten-Amtes sprechen. Last des Propheten-Amtes? Ja, das hört sich paradox an. Denken wir doch gemeinhin, es wäre eine Auszeichnung, von Gott zum Propheten erwählt zu sein. Ja, muss man nicht dankbar sein, fragen wir uns, wenn Gott persönlich zu einem Menschen spricht und ihn einlädt, am göttlichen Werk mitzuwirken; wenn Gott einen ausgesuchten Menschen mit einem ganz speziellen Auftrag ausstattet? Darf man da von einer Last reden?«

Stoller fühlte sich persönlich angesprochen, wie er an der Hitze spüren konnte, die sich explosionsartig in ihm ausbreitete.

»Sehen wir uns doch mal den Propheten Jeremia an. Er beklagt zutiefst bitterlich sein Schicksal und sein Amt als Prophet. In Jeremia zwanzig heißt es: ›Das Wort des Herrn bringt mir den ganzen Tag nur Spott und Hohn. Sagte ich aber: Ich will nicht mehr an ihn denken und nicht mehr in seinem Namen sprechen, so war es mir, als brenne in meinem Herzen ein Feuer, eingeschlossen in meinem Innern.‹ Und weiter schreibt Jeremia: ›Verflucht der Tag, an dem ich geboren wurde. Warum denn kam ich hervor aus dem Mutterschoß, um nur Mühsal und Kummer zu erleben und meine Tage in Schande zu beenden?‹ Kein Prophet hat so massiv mit seinem Schicksal gehadert wie Jeremia, doch er jammert und klagt vergeblich, denn Gottes Ruf kann sich niemand entziehen.«

Die Predigt erschien Stoller eindeutig als Zeichen. Er musste seinen Auftrag ernst nehmen und erfüllen, auch wenn es schwierig werden würde. Aber das war ja bei der Rettung der Welt nicht anders zu erwarten.

Der Pastor sprach von den Anfechtungen, die Propheten erleiden müssten. Dazu zählten Gefängnisaufenthalte und Krankheiten, die den Auserwählten ereilen könnten, sowie der Unglaube der Mitmenschen, der dazu führen könnte, dass die Umwelt den Propheten für wahnsinnig oder besessen hielte. Oftmals unterstellten Nachbarn, Freunde oder

Kollegen, der Prophet wolle bloß angeben und sich großtun. Zuletzt predigte er über die Angst der Kirchenführer und Baals-Gläubigen, wie er sie nannte, vor Neuerungen und abweichenden Lehren.

Stoller fühlte sich durch die Predigt bestärkt. Er wähnte sich vorbereitet auf die Schwierigkeiten bei der Erfüllung seines Auftrags. Ihm würde Gegenwind ins Gesicht blasen. Niemand würde ihm glauben, denn sein Erlebnis und sein Auftrag klangen einfach viel zu verrückt, um von jemandem ernst genommen zu werden, der noch keinen Gotteskontakt gehabt hatte. Er war auf sich allein gestellt.

Deshalb sah er auch davon ab, nach dem Gottesdienst die junge Frau anzusprechen. Eigentlich hatte er sich mit ihr über Gotteserfahrungen austauschen wollen, aber er entschied sich, keine Zeit mehr zu vergeuden.

Kaum hatte der Pastor der Gemeinde seinen Segen gewünscht, auf die morgige Bibelstunde hingewiesen und den Gottesdienst für beendet erklärt, sprang Stoller auf und ging nach Hause.

»Du bist Stoller«, begrüßte ihn Mephisto und machte schnalzende Geräusche. Stoller öffnete die Käfigtür, damit sein neuer Freund fliegen konnte, doch er blieb auf seiner Stange sitzen. In der Broschüre stand, es könne bis zu zwei Wochen dauern, bis Papageien sich eingewöhnten und ihren ersten Freiflug wagten.

Der Gedanke an die Zeit erzeugte innere Hitze. Du musst dich beeilen!

Er wollte nur rasch die Predigtstellen bei Jeremia und Jonas nachlesen, doch verlor er sich flugs in den Prophetenbüchern und las alle Stellen noch einmal gründlich, die er in der letzten Nacht überflogen oder übersprungen hatte. Ehe er sich versah, war Mitternacht vorüber. Panik packte ihn. Es waren bereits zwei Tage seit der Offenbarung verstrichen. Wie sollte er in einem Tag die Welt retten?

Unwillkürlich musste er gähnen. Zwei Nächte hatte er nicht geschlafen. Er musste sich ausruhen. Heute Nacht konnte er sowieso nichts bewirken, und morgen war auch noch ein Tag. Womöglich der letzte seiner Zeit.

30

Schlafen. Du musst schlafen. Der Gedanke zwängte sich aus dem Strom der Endorphine, die durch sein Gehirn rauschten und sein Denken zusehends vernebelten. Sein System stand kurz vor dem Zusammenbruch, nachdem ihn der Glücksrausch und der Alkohol fast zwei Nächte wach gehalten hatten.

Die Digitaluhr auf seinem Schreibtisch zeigte vier Nullen. Mitternacht. Sein Zeitgefühl war durcheinander geraten, er wusste nicht, ob es Freitag, Samstag oder Sonntag war. Mühsam rekonstruierte er die letzten Tage, die er abwechselnd im Institut und seinem Heimlabor verbracht hatte.

Am Samstag hatte er nach der Störung durch den Kollegen Richter die Ergebnisse seiner letzten Versuche durchgesehen, bevor er Hacker anrief. Bei jedem Telefonat sah er ihn vor sich: Ein koboldhafter Zwerg um die sechzig, dessen Gesicht von strahlend weißen Haaren und einem ebensolchen Vollbart wie von einer dicken Schneeschicht bedeckt wurde.

Die beiden Herren vom Dienst hatten ihm bei ihrem zweiten gemeinsamen Treffen den ehemaligen Mitarbeiter der Physikalisch-Technischen Bundesanstalt und jetzigen Professor für Elektrotechnik und Hochfrequenztechnik an der Technischen Universität Dresden vorgestellt.

Daniel musste an seine erste Begegnung mit Stefan Wolff denken. Ihr Kennenlernen hatte etwas Unverfängliches, Harmloses gehabt. Am Rande der Jahrestagung der Deutschen Gesellschaft für Epileptologie, bei der Daniel über *Epiphyse und Epilepsie* referiert hatte, sprach ihn ein freundlicher Herr Mitte vierzig an. Eine unauffällige Erscheinung in einem grauen Anzug, wie ihn Forscher an wissenschaftlichen Instituten und Angestellte in Behörden trugen. Seine blonden Haare waren großteils ergraut. Die raubtierhaften Augen setzten schräg an und mit ihrer gelbgrünen Farbe ließen sie Wolff tatsächlich wie den Vater aller Hunde aussehen.

Daniel vermutete, ein Forscherkollege wolle sich austauschen. Doch der Mann stellte sich als Doktor Stefan Wolff vor, Mitarbeiter der Epiphyt GmbH, einer Tochter der Meissen AG, Deutschlands größtem IuK-Konzern. Er gab vor, sich für Daniels Forschung zu interessieren, gratulierte ihm zu seinem Vortrag und zog Parallelen zu seinen Publikationen, die er genauestens kannte. Beiläufig erklärte Wolff zuletzt, sein Auftraggeber sei an einer Zusammenarbeit mit ihm interessiert. Es handele sich um eine vertrauliche Angelegenheit, die man diskret besprechen müsse. Ob er nächste Woche Zeit habe.

Sie verabredeten sich im Restaurant Tolado. Es lag auf dem Campusgelände am Ende des Hufelandwegs und gehörte zu einem Vier-Sterne-Hotel, das am Platz vor dem Neuen Tor lag und in einem Neubau steckte, der sich durch seine zurückhaltende Form und den grau-beigen Anstrich vor der Aufmerksamkeit der Passanten zu verstecken schien. Ein idealer Ort für ein geheimes Gespräch.

Wolff brachte Markus Hagen mit. Er war ein Schlaks Anfang Dreißig und sah mit seinen Segelohren aus wie für den großen Lauschangriff geboren. Die beiden Männer trugen graue Anzüge und graue Wollmäntel. Der unauffällige Anschein passte zu der Organisation, der sie angehörten.

Sie setzten sich in einen gesonderten Teil des Lokals mit ledernen Lounge-Sesseln im Chippendale-Stil und Ohrensesseln mit rotem Samtbezug.

Daniel fragte, was genau ihre Firma mache.

»Epiphyt ist auf Sicherheitstechnik spezialisiert. Unsere Auftraggeber sind in erster Linie staatliche Stellen. Organisationen und Institutionen aus hundertdreißig Ländern. Wir sind Weltmarktführer in unserem Bereich.«

»Und was ist das für ein Bereich? Welche Art von Sicherheitstechnik?«

Wolff antwortete, die Meissen-Tochter entwickele und liefere Abhöranlagen, Spionagetechnik und weitere nützliche Technologien für Geheimdienste in aller Welt. Der Bundesnachrichtendienst stelle regelmäßig Mitarbeiter wie ihn und Hagen an die Epiphyt ab, um Projekte gemeinsam zu betreuen und zu überwachen.

Daniel schluckte. Er sah sich zwei Agenten des BND gegenüber. Der Geheimdienst saß leibhaftig vor ihm. Sein Puls stieg schlagartig und eine Kaskade chemischer Stoffe ergoss sich durch die Synapsen in seine von elektrischen Hochspannungswellen durchzuckten Neuronen.

Er wusste von verwegenen Experimenten der Geheimdienste. In den siebziger Jahren des letzten Jahrhunderts hatten der sowjetische Geheimdienst und die amerikanische CIA parapsychologische Experimente zu PSI-Phänomenen durchgeführt: Hellsehen, Telepathie, Telekinese, Teleportation. Außerdem experimentierten die Russen seinerzeit mit gepulsten Mikrowellen, mit denen sie die amerikanische Botschaft beschossen. Die Botschafts-Mitarbeiter wurden tatsächlich krank davon.

Militär und Geheimdienste arbeiteten seit Jahren an elektromagnetischen Waffen, deren Wirkungen auf Energien in Form von Infraschall, Laserstrahlen, Millimeterwellen, akustischen, ELF- und Mikrowellen basierten. Frequenz- und Wellen-Technologien gehörte die Zukunft.

Daniel spekulierte, der BND interessiere sich für die Beeinflussung der Massen durch Hirnwellenmanipulation. Wenn bei allen Menschen das religiöse Zentrum stimuliert würde und sie friedlich, selig und beglückt wären, könnten sie keine Gegenwehr bei kriegerischen oder innenpolitischen Maßnahmen leisten.

Aber wie sollte das technisch funktionieren? Welche Frequenzen müssten aus welcher Entfernung mit welchen Wellenlängen ausgesandt werden, um möglichst viele Menschen zuverlässig zu manipulieren?

Es gehe nicht um Massenmanipulation, behauptete Wolff, als hätte er Daniels Gedanken gelesen, sondern um Grundlagenforschung für neue Technologien zur individuellen Feindabwehr. Die Abteilung Informationstechnik des BND habe diesbezüglich ein Pilotprojekt initiiert in Kooperation mit den beiden anderen Nachrichtendiensten des Bundes sowie dem BKA und dem BSI. Das Projekt drehe sich um gezielte Hirnwellenveränderung einzelner Personen in künftigen Einsätzen gegen Terroristenführer.

Daniel begriff sofort, dass sie mit einer funktionierenden Hirnmanipulationsmaschine nicht nur Terroristenführer beeinflussen konnten, sondern auch Führer einer Weltorganisation wie der UNO oder der Weltbank. Oder einen unliebsamen Staatschef.

»Ich weiß nicht, wie ich Ihnen behilflich sein kann. Ich bin Epilepsieforscher.«

»Wir kennen Ihre Arbeit«, entgegnete Hagen. »Deswegen sind wir hier.«

Wolff erklärte das Prozedere. Über eine streng geheime Kooperationsvereinbarung mit der Epiphyt GmbH werde Daniel Forschungsgelder und Unterstützung erhalten und

Zugang zu außergewöhnlichen Technologien, die seine Forschungsarbeit beschleunigen würden. Im Gegenzug solle er lediglich ein paar nützliche Frequenzen liefern, auf die er bei seinen Forschungen stieß.

Daniel brauchte über das Angebot nicht lange nachzudenken. Warum sollte er die neuen Geldgeber nicht für seine Zwecke benutzen?

Zum nächsten Treffen brachten sie Professor Hacker mit. Er konzipierte im Auftrag und in Zusammenarbeit mit der Epiphyt und Meissen ELF-Waffen, neuartige Strahlungswaffen, die mit Niederfrequenz-Feldern arbeiteten, und andere Apparate und Geräte zur Aussendung von Wellen beliebiger Frequenzen. Persingers Gotteshelm war Hacker ebenso bekannt wie verschiedene Denk-Kappen, Mindmachines und Stimulationshüte, die allesamt über Elektroden die gewünschten Frequenzen direkt an das Hirn lieferten.

Hacker hatte den Pulsator entwickelt. Eine Art Strahlenwaffe, die in einem handlichen Gerät verbaut war, das einem altmodischen Mobiltelefon ähnelte. Der Pulsator enthielt eine rotierende Antenne, vor der Mikrowellenlinsen montiert waren, außerdem einen Mikrochip, Verstärker und einen Sender, der Wellenmuster in elektromagnetischen Pulsen ausstrahlte. Man konnte die Strahlung so richten, dass sich die Wellen nicht gleichmäßig im Raum ausbreiteten, sondern in einem Punktstrahl exakt auf ein definiertes Ziel hinschwangen.

Durch den Pulsator wurde eine drahtlose Frequenz-Beschallung möglich. Anstatt durch Elektroden, die am menschlichen Schädel angebracht oder im Gehirn implantiert waren, wurden die Wellenimpulse unsichtbar ans Zerebrum übermittelt.

Einziges Problem war die mangelhafte Stromversorgung. Die erforderliche Funkleistung machte es notwendig, das Wundergerät permanent ans Stromnetz anzuschließen. Ansonsten war Hackers Gerät nahezu perfekt. Lediglich die richtigen Algorithmen fehlten noch. Daniel sollte herausfinden, welche Wellen in welcher Frequenz in welchem Abstand in welcher Stärke gesendet werden mussten, damit sie ihre geplante Wirkung im Gehirn entfalten konnten.

Mit dem Pulsator experimentierte er wie besessen, programmierte ihn mit diversen Frequenzen und unterschiedlichen Wellenstärken. Auch zu Hause. Dabei musste er aufpassen, nicht den falschen Knopf zu drücken. Hacker hatte es zu gut gemeint und den Pulsator so konstruiert, dass man in beide Richtungen Pulswellen aussenden konnte. An den Querseiten des Geräts hatte er die entsprechenden Relais und Module eingebaut.

Vor Selbstversuchen mit den Codes, die bei seinen Probanden funktioniert hatten, schreckte Daniel zurück. Er hatte Angst vor neuronalen Veränderungen und bleibenden Schäden. Um sich nicht selbst zu gefährden, richtete er den Sender bei seinen häuslichen Versuchen auf ein von Hacker konstruiertes Empfangsgerät, das von Größe und Form einer Satellitenschüssel ähnelte. Anhand der von dem Radarschirm empfangenen Wellenmuster konnte er testen, ob über kurze Entfernungen die ankommenden Frequenzen unverfälscht empfangen wurden und eine Übertragung von Hirnwellenprogrammen praktisch möglich war. Die bisherigen Ergebnisse seiner Experimente übertrafen Daniels kühnsten Erwartungen. Er fragte sich, welche seiner Erkenntnisse er mit Hacker und Hagen und Wolff teilen wollte.

Nachdem sie ihre Zusammenarbeit an dem geheimen Projekt besiegelt hatten, waren Daniel und Hacker dem Vorschlag von Wolff gefolgt und hatten sich für ihre Telefonate auf den Samstag verständigt. Seither telefonierten sie jede Woche, Hacker aus seinem Büro an der TU Dresden, Daniel aus seinem Reich im NWFZ auf dem Charité Campus.

Meissen hatte an beiden Orten den Zuschlag für die Bereitstellung der Telekommunikationsanlage bekommen, wie an fast allen Standorten in Deutschland, an denen sensible Forschung betrieben wurde. Hagen und Wolff garantierten für die Abhörsicherheit der Leitung. Bei seinen Telefonaten hörte Daniel öfters ein Knacken oder Echos in der Leitung. Auch an diesem Samstag. Dank Meissen, die Telefonanlagen in alle Länder der Welt lieferte, konnte der Dienst überall mithören.

Hacker hatte bereits auf seinen Anruf gewartet und war begierig darauf, die Werte zu erfahren, die seine Versuchsreihen mit dem Pulsator ergeben hatten. Daniel gab ihm die Zahlenwerte für die einzelnen Frequenzbänder durch. Zufrieden schloss Hacker daraus, die Funkleistung sei offenbar ausreichend. Nur die Stromversorgung sei noch ein Problem. Aber nicht mehr lange, die Ingenieure von Epiphyt experimentierten bereits mit neuen Akkus.

Als Daniel auflegen wollte, fragte Hacker neugierig, wie er mit seinen Algorithmen vorankomme. Daniel antwortete ausweichend, es bedürfe noch einiger Tests mit gesunden Probanden, die er in den nächsten Wochen durchführen werde.

Samstagnacht und den ganzen Sonntag über hatte er mit einer Flasche Beluga in seinem Arbeitszimmer verbracht. Mit Anna hatte er nur einmal kurz gesprochen. Sie erzählte ihm von zwei seltsamen Typen, die sie in einem dunklen BMW vor dem Haus gesehen hätte.

Obwohl ihn die Nachricht beunruhigte, da sie seine eigene Beobachtung bestätigte, entgegnete er, sie bilde sich das ein. Zu seiner Überraschung hatte sie nicht weiter darüber gesprochen und ihn in Ruhe gelassen. Sie verkroch sich in ihrem Zimmer, aus dem er gelegentlich klassische Musik hörte.

Jetzt schreckte er aus dem Sekundenschlaf, der ihn überfallen hatte. Du musst schlafen. Er stand auf, schüttelte sich, stellte die Computer und den Pulsator aus, löschte das Licht und schloss den Raum zweimal ab, in dem sein Geheimnis gespeichert war.

31

Um halb sechs wachte Stoller auf. Es dauerte einige Minuten, bevor er sich sicher war, dass die letzten zwei Tage kein langer Traum gewesen waren.

Und nun? Als Messias ins Büro zu gehen wie an jedem Montagmorgen, erschien ihm zunächst völlig abwegig. Doch je länger er über Alternativen nachdachte, desto klarer wurde ihm, dass er nicht wusste, was er als Weltenretter und Heilsbringer unternehmen sollte. Er musste sich auf die zugesagten Zeichen verlassen.

Eilig rasierte er sich mit dem antiken Nassrasierer, den er vor Jahren auf einem Flohmarkt entdeckt hatte. Wie so oft, wenn er zu ungeduldig vorging, schnitt er sich in den Hals. Statt wie sonst zu fluchen und sich zu ärgern, wischte er das Blut ungerührt ab und ging unter die Dusche.

Auf dem Weg aus dem Haus begegnete er nicht wie erhofft Anna, aber mit solch einem glücklichen Zufall war nicht zu rechnen. Eine Barpianistin schlief wahrscheinlich zu dieser Zeit.

Die Fahrt mit der U-Bahn kam einem Realitätsschock gleich. Zwei Tage hatte er seine Mitmenschen mit Neugier und Nächstenliebe betrachtet, jetzt sah er sie wie an den fast sechshundert Montagmorgen zuvor. Er sah Gram und Müdigkeit, Widerwillen und Resignation in mürrischen Gesichtern, die Teil eines Stroms waren, der sie in Fabriken, Büros und Baustellen spülte. Das Licht der Heiligkeit, das alles umstrahlt hatte, wurde von den Schatten des Alltags verdunkelt.

Allerdings schienen die göttlichen Gefühle noch nicht ganz verflogen zu sein, denn etwas war anders als früher. Er glaubte, klarer und schärfer zu sehen als vor seinem unerklärlichen – oder noch nicht erklärten – Erlebnis. Hatte sich seine Wahrnehmung dauerhaft verändert?

Er sah in die Gesichter der Mitfahrenden und erkannte dabei sich selbst. War er nicht genauso von den Routinen und Ritualen des alltäglichen Lebens verdüstert worden? Er dachte daran, wie viel er sich als Kind vom Leben versprochen und wie ungeduldig er das Erwachsensein ersehnt hatte, wie hoffnungsvoll er einst gewesen war, wie neugierig.

In seiner Kindheit hatte er sich für jede Art Technik interessiert. Er wollte der exakten Funktionsweise, dem Wirkprinzip des Lebens auf den Grund gehen. Wollte verstehen, wie die Welt und ihre Bestandteile aufgebaut waren und funktionierten. Wollte ausprobieren, begreifen, berechnen, erfinden.

In dieser aufregenden Entdeckerzeit träumte er davon, Autodesigner zu werden. Er war ein schlechter Schüler, nur in Deutsch und Zeichnen einigermaßen gut. Meistens malte er Autos, er liebte das virtuelle Basteln, das Konstruieren und Planen. Für Mathematik hatte er anfangs nicht viel übrig, und für Physik konnte er sich nur begeistern, solange die Technik dahinter konkret war, fühlbar.

Sein Vater lieferte ihm das Vorbild für seinen eigenen Beruf. Als Bauleiter eines Hoch- und Tiefbaukonzerns war der Ingenieur auf wechselnden Großbaustellen eingesetzt. Ein einziges Mal nahm er seinen Sohn mit, um dessen größten Wunsch zum zehnten Geburtstag zu erfüllen. Stoller wusste sofort: Das will ich auch. Probleme durch Skizzen lösen. Lösungen finden für schier unlösbare Aufgaben, für die es keine Vorbilder gab. Den einzigen richtigen Kniff entdecken.

Ein tragendes Werk mit einer pfiffigen Problemlösung konstruieren, auf die andere niemals gekommen wären. Auch das Bauen an sich faszinierte ihn: Aus den Elementen des Lebens geformte Elemente zum Leben zu formen.

Die Fachoberschule für Bauwesen besuchte er mit dem Ziel, Architektur zu studieren. Während eines Baupraktikums nach dem Fachabitur erkannte er jedoch, dass die Herausforderungen an Ingenieure größer waren als an Architekten. Außerdem war die Ausbildung konkreter und fundierter. Das gefiel ihm, denn er wollte immer alles ganz genau wissen.

Nach seinem Praktikum ging er in Aachen auf die Fachhochschule für Bauingenieurwesen mit der Vertiefungsrichtung konstruktiver Ingenieurbau, denn mittlerweile war sein Berufsziel konkret geworden: Er wollte Tragwerksplaner werden mit eigenem Planungsbüro, ein berühmter Statiker mit Schwerpunkt Brückenbau.

Brückenbau stellte die größte Herausforderung dar, es war die Krone der Ingenieurtätigkeit. Auch von der Außenwirkung war es das Größte, was ein Statiker der Welt schenken konnte: Eine Brücke, die Welten verband, die Generationen überdauerte und sich gegen die Zeit stemmte.

Stollers Voraussetzungen für eine Karriere als Statiker waren nicht ungünstig. Er brachte den nötigen Willen zur Präzision mit und er war Perfektionist, nicht nur als Listenführer. Statiker mussten Perfektionisten sein.

Voller Engagement hatte er seinen Beruf begonnen, seinen Traumberuf, der ihm vielseitig erschienen war, weil er verschiedene Tätigkeitsfelder abdeckte. Gestaltung, Planung, Konstruktion, Technik. Ein komplexes Aufgabengebiet mit großer Verantwortung.

Als Statiker kalkulierte er Sicherheit, er war für die Standsicherheit eines Gebäudes verantwortlich. Er berechnete das Ergebnis aus dem Kampf der Kräfte, die auf das Material einwirkten, aus denen ein Bauteil bestand. Die große Frage seines Arbeitslebens lautete: Wie stark konnte man eine Konstruktion belasten, ehe sie zusammenbrach?

Für eine kurze Weile hatte er gehofft, durch seinen Beruf berühmt zu werden, bis er erkannte, dass Ingenieure niemals berühmt wurden. Nur in der Fachöffentlichkeit konnte man als Statiker Aufmerksamkeit erhalten. Aber was war das für eine Öffentlichkeit, die aus anderen Statikern bestand?

So war er nie ganz im Beruf aufgegangen wie andere Ingenieure, die Genies, die gleichzeitig an Universitäten lehrten, eigene Planungsbüros mit Heerscharen von Angestellten unterhielten, innovative Konstruktionsverfahren entwickelten, Bücher schrieben und neuartige Tragwerke planten.

Seine Träume hatten sich der Realität angepasst, seine Ansprüche hatte er mit seinen Möglichkeiten in Einklang gebracht. Statt im Brücken- war er im Hochbau tätig, statt im eigenen Büro in einer Abteilung eines multinationalen Baukonzerns, statt an Denkmälern der Statik arbeitete er als eine von vielen Ameisen an der Errichtung industrieller Funktionsbauten und Wohnkartons in einer Baufabrik, die er verachtete. Er hatte abgegrenzte Aufgabenbereiche mit überschaubaren Tätigkeiten, immer gleichen Fachaufgaben. Nie sah er das Ganze, immer nur einen kleinen Ausschnitt des Systems, das zu stützen seine Aufgabe war.

Mit dem Zeitfluss war sein anfänglicher Eifer erodiert. Ständige Planänderungen, permanenter Zeitdruck, Anrufe, Meetings, Computerabstürze, Druckerstreiks. Das ganz normale Büroleben hatte ihn mit den Jahren zermürbt und war ihm immer fragwürdiger geworden. Ihn störte die geringe Anerkennung und Wertschätzung von anderen. Die Architekten waren die gefeierten Gurus, die kreativen Gestalter. Statiker waren bloß die Zuarbeiter, für die Funktionen zuständig.

In letzter Zeit fragte er sich häufig, was er in diesem Büro eigentlich machte, wieso, wozu. Und heute fuhr er wieder in die WOHLAG, die ihn neun Stunden später ins Meer der Arbeitssklaven zurück spucken würde. Der hässliche Gebäudekomplex lag in einem Gewerbegebiet in Marienfelde, eingespannt zwischen Ausfallstraßen und dem Berliner Autobahn-Ring. Von der U-Bahn-Station musste Stoller zwölf Minuten laufen.

Er schloss den Jackenkragen und stapfte durch Schneewehen die Straße entlang. Je näher er seiner Wirkungsstätte kam, desto mehr verflüchtigte sich das heilige Gefühl, das ihn zwei Tage lang begleitet hatte und das mit Erhabenheit und Würde einhergegangen war. Es verflog ganz, als er das Gebäude betrat, das ihm seit fast fünfzehn Jahren zeitliche und räumliche Fesseln anlegte.

Seit Abschluss seines Studiums arbeitete er bei der WOHLAG, der Wohn- und Lebenswelten AG. Der internationale Baukonzern bot als Generalunternehmer die schlüsselfertige Erstellung von Wohnhäusern und Einkaufszentren an. Der Firmen-Slogan lautete: *Individuelle Wohn- und Shopping-Welten – für Ihr persönliches Wohl.*

Der Werbespruch erschien Stoller wie Hohn, sorgten die gigantischen Wohnkartons und Multi-Millionen-Konsumpaläste doch in erster Linie für das Wohl des Eigners, Familie Eisenfeld.

Mehr als zweitausend Angestellte arbeiteten in den weltweiten Niederlassungen. Am Hauptsitz waren fast fünfhundert Mitarbeiter beschäftigt. Bauingenieure aller Gewerke, Architekten, Zeichner, Projektentwickler, Bauleiter, Vertriebsmitarbeiter, Projektleiter, Buchhalter, Handwerker und Hausmeister. In Stollers Abteilung waren dreißig Statik-Ingenieure und Zeichner jeweils zu dritt oder viert in wabenartigen Büros tätig, die alle mit grauem Industrieteppich ausgelegt waren. An den schmucklosen Wänden hingen Kalender und Projektpläne. Ein obligatorischer Gummibaum stand zwischen den Tischen und suggerierte Natürlichkeit und Leben, wo nichts dergleichen zu finden war. Den Mitarbeitern war es verboten, die Bäume zu gießen, um den Bewässerungsplan des Gärtners nicht zu durchkreuzen.

Das Unternehmen war im Besitz der milliardenschweren Familie Eisenfeld. Stoller hatte Firma und Familie insgeheim den Krieg erklärt, als er ein knappes Jahr nach Antritt seiner Stelle an einem Richtfest teilnahm. Zu der Feier der Errichtung eines Wohnkomplexes, der mehr als hundert Millionen Euro in die Firmenkasse spülte, flog der alte Eisenfeld mit seiner Frau, die von zahllosen Gesichtsoperationen gezeichnet war, im Privatjet von München nach Berlin und wurde von einem livrierten Chauffeur im Bentley vorgefahren.

Mehrere Festzelte waren aufgebaut, mit Teppich ausgelegt und mit Biergartenbänken und Heizständern ausgestattet worden. Eine Cateringfirma lieferte ein opulentes Buffet, Hostessen servierten Getränke. Für ein Richtfest völlig unangemessen, fand Stoller, und beobachtete die murrenden Bauarbeiter, die an gesonderten Tischen Platz nehmen mussten, damit die feine Gesellschaft, bestehend aus dem Ehepaar Eisenfeld, Stadtteilpolitikern, dem Bauherrn und seinen Adjutanten von der Wohnungsbaugesellschaft ungestört unter sich bleiben konnte.

Die Architekten und Ingenieure waren zwischen der ersten Klasse und der Holzklasse der Bauarbeiter platziert. Die Kolonnen der Gerüstbauer, Maurer, Tischler, Maler, Elektriker, Dachdecker, Fliesenleger und Hilfsarbeiter wurden stündlich aggressiver, weil es statt Schnaps lediglich Bier und Prosecco gab. Das Fest war ausschließlich für das dünkelhafte Paar und seine elitäre Klientel ausgerichtet statt für die Werktätigen, die den Grund des Festes geschaffen hatten.

An diesem Tag war Stoller klar geworden, wie unbedeutend und unwichtig er selbst war für die Firma und die Welt. Ein winziges Rädchen im Getriebe, gesteuert von höheren Mächten, die ihm das Leben vorgesetzt hatte. So wie die Arbeiter Tag für Tag die immer gleichen Tätigkeiten verrichteten, stellte er die immer gleichen Berechnungen mit Hilfe unveränderlicher mathematischer Gesetze und Formeln an, die andere Menschen, bedeutsamer als er, Jahrhunderte vor ihm erdacht hatten. Was machte das für einen Sinn?

32

Viola hielt erschrocken in ihrer schwungvollen Bewegung inne und starrte ihn an. »Hab ich mich erschreckt! Was machst du hier?«

»Ich arbeite hier. Schon ein paar Jahre.«

»Witzbold. Aber nicht Montag früh um zehn vor acht.«

Sie schloss die Tür und zog ihren lilafarbenen Steppmantel aus, dessen Kapuze mit grauem Kunstfell besetzt war. Es sah aus wie eine Kassettenbettdecke mit einem Heiligenschein aus Wolfsfell. Unter der Daunendecke trug sie einen Schlafanzug. So sah es zumindest aus. Tatsächlich waren es weiße Leggins, mit geometrischen Formen bunt bedruckt, und ein türkisfarbener Fleece-Pullover.

»Der frühe Vogel fängt den Wurm, hat eine bezaubernde Kollegin von mir immer gesagt. Das hab ich mir zu Herzen genommen.«

»Hast du einen Komiker gefrühstückt? Und seit wann bin ich bezaubernd? Ich dachte immer, die Kollegin mit dem Spruch ist dumm wie Brot.« Sie hängte ihren Mantel an den Haken neben der Tür, setzte sich an ihren Platz und schaltete den Computer ein.

Dem konnte er nicht widersprechen. Vom ersten Augenblick an hatte er sie als leichtgläubige Esoterikerin verachtet und mit Blondinen-Witzen geärgert. Ihre Haare reichten ihr bis knapp unter die Ohren und umrahmten ein Gesicht, das aus proportionaler Sicht ebenso zu breit geraten war wie Schultern, Beine und Hinterteil.

Permanent war sie auf Diät. Das behauptete sie zumindest, aber er hatte den Verdacht, dass dieser Wahn nur eine paradoxe Variation ihres Lebensthemas war: Essen. Wenn sie den Kollegen von einer Feier oder einer Urlaubsreise berichtete, kamen darin ausschließlich Speisen vor: Aus welchen Leckereien die Buffets bestanden hatten, was es morgens zum Frühstück und welche Kuchen am Nachmittag gegeben hatte, wie die Fleischsorten beschaffen waren und wie sie geschmeckt hatten.

Sie kochte fanatisch gern und bereitete für sich allein in stundenlangen Prozeduren exotische Kuriositäten zu, von denen sie anderntags glückstrahlend schwärmte. Durch schlichte Umbenennung wurde aus einem mächtigen Rinder-Steak eine Eiweiß-Diät.

Seine Verachtung hatte sich noch gesteigert, nachdem sie ihn letztes Jahr zu ihrem dreiunddreißigsten Geburtstag eingeladen hatte. Anscheinend hatte sie es sich in den Kopf gesetzt, ihn für sich zu gewinnen. Je gemeiner er zu ihr war, desto stärker strengte sie sich an, ihm zu gefallen.

Er erinnerte sich daran, wie angewidert er gewesen war, als er ihre Wohnung betreten hatte. In jeder Raumecke, auf Regalen, Seitenschränken und Beistelltischen standen pseudo-esoterische Artefakte, Feng-Shui-Brunnen, Kristalle, Engelfiguren, Buddha-Statuen, Amulette und anderer Tand der Volksesoterik. Eine Wand war beklebt mit einem großformatigen Mondkalender, eine andere mit kitschigen Engelbildern, an der dritten hingen poppige Drucke von Einhörnern und Feen und die vierte Wand wurde von einem Tuch bedeckt, auf dem der astrologische Tierkreis abgebildet war.

Sogar der Luftraum war durchdrungen von Eso-Kitsch. Überall hingen indianische Traumfänger, tibetische Gebetsmühlen, Windspiele, Glocken, Amulette. Ihre Bücher fand er ebenso lächerlich. Das Regal war voll von Lebenshilfe- und Engelbüchern, die ihm sein Urteil über Viola bestätigt hatten: Sie war leichtgläubig und dumm und hing einem naiven, magischen Weltbild an.

»Hab ich so was Gemeines wirklich gesagt?«, fragte er gespielt ahnungslos. »War nicht nett. Tut mir leid.«

Viola verengte ihre Augen zu Schlitzen. »Was ist denn los? Alles okay mit dir?«

»Super-okay«, rief er schwungvoll, »okayer als je zuvor! Ich muss dich gleich was fragen, nachdem du deinen Cappuccino getrunken hast. Mit zwei Stück Süßstoff, richtig?«

Ohne ihre Antwort abzuwarten, wandte er sich zur Tür und stieß beinahe mit Hardy zusammen, der ihn überrascht anstierte. »Stoller!?«

»So nennt man mich. Kaffee, schwarz, mit drei Löffeln Zucker, korrekt?«

Hardy machte einen Gesichtsausdruck, als wäre er vom Glauben abgefallen.

In der Küche stand Ernst Raumann und hämmerte gegen den Kaffee-Automaten. »Mistding!«

Stoller blieb im Türrahmen stehen und beobachtete seinen Vorgesetzten amüsiert. Raumann war Anfang Fünfzig, von kräftiger Statur und mit beständig wachsendem Bauchumfang, als würde er in regelmäßigen Abständen ein Bauwerk erweitern. Über seinem rotgeäderten Fleischergesicht trug er eine Glatze. Wie immer war er mit Jeans, kariertem Hemd und dem marineblauen Jackett bekleidet, das von der Form an eine Kapitänsjacke erinnerte. Oder erinnern sollte.

Der Leiter der Abteilung Tragwerksplanung war promovierter Bauingenieur. Früher hatte er als Prüfingenieur gearbeitet und die statischen Berechnungen anderer Tragwerksplaner nachgerechnet. Ein Pedant und Besserwisser. Er drückte stakkatoartig mit dem Daumen auf die Tasten, als wollte er sie festtackern.

»Ah, Mann, verdammt!«

»Morgen, Chef. Streikt er wieder?«

»Für dich immer noch Ernst. Jedes Mal wenn ich einen Kaffee will, geht das Mistding nicht.«

»Willst du dich ernsthaft über die Maschine ärgern? Oder glaubst du etwa, sie reagiert auf Schläge?«

»Okay, Herr Oberschlaubesseringenieur, bitte!« Raumann trat einen Schritt zurück und deutete auf den Automaten. »Dann zeig doch mal, wie man das macht.«

Stoller trat näher, tastete an der Rückwand nach dem Hauptknopf, schaltete den Automaten aus, wartete einige Sekunden und schaltete ihn wieder ein. »Kaffee, Espresso, Cappuccino?«

»Ts. Kaffee, schwarz.« Raumann beobachtete den Automaten argwöhnisch.

Stoller reichte ihm die dampfende Tasse.

»Danke«, knurrte Raumann. »Was machst du überhaupt so früh hier?«

»Keine Zeit zu verlieren, gibt viel zu tun.« Stoller betätigte die Maschine erneut.

»Das ist wahr. Ich komm nachher mal zu dir, wegen der Brücke.«

Stoller horchte auf. »Brücke?«

»Hab ich dir das noch nicht erzählt? Die beiden Hauptgebäude mit den Bürotrakten werden durch eine gläserne

Brücke verbunden.«

»Meine erste Brücke!« Stoller strahlte wie ein Geburtstagskind.

»Willst du mich verarschen?«

»Ich wollte schon immer Brücken bauen!«

»Das ist kein Projekt für persönliche Selbstverwirklichung, das ist eine echte Challenge!« Seit er von einem hausinternen Schulungslehrgang zurückgekehrt war, sprach Raumann nur noch von Challenges statt Herausforderungen. »Hab dir ja gesagt, wie wichtig das Projekt ist.«

»Ja. Damit du dich vor Eisenfeld profilieren kannst.«

»Mal nicht frech werden. Das ist für uns alle wichtig. Heute geht's für dich los, die Architekten haben schon angefangen. Gibt da ein paar kleine Planänderungen.«

»Kein Problem.«

»Werden wir ja sehen«, grummelte Raumann und verließ die Küche.

Als Stoller ins Büro zurückkehrte, auf einem kleinen Tablett Tassen mit Cappuccino, schwarzem Kaffee und doppeltem Espresso balancierend, blickten ihn Hardy und Viola erwartungsvoll an.

»Würdest du uns bitte mal erklären«, fragte der Kollege mit vor der Brust verschränkten Armen, »was los ist? Du hast uns in all den Jahren, die wir zusammen arbeiten, noch nie einen Kaffee gebracht.«

Stoller reichte ihnen die Getränke. »Es gibt für alles ein erstes Mal.«

»Willst du etwa deinen Geburtstag mit uns nachfeiern?«, fragte Viola. »Wäre auch das erste Mal.«

»Wollen ja mal nicht übertreiben«, gab Stoller lächelnd zurück. Ihm kamen die gemeinsamen Feierabende in den

Sinn. Wenn sie zu dritt nach der Arbeit noch etwas trinken gegangen waren, hatten sich Hardy und Viola spätestens um zweiundzwanzig Uhr verabschiedet und waren nach Hause gegangen. Für Stoller fing der Spaß dann erst richtig an und er zog bis zum Morgengrauen allein um die Häuser.

Er nippte an seinem Espresso und musterte seinen Kollegen, der den Zucker in seinem Kaffee verrührte und Stoller dabei nicht aus den Augen ließ. »Sag mal, Hardy, wie ist das eigentlich … Du bist doch getauft und konfirmiert und alles. Glaubst du an Gott?« Ein übermütiger Impuls hatte die Frage von seiner Zunge gelöst, getrieben von ketzerischer Provokation und aufrichtiger Neugier.

Hardy rückte die Brille näher an seine blaugrünen Augen, als könnte er dadurch besser sehen. Seine Sommersprossen spiegelten sich im Glas. »Was soll der Quatsch? Hast du dich ins Delirium gesoffen?«

»Sag doch mal. Glaubst du?«

»Bescheuerte Frage. Ich bin Ingenieur, ich bin mein eigener Gott.«

»Mensch, Hardy«, regte sich Viola auf, »das ist anmaßender Hochmut!«

»Ich bin Naturwissenschaftler, kein abergläubischer Esoteriker.«

»Ja«, nickte Stoller, »der Glaube an Gott und an die Naturwissenschaften schließt sich anscheinend aus. Gottesglaube halten wir Ingenieure für naiv oder verrückt. Aber ist das nicht merkwürdig?«

Hardy blickte zu Viola, die ratlos die Schulter zuckte.

»Was ist mit dir, Max?« In ihrer Stimme klang Besorgnis mit.

Hardy winkte ab. »Der ist heute zu früh aufgestanden, das ist alles.«

»Ich bin viel zu spät aufgewacht. Aber jetzt sehe ich ganz klar.«

»Spinner! Du solltest nicht so viel saufen, Kollege!«

»Es ist eine Frage der Vernunft. Ich denke, es erfordert deutlich mehr Anstrengung, sich die Welt und das Leben ohne Gottes Existenz vorzustellen als mit.«

»Wer hat dir denn ins Hirn geschissen? Hat dich eine Sekte eingesackt oder was? Seit wann interessierst du dich für religiösen Quatsch?«

»Das Leben ist zu kurz, um immer nur bei einer Meinung zu bleiben.«

»So was hör ich mir nicht länger an. Ich muss zu Raumann.« Hardy verließ das Büro und hinterließ Stoller einen zweifelnden Blick.

»Was ist denn los?«, fragte Viola. »Du warst doch wieder betrunken!«

»Nein. Ich war auf Schatzsuche. Stell dir vor, ich habe einen gefunden. Den größten überhaupt.«

»Echt jetzt?« Ihre Skepsis war nicht zu überhören.

»Ich habe in der Bibel gelesen. Und mir einen Papagei gekauft. Und Sonntag war ich in der Kirche.«

Viola musterte ihn argwöhnisch, ohne etwas zu sagen.

»Hast du schon mal etwas Ungewöhnliches erlebt, was du dir nicht erklären kannst? Was Übersinnliches oder Übernatürliches? Du weißt schon, so ein mystisches Erlebnis.«

»Was? Jetzt gib's zu«, verlangte sie ungeduldig, »du warst total besoffen! Oder hast du etwa Drogen genommen?«

»Nein, ich war stocknüchtern, das ist ja das Komische. Ich habe eine richtige Offenbarung erlebt, ich habe Gott gesehen.«

»Was redest du da?«

»Ehrlich, ich schwör's! Das ist durch die Liebe ausgelöst worden.«

Der kritische Ausdruck in ihrem Gesicht verwandelte sich in Entsetzen. »Du hast dich verliebt? Kenn ich sie?«

»Ich kenn sie ja selbst noch gar nicht. Ich hab sie nur einmal flüchtig gesehen.«

»Und trotzdem hast du dich verliebt? Und dadurch Gott gesehen? Wie geht das denn?« Ihre Augen funkelten feindselig.

»Keine Ahnung, wie das funktioniert. Aber vielleicht kannst du mir helfen, du kennst dich doch mit diesem spirituellen Kram aus. Vielleicht weißt du ja, wie ich meinen Auftrag erfüllen kann.«

»Was für ein Auftrag?« fragte sie mürrisch. Sie war mit der Verarbeitung der Neuigkeit und ihrer Enttäuschung beschäftigt.

»Also es ist so … Ich muss die Welt retten.«

»Die Welt retten?« Viola verzog angewidert das Gesicht, als müsste sie Fäkalien anfassen.

»Ich weiß nicht, was ich tun soll. Wie soll ich die Welt retten, ausgerechnet ich?«

»Tut mir leid, aber da komm ich nicht mehr mit. Geh mal zum Arzt und frag, ob er *dich* und deine Welt retten kann.«

»Viola, mir ist es total ernst«, sagte er und ging auf sie zu. »Ich hab nur drei Tage. Also eigentlich nur noch heute!«

Viola wich zurück und machte eine abwehrende Geste, als wäre er eine Bedrohung. »Max, du machst mir Angst. Mein Bruder hatte eine Psychose. Der hat genauso geredet wie du, bevor er in die Psychiatrie kam. Bitte geh zum Arzt, lass dich untersuchen!«

»Du willst mich nicht verstehen! Heute ist schon der dritte Tag. Und ich hab immer noch nicht angefangen. Wie, bitte schön, rettet man die Welt?«

Seine Frage wurde von Hardy und Raumann gehört, die gemeinsam ins Büro kamen. »Sieh lieber zu, wie du deinen Arsch rettest«, platzte Raumann selbstbewusst heraus, rollte drei Entwurfspläne auseinander und breitete sie auf Stollers Schreibtisch aus. »Bis Donnerstag brauch ich die Vorstatik.«

Stoller schaute auf die Pläne. »Unmöglich!«

»Stimmt«, entgegnete sein Vorgesetzter nachdenklich und blickte in seinen Kalender im Smartphone. »Mittwoch.«

»Frühestens nächste Woche.«

»Diesen Mittwoch, übermorgen! Denk dran, Freitag hab ich mein Zwanzigjähriges. Zur Jubiläumsfeier kommt Eisenfeld höchstpersönlich. Ich will erste Planungsergebnisse vorweisen, das ist ein Prestigeprojekt, eine Challenge! Also halt dich ran.«

Bevor Stoller widersprechen konnte, war Raumann aus der Tür verschwunden.

Hardy kam an den Tisch, um neugierig die Pläne zu studieren. »Lass mal sehen.«

Stoller ertappte Viola beim Nägelkauen. Das tat sie immer, wenn sie etwas beschäftigte. Sie spürte seinen Blick, riss sich aus ihren Gedanken und schaute sich die Entwürfe an. Mit gespielter Begeisterung zeigte sie auf Linien. »Toll, ein Atrium! Und hier, eine gläserne Brücke.« Sie blickte zu Stoller wie zu einem Kind, das abgelenkt werden musste, damit es nicht weiter nach Süßigkeiten bettelte. »Wolltest du nicht immer Brücken bauen?«

Es kam ihm ironisch vor: Ausgerechnet bei der WOHLAG würde er seine erste Brücke planen. Bei dem Renommee-

Projekt entstanden futuristisch anmutende Bürotürme mit einem Atrium und begrünten Flächen im Hof, auf den man künftig von dem Übergang hinabblickte. In zwanzig Meter Höhe sollte die Brücke zwei doppelt so hohe Gebäudeteile miteinander verbinden.

»Eine Brücke ist was anderes«, hörte er sich sagen. »Das ist bloß ein Steg. Ein dünner Steg zwischen dunklen Türmen.«

Hardy klopfte ihm jovial auf die Schulter. »So ist's recht. Wieder ganz der Alte. Düster und negativ.«

»Wenn du meinst.«

»Ich meine nur, dass du dich ranhalten musst, wenn du das schaffen willst.«

»Solange ihr mich nicht in Ruhe lasst, kann ich schlecht arbeiten.«

»Aye aye, Captain«, salutierte Hardy. »Und das mit … Du weißt schon, Glaube und Gott und der ganze Mist, das war jetzt nur …«

»Das Wort zum Montag«, schnitt Stoller ihm den Satz ab.

»Genau.«

Hardy nickte zufrieden und verzog sich an seinen Platz. Auch Viola setzte sich und arbeitete schweigend.

Stoller studierte die Entwurfspläne und schaute im Computer in die Planungsordner. Nach einer Viertelstunde fiel ihm sein Auftrag wieder ein. Der letzte Tag. Den durfte er nicht mit stupiden Berechnungen vergeuden. Er musste raus in die Welt und sie retten.

Um keine Diskussionen mit seinem Vorgesetzten und den Kollegen heraufzubeschwören, beschloss er, auf die Schnelle eine grobe Vorstatik durchzuführen. Mit brennendem Eifer machte er sich ans Werk.

33

Das Feuer erfasste die Tischdecke und das Holz, fraß sich durch den Teppich bis zu den Gardinen mit Blumenmuster und zur hölzernen Treppe, die nach oben führte. Dann kam das Schreien.

Anna schrie im Schlaf und erwachte davon, verschwitzt und zitternd. Immer wieder der selbe Traum. Obwohl sie damals nichts von dem Brand mitbekommen hatte und vom Schlaf in die Bewusstlosigkeit geglitten war. Irgendetwas oder jemand in ihr war wach geblieben und hatte alles beobachtet.

Seit einem Vierteljahrhundert quälten sie die Alpträume. Die ersten Jahre hielt sie es kaum aus. Nachts der Feuertraum, tagsüber die Panik. Was war das für ein Leben?

Selbstmord kam nicht in Frage. Alle Möglichkeiten, dem Leben eigenwillig ein Ende zu setzen, hatte sie in allen Details durchgespielt. Die klassische Variante erschien ihr am elegantesten. An einem Wintertag ins Wasser eines Sees steigend, gemächlich den Widerstand überwindend, Schritt für Schritt tiefer ins dunkle Nass vordringend, mehr und mehr vom Lebenselixier umflossen, das zum Todeselixier wurde. Wenn das Wasser die Hüften erreichte, würde sie einen Moment stehen bleiben und die Kältespitzen spüren, die sich von allen Seiten in ihre Beine bohrten, das Taubheitsgefühl, das nach dem Zittern kam. Dann weiter schreiten, bis das Wasser den Hals erreichte. Die Eiseskälte würde die Hautschichten durchbrechen und die Rippen durchdringen, und dann das Herz, das liebe Herz. Es würde noch einmal kräftig schlagen, panisch das Finale Grande eintrommeln, bis die Kälte die Schläge einfror und alles zur Ruhe käme.

Nein, kein Mensch durfte sich als Herr über Leben und Tod aufspielen. Sokrates, dem das Nachdenken über den Tod nichts anderes war als ein Nachdenken über Wahrheit und Sein, war davon überzeugt, das Leben des Menschen sei im Besitz der Götter, weswegen man sich nicht selber töten und den Besitz der Götter beschädigen durfte. Das hatte ihr sofort eingeleuchtet. Das Geschenk des Lebens eigenmächtig wegzuwerfen konnte nicht ohne schreckliche Folgen bleiben.

Selbstmord bedeutete den Sturz in die ewige Verdammnis. Das schwante ihr, als sie zwei Jahre nach dem ersten Ritzen zur Schere griff. Ohne die Folgen ihres Tuns zu bedenken, hatte sie die Geflügelschere genommen, die sichelförmigen Klingen um den kleinen Finger der linken Hand geschoben, Augen und Zähne zusammen gepresst und es entschlossen getan. Sie hatte noch gehört, wie das abgetrennte Glied mit einem plumpsenden Geräusch ins Wasser fiel. Sie erinnerte sich, wie sie die Klospülung betätigt und zu schreien begonnen hatte, bevor alles schwarz geworden war.

An den Krankenhausaufenthalt schloss sich ein dreimonatiger Aufenthalt in einer psychosomatischen Klinik an. Gesprächstherapie, Gestalttherapie, Kunsttherapie. Es war eine gute Klinik, auf posttraumatische Belastungsstörungen spezialisiert, doch die Ursache ihres Verlusttraumas konnte nicht beseitigt werden. Wie sollte auch Schuld therapiert werden können?

Durch die Abtrennung des kleinen Fingers wollte sie Schuld abschneiden und sich aus den Schlingen der Erwartungen ihres Vaters befreien. Sie ahnte nicht, dass sie mit dem verzweifelten Versuch, durch einen einfachen Befreiungsschnitt alles los zu werden, neue Schuld auf sich laden, ein neues Trauma erleiden würde.

Es war ein Schock, als sie an einem heißen Juni-Tag, sie war fünfzehn Jahre alt, von der Schule nach Hause kam und ihren Vater im Garten an einem Baum hängen sah, unter ihm eine umgekippte Trittleiter. Als erstes war ihr durch den Kopf geschossen, dass er es nur wegen ihr getan hatte.

Danach kehrten die Panikattacken zurück, die im Anschluss an die Therapie eine Zeitlang aufgehört hatten. Sie litt unter plötzlichem Herzrasen und Ausbrüchen von kaltem Schweiß. Oft fühlte sie sich stundenlang gelähmt oder wurde von Todesängsten und Vernichtungsgefühlen heimgesucht. Sie bekam chronische Entzündungen der Mandeln und Nasennebenhöhlen, des Brust- und des Bauchfells. Sie litt unter Ess-Störungen und unter Kopf- und Gliederschmerzen.

Wenn sie auf der Straße unterwegs war, hatte sie oft das Gefühl, wie auf Eiern zu gehen. Unter den Füßen brüchige Schalen. Die Welt, die ihr dann als unwirkliche Kulisse erschien, nahm sie wie unter einer Panzerglasglocke wahr. In jeder Situation konnte es zu diesen plötzlichen Störungen des Empfindens kommen. Nur beim Klavierspiel war sie frei von Angst. Der Wirklichkeitsraum der Melodien war der einzige sichere Ort für sie.

Daniel betrachtete ihre Probleme rein neurologisch. Seiner Ansicht nach hatten die Schocks durch den Verlust ihrer Eltern und die Flut der dabei ausgelösten Hormone zu Fehlschaltungen in ihrem Gehirn geführt, synaptische Verbindungen seien gestört und Ionenkanäle umgelegt worden. Ihr seelisches Trauma verwandelte er in einen neurologischen Traum.

Nein, Daniel war keine Vertrauensperson, obwohl er es sein sollte. Sie waren sich fremd. Sie wussten nichts von dem, was im anderen wirklich ablief.

Als sie gestern ihre Recherchen über seine Forschungen unterbrochen hatte, um sich aus der Küche etwas zu essen zu holen, war er kurz aus seinem Arbeitszimmer gekommen. Sie berichtete ihm von den seltsamen Typen, die sie im Auto vor dem Haus gesehen hatte. Er wiegelte ab und behauptete, sie bilde sich etwas ein. Doch seine Augen hatten ihn Lügen gestraft.

Bei ihren Nachforschungen im Internet konnte sie keine näheren Informationen über seine aktuelle Arbeit in Erfahrung bringen. Deshalb wollte sie bei der nächsten Gelegenheit versuchen, in sein Arbeitszimmer zu gelangen und dort herumzuschnüffeln.

Doch erst einmal musste sie sich um sich selbst kümmern. Sie sah auf die Uhr. Schon halb zwölf. In gut zwei Stunden hatte sie den Termin, in den sie so große Hoffnung setzte. Schwungvoll sprang sie aus dem Bett und ging unter die Dusche. Sie musste aktiv werden, damit sie nicht vom Fluss der unguten Gefühle und Gedanken mitgerissen wurde. Sie musste etwas unternehmen, um das rettende Ufer zu erreichen.

34

Eine gläserne Verbindungsbrücke zwischen zwei Gebäudeteilen stellte aus tragwerkstechnischer Sicht eine Herkulesaufgabe dar. Das Schwingungsverhalten war der entscheidende Faktor bei den Berechnungen. Die vertikalen Belastungen durch den Winddruck mussten berücksichtigt werden, ebenso die Eigenschwingung. Zudem schwankten die zu verbindenden Gebäude, und die Verbindungsbrücke musste die Bewegungen mitmachen. Auch die Wärmedehnung des Glases durch Sonneneinstrahlung oder Kontraktion bei Frost musste einkalkuliert werden.

Stoller legte zunächst das statische System und das Material fest. Er entschied sich für eine Rahmenkonstruktion, bei der unter Spannung stehende Stahlträger mit Glas verkleidet wurden. Dann nahm er eine Vordimensionierung der Querschnitte vor und kalkulierte die Anzahl der benötigten Träger und der Zug- und Druckstützen. Im nächsten Schritt berechnete er die Belastungen, denen sein Tragwerk ausgesetzt sein würde. Alle einwirkenden Lasten mussten einkalkuliert werden: Verkehrslast, Windlast, Temperatur, Schiefstellungen, Vorverformungen, Eigenlasten durch Eigengewicht.

Die Lastannahmen berechnete er nach Euro-Codes mit einfachen Drei-Wert-Gleichungen und Standardformeln. Die anschließende Ermittlung der Schnittgrößen, der inneren Wirkungen, die von den äußeren Kräften und Beanspruchungen hervorgerufen wurden, war der eigentliche Kern seiner Tätigkeit. Die Normalkräfte und die Biegemomente zu ermitteln war der Höhepunkt, der Lustmoment des Statikers.

Endlich konnte er Technik anwenden, herumspielen, Variationen berechnen, die Annahmen der Vorstatik in Ergebnisse ausrechnen und grafisch anzeigen lassen. Er arbeitete mit Rechenprogrammen und Algorithmen, in denen viel Mathematik steckte. Sein Standardwerkzeug war ein Stabwerksprogramm. Wenn alle Belastungen eingegeben waren, rechnete das Programm die Verformungen aus und lieferte eine dreidimensionale Grafik, anhand derer er die Biegung des Materials und des gesamten Teilsystems sehen konnte.

Die Vorstatik war damit abgeschlossen. Später würde er noch die finiten Elemente errechnen müssen, Anschlüsse berechnen, Verbindungsmittel wählen – Träger, Schrauben und Dübel in den richtigen Ausmaßen – und anschließend Einzelnachweise für jedes Trägerteil und alle Einzelteile und Anschlüsse erbringen müssen. Zuletzt erwarteten ihn die bauphysikalischen Nachweise: Brandschutznachweis, Schallschutznachweis, Heißbemessung.

Fürs erste hatte Stoller sein Soll erfüllt, stellte er mit Genugtuung fest. In knapp drei Stunden hatte er die Rechenarbeit von Tagen geleistet, wenn auch nicht so gründlich wie üblich. Normalerweise prüfte er immer alles ganz genau und rechnete mehrmals die Ergebnisse nach, schließlich kam es bei seiner Arbeit auf Exaktheit an, auch die fünfte Stelle hinterm Komma konnte entscheidend sein, ob ein tragendes Werk seine Lasten tragen konnte oder zusammenbrach. Aber jetzt hatte er so schnell wie nie zuvor die Vorstatik erstellt.

Zufrieden stand er auf, zog sich seine Jacke an und stellte den Computer aus.

»Wo willst du hin?«, fragte Viola verwundert.

»Ich muss weg, hab noch was vor.«

»Ach ja, die Welt retten.«

Hardy musterte ihn ungläubig. »Nicht dein Ernst, oder? Raumann köpft dich!«

»Hab meine Arbeit gemacht. Alles gut.«

»Es ist nicht mal Mittag!«

»Spät genug.«

Hardy sah zu Viola, doch statt sich mit ihm zu verbünden, wandte sie den Blick ab, als könnte dadurch die Wirklichkeit verschwinden.

Stoller verließ das Büro. Panische Unruhe hatte ihn in Besitz genommen und innere Hitze ausgelöst, ein fiebriges Glühen. Wenn er einen göttlichen Auftrag hatte, dann musste er ihn schnell erfüllen.

35

Voller Energie trat er ins Freie und hoffte auf ein klitzekleines Zeichen. Er wusste nicht, worauf er seinen Tatendrang lenken sollte. Wenn er seinen gewöhnlichen Weg nach Hause nähme, müsste doch irgendwas passieren, was ihn auf den *richtigen* Weg brächte.

Doch es passierte nichts. Er traf nicht einmal Anna im Hof. Stattdessen lief er Michel über den Weg, dem selbst ernannten Hauswart, den die anderen Bewohner die gute Seele des Hauses nannten. Michel Kusch war Träger aller Geheimnisse der Hausverwaltung und der Mieter, er wusste, wer wann wo warum ein- oder ausgezogen war, warum die Betriebskostenabrechnung auf sich warten ließ und weshalb das Wasser abgestellt wurde, ausgerechnet als Stoller unter der Dusche stand.

Er war erstaunt, wie schlank und sportlich die gute Seele für ihre sechzig Jahre war. Die grauen Haare trug Michel mittelkurz gescheitelt und in seinem freundlichen Gesicht klebte ein Schnauzbart. Er war offensichtlich im falschen Körper geboren, seine Bewegungen, sein Sprechen und Handeln gaben Zeugnis davon, dass er sich als Frau fühlte.

Michel pflegte die Bäume und Pflanzen im Hof und im Garten an der Friedhofsmauer, sorgte sich um die Blumenbänke vor den Fenstern im Hausflur, dekorierte den Jahreszeiten gemäß und zu den Feiertagen die Aufgänge mit Bildern von Blumen und Engeln, und kümmerte sich um zwei alte Schwestern, die im Vorderhaus wohnten.

In einen dicken Wollmantel gehüllt, streute er Sand auf die Eisflächen, die er vom nächtlichen Schnee befreit hatte, und summte dabei zufrieden vor sich hin. »Ach, du«, rief er mit einem Grinsen im Gesicht, »haben sie dich rausgeschmissen?«

»Die können mich nicht rausschmeißen«, antwortete Stoller, »dann würde alles zusammenbrechen. Ich hab mir frei genommen.«

Michel lachte und winkte mit einer tuntigen Bewegung ab. »Na, du bist mir einer. Machst einfach, was dir gefällt!«

»Apropos gefallen«, sagte Stoller, »hast du die neue Nachbarin schon kennen gelernt?«

»Anna Meckel? Süßes Ding, was? Nett sieht sie aus. Sympathisch, was?«

Stoller fühlte, wie sich sein Puls beschleunigte. »Wann hast du sie gesehen?«

»Na vorhin. Ich war mit Frau Gruszczewski einkaufen. Ihrer Schwester geht's zwar schon besser nach dem Schlaganfall, die Lähmungserscheinungen sind ja auch zurückgegangen, aber sie kann noch nicht sprechen und darf nicht aufstehen, hat der Arzt gesagt, damit sie nicht Anfälle bekommt, die Arme hat doch Epilepsie, und da hab ich der Jüngeren beim Tragen geholfen, und als wir vom Einkaufen kommen, da haben wir die neue Nachbarin getroffen. Herrje, so eine Blüte ziert unser Haus noch mal ganz besonders, was?«

»Ist sie gekommen oder gegangen? Ich mein, ist sie jetzt da?« Die Hast in seinen Fragen quittierte Michel mit einem dünnen Lächeln.

»Als wir sie getroffen haben, ist sie gerade gegangen. Wozu willst du das denn wissen? Hast wohl einen Narren an ihr gefressen, was?«

Ja, das habe ich, dachte Stoller. Und er wäre jetzt in der Stimmung, bei ihr zu klingeln und ihr alles zu erzählen: Dass er sich in sie verliebt habe und sie ursächlicher Auslöser seiner mysteriösen Gotteserfahrung sei. »Nein, nur so. Ich wollte mich mal offiziell bei ihr vorstellen, das ist alles.«

»Na dann«, entgegnete Michel ironisch.

Aufsteigende Panik erinnerte Stoller daran, dass er keine Zeit für belanglose Gespräche hatte. Eilig verabschiedete er sich und lief ins Hinterhaus. In seiner Wohnung wanderte er rastlos umher. Was tun? Der dritte und letzte Tag zerrann ihm zwischen den Fingern. Sein Blick fiel auf den Zettel mit Terminen, den er gestern aus der Christuskirche mitgenommen hatte.

Die Bibelstunde! Er musste zum Profi in Sachen Prophetentum.

36

Die aus fünf Personen bestehende Gruppe löste sich gerade auf, als Stoller den Gemeinderaum betrat, der so schlicht wie die Kirche eingerichtet war. Es roch nach verbrauchter Atemluft und war stickig warm.

Alle Blicke richteten sich auf ihn. Der Pastor stand auf der anderen Seite des runden Tisches. »Unser Gast vom Gottesdienst, schön Sie zu sehen. Nur sind Sie leider etwas spät, die Bibelstunde am Montag beginnt immer um vierzehn Uhr. Am Donnerstag um neunzehn Uhr.«

Die Anwesenden verabschiedeten sich und verließen den Raum. Die junge Frau, die auch am Gottesdienst teilgenommen hatte, drückte Stoller einen Zettel mit dem Abdruck einer Bibelstelle in die Hand. »Darüber haben wir heute gesprochen«, sagte sie und ging. Er war mit dem Pastor allein.

»Ich bin hier, weil ich mit Ihnen reden muss. Sie haben doch gestern über die Last des Propheten-Amtes gepredigt.«

Der Pastor nickte, offensichtlich zufrieden, dass seine Worte eine wie auch immer geartete Wirkung bei einem Zuhörer hinterlassen hatten. »Freut mich, dass es Ihnen gefallen hat. Manchmal komme ich mir selbst vor wie Jeremia, wie ein Prediger in der Wüste, den keiner hört. Wenn aber meine Worte Früchte tragen, macht mich das glücklich.«

»Als ich Ihre Predigt hörte, hab ich mich gefragt, ob Sie mir als Experte nicht helfen könnten.«

»Worum geht es?«

Stoller wählte seine Worte mit Bedacht. »Ich habe ein religiöses Erlebnis gehabt. Eine göttliche Offenbarung, wie die der Propheten.«

Auf der Stirn des Geistlichen bildete sich eine Falte. »Erzählen Sie!«

Stoller berichtete von dem Licht und der Liebe, die ihn aus heiterem Himmel überflutet hatten, von Jesus und Maria, von dem Wissen, das in ihn eingegossen wurde. »Und dann habe ich eine Verheißung erhalten. Glaube ich zumindest. Also, ich verstehe jetzt viele Dinge besser, auch mich. Wissen Sie, ich bin immer areligiös gewesen und hab auch noch nie gebetet, ich war schon immer überzeugter Atheist.«

Die Falte auf der Stirn des Pastors vertiefte sich. »Sie sprachen von einer Verheißung. Was meinen Sie damit?«

Stoller senkte die Stimme. »Wie soll ich sagen …? Es ist ein ziemlich verrückter Auftrag. Fast schon zu verrückt, um es zu glauben.«

Der Geistliche schnaubte. »Wollen Sie es mir nun sagen oder nicht?«

»Ich soll die Welt vor dem Untergang retten.«

»Das ist Ihr Auftrag von Gott?«

»Ja, ich muss die Welt retten, noch heute! Ich bin der Messias!« Stoller stieß die Worte hervor wie ein Ertrinkender. Als er es ausgesprochen hatte, nahm er für einen kurzen Moment den Wahnsinn in seinen Worten wahr.

»Damit macht man keine Scherze«, sagte der Pastor ernst, »eine solche Anmaßung ist Todsünde. Wer zu Grund gehen soll, der wird zuvor stolz, und Hochmut kommt vor dem Fall, heißt es in der Bibel, Sprüche Sechzehn. Niemand darf sich so etwas anmaßen. Jesus Christus ist der Messias, niemand sonst.«

»Bitte«, flehte Stoller, »ich habe einen Auftrag!«

Die Blicke des Pastors durchbohrten ihn. »Wollen Sie mich prüfen oder meinen Sie das ernst?«

»Todernst.«

»Dann empfehle ich Ihnen dringend, einen Psychiater aufzusuchen.«

Damit hatte Stoller nicht gerechnet. »Ist das alles, was Sie dazu zu sagen haben?«

»Glauben Sie mir, Sie haben ein Problem. Sie …« Er suchte nach den richtigen Worten. Vorsichtig fuhr er fort: »Ich denke, Sie leiden unter einer Psychose.«

»Ich bin nicht verrückt!«

»Das meine ich auch nicht«, sagte der Pastor beschwichtigend wie zu einem Irren, den es zu beruhigen galt. »Aber Sie brauchen professionellen Rat.«

»Ich dachte, Sie sind ein Profi.«

»Nicht dafür. Sie benötigen einen medizinischen Profi.«

»Sind Sie sicher?«, fragte Stoller ernstlich verunsichert.

»So sicher wie das A…« Der Pastor brach die Floskel kopfschüttelnd ab und seufzte. »Absolut sicher. Aber ich wünsche Ihnen Gottes Segen.«

37

»Ich wünsche Ihnen alles Gute.« Er drückte ihre Hand und sah ihr dabei fest in die Augen. Anna wich dem Blick aus, bedankte sich und verließ die Praxis von Mathias Waldner.

Auf dem Gehweg vor dem Ärztehaus blieb sie unschlüssig stehen. Wieder Enttäuschung und Frust statt Erlösung und Hilfe. Sie hatte den Termin mit dem Psychotherapeuten bereits in der ersten Woche nach dem Umzug vereinbart. Und wieder vergeblich gehofft.

Waldners Praxis lag in einem scheußlichen Neubau an der Frankfurter Allee. Die Einrichtung war nicht minder hässlich, Stahl und Glas dominierten. Es erinnerte Anna an die Praxis eines Gynäkologen. Erfolglos hatte ihr Blick Pflanzen oder Blumen gesucht. Es roch nach Reinigungsmittel und sonst nichts. Sie bekam sofort ein beklemmendes Gefühl in der Brust, nachdem sie die Praxis betreten hatte.

Waldner hatte sie während der Anamnese unentwegt angestarrt und alle paar Sekunden mit den Augen geblinzelt, als hätte er einen Tick. Er war einen Kopf größer als Anna, sein Alter schätzte sie auf Ende Vierzig, seine Haut war blass und aufgedunsen, die hellbraunenHaare ergraut. Er trug eine Designer-Jeans, handgenähte Budapester-Schuhe und ein blauweiß gestreiftes Hemd, wie es Geschäftsleute anhatten. Anna mochte ihn nicht.

Aber sie wollte sich nicht vom äußerlichen Eindruck täuschen lassen, deshalb erzählte sie bereitwillig die Geschichte ihrer Kindheit und ihrer bisherigen Therapieversuche. Waldner rieb sich mit der Hand übers Kinn und machte brummende Geräusche.

»Ich werde das einfach nicht los«, sagte Anna, »die Erinnerungen verfolgen mich wie Dämonen.«

Waldner nickte. »Sind Sie schon mal nach einer wüsten Party mit einem Filmriss aufgewacht?«

»Worauf wollen Sie hinaus?«

»Nun, ein massiver Alkoholrausch hinterlässt Furchen im Gehirn und beeinträchtigt das Kurzzeitgedächtnis. Die Erinnerungen der letzten Minuten werden gelöscht. Andere Substanzen sind noch weitaus wirksamer. Während Alkohol nur auf das Kurzzeitgedächtnis schlägt, haben Hirnforscher inzwischen auch Stoffe zur Hand, die Inhalte aus dem Langzeitgedächtnis entfernen können.«

Anna runzelte die Stirn: »Hirnforscher?«

»Ja. Neurowissenschaftler haben Substanzen entwickelt, die unangenehme Erinnerungen gezielt aus dem Langzeitgedächtnis löschen können.«

»Ich soll mir mit einer Chemokeule einen Blackout verpassen und Tabula rasa machen?«

»Nun, diese Möglichkeit bestünde immerhin. Ich arbeite eng mit einem Psychiater zusammen, der mit einigen Präparaten erstaunliche Erfolge erzielt hat und Ihnen was verschreiben könnte.«

Anna verengte die Brauen. »Aber dann hätte ich doch gleich zum Psychiater gehen können.«

Waldner hob mit einer bedauernden Geste die Schultern. »Ich wollte Sie nur darüber informieren. Sie sind ja hier, weil Sie sich Hilfe erhoffen.«

Ja, dachte Anna, deswegen bin ich her gekommen. Dabei wusste sie tief in ihrem Inneren, dass ihr kein Arzt oder Psychologe helfen konnte. Sie wusste, was ihr fehlte und sprach es aus: »Ich fürchte, das Einzige, was mir helfen kann, ist Liebe.«

»Sie fürchten … Liebe?« Waldner blinzelte angestrengt.

»Ich sehne mich so sehr danach!« Sie schämte sich, diesem Mann, den sie nicht mochte, ihre inneren Geheimnisse anzuvertrauen. Aber was nützte es, die Wahrheit in sich einzuschließen. »Nach Liebe und nach einem Baby.«

Waldner schüttelte missbilligend den Kopf. »Ein Kind oder eine Liebesbeziehung kann Sie nicht heilen, es verschiebt Ihre Probleme nur. Vorstellungsfixierungen sind im Übrigen Symptom der posttraumatischen Belastungsstörung, unter der Sie leiden. Die Hoffnung auf Erlösung durch einen Partner oder ein Kind drückt Abwehr aus gegen eine Beschäftigung mit den traumatischen Ursachen.«

»Ich wehre nichts ab!«

Waldner nickte selbstgefällig. »Stellen Sie sich vor, Ihr bewusstes Ich ist ein riesiges Containerschiff. Das Meer um Sie herum ist Ihre Psyche. Nun kommt aus heiterem Himmel von einem Kriegsschiff ein Torpedo angeflogen, schießt ein Loch in Ihr Schiff, Öl tritt aus. Dann kommt ein Sturm und fegt ein paar der Container ins Meer, die sinken auf den Grund. Anteile Ihres Ich sind also abgespalten und unzugänglich auf dem Meeresgrund. Und so sitzen Sie hier vor mir, gegen den Untergang ankämpfend, eine ausgewogene Ladung vermissend. Sie sollten vor Anker gehen, das oberflächlich gestopfte Loch verschließen und die verlorenen Ich-Anteile bergen. Doch dazu dürfen Sie nicht einfach weiterfahren in der unerfüllbaren Hoffnung, auf dem weiten Meer könnten Sie zufällig einen sicheren Hafen finden und ansteuern. Kein Hafen lässt gerne ein leckes Schiff andocken, das ihn sowieso nur blockiert.«

Was für ein dämlicher Vergleich! Anna kochte innerlich vor Wut. »Verdammt!«, platzte es aus ihr heraus. »Was soll denn der Scheiß mit Hafen und Schiff? Ich will nicht mein Leben lang Meeresgründe aufwühlen! Wir haben viele Gründe, na und!«

Der Seelenheiler spitzte nachdenklich die Lippen. »Die klassischen psychotherapeutischen Instrumente haben Sie alle schon probiert?«

Anna nickte wortlos.

Waldner rieb sich am Kinn und brummte, bevor er weitersprach: »Heutzutage weiß die Wissenschaft, dass nicht nur die Psyche unter traumatischen Erlebnissen der Kindheit leidet. Auch auf körperlicher Ebene, im Gehirn, hinterlassen sie unverwüstliche und unverwechselbare Spuren. Das ist sozusagen der neurologische Aspekt Ihres Traumas.«

Sie sah das Gespräch einen schlimmen Verlauf nehmen. »Was soll das jetzt?«

»Neurologische Defekte kann man nicht oder nicht allein mit psychotherapeutischen Verfahren heilen, da bedarf es moderner Medizin. Auch wenn Sie der Pharmazie gegenüber kritisch eingestellt sind ...«

Er stand auf und holte ein Prospekt aus einem Schrank. »Es gibt da ein ganz neuartiges Kombipräparat, mit dem mein Kollege und ich vielversprechende Erfolge erzielt haben. Das ist, wenn Sie so wollen, die Speerspitze neurowissenschaftlicher Medizinforschung. Zum einen wirkt es auf den Serotoninhaushalt ein. Serotonin ist ja gewissermaßen ...«

Anna ließ ihn nicht zu Ende sprechen. »Nein, ich will keine Tabletten! Wenn die krummen Spuren in meinem Gehirn von schlimmen Erlebnissen stammen, begradige ich sie lieber mit schönen Erlebnissen als mit Pillen. Ich dachte, Sie könnten mich therapieren oder sonstwie helfen.«

»Natürlich will ich Ihnen helfen. Aber zum einen könnte ich Ihnen frühestens ab Oktober einen Therapieplatz anbieten.« Er lenkte seinen Blick auf einen Terminkalender, zögerte einen Moment und sah ihr dann direkt in die Augen, wie ein Arzt, der seine Patientin mit der schlimmen Diagnose konfrontiert. »Zum anderen sehe ich in Ihrem Fall nur begrenzte Erfolgschancen. Sie sind ja gewissermaßen austherapiert. Ich würde Ihnen als Psychotherapeut nicht zu Medikamenten raten, wenn ich nicht von ihrer Wirksamkeit und Nützlichkeit überzeugt wäre. Durch die Erkenntnisse der Neurowissenschaften hat die Psycho- und Neuropharmakologie eine rasante Entwicklung genommen mit einer Erfolgsrate, die wirklich bemerkenswert ist und psychologische Verfahren oftmals in den Schatten stellt. Dank der Hirnforschung ...«

»Hören Sie auf mit dem Gequatsche!«, platzte Anna dazwischen. »Ich kenne die Lobeshymnen auf die neue Religion, ich lebe mit einem ihrer größten Anhänger zusammen.«

»Beruhigen Sie sich, ich ...«

»Nein!«, schrie sie, »ich will dieses Pharmazeugs nicht. Ich bin doch nicht verrückt!«

»Das sagt doch niemand. Bitte, beruhigen Sie sich.« Er blinzelte heftig. »Ich will Sie zu nichts drängen.«

»Entschuldigung.« Sie bereute ihren Ausbruch und schämte sich dafür. Tränen der Verzweiflung füllten ihre Augen. Sie nahm die Brille ab und wischte sie mit dem Handrücken weg.

»Sie sprachen von der Liebe«, sagte der Psychologe versöhnlich. »Sie wissen doch, dass man sich zunächst einmal selbst lieben muss, um andere lieben zu können. Und auch, damit andere einen lieben können, muss man zuerst sich selber lieben.«

»Danke für den Tipp. Das höre ich zum ersten Mal«, sagte Anna und stand auf. »Ich finde schon raus.«

»Jetzt warten Sie doch!« Waldner erhob sich hinter seinem gläsernen Schreibtisch. »Bitte, setzen Sie sich wieder. Ich will Ihnen helfen.«

»Schon gut.« Sie rang sich ein Lächeln ab. »Nehmen Sie es nicht persönlich. Ich werde versuchen, mir selber zu helfen.«

»Ihre Entscheidung. Sie haben meine Nummer. Rufen Sie mich an, wenn Sie meinen Rat benötigen.« Er reichte ihr die Hand. »Ich wünsche Ihnen alles Gute!«

Nachdem sie eine Weile unentschlossen an der Straße gestanden hatte und zu frieren begann, ging sie zum Ring-Center am S-Bahnhof Frankfurter Allee. Vor dem Eingang des Einkaufszentrums saßen bettelnde Punks auf einer schmutzigen Decke mit ihren Hunden.

Ein Jesus-Hippie stand auf einem Bierkasten, hielt ein Pappschild in die Höhe und predigte das Ende der Welt. Mit der roten Jeans und den rötlichen Haaren sah er aus, als stünde er in Flammen. Anna bekam ein beklemmendes Gefühl in der Brust und lief weiter.

Ein Junge, keine zehn Jahre alt, saß auf einem Mauervorsprung und weinte. Anna trat zu ihm. »He, Großer, was ist los?« Der Junge erzählte ihr, ohne zu zögern und von kleinen Schluchzern unterbrochen, er habe den Fünf-Euro-Schein verloren, den ihm seine Mutter gegeben hatte, damit er für sie ein Rezept in der Apotheke einlösen konnte.

Anna lächelte mitleidig, hätte zugleich lachen und weinen können. Solch ein Drama wegen eines kleinen, alltäglichen Verlusts. Sie legte dem Jungen einen Arm um die Schulter und drückte ihn tröstend an sich, als wäre sie seine Mutter.

»Macht doch nichts, nehmen wir halt einen anderen Schein. Merkt ja keiner, dass es nicht der von deiner Mama ist.«

Sie nahm Geld aus ihrer Hosentasche und hielt ihm einen Fünfer hin. »Siehste, alles wird gut.« Der Junge sah sie beglückt an, wischte sich mit beiden Händen die Tränen aus dem Gesicht und nahm das Geld. »Danke!« Er flitzte ins Einkaufscenter.

Als eine unbestimmte Melancholie sie überkam, stand Anna auf und ging durch die Rigaer Straße nach Hause. Am Petersburger Platz sah sie die offenen Türen der mächtigen Pfingstkirche. Zum ersten Mal betrat sie das Gotteshaus. Sie warf Geld in den Opferstock, nahm zwei Kerzen und zündete sie vor dem Altar an. Eine für ihre Mutter, eine für ihr nie geborenes Kind.

Kerzen und offenes Feuer waren ihr unerträglich. Nur in der Kirche, dem kalten Ort des Schweigens, vermochte Anna es, in Gedenken an die Toten Kerzen anzuzünden. Sie kramte ein Eurostück aus der Tasche und zündete ein drittes Wachslicht an, für sich selbst. Setzte sich auf eine Bank, nahm die Brille ab, faltete die Hände zum Gebet, schloss die Augen und weinte leise. Wie sollte jemals alles gut werden?

38

Unschlüssig stand er vor dem Ärztehaus und las die Schilder der Spezialisten für Erkrankungen von Kopf, Geist und Seele. Es gab einen Psychiater, eine Psychologin, einen Neurologen und einen Psychologischen Psychotherapeuten namens Mathias Waldner. Wer von denen war der Richtige, wer konnte ihm helfen? Konnte ihm überhaupt jemand helfen? War er wirklich krank und hatte sich alles nur eingebildet?

Stoller schloss die Augen und verzog gequält das Gesicht. War er noch der rationale Bauingenieur oder längst Gefangener einer Psychose? Musste er nicht seinen Kollegen und dem Pastor, zweifellos vernünftigen Menschen, Glauben schenken?

Als er vorhin einer alten Obdachlosen fünf Euro geschenkt und sie mit den Worten »Gott segne Sie!« umarmt hatte, sah sie ihn an wie eine Gefahr.

Wahrheit oder Wahnsinn? Die Argumente lieferten sich ein Duell. Nichts geschieht ohne Grund, flüsterte die Stimme der einen Seite, denke logisch! Alles hat einen Grund, jede Wirkung eine Ursache. Hab Vertrauen in dein Erleben! Nein, schrie die zweite Stimme, du musst dich behandeln lassen, sei vernünftig und geh zum Arzt!

Die Einsprüche seiner Vernunft und des eingeborenen Zweifels kämpften gegen die Ansprüche des neu gewonnen Glaubens und der dahinter liegenden Religion. Zwischen seinen hin und her peitschenden Gedanken fühlte sich Stoller zunehmend verwirrt.

Er zog ein Stück Papier aus seiner Jacke, das seine Finger von ihm unbemerkt geknüllt hatten, und faltete den Zettel mit dem Bibelzitat, den Rotkäppchen ihm gegeben hatte, auseinander. In der Bibelstunde war über Paulus' ersten Brief an die Korinther gesprochen worden. *Welcher von euch glaubt, weise zu sein in dieser Welt, der werde ein Narr, auf dass er weise ist.*

Welche Weisheit hatten die wissenschaftlichen Heiler, die Götter in Weiß, die man um Heilung anflehte, an die man glaubte, in die man seine Hoffnung setzte?

Sie werden dich in die Psychiatrie einweisen und dir Medikamente gegen Schizophrenie geben, sagte er sich angstvoll. Oder war das wieder die erste Stimme? Wahrscheinlich würde ihn jeder Mediziner für krank erklären. Aber wollte er, gerade erst aus heiterem Himmel bekehrt, zurück bekehrt werden? Zurück in seine alte Glaubenswelt, in der das nicht Messbare nicht existierte? Der Wissensschatz von Medizinern, Psychologen und Neurologen enthielt eine Vielzahl von Instrumentarien, dem Ungewissen und Unbewussten zu Leibe zu rücken. Doch Außer- und Übersinnliches war nicht objektiv überprüfbar, ein Fehler im System.

Stoller befürchtete, in die Maschinerie der Psychiatrie zu geraten, eingestellt auf Neuroleptika, die seinen Willen und sein Selbst zerstören und ihn zu einem Untoten machen würden. Minutenlang stand er in der Kälte vor dem Haus und rang mit sich. Zögernd und zweifelnd.

»Entschuldigung.« Eine Frau stand neben ihm, Ende dreißig, mit langen blonden Haaren, die in wilden Strähnen ihr ungeschminktes Gesicht bedeckten. Sie sah aus wie ein Hippie, der in den siebziger Jahren auf einem LSD-Trip eine Zeitreise unternommen hatte und im falschen Jahrzehnt gelandet war. Ihre Haut war gebräunt und wie aus Leder, von vielen Sommern der Liebe gegerbt. Ihre nackten Füße steckten in Badelatschen, sie trug eine verwaschene Jeans mit Blumenaufnähern und einen Wildledermantel mit Fellbesatz. Sie schlotterte vor Kälte. Ihre Augen drückten Verzweiflung aus.

»Ja?« Er erwartete eine Bitte um Kleingeld und steckte seine Hand in die Hosentasche auf der Suche nach Münzen.

»Sind Sie der Papst?« Weil er vor Verblüffung nicht sofort antwortete, setzte sie hoffnungsvoll hinzu: »Vom Vatikan?«

Stoller lächelte. »Ja, klar, wer sonst«, gab er leichtfertig zurück.

Schlagartig entspannte sich das Gesicht der Frau und nahm einen seligen Ausdruck an, ihr Zittern hörte auf. Wortlos überreichte sie ihm ein altes, zerfleddertes Buch. Stoller betrachtete es. *Das Wesen des Christentums* von Ludwig Feuerbach. Als er wieder aufblickte, war die Frau schon ein paar Schritte entfernt. Jetzt drehte sie sich noch einmal um und winkte ihm fröhlich zu, ehe sie im Getümmel seinem Blick entschwand. Offenbar hatte sie ihren Auftrag erfüllt.

Verwundert fragte er sich, wo sie das Buch her hatte, wie ihr Auftrag lautete, wie sie ihn erhalten hatte. Er stellte sich vor, wie sie in einem schäbigen Café auf einem durchgewetzten Sofa saß, schwarzen Kaffee trank und in dem Buch las, das sie auf einem Flohmarkt entdeckt hatte und sich gezwungen sah, es zu erwerben, als sie plötzlich die Erleuchtung überkam: Das muss der Papst wissen! Wenn er es wüsste, sähe die Welt ganz anders aus. Stoller malte sich weiter aus, wie sie seit Stunden oder Tagen durch die Stadt lief und den Papst suchte.

Mit allem Ernst und voller Hoffnung hatte sie womöglich schon Hunderte oder Tausende Passanten gefragt. Jemand mochte ihr den Tipp gegeben haben, es im Vatikan zu versuchen. Doch vermutlich war sie davon überzeugt, dem Papst zwangsläufig begegnen zu müssen, weil ihr genau das verkündet worden war. Wie Jeremia hatte sie sich gegen Widrigkeiten, Spott und Verachtung aufgemacht, ihren Auftrag zu erfüllen. Und wie der Prophet hatte sie an ihrer Offenbarung festgehalten und die Wahrheit beharrlich gesucht. Und nun hatte sie ihr Ziel erreicht.

Stoller war verunsichert. Diese absurde Begegnung mit einer Geisteskranken war ein deutliches Zeichen. Nur, was sollte es ihm sagen? Dass er genauso verrückt war? Vielleicht hatte er einen Fehler gemacht. In der Welt der verrückten Hippie-Braut war jetzt alles schlüssig. Sie konnte sich und allen verkünden, dass alles stimmte, was sie in ihrem Wahn glaubte, und dass sie alles richtig gemacht hatte, weil sie dem Papst die elementare Botschaft übermittelt hatte.

Womöglich hatte auch sie den Auftrag erhalten, die Welt zu retten, und glaubte, der Schlüssel läge darin, den Papst auf den richtigen Weg zu führen, ihm die Wahrheit zu überbringen, damit er rechtzeitig den Lauf der Dinge ändern und den Untergang der Welt verhindern konnte.

Schwindel ergriff ihn bei der Vorstellung, diese Frau könnte etwas Ähnliches erlebt haben wie er. Möglicherweise hatte sie schon vor Jahren ihre Offenbarung gehabt und sich von einer sympathischen, umgänglichen Studentin zu einer durchgeknallten Missionarin gewandelt.

Er wollte mit ihr reden und lief schnellen Schrittes in die Richtung, in der sie verschwunden war. Vor dem Ring-Center geriet er in die Menge der Passanten, die aus dem S-Bahnhof strömten. Auf dem Platz vor der gläsernen Drehtür saßen Punks mit ihren Hunden im Dunst ihres kondensierenden

Atems. Auf einem umgedrehten Bierkasten stand ein Straßenprediger in feuerroten Jeans und schmutzigem Norweger-Pullover, die langen, kupferfarbenen Haare mit einem Lederband zum Zopf gebunden, ein wissendes Lächeln im Gesicht. Er hielt ein Schild in die Luft, auf dem *Apokalypse* stand.

Stoller beobachtete die traurige Gestalt. Hatte dieser arme Kerl ebenfalls eine mystische Erfahrung gemacht, die ihn von seiner Mission überzeugte? Musste er nicht sogar etwas Fundamentales erlebt haben, um dort stehen und sich der Lächerlichkeit preisgeben zu können?

Entweder war er ein wahnsinniger Prediger in einem psychotischen Rauschzustand oder ein wahrhaftig von Gott berufener Prophet, der einer höheren Wahrheit folgte. Er predigte über den nahenden Weltuntergang und rief die vorbeihastenden Menschen dazu auf, sich zu bekehren und auf die Suche nach dem Erlöser zu machen, bevor das nahende Weltgericht komme.

Niemand außer Stoller hörte sich die Rede an. Obwohl er nur wenige Meter von dem Prediger entfernt stand, konnte er nur Fragmente verstehen, weil die meisten Worte vom eisigen Wind verweht wurden wie Schneestaub. Er suchte nach einem Hut oder Becher, in den er ein paar Münzen werfen konnte, doch es standen nur selbst gebastelte Schilder vor dem Prediger, auf denen *Bekehrt euch!* und *Jesus liebt dich* stand.

Stollers Blick wanderte zum Eingang des Shoppingcenters, in dem gerade eine langhaarige Blondine mit Fell besetztem Mantel verschwand. Er lief ihr hinterher und tippte ihr vor der Apotheke in der Ladenstraße auf die Schulter.

»Moment, bitte!«

Sie drehte sich herum und beäugte ihn giftig. »Was wollen Sie?«

»Sorry, Verwechslung.«

»Gucken Sie in Zukunft besser hin!«, verlangte die Frau und ging weiter.

Stoller lief zurück an die Straße und schaute sich um. Verloren stand er eine Weile im Strom der Menge. Die Bewegungen der Menschen verliefen auf rätselhafte Weise geordnet. Sie liefen in schlängelnden Linien aneinander vorbei, und er stand im Zentrum dieser Wirbelströme, die wie ein Mini-Tornado in Zeitlupe um ihn herumschwirrten.

»Glaubst du an Jesus, mein Freund?« Der Prediger stand plötzlich hinter ihm.

»Ich *bin* Jesus«, sagte Stoller, ohne zu überlegen.

Der Rothaarige sah ihm einen Moment irritiert in die Augen, ehe er lachte. »Nicht schlecht!«

»Und du?«, fragte Stoller. »Ein von Gott berufener Prophet?«

»Woher weißt du das, Bruder? Die meisten halten mich für einen durchgeknallten Prediger, einen Jesus-Freak, der sie nicht mehr alle hat. Aber ich habe einen Auftrag.«

»Welchen?«

»Die Menschen zu bekehren. Die Welt wird untergehen, wenn sich die Menschen nicht zu Jesus bekehren. Die Apokalypse steht unmittelbar bevor.«

»Wann genau soll sie denn eintreten?«

»Das weiß nur Gott. Er wird den Weltuntergang verhindern, aber erst, wenn wir uns alle bekehrt haben.«

»Geht die Welt noch heute unter?« Stoller blickte auf die Uhr. »Innerhalb der nächsten acht Stunden?«

»Wie soll das so schnell gehen?«

»Keine Ahnung. Durch ein schwarzes Loch bei einer Kernfusion im CERN. Oder durch Meteoriten oder Atombomben. Sintflut oder Sintbrand.«

»Nein, so schnell geht das nicht. Und es wird nicht soweit kommen, wenn alle verwandelt werden. Jeder muss sich zu Gott bekehren.«

»Glaubst du ernsthaft, du kannst die Menschen bekehren mit deiner Predigerei? Siehst du nicht, wie die Leute an dir vorbeirennen?«

»Der Prophet galt noch nie etwas im eigenen Land, das war schon immer so.«

»Warum gehst du dann nicht woanders hin, wenn du glaubst, dass dir da zugehört würde?«

»Weglaufen? Nein, so einfach ist das nicht. Meine Aufgabe ist hier. Ich bin hier geboren, hier muss ich mein Werk erfüllen.«

»Was für ein Werk?«

Der Jesus-Freak grinste. »Kann ich nicht sagen. Darf ich nicht. Aber wenn ich den Petrus-Schlüssel gefunden habe, ist es soweit.«

»Du glaubst, es gibt so einen Himmelsschlüssel wirklich?«, fragte Stoller amüsiert.

»Du weißt, wovon ich rede?«

»Zufällig ja.«

»Zufälle gibt es nicht«, sagte der Prediger und musterte ihn. »Du bist ein Sucher.«

»Na ja … Schatzsucher.«

»Mein ich doch. Du suchst Wahrheit. Vielleicht können wir uns gegenseitig helfen. Komm mich doch mal besuchen, dann reden wir. Ich hätte Lust, mich mit dir auszutauschen.« Er stellte sich als Peter Faust vor, reichte ihm einen selbst kopierten und von Hand ausgeschnittenen Zettel mit seiner Telefonnummer und sagte, er freue sich auf einen Anruf.

Ein lauter Knall lenkte Stollers Aufmerksamkeit auf die Straße. Ein Auffahrunfall. Der Verursacher und die betroffene Autofahrerin stiegen aus ihren Autos und schrien sich gestikulierend an. Fußgänger blieben stehen und gafften.

Als Stoller sich wieder umdrehte, war der Jesus-Freak samt seinen Schildern und dem Bierkasten verschwunden. Verwundert blickte er in alle Richtungen. Wo ist der hin? Merkwürdig.

Stoller schüttelte den Kopf, steckte den Zettel mit der Telefonnummer ein und eilte nach Hause. Anna war ihm in den Sinn gekommen. Er wollte schnellstens zu ihr, bei ihr klingeln und notfalls solange vor ihrer Tür warten, bis er ihr endlich begegnete.

39

Er musste weder klingeln noch warten, er traf Anna an den Mülltonnen. Einem Kinderclown ähnlich trug sie mehrere Schichten bunter Kleidungsstücke übereinander. Ihr Mund war wie beim letzten Mal rot bemalt. Wie gern hätte er seine Lippen sofort darauf gedrückt.

»Hey du«, rief sie erfreut, »wie geht's?«

»Ich wollte gerade zu dir«, sagte er. Alles an ihr zog ihn an. Ihr Duft nach Sternbalsam, ihre neugierig strahlenden Augen, die Fältchen um ihren Mund, wenn sie lächelte.

»Ach ja? Aus einem bestimmten Grund?«

»Wegen dir habe ich Gott gesehen!« Die Worte schossen unbedacht aus seinem Mund. Zum zweiten Mal hätte er sich lieber die Zunge abgebissen als die Worte so unkontrolliert durchzulassen.

Anna zog ihre buschigen Brauen zusammen, wodurch sich zwischen ihren Augen, am oberen Ende der Nasenwurzel, ein von zwei winzigen Falten gerahmtes Grübchen bildete, in das er gern hineingeschlüpft wäre. »Du hast Gott gesehen?«

»Ich hatte ein mystisches Erlebnis!« O Gott, was faselst du da, schoss es ihm mit einem Hitzeschwall durch die Gedanken, du redest dich um Kopf und Kragen. Fahrig öffnete er seine Lederjacke.

Anna schob ihre Brille den Nasenrücken hoch und tastete mit schnellen Blicken sein Gesicht ab. »Das klingt spannend! Aber wieso wegen mir?«

»Na ja, wie soll ich sagen … Nach unserer ersten Begegnung … Noch an dem Abend, da habe ich dieses Erlebnis mit Gott gehabt.«

Sie drehte ihren Kopf ein wenig zur Seite und musterte ihn aus den Augenwinkeln, gespannt das Folgende erwartend. Doch gerade als Stoller dazu ansetzen wollte, von seiner Liebe zu ihr zu sprechen, von der Verwandlung, die jener kurze Moment vor drei Tagen bei ihm bewirkt hatte, von der unerwarteten Revolution seines Geistes und Gefühlslebens, die dieser eine Augenblick ausgelöst hatte, gerade als er sich am liebsten zu ihren Knien geworfen hätte und sein Herz ausschütten wollte, kam ein Mann in den Hof.

»Hey, Anna.«

Stollers Herz schlug ihm bis zum Hals, während er unwillkürlich den Atem anhielt. Wie dumm es von ihm gewesen war, diese Möglichkeit nicht erwogen zu haben: Dass Anna vergeben war. Dass seine unbegründete Liebe unerwidert bleiben würde. Er hatte sich in eine Frau verliebt, die von einem anderen geliebt wurde.

Der Unbekannte wandte sich ihm jovial lächelnd zu. »Tiefsinnige Gespräche über Gott, da will ich mich nicht einmischen. Nur kurz Hallo sagen.«

»Habt ihr euch schon kennen gelernt?«, fragte Anna.

Stoller schüttelte stumm den Kopf.

»Mein Bruder Daniel«, sagte sie. »Unser Nachbar Stoller.«

Stoller atmete erleichtert aus und schüttelte Daniels Hand. »Freut mich.«

Annas Bruder grinste überheblich. »Wohnen wir in einem Haus der Gläubigen?«

»Schön, dass du keine Vorurteile hast«, zischte Anna. »Unser Nachbar wollte mir von einem mystischen Erlebnis erzählen, das ist alles.«

Daniel musterte Stoller abschätzig. »Mystisches Erlebnis? Das interessiert mich, sehr sogar!«

»Natürlich«, stöhnte Anna und rollte mit den Augen. »Wieso sag ich's auch noch?«

Daniel reagierte nicht auf Annas Einwurf. Er fixierte Stoller mit seinem Blick, als stünde er vor der Tür zu einer Schatzkammer. »Darf man Näheres erfahren? Wann ist das denn gewesen? Und wo ist es passiert? Wie lief es ab?«

»Emmm ... am Freitagabend, im Bett«, stammelte Stoller, überrumpelt von dem Fragengewitter. »Wieso ist das so interessant?« Er verfluchte sein loses Mundwerk. Nun hatte er sein Geheimnis in die Welt hinausposaunt und konnte es nicht mehr zurückholen. Weil er sich nackt fühlte und der Frost in ihn kroch, schloss er seine Jacke wieder und klappte den Kragen hoch.

»Wohnen Sie direkt neben uns?«

»Daniel, bitte!«, seufzte Anna, »das ist kein Patient und auch kein Versuchskaninchen, sondern unser Nachbar. Den darfst du duzen, weil man das unter Nachbarn so macht«, erklärte sie wie eine Mutter ihrem Kind, »aber den darfst du nicht für deine Forschung missbrauchen, weil man das unter Nachbarn nicht so macht.«

»Du wohnst direkt neben unserer Wohnung?«, bohrte Daniel unbeirrt weiter, wie ein von der Schuld des Angeklagten überzeugter Richter.

Stoller wurde schlecht vor Peinlichkeit. Unversehens hatte er sich in eine öffentliche Inquisition manövriert. »Ja, Bett an Bett sozusagen.« Er war genervt von der Fragerei.

Anna ging es offenbar genauso. »Daniel, du nervst! Kannst du den Neurologen nicht *einmal* im Schrank lassen? Hätte ich doch nur nichts gesagt ...«

»Gut, dass ich dich treffe!« Hannes kam in den Hof, in typischer Manier den Arm mit der Bierflasche erhoben, in der anderen die obligatorische Frikadelle. »Hab schon bei dir geklingelt. Haste 'ne Minute?«

»Ja, klar.« Stoller war froh, dass das Verhör ein Ende hatte.

»Wir müssen unser Gespräch unbedingt fortsetzen«, sagte Daniel, lächelte gezwungen und zog Anna mit sich. »Komm, wir wollen nicht stören.«

Anna warf Stoller einen bedauernden Blick zu und winkte. »Na dann, bis zum nächsten Hoftreffen.«

Stoller stand mit Hannes alleine da. Der Trinker redete drauflos und erzählte ausschweifend eine Geschichte, weswegen es mit der Rückzahlung des Geldes doch noch bis Monatsende dauern werde. Stoller hörte kaum zu. Er schaute zu der Tür, durch die Anna mit ihrem Bruder verschwunden war. Auch als Hannes die suspekten Typen beschrieb, die er in einem BMW vorm Haus und gestern sogar im Hof gesehen hätte, strichen die Worte an seiner Aufmerksamkeit vorbei. Sein Inneres war von Enttäuschung und Leere erfüllt. Und von Gedanken an Anna.

40

»Was musstest du ihn so ausforschen?« Anna stand vorm Fenster, rührte in ihrer Tasse und sah Daniel vorwurfsvoll an.

Die Schwaden des dampfenden Tees trieben einen süßlichen Vanilleduft in seine Nase, der sich mit dem Geruch der Rosen verband und vergangene Momente vergegenwärtigte. Bilder blitzten in sein Bewusstsein. Er sah ihre Mutter vor sich, wie sie an einem Sonntag ein Tablett mit Vanillepudding auf dem Wohnzimmertisch abstellte, auf dem ein Strauß roter Rosen in einer weißen Vase eine festliche Stimmung verbreitete.

»Hey, ich red' mit dir! Erforschst du deine Gedanken oder warum hörst du mir nicht zu?«

Wie sie so dastand, erinnerte sie ihn an ein störrisches Kind. Sie war schon achtunddreißig, aber mit ihrem kindlichen Gemüt wirkte sie wie ein Teenager, der nie erwachsen werden wollte.

Ihre Frage hatte ihn aus Feuerstürmen in seinem Kopf gerissen. Bewies der ahnungslose Nachbar, dass der Algorithmus funktionierte? Dass die Abfolge von zweihundertsechzehn elektromagnetischen Pulsen aus Alpha-, Delta-, Gamma- und Theta-Wellen zuverlässig das Himmelstor öffnete?

Daniel ahnte es mit absoluter Gewissheit: Seine Experimente mit dem Pulsator am Freitagabend hatten das religiöse Erlebnis bei dem Nachbarn ausgelöst. Der Radarschirm stand direkt vor der Wand, hinter der sich mutmaßlich das

Schlafzimmer des Nachbarn befand. Daniel hatte einige Male das Piepen eines Weckers gehört.

Wenn es stimmte, dann hatte dieser Stoller das Ergebnis seiner Laborexperimente bestätigt und ihm zugleich einen auf Anhieb geglückten Versuch mit einem gesunden Menschen beschert. Ein Doppelblind-Versuch, bei dem weder Proband noch Forscher von dem Experiment wussten. Niemals hätte Daniel gedacht, dass er so schnell die Zielgerade erreichen würde.

»Ich habe ihn nicht ausgeforscht.« Es sollte gleichgültig klingen.

»Erzähl mir doch nichts! Der ist doch das perfekte Studienobjekt für dich. Vielleicht kann er dir ja helfen«, fügte sie verächtlich hinzu.

»Wie sollte der mir helfen können?«

»Woher soll ich das wissen? *Du* bist der Geheimniskrämer, der über Gotteserlebnisse forscht.«

Woher wusste sie das? Er hatte ihr schon lange nichts von seiner Arbeit erzählt. »Woher weißt du das?«

»Internet.«

»Du hast mich gegoogelt? Wieso?«

»Neugier. Interesse. Du bist mein Bruder, aber erzählst mir nie was.«

Es gefiel ihm nicht, dass sie sich hinter seinem Rücken über ihn informierte. Er trank seinen Rotwein aus, ging an den Schrank, nahm eine Flasche Lagavulin und ein Glas heraus, setzte sich zurück aufs Sofa und goss sich ein.

»Meinst du nicht, dass du etwas viel trinkst? Was ist mit dir?«

»Nichts, es ist alles okay.«

»Alles okay? Sieh dich doch nur an, die Ringe unter den

Augen, die käsige Haut. Wie ein Wrack siehst du aus, richtig krank.« Anna beugte sich zu Metatron, der um ihre Beine scharwenzelte.

Daniel blickte zum Fenster und studierte sein Spiegelbild, während er seinen Kamm hervorholte und sich damit durch die Haare strich. Er musste ihr recht geben, doch das wollte er nicht zugeben. Seit Tagen hatte er sich nicht rasiert. Die Haut, die sein hohes, kantiges Gesicht verkleidete, sah blass aus, kränklich. Sein Haaransatz verschob sich immer weiter nach hinten, wodurch seine Stirn noch höher wirkte. Sein Körper saß da wie ein Fleischsack, ohne Spannung, ohne Halt.

Der Alkohol setzte ihm zu. Fast ständig quälten ihn Kopfschmerzen. Oder waren sie die Folge seiner Experimente mit dem Pulsator? Er nahm sich vor, in Zukunft noch vorsichtiger zu sein. Vielleicht sollte er sich einen Schutzhut basteln. An einem Tropenhelm könnte er transparente Abschirmstoffe anbringen. Es gab eine Vielzahl dieser Stoffe, die wie Moskitonetze aussahen und dank eingewebter Kupfer- und Silberfäden jede Form elektromagnetischer Strahlung abschirmten. Mit dem Hut würde er lächerlich aussehen, aber geistige Gesundheit übertrumpfte Eitelkeit.

»Warum sagst du nichts?«, fragte Anna mit kritischem Blick.

Er musste aufpassen, zu müde und abwehrschwach war er, um jedes Wort zu bedenken. Er war in einem Zustand, in dem Ermittler einer Mordkommission am erfolgreichsten Verdächtige vernahmen. Sie rissen die Delinquenten mitten in der Nacht aus dem Schlaf und befragten sie ohne Unterbrechung, um die Übermüdung, Desorientierung und den gestörten Biorhythmus für verfängliche Aussagen, Widersprüche und letztlich ein Geständnis auszunutzen. Raskolnikow kam ihm in den Sinn. Dostojewskis Held hatte dem inneren Druck nicht standgehalten und sich freiwillig ausgeliefert.

»Weißt du, was dieser Kerl beruflich macht?«, fragte er, bevor er einen Schluck Whisky nahm.

»Er ist Kommissar.«

Daniel zuckte und verschüttete Alkohol auf sein Hemd. »Verdammt!« Er fischte ein Taschentuch aus seinem Jackett und wischte hektisch über die Flecken.

»Schlechtes Gewissen?«

»Quatsch!«, blaffte er ärgerlich. »Ist er wirklich Kommissar? Hat er dir das erzählt?«

»Nein, das hab *ich* dir erzählt. Er ist Bauingenieur.« Sie nippte genüsslich an ihrem Tee und lächelte. »Einer, der die Welt baut. Sieht man doch.«

»Der sieht total nichtssagend aus.«

»Find ich nicht. Der hat was. Bisschen wie ein Rockstar aus den Siebzigern.«

»Wegen der Jacke? Diese Antik-Lederjacken sind doch völlig aus der Mode.«

»Ich find's männlich.«

Das glaube ich, dachte er abfällig. Er behielt den Gedanken für sich, steckte das Tuch zurück, nahm Flasche und Glas und stand auf. »Hab noch zu tun.«

»Schon klar.« Anna machte ein mürrisches Gesicht und ging in die Küche.

Er schloss sich in seinem Arbeitszimmer ein, das mit den Computern, Laptops, Verstärkern, Elektrographen, Leuchtkästen, dem Kabelwirrwarr und dem Radarschirm an der Wand eher dem High-Tech-Labor eines modernen Alchemisten glich als dem Arbeitsraum eines Epileptologen. Während er den Schlüssel drehte, musste er lächeln. Der Raum würde zu einer Pilgerstätte werden, zu der Wissenschaftsgläubige aus aller Welt strömen würden, um den Geburtsort von Doktor Meckels Gottes-Algorithmus zu bestaunen.

Mit zittrigen Händen schenkte er sich ein Glas voll, trank einen großen Schluck und spürte dem Geschmack des Whisky nach. Torf und Sherry, Salz und Seegras. Wahre Sinnenfreude! Er öffnete eine Schublade und nahm den elektrischen Rasierer heraus. Drei Exemplare besaß er davon: Einen fürs Institut, einen fürs Bad, und den Dritten, mit dem er sich jetzt vorm Spiegel rasierte, während er über den Nachbarn sinnierte. Bevor er seine Testreihen fortsetzen und abschließen konnte, musste er sich überlegen, wie er mit diesem Kerl verfahren sollte. Dessen Erlebnis bedeutete Segen und Fluch zugleich.

»Ah!« Daniel drückte den Rasierer zu fest auf die Haut und schnitt sich. »Verdammt!« Er hatte sich nicht den besten und teuersten Rasierer gekauft, damit der ihn mit Schnitten verunstaltete, als hätte er Cuts eines Boxers.

Daniel nahm ein Taschentuch, wischte sich das Blut ab und setzte die Rasur und seine Gedanken über Stoller fort. Dieser Dummkopf hatte keine Ahnung, dass er alles gefährden konnte, wenn er durch die Gegend rannte und Gott und der Welt von seinem Erlebnis erzählte. Oft fühlten sich Betroffene zu einer Mission berufen und hielten Predigten in der Öffentlichkeit. Wahrscheinlich hörte keiner so einem Verrückten zu. Von religiösen Spinnern gab es mehr als genug. Niemand nahm sie ernst. Aber was, wenn doch? Dieser Trottel konnte ihm noch in die Quere kommen und zu einer realen Gefahr werden. Einer Gefahr, die Daniel im Auge behalten – und im Fall der Fälle eliminieren musste.

41

Am Küchentisch sitzend, inhalierte er tief den Rauch der Zigarette und starrte in das Friedhofsdunkel. Was musstest du vor Anna damit herausplatzen, quälte er sich voller Reue und Scham. Warum hast du so wirres Zeug geredet? Was sie von dir denken wird! Sie hält dich für einen Freak, einen Irren, den geistigen Bruder von Haustrinker Hannes!

Beim Gedankenwort Bruder sah er Daniel Meckel vor sich. Was für ein unangenehmer Zeitgenosse. Aufdringlich und überheblich. Stoller mochte ihn nicht. Vielleicht weil es in der Natur dessen Berufes lag, mystische Erlebnisse als krankhaft abzutun.

Außerdem realisierte er nach dem zufälligen Aufeinandertreffen zu dritt, wie wenig er von Anna wusste. Es erschien höchst unwahrscheinlich, dass sie bei ihrem ersten Zusammentreffen Ähnliches wie er selbst gefühlt haben könnte. Er sollte sie aus seinem Kopf jagen und sich die sinnlosen Gefühle sparen.

Um sich nicht weiter selbst zu martern, lenkte er die Gedanken auf sein außergewöhnliches Erlebnis. Das Fazit, das er aus den vergangenen drei Tagen zog, war niederschmetternd. Die Apokalypse war ausgeblieben, die Welt drehte sich wie eh und je, die Reaktionen seiner Umwelt waren ernüchternd. Er hatte sich lächerlich gemacht und auf eine Stufe mit dem verrückten Endgericht-Prediger und der verirrten Hippie-Braut begeben. Für drei Tage war er aus der Realität gefallen, und jetzt war er wieder in ihr gefangen, mit ihren *echten* Gefühlen. Mit Enttäuschung, Leere und Verzweiflung.

Die Geheimnisse seiner Offenbarung kamen ihm jetzt hohl vor, platt und plump wie die dümmlichen Weisheiten von Kalendersprüchen. Das Wunder der Liebe. Güte und Barmherzigkeit. Das Geheimnis Gottes. Er wusste nicht, ob er lachen oder weinen sollte.

Wie naiv bist du eigentlich, fragte er sich, und sog kräftig an der Zigarette. Die Asche fiel herab, ohne dass er es bemerkte. Wer bist du? Wer war ich, wer bin ich, wer werde ich sein? Wer will ich sein?

Konfusion und Zweifel fraßen sich durch seine Gedanken. Es hatte keine göttliche Offenbarung gegeben. Alles hatte er sich nur eingebildet. Die Einbildungskraft war zu realen Manifestationen fähig. Er hatte davon gelesen, dass Studenten sich in Experimenten an Münzen verbrannt hatten, nachdem ihnen suggeriert worden war, sie wären glühend heiß. Und in Placebo-Studien wurde chronische Übelkeit der Patienten mit einem Brechmittel erfolgreich behandelt.

Der Alkohol ist schuld, dachte er. Erst das Besäufnis, dann die Kotzerei, danach die Begegnung mit Anna. Vielleicht hatte er sich in eine fixe Idee von Liebe verrannt, weil irgendetwas in seinem Unbewussten danach verlangte. Der emotionale Kick durch die Begegnung mit Anna hatte dann Fehlschaltungen in seinem Gehirn ausgelöst, einen Dachschaden verursacht.

Ihm kam es jetzt suspekt vor, dass sich die Inhalte seiner Offenbarung einzig und allein auf das Christentum bezogen. Auch wenn er sich nie mit der Bibel, dem Schöpfergott und Jesus Christus auseinandergesetzt hatte, war er doch in einem christlichen Kulturkreis aufgewachsen, der ihn geprägt hatte. Wahrscheinlich steckten all die geheimnisvollen Wahrheiten, die er zu erkennen geglaubt hatte, bereits in ihm drin. Die

Euphorie seiner Verliebtheit hatte einen Schalter im Gehirn umgelegt, wodurch die Inhalte freigesetzt wurden und sein Bewusstsein überschwemmten.

Er nahm das zerfledderte Buch von Feuerbach über das *Wesen des Christentums,* das ihm die Hippie-Braut geschenkt hatte, und blätterte darin. An die Frakturschrift hatte er sich schon bei Auguste Poulains *Handbuch der Mystik* gewöhnt.

Der Philosoph betrachtete Religion als eine Form der Geisteskrankheit, als Illusionstheater und Blendwerk. Er hielt Gläubige für Sklaven der mystisch religiösen Einbildungskraft, die das Gegenteil der Vernunft bildete und von der Wahrheit wegführte statt zu ihr hinzuleiten. Der Mystizismus sei trügerisch und zwielichtig, Theologie habe nichts mit der Wirklichkeit zu tun, sondern alle Gotteserlebnisse beruhten auf Phantasie und Imagination.

Die scharfzüngige und mitunter sarkastische Schmähschrift stützte Stollers neue Glaubensgewissheit: Er hatte alles nur halluziniert. Was bin ich für ein Trottel!

Er fühlte eine Leere in sich aufsteigen, die er nur mit Alkohol füllen konnte. Plötzlich verspürte er einen unbändigen Drang nach Gin Tonic. Er stellte sich vor, wie er ein Glas in großen Zügen leer trank und ein wärmendes Feuer in seinem Inneren entfachte. Schon hatte er den Geschmack auf der Zunge und spürte, wie ihm das Wasser im Mund zusammenlief.

Nachdenklich zog er an der Zigarette und rang mit sich. Sollte er sich wirklich wieder dem Rausch hingeben, der ihn für einige Stunden bergen und wärmen konnte? Immerhin war er schon drei Tage abstinent. Je länger er darüber nachsann, desto größer wurde seine Lust aufs Trinken und umso kleiner die Wand des Widerstands.

Entschlossen drückte er die Kippe aus und stand auf. Als er seine Jacke anzog, pikste in seine Vorfreude das schlechte Gewissen. Musste es wirklich sein? Den mahnenden Zeigefinger, der sich in seinem Inneren erhob, schlug er beiseite. Er war frei von Verantwortung und Verpflichtungen, er konnte tun und lassen, was er wollte, er war vogelfrei. Er war verrückt.

42

Daniels mangelndes Feingefühl konnte sie in den Wahnsinn treiben. Anna lief in ihrem Zimmer umher und ärgerte sich über ihren Bruder. Was musste der Idiot dazwischen platzen, als sie mit Stoller im Hof stand. Es war ihr peinlich, wie ignorant und überheblich er war. Sie konnte die Vorstellung nur schwer ertragen, dass sie Früchte desselben Baumes waren.

»Fick!«, fluchte sie und schlug mit der Faust gegen die Wand. Sie verzog vor Schmerzen das Gesicht, betrachtete die aufgeplatzte Haut an den Knöcheln, nahm die Hand für einige Sekunden in den Mund und entspannte sich. Dann warf sie sich aufs Bett und setzte ihr Gedankenspinnen fort.

Daniels Verhalten provozierte ihren Ärger, Stollers Benehmen befremdete sie. Wie er sie mit großen Augen angesehen und von seiner Gottesvision berichtet hatte, war irritierend. Der ist schon ein bisschen gestört, befand sie nüchtern. Trotzdem sympathisch, nicht so glatt und ohne Kanten, wie sie es sich in ihrer stereotypen Vorstellung von einem Ingenieur ausgemalt hätte. Ein paar Dellen und Macken passten zu seinem Gesicht mit den Falten um den Mund und den Krähenfüßen an den Augen.

Anna mochte seine tiefe, rauchige Stimme. Männlich, aber nicht hart. Sie sah ihn vor sich, in seiner alten Lederjacke, mit der langen Mähne, die er wie einen Vorhang beiseiteschob. Sie stellte sich vor, wie sie ihm die Haare aus dem Gesicht und mit den Fingern über seine Fältchen striche.

Zwischen ihren Beinen spürte sie, wie die Gedanken sie erregten. Sie schob ihre Finger unter den Stoff der Hose und streichelte ihren Kitzler.

Seit mehr als drei Jahren war sie Single. Und mehr als ein Jahr ohne Sex. Sie musste an ihr letztes Mal denken. Ein Trauerspiel in A-Dur. Sie hatte in der Kaminbar eines Schlosshotels in Bergisch Gladbach gespielt. Den ganzen Abend hatte sie die Blicke eines Geschäftsmannes gespürt, der sie von der Theke aus beobachtete. Er war etwa fünfzig und vollschlank. Nach dem Spielen sprach er sie an, spendierte ihr zwei Wodka-Lemon und lud sie auf sein Zimmer ein. Anna fühlte sich einsam an diesem Abend und ließ sich überreden. Was dann folgte, war schrecklich. Der Mann roch unangenehm und kam nach zwei Minuten.

In dieser Nacht glaubte sie endgültig begriffen zu haben, was Männer waren, und kaufte sich einen Monat später einen Dolphin. Die Teilnehmerin einer Selbsthilfegruppe hatte während einer Sitzung den Vibrator aus ihrer Tasche genommen und herumgezeigt. Begeistert schwärmte sie davon, wie sie mit Hilfe des wunderbaren Geräts zahllose Orgasmen hintereinander bekam.

Anna hatte zunächst abwehrend reagiert. Sie brauchte kein Metronom, sie wollte mit den Händen auf ihrem Körper spielen, egal ob Chopin oder Rachmaninoff. Doch der Gedanke hatte sie infiziert und schließlich ihre Abwehr besiegt. Seitdem konnte sie ihre Lust kontrollieren. Der Dolphin machte den Orgasmus berechenbar.

Sie öffnete die Nachttischschublade, schob die Rasierklingen beiseite und nahm den Vibrator heraus. Für wundervolle Minuten kam sie gleich ins Paradies.

43

Das Paradies enthielt vier Sorten Alkohol und rann ihm die Kehle hinab wie eine biblische Mischung aus Öl und Milch und Honig. Erst später wollte er sich dem mörderischen Werk des Killers hingeben, da die Wirkung so schnell und massiv kommen würde, dass sein Gespräch mit Lucia frühzeitig im Vollrausch abgesoffen wäre.

Sie hatte mit ihrem Drink am Tresen gesessen, als er die Bar in der Simon-Dach-Straße betrat. Kaum stand er an der Theke, sprach sie ihn an und redete munter auf ihn ein. Seit Jahren war er nicht mehr von einer Frau angesprochen worden.

Lucia schlürfte an einem Mai Thai. Im Zwielicht der Tresenbeleuchtung sah sie exotisch aus. Ihre dunkelbraunen Haare umrahmten ein markantes Gesicht, dessen Grundierung ein breiter Kiefer und hohe Wangenknochen bildete, und in dem katzenhafte grüne Augen funkelten. Unter ihrer zu groß geratenen Nase lag ein von dünnen Lippen geformter, schmaler Mund.

Stoller erfuhr von Berufen, von denen er nie zuvor gehört hatte. Seit ihrem abgebrochenen Biologie- und Germanistik-Studium arbeitete sie angeblich als Prana-Heilerin, Rebirthing-Therapeutin und Channeling-Medium. Bei ihren Erklärungen tauchten dieselben Begriffe auf, die er aus Violas Mund schon häufiger gehört hatte. Doch statt wie sonst üblich auf den Thron der Verachtung zu steigen und ein gedankliches Gerichtsverfahren gegen den spirituellen Schwachsinn anzustrengen, hörte er der Fremden geduldig zu. Alkohol war ein wundervoller Weichspüler.

Lucias esoterische Reden und Fragen verführten ihn in Kombination mit der Alkoholwirkung dazu, von seinem Erlebnis freimütig und in allen Einzelheiten zu berichten. Lucia hörte aufmerksam zu und rauchte eine Menthol-Zigarette nach der anderen.

»Wow, ist ja der Hammer!«, rief sie begeistert, nachdem er seine Erzählung beendet hatte. »Und einfach so, aus heiterem Himmel?«

»Aus heiterem Himmel.«

»Du hast nicht meditiert oder gebetet oder Yoga gemacht?«

»Nichts.«

»Krass! Ohne Zutun Erleuchtung erlangt ... Wahnsinn!« Kopfschüttelnd zog sie an ihrer Zigarette.

»Genau, Wahnsinn. Der Gipfel einer Psychose.«

»Was?« Sie stieß Rauch aus und sah ihn dabei an wie einen Verrückten. »Wie kommst du darauf? Fühlst du dich psychotisch?«

»Jetzt nicht mehr. Aber die ersten drei Tage waren ziemlich eigenartig.«

»Kein Wunder nach so einem Erlebnis. Danach verlangen Millionen Menschen auf der ganzen Welt. Buddhisten, Mystiker, Yogis, Alchemisten, Gläubige – alle! Ist dir klar, wie phantastisch das ist?«

»Ja, Phantasie. Ich denke, es war eine Fehlschaltung im Gehirn.«

»Spinnst du? Bist du etwa auch so ein Anhänger der Neurowissenschaften, die den Mensch zum Sklaven seines Gehirns machen?«

»Ich bin ein Vernunftmensch, das ist alles.«

»Klingt eher nach Skeptiker. Wenn ich dir einen Rat geben

darf: Sei nicht *zu* skeptisch. Sei lieber dankbar. Du hast Riesenglück gehabt und das bekommen, wofür andere sich ein Leben lang vergeblich abmühen: das Christusbewusstsein.«

»Was soll das sein?«

»Du bist echt ahnungslos, oder? Christus ist ein Weg zu Gott und zur Wahrheit. Es geht um die Auferstehung von Jesus Christus im Inneren des Menschen. Wie Jesaja und Johannes gesagt haben, ist er der Immanu-El, was ›Gott bei uns‹ heißt, er ist der immanente Gott, der Gott in uns. Jesus wurde von Gott beauftragt, seine, also Gottes Anwesenheit im Innern eines jeden Menschen zu verkünden.«

Stoller erinnerte sich daran, wie er darüber gegrübelt hatte, als er bei seinen Bibelrecherchen auf den Petrus-Schlüssel gestoßen war. Er war davon überzeugt gewesen, die Menschen hätten früher einen direkten Zugang zu Gott gehabt. Zu diesem Gott, der ihnen – und ihm selbst – mittlerweile abhanden gekommen war.

Lucia trank einen Schluck und fuhr fort: »Jeder Mensch kann eine persönliche Beziehung zu diesem inneren Gott oder dem Licht oder dem Nichts, dem Buddha oder dem wahren Seinsgrund oder wie immer man das bezeichnen will, herstellen.«

»Wie denn?«

»Durch Verdienst oder wie bei dir durch Gnade. Wenn man nicht so ein Glück wie du hat, muss man sich auf die Suche machen, auf den Pfad der Umkehr, man muss zum Kind werden und einfach bitten und anklopfen. Alle Religionen zeigen Wege, die zum inwendigen All führen, damit wir die Wahrheit noch in diesem Leben erkennen können und nicht bis nach dem Tod warten müssen. Ob achtfacher Pfad oder Nachfolge Christi, Kundalini-Yoga oder Lurianische Lichtmystik oder was auch immer. Im Prinzip geht es ja doch bei allen Methoden um dasselbe.«

Sie nahm einen Zug von der Mentholzigarette und drückte die Kippe in den Ascher. Stoller nahm an, sie würde weitersprechen, doch sie wartete offenbar auf sein neugieriges Nachbohren.

Er tat ihr den Gefallen: »Worum geht es denn?«

Lucia lächelte. »Um die Auslöschung des Ich zugunsten des Selbst. Man muss den äußeren Menschen und das Sinnesleben kreuzigen und um der Seele willen opfern, damit der innere Mensch auferstehen kann. Tod im Leben, Wiedergeburt im Reich Gottes. Wenn einem das durch geistige Übungen, Gebete und Meditationen, aufopfernde Liebe und Barmherzigkeit gelingt, wird man irgendwann Gott schauen, also sich selbst.«

»Und dir gelingt das?«, fragte Stoller mit mühsam unterdrücktem Hohn.

»Ich übe noch«, schmunzelte sie und nahm einen Schluck von ihrem Drink. »Aber irgendwann werde auch ich hinter den Schleier der Maya blicken.«

»Was für eine Maya?«

»Meine Güte, du weißt ja gar nichts«, urteilte Lucia. »Die äußere Welt wird als Maya bezeichnet, das bedeutet Illusion, und sie wird verstanden als Gottes Traum oder Gottes Tanz. Das heißt, dass Gott sie erschafft, ohne dass sie eine Realität an sich hätte. Im Grunde sind alle Menschen Ausdehnungen des einen und einzigen Atman, oder Gott, der es kleinen Teilen seiner Selbst erlaubt, seine Identität zu vergessen und scheinbar separat und unabhängig zu werden, das sind dann wir. Doch wir sind nie wirklich getrennt. Wenn wir sterben, erwachen wir und erkennen, wer wir von Anfang an waren: Gott.«

»Also ist Maya bloß eine Illusion«, schloss Stoller und griff nach dem Trinkhalm.

»Unser irdisches Leben ist bloß eine Illusion«, verbesserte Lucia.

»Voller Illusionen, meinst du.«

»Nein, mein ich nicht. Du kennst doch sicher den Bibelspruch ›Jesus ist das Licht‹.«

»Und?« Ihre künstlichen Spannungspausen zerrten an seiner Geduld. Er trank den Cocktail aus und bestellte per Handzeichen noch einen.

»Die innere Erleuchtung durch das göttliche Licht ist zugleich die Erlösung, von der so viel geredet wird und nach der so viele streben. Das ist das wahre Sein. Der Mensch fühlt sich dann nämlich frei und erlöst von aller Schuld und allen Sorgen, von bedrückenden Gedanken und vom schlechten Gewissen, von Unsicherheit und Zweifeln.«

Ihm fiel ein, wie befreit er sich in dem göttlichen Licht gefühlt hatte, das ihn umstrahlte. »Bei mir begann es auch mit einem überirdischen Licht, einem himmlischen Leuchten.« Er steckte sich eine Zigarette an.

»›Das Licht ist das Licht des Auges‹, heißt es im Sohar. Und im Thomas-Evangelium steht, dass wir Menschen aus dem Licht kommen. ›Jesus sprach, wenn sie euch sagen, wo kommt ihr her, sagt zu ihnen, wir sind aus dem Licht gekommen, dem Ort, wo das Licht aus sich selbst heraus geworden ist. Es entstand und wurde in unserem Bilde manifest.‹«

Zufrieden schlürfte sie ihren Drink aus und beobachtete seine Reaktion.

»Ja und, weiter? Was willst du damit sagen?«

»Mensch, bist du so blind oder so blöd?« Zwischen ihren Brauen entstand eine Falte namens Ärger, während sie sich mit ruppigen Bewegungen eine weitere Mentholzigarette anzündete.

»Was soll ich dazu sagen? Gott ist Licht, okay. Und dann?«

»Ja, Gott ist Licht und Liebe«, sagte sie schroff und blies Rauch aus, »Jesus ist Licht und Liebe, es ist alles eins. Im Grunde dreht sich alles um Energie, egal wie du es nennst, ob Prana, Qi, Pneuma, Kundalini, Akasha, Heiliger Geist – alles ein und dasselbe. Vielleicht besteht die Gotteskraft in elektrischem Magnetismus, mit dem man die Materie aller Festigkeits- und Schwingungsgrade manipulieren und die Wellen der Ideen steuern kann.«

»Gott ist Elektromagnetismus?« Stoller hörte den Spott in seiner Frage und spürte, wie der alte Zyniker langsam in ihm auferstand.

»Warum nicht? Elektromagnetismus ist die formgebende Elementarkraft. Daher könnte auch die Vorstellung von der Strahlungshülle des Menschen stammen, vom Lichtkleid, der Aura. Nimbus, Mandorla, Taborlicht, Diamantfahrzeug, Merkabah. Egal! Worte sind nur Schall und Rauch, sie sind untaugliche Versuche, das Unaussprechliche fassbar zu machen. Das ist so, als wolltest du mit Nebel einen Adler fangen.«

Stollers Gedanken klammerten sich an das Wort Nebel. In seinem Kopf sah er nur noch Grauschleier. Oder waren das die Rauchschwaden?

»Dein Name ist wohl Programm«, sagte er nach einer Weile. »Lucia heißt doch irgendwas mit Licht?«

Der Einwurf schien sie aus ihrem Gedankenfluss zu treiben und ihren Ärger weiter anzustacheln. »Eigentlich heiße ich Annette«, sagte sie säuerlich.

Er musste lachen. »Ist das nicht etwas anmaßend, sich selbst einen Lichtnamen anzuziehen?«

»Wieso?« Jetzt klang sie gereizt. »Ich finde Annette scheußlich!«

»Stimmt«, sagte er und zog an seiner Zigarette, »furchtbarer Name.«

Er drückte die Kippe im Aschenbecher aus, entschuldigte sich und ging zur Toilette.

Als er an die Bar zurückkehrte, war Annette alias Lucia verschwunden. Ihre Zigaretten, Tasche, Jacke – alles weg. Kaum war sein Interesse an dem Thema durch sie neu entfacht, ließ sie ihn sitzen. Na toll.

Er bestellte einen Killer, der acht Schnäpse enthielt, und ließ das Gespräch sowie die letzten Tage noch einmal Revue passieren. Er hatte geglaubt, an seinem vierzigsten Geburtstag erst der Liebe und dann Gott begegnet zu sein. Die unglaubliche Verheißung seiner Offenbarung stellte sich als unwahr heraus, denn die Welt existierte noch. Diese Tatsache sprach dafür, dass er sich das Ganze nur eingeredet hatte, geträumt oder halluziniert. Andererseits war es ihm wirklicher als ein Traum erschienen, es war das Realste, was er je erlebt hatte. Und es gab unzählige Esoteriker und Mystiker, die nach dem, was er erlebt hatte, mit allen Mitteln strebten.

Als Stoller beschloss herauszufinden, was er *wirklich* erlebt hatte, rann der zweite Killer durch seinen Hals. Das Stimmengewirr und Gelächter vermischte sich mit der Musik, die aus den Lautsprechern erklang. Drei Worte des Refrains erklommen sein Bewusstsein: *Losing my religion.*

TEIL 3
WAHRHEIT

44

Highway to Hell, Highway to Hell!

Beim Aufwachen krächzte die Stimme von Bon Scott in seinem unter einem Starkstrom aus Schmerzen stehenden Schädel.

Reglos lag er im Bett und konnte sich nicht rühren. Die Sicht auf den vergangenen Abend wurde vom Alkoholdunst getrübt, der sich wie ein schwerer Teppich über sein Leben gelegt zu haben schien. Ihm schwante ein Gespräch über Licht und Erleuchtung.

Stöhnend fuhr er sich durch die Haare. O mein Gott, hab ich es wirklich wieder getan?

Zur Übelkeit gesellten sich Ekel und Selbsthass. Ein Höllensturz jagte den nächsten. Nein, so ging es nicht weiter. Diesmal musste sich endgültig etwas ändern! Selbst wenn sein Erlebnis nur ein Hirngespinst gewesen war, hatte er doch irgendeine Aufgabe im Leben zu erfüllen. Und die lag gewiss nicht darin, sich selbst zu zerstören. Wenn er die Zügel seines Willens nicht in festen Griff nahm, würde er in den Abgrund stürzen. Highway to Hell.

Er presste die Lippen aufeinander und entschied sich mit aller verfügbaren Entschluss- und Willenskraft, seine Sucht zu überwinden und sich stattdessen ganz der Suche nach der Wahrheit hinter seinem Erlebnis zu widmen. Die Suche wird deine Sucht ersetzen. Wie ein Mantra wiederholte er den Gedanken, während er sich aus dem Bett quälte, langsam ins Bad wankte und mit Wechselduschen die Schmerzen aus seinem Kopf spülte.

Beim Blick in den Spiegel wusste er, dass es höchste Zeit wurde für eine reale Veränderung in seinem Leben, eine Verwandlung. Und er wusste, was er zu tun hatte.

»Sind Sie sicher? Ich könnte auch erst mal nur …«

»So sicher wie eine mathematische Gleichung«, unterbrach er die Friseurin, die ihn unsicher im Spiegel ansah. Nach zwanzig Minuten war sein Schutzvorhang abgeschnitten. Die Haarmatte, die ihn mehr als zwei Jahrzehnte in einer Zeitkonserve eingeschlossen hatte, wich einem modernen Kurzhaarschnitt, der ihn jünger aussehen ließ, als er erwartet hatte.

Nackt und ungeschützt fühlte er sich, als er aus dem Friseurgeschäft in die frostige Luft trat, aber auch befreit und erneuert. Es kam ihm vor, als wäre mit den Haaren ein großes Stück seiner Vergangenheit abgeschnitten worden.

In einem Schaufenster musterte er sich minutenlang. Die abgewetzte Lederjacke, die verbeulten Jeans, der schwarze Pullover und die abgetragenen braunen Schuhe passten weder zu seiner Frisur noch in die neue Zeit, die mit dem Abtrennen seiner Haare begonnen hatte. Es erschien ihm rätselhaft, wie er den Großteil seines Lebens in den selben Klamotten zugebracht hatte.

Obwohl sein Bankkonto im Minus und sein Dispokredit fast ausgeschöpft war, hob er Geld ab und kleidete sich im Ring-Center neu ein. Mit zwei Paar Jeans, sportlichen Sneakers, einem dunkelgrünen und einem rubinroten Pullover sowie einem eleganten blauen Wollmantel verließ er das Geschäft.

Zu Hause stopfte er die Lederjacke und die anderen von der Zeit überrannten Kleidungsstücke in einen großen Müllsack, packte alle Alkohol- und Zigarettenvorräte dazu, warf den Sack in die Mülltonne und atmete erleichtert durch.

Am frühen Nachmittag schaltete er sein Handy ein. Drei Anrufe waren auf seiner Mailbox, zwei von Viola, der dritte von Raumann. Er schickte ihnen eine SMS: *Bin krank bis Wochenende.*

Anschließend kaufte er im Supermarkt Putzmittel und putzte und wischte dann stundenlang seine Wohnung. Seit er dort lebte, hatte er sie noch nie so gründlich gereinigt. Es war ihm immer zuwider gewesen, gegen den Dreck der Welt anzukämpfen. Die Oberflächen der Requisiten seines Alltags von den Sedimenten des Zeitflusses zu befreien, erschien ihm als Sisyphos-Unterfangen. Der Kampf war von Anfang an verloren, das Werk der Zeit unaufhaltsam. Jetzt fühlte es sich gut an, mit den Schichten aus Staub die eingelagerte Vergangenheit abzuwischen.

Zwischendurch beschäftigte er sich immer wieder mit Mephisto. Die korpulente Verkäuferin hatte ihn ausdrücklich darauf hingewiesen, dass er sich viel Zeit für den Papagei nehmen müsse, wenn er ihn einzeln halte. Aber das hätte sie nicht betonen müssen – es bereitete Stoller zunehmend Freude, sich mit seinem Mitbewohner auseinanderzusetzen, ihm neue Worte beizubringen oder ihn mit Rechenaufgaben zu beschäftigen.

Am Abend bestellte er sich ein thailändisches Fischcurry und nahm nach dem Essen ein Bad. Gegen Mitternacht legte er sich erschöpft aufs Bett, um einen Moment auszuruhen. Nach wenigen Minuten schlief er ein.

Am Mittwochmorgen erwachte er erfrischt und voller Tatendrang. Den ganzen Vormittag reinigte er weiter seine Wohnung. Nahezu pausenlos lief die Waschmaschine, und kaum waren die Sachen auf dem Ständer vor der Heizung trocken, hängte er neue, frisch gewaschene Wäsche auf.

Begleitet wurde sein energetisches Treiben von Maria Callas. Stoller hatte sich nie für klassische Musik und erst recht nicht für Opern interessiert, doch als er heute sein Radio eingeschaltet hatte und bei der Sendersuche auf diese göttliche Stimme gestoßen war, konnte er nicht anders, als das stundenlange Callas-Special anzuhören. Die Stimme und die Melodien, die aus seinem altertümlichen Küchenradio erklangen, strichen als zarte Schauer durch seine Seele und rührten ihn mehrmals zu Tränen. Zugleich erfüllten sie ihn mit Euphorie und Energie.

Bis zum frühen Nachmittag war er ununterbrochen aktiv. Zufrieden sah er sich um. Jeden Knopf, Griff und Schalter hatte er gereinigt, Fußleisten ebenso gründlich abgeputzt wie Türkanten und Fensterrahmen. Alles blitzte und glänzte und roch hygienisch sauber. Er war mit sich, Gott und der Welt zufrieden. Gerne hätte er zur Belohnung eine geraucht. Hatte er wirklich alle weggeworfen? Er wühlte in Schränken und Schubladen, und bekam dabei den Zettel des Jesus-Freaks in die Hand. Neben dem Namen Peter Faust war eine Telefonnummer notiert.

Stoller musste lachen. Dieser Spinner! Er zerknüllte den Zettel, warf ihn in den Müll und atmete durch. Und nun, was tun? Er ließ den Blick und die Gedanken über den verschneiten Friedhof gleiten. Neugierig bist du ja schon auf den Kerl, dachte er. Und eigentlich hast du doch eh nichts Besseres vor. Nee, widersprach er sich selbst, für so einen Verrückten geh ich doch nicht in die Kälte!

Sein Blick folgte eine Weile den Schneeflocken und wanderte dann zurück in die Küche. Zum Mülleimer. Er hatte den Zettel zufällig wiedergefunden. Stoller glaubte nicht mehr an Zufälle. Er wollte wissen, ob sich hinter der Mission des Predigers eine Psychose oder Mystik verbarg. Ob der Jesus-Freak ein Irrer oder ein Heiliger war.

45

Neben dem sechsspurigen Siemensdamm, auf dem LKW an ihm vorbei donnerten und ihn in Abgase hüllten, stand er vor einer heruntergekommenen Arbeitersiedlung aus den Dreißigerjahren des letzten Jahrhunderts. An dem grauen Verputz hingen schwarze Schichten, von der Zeit und Abgasen in die Fassade gebrannt. Der einst weiße Anstrich der Holzsprossenfenster hing in Fetzen vom Untergrund herab, auf dem Dach fehlten Ziegel.

Die Zugänge lagen auf der hinteren Gebäudeseite. Als Stoller durch den Schnee um die Hauszeile herum stampfte, war er von der abenteuerlichen Wildheit überrascht, die dort vor den Blicken der Vorbeifahrenden verborgen lag. Die Gärten des Reihenhauses flossen in ein undefiniertes Brach- und Buschland über, hinter dem sich S-Bahn-Gleise vor der Silhouette eines industriellen Ensembles wanden, und das unter dem unheimlich bewölkten Himmel an eine apokalyptische Landschaft erinnerte. Mitten in Berlin-Charlottenburg.

In den Gärten lagen unter Schneekappen kaputte Dreiräder und verrostete Kettcars vergessen im Gestrüpp, ein Wohnwagen zerfiel zwischen meterhohem Gras. Ein Biotop der Endzeit, dachte Stoller, am Ende der Welt. Seine Neugier siegte über seine Abscheu und so steuerte er auf sein Ziel zu, Haus Sechsundsechzig F. Vor den Eingängen der Wohneinheiten setzte sich das Elend fort. Defekte Fahrräder, zerfetzte Autoreifen, ausrangierte Kühlschränke, kaputte Wäschespinnen.

Stoller schlängelte sich zwischen brüchigen Bananenkisten mit verbeulten Farbtöpfen, aufgedunsenen Pappkartons voller Gerümpel, und der Bierkiste, die dem Prediger als Podest gedient hatte, hindurch. Vergeblich suchte er nach einer Klingel und klopfte.

»Trau dich!«, hörte er von drinnen die Stimme, mit der er vor einer Stunde telefoniert hatte, drückte die Klinke herunter und trat ein.

Peter saß auf einem alten Biedermeier-Sofa. Er trug wieder die Jeans in Feuerrot und den schmutzigen Norweger-Pullover. Auf einem Beistelltisch aus Esche-Furnier stand eine dampfende Wasserpfeife aus Glas, über die er sich beugte. »Nimm Platz.« Er wies zu einem wuchtigen beigebraunen Armsessel, aus dem zwei Sprungfedern ragten.

Stoller setzte sich und versuchte eine Berührung mit den angriffslustigen Metalldrähten zu vermeiden. Sein Blick schweifte durch den Raum. Die Muster des alten Teppichs waren nicht mehr zu erkennen, weil festgetretener Dreck sie überdeckte. Die Einrichtungsgegenstände, die allesamt vom Sperrmüll zu stammen schienen, waren mit klebrigen Schichten aus Ignoranz und Vergessen überzogen. Vergilbte Gardinen hingen vor den Fenstern. Es war dunkel, kalt und verraucht. Und es roch nach Schimmel.

Private Fotos oder Gegenstände, die etwas über den Bewohner verrieten, sah er nicht. Das Elendsquartier war unpersönlich wie ein Unterschlupf für Drogensüchtige. Stoller bereute es augenblicklich, hierher gekommen zu sein.

»Gut, dass du da bist. Musst auf dem richtigen Weg sein, wenn du in die Höhle des Löwen gefunden hast.«

»Höhle des Löwen?« Es sah eher aus wie die Höhle eines kiffenden Spinners.

»Hast du nicht gemerkt, ich wohne in der Sechsundsechzig F.«

»Ja, und?«

»F ist der sechste Buchstabe, also ergibt es sechs sechs sechs, die magische Zahl, sechshundertsechsundsechzig, die Zahl des Anti-Christ, also des Papstes, du weißt schon, des Teufels.« Peter lachte schallend.

»Ich glaube nicht an Numerologie.«

»Oh, da solltest du nicht so voreilig sein! Der Bau der Welt beruht auf der Kraft der Zahlen, hat Pythagoras gesagt. Die ganze Welt und alle Erscheinungen des Lebens und alle Geheimnisse des Seins sind in Zahlen codiert. Fragst du dich nie, wieso, weshalb, warum?«

»Der Sinn des Lebens?«

»Ach!« Peter winkte ab. »Die Frage nach dem Sinn ist Unsinn, Anti-Sinn, pure Negation! Ich meine, wieso, weshalb, warum Zahlen so bedeutsam sind.«

»Weil man damit gut rechnen kann?«

»Das ist nur eine Funktion dieser Zauberlinge. Zahlen sind eines der Ur-Prinzipien alles Seienden. Jede Zahl und jedes Datum steckt voller Mystik. Wir sind umzingelt von Zahlen voller Bedeutung. Wir werden beherrscht von einer geheimen Regierung der Ziffern, einer mystischen Mathematik, die nur Eingeweihten zugänglich ist.«

Stollers Urteil begann sich zu formen: Dieser Freak war nicht heilig, sondern einfach nur irre. »Und du bist so ein Eingeweihter?«, fragte er spöttisch.

»Eingeweihter, Erleuchteter, Illuminierter ... Ich bin nur ein kleines Licht. Aber ich bin auf dem Weg.«

Stoller musste an Hannes denken, wie er einmal, nahe an sein Gesicht gebeugt, mit alkoholsaurem Atem von der

Weltverschwörung durch die Illuminaten schwadroniert hatte. »Verschwörungstheoretiker glauben, dass die Illuminaten die Welt steuern.«

»Die Illuminaten«, wiederholte Peter verächtlich. »Das waren religiöse Fanatiker, eine Sekte fundamentaler Quietisten. Das waren keine Weltverschwörer, sondern Esoteriker und Mystiker. Wie der heilige Thomas. Hast du nie die Apokryphen gelesen?«

»Kenn ich nicht.«

»Das Buch der Weisheit, die apokryphen Evangelien, die geheimen Bücher der Bibel. Texte, die von der Kirche nicht in den Kanon aufgenommen wurden, weil sie ihr nicht in den Kram passten. Im Evangelium nach Maria wird zum Beispiel erzählt, dass Maria Magdalena und Jesus ein Paar waren, und dass *sie* von ihm als seine Nachfolgerin auserwählt wurde, nicht Petrus. Hast du noch nie was vom Thomas-Evangelium gehört?«

»Doch«, fiel ihm Lucias Erwähnung des Buches ein, »gestern erst.«

»Solltest du unbedingt lesen. Die Illuminaten haben sich wie Thomas für eine einfache, puristische Religion ausgesprochen. Sie plädierten für das innere Gebet anstatt aufwändiger Gebetsriten. Sie wollten das Regelwerk der Kirche abschaffen und Gott in sich selbst finden.«

Stoller merkte, wie er sich vorbeugte und die Haltung eines Zuhörers einnahm. Dieses geheime Evangelium interessierte ihn. Hatte ihm dieser Verrückte vielleicht doch etwas Vernünftiges zu sagen?

»Und sie wollten kein vollständiges Vaterunser beten«, fuhr Peter fort, »sondern nur ›Dein Wille geschehe‹, weil alle anderen Teile des Gebets die Erfüllung egozentrischer Wünsche verlangen und Zeichen mangelnder Demut vor dem Willen des Höchsten sind.«

»Warum ist dieses Thomas-Evangelium nicht in der Bibel?«

»Weil die Kirche es als extrem ketzerisch betrachtet. Sie sah sich von Thomas und all den Esoterikern, die ihren Gott im eigenen Inneren suchten, bedroht, ihre exoterische Lehre war gefährdet. Thomas sagte: ›Das Königreich ist in eurem Inneren und wer sucht, der wird finden, und der, der an das Innere anklopft, dem wird geöffnet werden.‹ Die Kirche *musste* dieses Evangelium aus dem Kanon verbannen, weil alle Thesen und Erkenntnisse in dem Text auf ihre Abschaffung hinausliefen. Was wiederum beweist, dass der Papst der Anti-Christ ist.« Peter kicherte, beugte sich vor, nahm die Pfeife, zündete die Mischung aus Tabak und Haschisch an und saugte an dem Glasrohr, bis das gelbliche Wasser im Kolben blubberte, sich Rauchschwaden darauf legten und dichter Qualm durch das Rohr in den Mund des Straßenpredigers strömte.

Jetzt erst bemerkte Stoller die seltsamen Narben auf seiner Stirn. Eine verlief senkrecht und endete zwischen den Augenbrauen, die andere kreuzte sie waagerecht. »Hast du dir ein Kreuz in die Stirn geritzt? Ein Christen-Tattoo?«

Peter bekam einen Lachanfall, der in einen Hustenanfall überging. Stoller verstand nicht, was daran zum Lachen war.

Nachdem sein Husten abgeebbt war, erwiderte Peter: »Ein Christ ist ein Anhänger von Jesus Christus. Christen vergöttern nicht Gott, sondern Jesus Christus, einen Wanderprediger. Sie beten einen Zimmermann als Gott an.«

»Aber du bist doch selbst ...«

Peter ließ ihn nicht zur Wort kommen. »Zur Zeit von Jesus gab es einen viel berühmteren Wanderprediger, Apollonius von Tyana. Der war ein echter Superstar. Er tourte genau wie Jesus als Prediger und Heiler durch die Lande, bis nach Äthiopien und Indien, bewirkte Wunder, trieb Dämonen aus und erweckte Tote zum Leben. Alles genau wie bei Jesus, sogar seine Geburtsgeschichte, und auch die Story mit der Himmelfahrt und Wiederauferstehung sind exakt gleich. Wessen Geschichte wahr ist oder ob das einfach nur zum Markenkern der damaligen Gurus gehörte, weiß kein Mensch.«

»Aber du bist doch selbst ein Jesus-Prediger«, beharrte Stoller. »Das klingt alles so widersprüchlich. Bist du nun ein Christ oder nicht?«

Statt einer Antwort zog Peter noch mal am Glasrohr, grinste Stoller provozierend an und schob die Pfeife zu ihm hinüber, während er den Rauch aus seinen Lungen in die Luft blies. »Auch mal?«

»Ich hab mit siebzehn mal an einem Joint gezogen, da ist mir schlecht geworden. Und das war Gras. Hasch ist viel stärker, oder?«

»Hasch ist das Harz der Grasblüten. Alles Marihuana, alles Ganja. Heiliges Zeug, das mit Gott verbindet.« Er lachte höhnisch, ehe er fortfuhr: »Gott ist Mensch geworden, warum sollte der Mensch nicht Gott werden? Jeder ist doch sein eigener Gott, oder etwa nicht? Jeder hat die Macht!«

Stoller griff nach dem Glaskolben, stülpte das Rohr um seinen Mund und zog kräftig. Der Rauch schlug wie eine Feuerexplosion in seinen Hals und reizte jedes Härchen. Sein Hustenanfall wäre in Erbrechen übergegangen, wenn Peter nicht aufgesprungen wäre und ihm kräftig auf den Rücken geschlagen hätte.

Stoller spürte eine Welle von den Füßen aufwärts durch seinen Körper schwappen, die über seinem Kopf zusammenschlug und statt Schaumkronen funkelnde Sterne bildete. Einen unwirklichen Moment lang fühlte er sich außer sich selbst und sah sich in diesem Elendsquartier zwischen Sperrmüll bei einem drogensüchtigen Wirrkopf sitzen. Als dieser Moment vorüber war, sah er die nächste Stunde lang die Welt wie durch eine dicke Glaswand und hörte sich selbst wie einen Fremden sprechen, der genauso ferngesteuert agierte wie er selbst, der diesen Fremden beobachtete.

Peter setzte sich wieder, zog die Pfeife heran und entfernte die Asche-Reste mit einem Plastikkugelschreiber, auf dem der Aufdruck *21e AG* prangte. Vermutlich ein Esoterik-Versandhaus, dachte Stoller. Dann lud Peter eine neue Mischung, die er einer hölzernen Schale entnahm, in den Pfeifenkopf und zündete das Gemisch an. »Weshalb bist du hier?«, fragte er, nachdem er einen Zug genommen hatte.

Zahllose Fragen hatte Stoller ihm stellen wollen, über sein Leben, seine Herkunft, den Werdegang, Glauben, Mission. Statt einer Frage sprach er es, ohne zu überlegen, aus: »Ich hatte vor ein paar Tagen so etwas wie eine Offenbarung, ein mystisches Gotteserlebnis.«

»Hui, klingt spannend. Erzähl! Keine Angst, du kannst dich mir ruhig anvertrauen. Ich behalte alles für mich.«

Stoller schilderte sein Erlebnis und sah sich einem konzentriert zuhörenden Bong-Raucher gegenüber. Über seine Freimütigkeit selbst verwundert, dachte er, sie rühre von den Drogen oder davon, dass er sein Gegenüber für verrückter als sich selbst hielt.

Nachdem er von seiner vermeintlichen Messias-Erwählung und dem Weltrettungsauftrag berichtet hatte, nickte Peter ernst und dachte eine Weile nach.

»Klingt verrückt, was?«, fragte Stoller in die Stille.

»Finde ich nicht«, sagte Peter, ohne aufzublicken.

Stoller fragte in einem Tonfall, als diskutierten sie ein bautechnisches Problem, wie Peter das Erlebnis interpretieren würde. Die ersten drei Tage habe er Panik gehabt, weil er nicht wusste, wie er die Welt retten sollte. Aber es sei ja nichts passiert.

»Schon mal was vom Bibelcode gehört?«, fragte Peter.

»Noch so eine Verschwörungstheorie?«

»Das ist keine Theorie. In dem Text sind geheime Daten codiert. Was glaubst du, warum im Alten Testament ständig exakte Abmessungen von Tempeln und der Bundeslade angegeben werden? In den numerologischen Codes ist das Geheimnis des Glaubens verborgen und alle wichtigen Ereignisse der Menschheitsgeschichte sind darin versteckt. Einfach alles, auch die Zukunft.«

»Sagt wer?«

»Das hat schon Newton gesagt, der hat jahrelang über dem Bibelcode gebrütet.«

»Einer der Begründer der exakten Naturwissenschaft hat sich mit Esoterik befasst?«

»Jeder hat damals über solchen Kram geforscht, das war die wahre Wissenschaft. Kopernikus, Galilei und Kepler waren überzeugte Anhänger der Astrologie, und Newton hat nicht nur über den Bibelcode geforscht, er hat auch Beiträge über Hermetik, Alchemie und Astrologie verfasst. Generationen von Natur- und Geisteswissenschaftlern haben Gottesbeweise gesucht. Johannes Kepler hat gesagt, in der Schöpfung greife er Gott gleichsam mit Händen. Die wissenschaftliche Betrachtung und Erforschung der Welt, also der Schöpfung, galt früher als Weg, den Schöpfer zu finden. Aber dann schlief die Suche vor ein paar hundert

Jahren ein, als klar war, dass sich Gott niemals beweisen lässt.«

Stoller fiel sein eigener Beweis Gottes ein, den er nicht aufschreiben durfte und den er, wie prophezeit, vergessen hatte. Oder hatte es ihn nie gegeben?

»Wie passt das eigentlich zusammen? Dein Glaube an Gott und Jesus, und Drogen und Numerologie? Ich dachte, religiöser Glaube und esoterische Praktiken schließen sich aus. Laut Bibel hat Gott den Menschen Zeichendeutung untersagt.«

Peter sog die verrauchte Luft ein. »Gott … Schwierig.« Er schaute in die Ferne, als wären seine Gedanken himmelweit weg.

»Wie ist das nun mit den drei Tagen? Wenn das nicht stimmt, ist vielleicht auch der Rest meiner Offenbarung bloß Einbildung gewesen.«

»Langsam, langsam. In der Bibel stecken ja nicht nur geheime Botschaften, der Text selbst ist voller Geheimnisse und mehrdeutiger Inhalte. Der Teufel steckt im Detail. Du darfst die Zeitangaben nicht penibel eins zu eins übertragen, sonst müsstest du wie die Kreationisten und die Mormonen glauben, dass Gott die Welt vor sechstausend Jahren erschaffen hat. Das ist natürlich lachhaft. Nein, ein Tag in der Bibel sind, so glauben zumindest die meisten Forscher, mindestens ein Jahr.«

»Das würde ja heißen«, sagte Stoller perplex, »dass ich drei Jahre hätte, um die Welt zu retten.«

»Oder drei Jahrhunderte oder Jahrtausende oder Zeitalter. Die Frage ist doch, was es heißt, die Welt zu retten? Es ist ja nicht so, dass sie von einem auf den anderen Tag vor der Zeit untergehen kann. Vielleicht hat es ja was mit Religion zu tun, mit dem ursprünglichen Wortsinn meine ich, mit Re-Ligio, Wiederverbindung.«

»Versteh ich nicht.«

Peter schabte die Aschereste aus dem Pfeifenkopf, füllte ihn erneut, zündete das Gemisch an und nahm einen tiefen Zug. Dann blies er den Rauch aus und sagte: »Vielleicht musst du den Petrus-Schlüssel finden. Oder besser gesagt, mir helfen ihn zu finden.«

»Den Petrus-Schlüssel finden?«

»Kennst du Simon Magus?«

»In der Apostelgeschichte steht, es soll ein Zauberer gewesen sein.«

»In den Apokryphen steht mehr über ihn. Simon Magus war ein legendärer Gnostiker. Er hat sich selbst als Messias bezeichnet, weil er angeblich göttliche Kräfte besaß und fliegen konnte. Simon Petrus hat gegen ihn gekämpft, aber Simon Magus hat gewonnen. Er hat sich einfach in die Luft erhoben und ist über seinem Gegner und Hunderten von Zuschauern geschwebt.«

»Klingt nicht sehr glaubwürdig.«

»Hängt davon ab, was man für glaubwürdig hält. Wenn man an Gott glaubt, könnte man auch an die Legenden der Apokryphen glauben.«

»Wieso? Was hat Gott damit zu tun?«

»In den apokryphen Petrus-Akten wird der Tod des Magiers beschrieben. Stell dir vor«, sagte Peter und breitete die Arme wie einen Vorhang aus, »das Forum Romanum vor zweitausend Jahren. Der römische Kaiser Claudius hält vor einer großen Volksmenge eine Ansprache. Und plötzlich erhebt sich Simon Magus vor aller Augen in die Luft, schwebt über den Platz wie eine Hummel. Nur um seine göttlichen Fähigkeiten zu demonstrieren. Tja ... Hochmut kommt vor dem Fall, da muss man wirklich aufpassen. Jedenfalls hat Petrus dann Gott um Hilfe gebeten. Prompt ist Simon Magus vom Himmel gestürzt und hat sich ein Bein gebrochen. Dann haben ihn die Zuschauer gesteinigt, sind heimgegangen und haben fortan nur noch an Petrus geglaubt.«

»Eine Legende.«

»Klar, aber das Bild des über Rom fliegenden und abstürzenden Magiers kam in der Folgezeit gut an. Hast du bestimmt schon mal auf Ölschinken aus dem Mittelalter gesehen.«

»Schon möglich. Aber ich versteh nicht den Zusammenhang zum Petrus-Schlüssel.«

»Ist doch klar: Der Apostel hatte von Jesus die Schlüssel-Gewalt bekommen, das heißt er hatte Zugang zum Himmel. Deshalb konnte er Gott um alles direkt bitten, und das wurde getan, denn er konnte binden und lösen. Verstehst du nicht? Im Petrus-Schlüssel liegt das Geheimnis Gottes! Mit dem Schlüssel bekommt man nicht nur einen direkten Draht nach oben und totalen Einblick in alles. Man kann göttliche Kräfte binden und lösen – an seine Gedanken! An die eigenen Wünsche und Projektionen. Mit dem Petrus-Schlüssel wird man zum Gestalter seiner eigenen Welt, zum Schöpfer!«

»Aber die Schlüsselgewalt wurde von Jesus doch nur symbolisch übergeben.«

»Denk doch mal nach. Hat er symbolisch einen Schlüssel übergeben? Oder einen symbolischen Schlüssel? Hm?« Peter blickte ihn erwartungsvoll an.

»Was genau soll das denn für ein Schlüssel sein, deiner Ansicht nach?«

»Es ist natürlich kein realer, sondern ein geistiger Schlüssel, ein numerologischer Code. Ein geistiger Schlüssel zum inneren Tor. Mit dem Petrus-Schlüssel kann man den Himmel auf Erden erleben und muss nicht erst bis zum Tod warten.«

»Eine Art mathematische Formel?«

»Könnte sein. Vielleicht besteht der Schlüssel in einer Zahlenkombination. Ein in Zahlen codiertes Gebet oder Mantra, mit einer Anweisung, wie es benutzt wird, irgendwie so. Vielleicht muss es ja in einem bestimmten Rhythmus wiederholt oder zu einer bestimmten Melodie gesungen werden. Der Vatikan wird's wissen. Dort ist der Schlüssel natürlich auch gebunkert.«

»Wenn die im Vatikan so phantastische Dinge wüssten, würden sie die doch kundtun.«

»Und sich damit selbst abschaffen? Wären sie schön blöd. Wenn sie dem Volk den Schlüssel geben würden, könnten die Menschen direkt eine Verbindung mit dem Höchsten eingehen und bräuchten keine kirchlichen Vermittler mehr, keine Gebäude aus Stein, keine Kardinäle und Würdenträger, vor denen Menschen auf die Knie fallen, obwohl es ihnen laut Bibel verboten ist.«

»Das sind doch alles nur wüste Spekulationen. Typischer Verschwörungskram.« Stoller hatte genug. In seinem Kopf rauschte und surrte es, und am Ende eines jeden Satzes hatte er den Anfang vergessen. Bevor er sich ganz in dem ungewohnten Rausch verlor, stand er auf und verabschiedete sich.

Peter begleitete ihn zur Tür. Stoller sah ihm ins Gesicht und hatte ein Déjà-vu. »Ich hab dich doch schon mal gesehen …« Angestrengt versuchte er sich zu erinnern, dann fiel es ihm ein. »Na klar, auf dem Richtfest, der Chauffeur! Du hast Eisenfelds Bentley gefahren!«

»Eisenfeld?« Peter kniff die Augen zusammen. »Wer soll das sein?«

»Der Oberboss, der Eigner der Wohlag, die Baufirma, in der ich arbeite.«

Peter sah ihn skeptisch an. »Du verwechselst mich. Ich sag doch, ich bin nur ein kleines Licht.«

»Ich könnte schwören, dass du das warst!«

»Schwüre und Versprechungen sollte man nicht abgeben, wenn man sie nicht halten kann. Wenn du dein Leben drauf verwettet hättest, wärst du jetzt tot. Hier, ich hab noch was für dich. Geschenk des Hauses.« Er drückte ihm einen durchsichtigen Plastikbeutel mit kleinen Pilzen in die Hand.

»Was ist das?«

»Das sind Psilos. Hast du noch nie Magic Mushrooms gegessen?«

»Drogenpilze?«

»Psilocybin. Der Wirkstoff in den Pilzen stößt das Tor zum Inneren auf. Beziehungsweise«, verbesserte Peter sich lachend, »*schließt* es auf. Pilze funktionieren wie ein Schlüssel, im Prinzip ein bisschen so wie der Petrus-Schlüssel.«

»Danke, aber ich brauche keine Drogen, von denen man Halluzinationen bekommt. Die sind doch verboten.«

Peter lachte. »Was glaubst du, warum ein Pilz, der überall auf Kuhdung wächst, der körperlich völlig ungefährlich ist und auch im Hirn, anders als Alkohol, keine Schäden hinterlässt, verteufelt und verboten ist?«

»Weil man davon verrückt werden kann?«

»Wer sagt das? Und was ist denn bitte schön verrückt? Wie sollte man wissen, was gerade ist, wenn das Ziel im Dunkeln liegt.«

»Versteh ich nicht.«

»Du bist doch auf der Suche. Willst du nicht selbst herausfinden, ob Zauberpilze Halluzinationen auslösen? Vielleicht eröffnet dir eine Verrückung eine neue Perspektive. Vertrau mir, die Pilze können dir bei deiner Selbsterkenntnis helfen. Und«, fügte er mit einem verschwörerischen Augenzwinkern hinzu, »sie können dir helfen, mit höheren Mächten in Verbindung zu treten. Aber wenn du sie nicht willst, auch gut, lass sie da. Dann helfen sie wem anders.«

»Und was muss ich damit machen? Einweichen, braten, kochen ...?«

»Essen«, fiel Peter ihm ins Wort, »einfach nur essen.«

»Alle?«

»Alle. Iss vom Pilz der Erkenntnis!«, grinste er und schlug Stoller kumpelhaft an die Schulter.

Die Vorstellung, mit den Pilzen möglicherweise einen machtvollen Schlüssel in der Hand zu halten, war zu verlockend. Stoller schnappte sich den Beutel mit einem »Danke« und verließ den unwirtlichen Ort so schnell er konnte.

46

Paul saß auf einem Stuhl, am Kopf das Gottesband. Stoisch blickte er ins Nichts und erwartete das Kommende. Daniel prüfte den korrekten Sitz der Elektroden und ging an den Computer.

Paul war sein wichtigstes Studienobjekt. Der Schläfenlappen-Epileptiker verkörperte wie kein Zweiter die volkstümliche Bezeichnung der Epilepsie als *heilige* Krankheit.

In allen vier Hirnlappen konnten Epilepsien auftreten, im Stirn-, Scheitel-, Schläfen- und im Frontallappen. Ein Krampfanfall wurde durch die unkontrollierte synchrone Entladung einer Vielzahl von Nervenzellen und plötzliche Ausschüttung von Natrium ausgelöst, durch einen elektrischen Tornado im Kopf. Entluden sich die Gewitterblitze im Bereich der Epiphyse – neben der Hypophyse die wichtigste Hormonfabrik im Zerebrum; Umspannwerk, Relaisstation und Leitzentrale in einem – oder im Bereich des linken Schläfenlappens, führten sie geradezu zwangsläufig zu mystischen Erlebnissen und religiösen Sensationen.

Mit fast dreißig Prozent am häufigsten war die Temporallappen-Epilepsie. Schläfenlappen-Epileptiker zeigten sich besonders anfällig für vermeintlich übersinnliche Visionen. Häufig wurden die Patienten bei Anfällen nicht von Krämpfen und rhythmischen Zuckungen heimgesucht und stürzten nicht mit Schaum vor dem Mund zu Boden. Ihre Anfälle wurden von unvermittelten Absencen, eigenartigen Gefühlen, Panik, Verwirrung und Halluzinationen begleitet. Die Visionen enthielten oftmals vermeintlich »letzte Wahrheiten«, »göttliches Licht« und »Einblicke in das wahre Wesen des Kosmos«.

Pauls Epilepsie war vor neun Jahren entdeckt worden. Seine Anfälle begannen mit Absencen, seine rechte Hand fing an zu zucken, er schaute wie ein vom Teufel Gejagter wild umher. In diesen Augenblicken war er ganz in seiner inneren Welt gefangen, in den Bildern des Himmels und seiner Bewohner, in den jenseitigen Sphären auf der anderen Seite des Bewusstseins.

Daniel mochte ihn vom ersten Augenblick an nicht, denn Pauls Auftreten war überheblich, sein Selbstbewusstsein unerschütterlich, sein Glaube felsenfest. In majestätischem Gestus, ernst und humorlos hatte ihm der Dreißigjährige von seinen Erleuchtungen erzählt. Voller Begeisterung berichtete er, soweit er es in Sprache fassen konnte, von den Verzückungen der Vereinigung mit Gott, die er bei den Sturmgewittern in seinem Kopf erlebte. Er war von der Wahrhaftigkeit seiner Halluzinationen absolut überzeugt.

Als Daniel ihm klarzumachen versuchte, dass es sich bei seinen Visionen um Produkte von elektrischen Entladungen im Hirnlappen hinter seiner Schläfe handelte, widersprach Paul heftig. »Sie sind der Blinde, nicht ich! Wenn Sie das selbst mal erlebt hätten, würden Sie es nicht so kalt abtun. Sie und Ihre Kollegen sind genau wie die Leute in Platos Höhle. Alle starren auf die Schatten an der Wand. Und wenn jemand von draußen kommt, der das Licht gesehen hat, halten ihn alle für verrückt, weil sie sich das Licht nicht vorstellen können, weil sie nur das Licht ihres selbst gemachten Feuers kennen, und auch das kennen sie nur über die Schatten.«

Daniel seufzte. »Mag ja sein, dass es Ihnen so vorkommt. Aber vielleicht waren Sie nicht wirklich draußen und haben kein Licht gesehen, sondern glauben es nur. In Wahrheit sitzen Sie immer noch gefesselt neben den anderen, nur sehen Sie nicht mehr die Schatten auf der Wand, sondern einen Film, der in Ihrem Kopf abläuft. Wäre das nicht ebenso denkbar?«

»Für Sie vielleicht. Aber Sie wissen eben nichts. Sie sind der Einäugige, der die Blinden führen will. Sie wissen nichts, wollen aber trotzdem alles erklären. Nur lässt sich Gott nicht von der kleinlichen Wissenschaft begreifen. Aber das werden Sie nie verstehen!«

»Okay, Paul. Was ist mit Ihren Träumen? Sind die auch real? Ist jeder Alptraum echt? Oder fühlt er sich nur echt an?«

Er nahm Paul in sein Versuchsprogramm auf und führte zahlreiche Tests und Hirnstrommessungen durch, während er dem Patienten Bilder des Gekreuzigten und religiöse Symbole zeigte. Deren Anblick führte bei Paul zu wüsten EEG-Ausschlägen und Aktivitäten in jenem Hirnbereich, den seine Kollegen als religiöses Zentrum identifiziert hatten und als Gottesmodul bezeichneten.

Einer pharmakologischen Behandlung verweigerte sich der vermeintlich Erleuchtete. Seine Zusammenarbeit mit der Forschung wurde von Neugier und dem Wunsch getrieben, seine epileptischen Anfälle willentlich steuern zu können. Bereitwillig ließ er sich von Daniel mit Strahlen und Wellen beschießen, die er nicht sehen und spüren, deren Wirkung er sich aber nicht entziehen konnte.

Paul war der erste, bei dem der Algorithmus funktioniert hatte. Gerade mal eine Woche war das her, dachte Daniel, während er das Experiment vorbereitete. Er fragte Paul nach seinem Befinden seit der letzten Behandlung, die das spektakuläre Ergebnis geliefert und das der Nachbar kurz darauf bestätigt hatte. Paul antwortete, er sei drei Tage lang von Gott erfüllt gewesen und fühle sich blendend.

»Sehr schön, das freut mich, so soll es sein«, sagte Daniel mit einem zufriedenen Lächeln. »Es geht los. Schließen Sie bitte die Augen.«

47

Seine Wohnung lag wie der Friedhof und die Welt im Dunkeln, als Stoller mit einem Pizzakarton von seinem Ausflug in die Höhle des Predigers zurückkehrte. Zu der Thunfisch-Pizza hätte er am liebsten Bier getrunken. Oder wenigstens vorher noch eine geraucht.

Missmutig schaltete er den Laptop ein und suchte im Internet nach TV-Programmen. Eine Website übertrug live das aktuelle Fernsehprogramm der größten Sender. Den pappigen Lappen kauend, zappte er sich durch die Kanäle und hielt inne, als er den Titel einer Dokumentation las, die gerade begann: *Das Geheimnis des Fisches – auf Petrus' Spuren.* Neugierig sah er sich den Film an.

In nachgestellten Szenen wurde der Apostel als aufbrausender, unbeherrschter und feiger Fischer dargestellt, der haderte, zweifelte und Jesus und seinen Glauben verriet, bevor er ihn wieder fand.

In dem Widerling erkannte Stoller sich wieder. Ihn beschlich das beklemmende Gefühl, dass er, der immer Brücken bauen wollte, diesen Film über den größten Brückenbauer, den Pontifex Maximus, sehen *musste.*

Achte auf die Zeichen, hatte die himmlische Stimme ihn aufgefordert. Er war am nächsten Tag auf die Christuskirche gestoßen und hatte die Predigt über die Last des Propheten-Amtes gehört. Eine Unbekannte hatte ihn in einer Bar angesprochen und auf die Apokryphen aufmerksam gemacht, von denen auch der skurrile Straßenprediger gesprochen hatte, der ihn obendrein mit der Idee des ominösen Petrus-Schlüssels konfrontiert hatte.

Und nun sah er diesen Film über den Apostel, der in mittelalterlichen Darstellungen des Jüngsten Gerichts das Himmelstor aufschloss, die Paradiespforte. Der Schlüssel war in fast allen Darstellungen Petrus' Attribut.

Wenn so ein Skeptiker, Choleriker und Feigling die mächtige Schlüsselgewalt übertragen bekam und als der Fels erwählt wurde, auf dem der Glaube gründete, und wenn noch zweitausend Jahre später ein großer Teil der gläubigen Welt auf den Nachfolger und Stellvertreter dieses unangenehmen Wüterichs wie auf einen Gott hörte, wenn also der unwürdige Petrus so viel Macht erhielt, konnte dann nicht auch er, Max Stoller, zu Großem berufen sein?

Wer sucht, findet, wurde im Neuen Testament versprochen. Man müsse überraschungsfähig wie ein Kind sein, um etwas Göttliches empfangen zu können, frei von vernünftiger Skepsis und rationalen Zweifeln, offen für das Neue und Unerwartete.

Entschlossen schluckte er den letzten Bissen hinunter. Nein, so schnell gab er nicht auf. Er wollte seinen Zweifeln die Stirn bieten und Gott eine weitere Chance geben. Mit frischem Enthusiasmus und einer Tafel Halbbitterschokolade stürzte er sich noch einmal in die Bibellektüre. Die ganze Nacht und den folgenden Donnerstag las er wieder und wieder die Stellen in den Evangelien, die sich auf Petrus und die Schlüsselgewalt bezogen, studierte die Petrus-Briefe und sinnierte über ihre Bedeutung. Seine Telefone hatte er ausgeschaltet, die Wohnung kein einziges Mal verlassen und mit niemandem außer Mephisto gesprochen.

Am Freitag entschloss er sich, am späten Vormittag trotz seiner Krankmeldung ins Büro zu fahren und Raumann zum zwanzigjährigen Jubiläum zu gratulieren. Nach den Feierlichkeiten wollte er sich bis auf weiteres Urlaub nehmen.

48

Als Anna am Freitag aufwachte, war Stoller schon da. Er hatte in ihren Träumen und Gedanken Wurzeln geschlagen. Bereits nach ihrer ersten Begegnung hatte sie insgeheim gehofft, die neue Wohnung könnte der Geburtsort eines neuen Lebens werden. Obwohl sie erst seit ein paar Wochen dort wohnte, konnte an dem kurzen Zeitfaden, der um den Ort gebunden war, der geänderte Verlauf ihres ganzen Lebens hängen.

Stoller faszinierte und erregte sie. Das kam ihr suspekt vor und machte ihr Angst. Sie wollte nicht Geisel von Gefühlen werden, die sie nicht kontrollieren konnte und die wahrscheinlich ins Leere liefen. Sie wollte nicht zu viel hoffen. Hoffnung entpuppte sich zu oft als Illusion, die zu ihrer Schwester führte, der Enttäuschung. Es gab im Leben mehr zerschlagene als erfüllte Hoffnungen.

Ja, pflichtete sie sich selber bei, du musst dich schützen. Ohne Projektionen keine Verletzungen. Find dich damit ab, dass er mit sich selbst beschäftigt ist und sich überhaupt nicht für dich interessiert. Wahrscheinlich war das sowieso die Wahrheit. Immer wollte sie Männer haben, die sie nicht wollten, und Männer begehrten sie, die sie nicht begehrte.

Anna seufzte. Was nützte es, darüber zu klagen. Es gab keinen Anspruch auf Schicksal und erst recht nicht auf Glück. Sie musste akzeptieren, als Einzelgängerin durchs Leben zu wandern. Eine Solistin im eigenen Takt.

Gehörte Einsamkeit wie Schuld zu ihrem Familienschicksal? Auch Daniel war Einzelkämpfer. Sie hatte ihn noch nie mit einer Freundin gesehen. Er schien asexuell zu sein. Und asozial, denn es kamen auch nie Freunde zu Besuch. Sie bezweifelte, dass es welche gab.

Die letzten Tage hatte er bis spätabends im Institut gearbeitet und sich sofort in sein Arbeitszimmer verkrochen, sobald er nach Hause kam. Den Raum schloss er ab, selbst wenn er ihn nur für einen Gang zur Toilette verließ. Daher konnte sie ihr Vorhaben, dort zu schnüffeln, noch nicht in die Tat umsetzen.

Anna stand auf, gähnte und streckte sich ausgiebig, setzte die Brille auf, schob die Vorhänge beiseite und öffnete das Fenster. Kalte, schneidende Luft drang herein. Die Sonne versteckte sich hinter einer grauen Wolkendecke, aus der Schneeflocken rieselten.

Minutenlang starrte sie auf den Friedhof. Wozu alles, fragte sie sich, warum? Worin bestand der Sinn des Lebens, das sich immer nur um Leiden drehte? Lange tiefe Täler mussten durchschritten, Hügel und Berge mühsam erklommen werden, nur um für kurze Augenblicke das erhebende Gefühl der Gipfelperspektive zu genießen, ehe man sich wieder auf den beschwerlichen Weg machte zum nächsten Aufstieg.

Außer den wenigen Gipfelerfahrungen bot nur Musik Erlösung auf Zeit. Die letzten Abende hatte Anna im Hotel gespielt. Auch heute würde sie wieder an dem schwarzen Steinway-Konzertflügel sitzen und ihre Finger über die Klaviatur tanzen lassen. Sie konnte es kaum abwarten.

Die Aussicht auf eine kurze Zeit des Vergessens motivierte sie. Sie war dankbar, die Stelle als Bar-Pianistin auf Anhieb bekommen zu haben. Noch vor dem Umzug hatte sie sich in dem neuen Fünf-Sterne-Hotel am Potsdamer Platz beworben und kurz darauf vorgestellt.

»Warum haben Sie das in Ihrer Bewerbung nicht erwähnt, dass Ihnen ein Finger fehlt?«, fragte der Hotelmanager, ein schneidiger Mittdreißiger mit gegelten Haaren.

»Weil Sie mich dann wohl nicht eingeladen hätten.«

»Wundert Sie das? Abgesehen von der Ästhetik – Sie können doch mit neun Fingern gar nicht alles spielen.«

»Wenn es mich behindern würde, wäre ich nicht hier. Zeigen Sie mir das Klavier, dann zeige ich Ihnen, wie neun Finger zaubern können.«

Nach dem Vorspiel hatte er sie gefragt, wann sie anfangen könnte.

Seit dem Umzug spielte sie mehrmals wöchentlich im Safranski, nachmittags in der Lounge mit ihrer hellen und freundlichen Atmosphäre, oder abends im schummrigen Licht der Bar. Holzvertäfelte Wände, wuchtige Ledersessel und schwere Orient-Teppiche sorgten für Behaglichkeit. Anna fühlte sich geborgen und konnte sich ganz in der Musik auflösen. Töne waren die Glieder der Kette, an der die Melodie als Rettungsanker hing.

Anna füllte Erdnussbruch ins Futterhäuschen, schloss das Fenster, ging ins Bad und duschte. Dann aß sie einen Joghurt mit Müsli und trank zwei Espresso, bevor sie sich ans Klavier setzte und an Regers Bach-Variationen versuchte, einem ihrer Lieblingsstücke.

Mit dem fehlenden Finger war es zwar unmöglich, das virtuose Stück in ansprechender Interpretation zu spielen, doch für das Eintauchen in eine selbstvergessene Zeit des Friedens reichte es.

Anna schloss die Augen und gab sich ihrem Spiel hin, bis sie mit der Musik verschmolz.

49

Aus dem Fahrstuhl tretend hörte er das einzigartige Konzert, das entstand, wenn Dutzende Büroangestellte schnatternd beieinander standen.

Etwa siebzig Mitarbeiter verteilten sich im großen Konferenzraum und im weitläufigen Flur davor. Stoller nickte den Kollegen zu und sah sich um. Auf Tischen standen Platten mit Schnittchen, Kuchen und Obst, Kaffee- und Teekannen, Orangensaft-, Wasser- und Prosecco-Flaschen, Stapel von Papptellern und Plastikbechern, mehrere Reihen Sektgläser. Wie in Tausenden anderen Büros des Landes, in denen zur gleichen Zeit Jubiläen, Geburtstage, Aufträge und Verkäufe gefeiert wurden. Überall das identische Ensemble, das gleiche Ritual, um die Routine des alltäglichen Mühlenbetriebs auf immer gleiche Weise zelebriert zu unterbrechen.

An der Wand hinter dem Stehpult hing aus farbigen, aneinander geklebten Blättern eine große »20« neben Entwurfsplänen für das neue Großprojekt, das Raumann betreute. Der Jubilar stand mit Hardy und Viola in ein lebhaftes Gespräch vertieft. Stoller erinnerte sich an sein Abstinenz-Versprechen und holte sich ein Glas Orangensaft.

Als er es halb ausgetrunken hatte, hörte er eine vertraute Stimme hinter sich. »Was ist denn mit dir passiert? Hab dich gar nicht erkannt mit den kurzen Haaren.« Viola musterte ihn eingehend.

Er spürte ihre Vorsicht und Distanz. »Ja«, schmunzelte er, »ging mir genauso, als ich in den Spiegel geschaut hab.«

»Steht dir viel besser als diese Rocker-Matte. Hab ja immer schon gesagt, dass du dich mal verändern musst. Und neue Klamotten hast du auch. Es geschehen noch Zeichen und Wunder.«

»Ja, stimmt.«

Sie sah ihm lange in die Augen. »Was war denn los? Ich hab mir Sorgen gemacht.«

»Kann ich mir vorstellen.«

»Warst du beim Arzt?«

»Fast. Hab's mir anders überlegt.«

»Hast du dir nicht mal 'ne Krankschreibung besorgt? Das wird Ärger geben.«

»Ich werd's überleben. Mehr als abmahnen können sie mich nicht.«

»Aber was hast du die Woche denn gemacht?«

»Nichts Besonderes. Die Wohnung geputzt. Mit einem Pastor geredet. Einen Jesus-Freak besucht. In der Bibel gelesen.«

Viola schluckte betreten. »Wie fühlst du dich? Geht's dir wieder besser?«

»Siehst du doch.«

»Wenn das so offensichtlich wäre, würde ich nicht fragen. Was ist mit der Frau, in die du dich verliebt hast?«

Stoller lächelte über Violas größte Sorge. »Das wüsste ich auch gerne. Das Leben steckt voller Geheimnisse.«

Viola betrachtete ihn stumm. Dann rang sie sich ein Lächeln ab und hob ihr Glas zum Anstoßen. »Dachte schon, du lässt Raumann im Stich.«

Stoller stieß mit ihr an. »Wenn sich Eisenfeld die Ehre gibt, erwachen Tote zum Leben.« Er trank einen Schluck und zeigte dann zur Tür. »Tatsache. Unser König.«

Der Firmeneigner wurde von zwei Leibwächtern in dunklen Anzügen begleitet. Er schritt zielstrebig auf Raumann zu und schüttelte ihm die Hand.

Stoller fühlte eine drängende Unruhe in sich aufsteigen. Das Bedürfnis, endlich zu erfahren, ob er wirklich zu etwas auserwählt war. Vielleicht sollte er sich, statt auf weitere Zeichen zu warten, mutig versuchen. Er spürte den Wunsch, das Wort vor der Menge zu ergreifen und die Reaktionen zu testen. Entdeckte er womöglich eine charismatische Ausstrahlung oder besondere Überzeugungsmacht? Musste er als Messias nicht mit außergewöhnlichen Gaben gesegnet sein?

Unvermittelt sah er eine Stelle aus dem Matthäus-Evangelium vor seinem geistigen Auge: *Was ich euch im Dunkeln sage, davon redet am hellen Tag, und was man euch ins Ohr flüstert, das verkündet von den Dächern.*

Stoller reizte es, eine kleine Versuchsreihe zu starten. Ein Messias-Experiment. Er fühlte sich mutig, fast schon übermütig.

»In diesen zwanzig Jahren seiner Firmenzugehörigkeit, oder sollte ich sagen seiner Familienzugehörigkeit, hat er mit Können, Geschick und Tatkraft dazu beigetragen, die Wohlag in einer Spitzenposition unter den europäischen Baukonzernen zu halten, ja, die Position sogar auszubauen.« Eisenfeld stand am Rednerpult, die linke Hand lässig in der Tasche seines dreireihigen Anzugs.

»Dafür möchte ich Ernst Raumann, auch im Namen meiner Familie, der übrigen Anteilseigner und natürlich aller Mitarbeiter von ganzem Herzen danken. Auf die nächsten zwanzig Jahre, auf weiterhin gute Zusammenarbeit und viele erfolgreiche Projekte!« Eisenfeld nahm ein Glas Prosecco vom Pult und prostete den Anwesenden zu.

Die Mitarbeiter klatschten Beifall, einige riefen »Jawoll!« und »Auf Raumann!« und »Weiter so!«. Eisenfeld blickte in die erwartungsvollen Gesichter. Offenbar wusste er nicht, was er noch sagen sollte, deshalb forderte er die Mitarbeiter auf, »unserem Jubilar, Ihrem lieben Kollegen und geschätzten Vorgesetzten« eine spontane Gratulationsrede zu halten, »weil Sie ihn schließlich aus der täglichen Arbeit noch viel besser kennen als ich«.

Stoller zögerte keine Sekunde und trat vor. Eisenfeld nickte ihm freundlich zu und machte Platz. Vom Rednerpult sah Stoller die vielen Augen, die auf ihn gerichtet waren. Noch nie hatte er das Wort vor einer so großen Gruppe ergriffen. Schluckend fragte er sich, warum er es ausgerechnet jetzt, vor der versammelten Mannschaft und seinem obersten Chef tun musste.

In der ersten Reihe registrierte er Viola und Hardy, die ihn fragend anschauten. Raumann stand daneben und schaute skeptisch, als befürchtete er eine Hasspredigt. Stoller schloss die Augen und atmete tief ein und aus. Er musste es versuchen. Wenn er tatsächlich der Auserwählte war, musste er seine Wirkung auf die Massen ausprobieren, und dies war eine perfekte Gelegenheit. Wenn nicht jetzt, wann dann? Er öffnete die Augen und sah Ungeduld. Sein Herz schlug schnell und kräftig. Ihm wurde heiß. Verdammt, sag was, befahl er sich panisch. Raumann, Jubiläum, Eisenfeld …

Stoller holte tief Luft, drückte den Brustkorb nach oben, zog seine Schultern zurück und reckte den Kopf in die Höhe. In gemessenem Tempo und in feierlichem, biblischem Duktus hob er an. »Gier und Materialismus sind des Teufels. Mit Habsucht, Ehr- und Ruhmsucht werdet ihr das Reich Gottes nicht ernten. Eher vergehen Himmel und Erde, als dass ihr Reichen die Himmel zu sehen bekommt. Obwohl es so nah ist.«

Violas Gesicht bedeckte sich vor Fremdscham mit hellem Rot. Hardy zückte sein Handy und filmte das Geschehen. Die anderen Mitarbeiter verfielen in Getuschel und Gemurmel, das nach Empörung und Irritation klang.

Stoller schluckte und griff zu seinen Haaren, um sie als Vorhang vors Gesicht zu ziehen, doch er griff ins Leere.

Unbeirrt fuhr er fort: »Gottes Reich ist in jedem von euch«, rief er im Tonfall eines Predigers, »sucht und ihr werdet es finden und erlöst und erleuchtet sein. Was oben ist, das ist innen, und was unten ist, außen. Wer Ohren hat, höre!«

Eisenfeld trat an ihn heran und legte eine Hand auf seinen Arm. »Das ist wohl nicht der richtige Augenblick für solch eine Ansprache!«

Stoller tat so, als wäre sein oberster Chef Luft. »Wisst ihr, was Jesus Christus gemacht hat? Er hat ein Gesetz verkündet, ein einziges Gesetz, in dem die beiden wichtigsten Gebote des Lebens stecken, erstens Gott zu lieben und zweitens seinen Nächsten wie sich selbst zu lieben.«

Eisenfeld ließ nicht locker. »Bitte! Ich sagte doch …«

Stoller schüttelte seine Hand ab. »Ich bin gleich fertig.« Schnell wandte er sich wieder der Menge zu. »Das ist das Gesetz, hat Jesus gesagt, die Quintessenz, das Konzentrat aller Überlieferungen. Das haben die Mosaischen Gesetze und die zehn Gebote und die Propheten gemeint. Aber *jetzt* wird das Geheimnis der Schrift offenbart. Jetzt wird der Schlüssel zum Verständnis der biblischen Codes gegeben, mit denen man durch die enge Pforte ins Gottesreich gelangt und damit in den Himmel der Erleuchtung und Erkenntnis.«

»Was soll das, Stoller?!«, rief Hardy dazwischen.

Eisenfeld bahnte sich durch die Menge der Mitarbeiter einen Weg zu seinen Leibwächtern, die an der Tür standen.

»Ja, das Reich Gottes und der Himmel, das sind nur andere Begriffe für die spirituelle Welt, das von Gottes Licht und Liebe und seinem heiligen Geist durchdrungene Paradies.«

»Max, bitte!« Violas Verzweiflung klebte an jedem Buchstaben. »Hör auf!«

Eisenfelds Bodyguards kamen zu ihm und forderten ihn auf, mitzukommen.

Stoller rief unbeirrt: »Tut Buße und kehrt um auf den rechten Pfad! Sucht, und ihr werdet finden!«

Bevor er ein weiteres Wort sagen konnte, hakten ihn die Muskelmänner von beiden Seiten unter und führten ihn aus dem Raum. Die Mitarbeiter bildeten ein Spalier und durchspießten ihn mit Blicken, manche besorgt, andere belustigt.

Im Flur warteten Eisenfeld und Raumann. Beide machten grimmige Gesichter. Der Patriarch schimpfte, was ihm einfalle, auf dem Jubiläum seines Vorgesetzten so eine Blamage darzubieten. »Was sollte dieser Auftritt? War das eine Provokation?«

»Ich habe eine Mission.«

Eisenfeld schüttelte missbilligend den Kopf. »Erstens will sich niemand missionieren lassen, erst recht nicht von Ihnen. Und zweitens empfehle ich Ihnen, umgehend einen Psychiater aufzusuchen!«

Ohne auf Eisenfeld einzugehen, wandte sich Stoller an Raumann. »Ich brauche Urlaub. Vier Wochen etwa.«

Sein Vorgesetzter starrte ihn ungläubig an und blickte dann Rat suchend zu Eisenfeld, der Stoller wie die missratene Statue eines unbeliebten Bildhauers betrachtete. Raumann verengte die Augen zu Schlitzen. »Du erinnerst dich vielleicht an Termine, über die wir am Montag gesprochen haben.«

»Ich war krank. Durchfall.«

Raumann nickte gefährlich langsam. »Du hättest deinen Dünnschiss besser ins Klo gemacht statt ins Mikrofon. Wir sehen uns Montag um neun zum Personalgespräch. Verstanden?!«

Als wäre das ›Verstanden‹ ein geheimes Zeichen gewesen, wandten sich Eisenfeld und Raumann gleichzeitig in den Saal.

Stoller wurde schlagartig übel. Er stürmte in die Toilette und übergab sich. Den gesamten Mageninhalt erbrach er, doch die Scham konnte er nicht loswerden. Schwer atmend lehnte er sich an die Wand, Schweißtropfen bildeten sich auf seiner Stirn, der Boden schien zu kreisen.

»Stoller?«

Er schloss die Augen. War ja klar, dass Hardy ihn zur Rede stellen würde.

»Ich komm gleich!«

»Wir warten im Flur.«

Stoller nickte ergeben. Er spülte den Mund aus, wusch sich das Gesicht und verließ die Toilette.

Im Flur stand Viola mit Tränen in den Augen neben Hardy. Die Kollegen sahen ihn befremdet an.

»Wann gehst du endlich zum Arzt?«, fragte Hardy kritisch. »Ich mein, zum Kopfdoktor. Psychologe, Neurologe, Psychiater. Das ist nicht normal, die Haare ab und dann so ein Auftritt.«

»Ich bin nicht krank.«

»Hardy hat recht«, schaltete sich Viola mit weinerlicher Stimme ein. »Irgendwas stimmt nicht mit dir. Du brauchst Hilfe.«

»Danke für den Tipp«, erwiderte er sarkastisch. »Ich komm schon klar.«

»Bitte, Max, glaub uns doch, du verhältst dich … überhaupt nicht mehr normal und redest seltsame Sachen. Leute mit Psychosen sind so.«

»Und Leute, die Gott gesehen haben. Die wurden schon immer von ihrer Umwelt als Verrückte abgestempelt.«

Hardy nickte Viola zu. »Du hörst ja. Komm.« Er zog sie mit sich in den Konferenzraum. Sie drehte sich noch einmal um und hinterließ Stoller einen Blick, in dem er Resignation zu erkennen glaubte.

Er stand plötzlich allein im Flur. Und fühlte sich, wie so oft, leer und unendlich einsam.

Eilig verließ er das Gebäude. Eisige Windböen schlugen ihm ins Gesicht. Er schämte sich so sehr wie noch nie zuvor in seinem Leben. Und wie selten zuvor sehnte er sich nach Geborgenheit. Nach Gin Tonic und Zigaretten, mit denen er sich in die innere Diaspora begeben konnte.

Doch er wollte nicht so leicht aufgeben und wieder versagen. Wenigstens einmal im Leben wollte er stark sein und auf dem richtigen Weg bleiben. Nur, auf welchem Weg befand er sich und wo führte der hin? Die Unsicherheit über seinen geistigen Zustand machte ihn schier verrückt. Hatte er statt eines mystischen Erlebnisses nur einen krankhaften Moment erlebt, einen Dachschaden erlitten, Kurzschluss im Kopf? Oder war er doch der Auserwählte, der zu Großem ausersehen und berufen worden war, der sich aber von seinen eigenen Zweifeln und der Häme und dem Spott seiner Kollegen verunsichern ließ? Was wussten diese Büromenschen schon von der Wahrheit, die er doch in seinem tiefsten Inneren mit absoluter Gewissheit gespürt hatte!

Waren er und Petrus-Schlüssel-Peter Wahnsinnige oder gehörten sie zu den Wenigen, die durch den schmalen Pfad ins Himmelreich kamen, während die anderen im Stau zur Hölle standen? Highway to Hell?

Als Stoller an einer Buchhandlung vorbeikam, fiel sein Blick auf ein Buch in der Auslage: *Die Vielfalt religiöser Erfahrung.*

50

Den Nachbarn hatte er seit ihrer Begegnung am Montag nicht mehr gesehen. Zweimal war Daniel schon die Treppen im Hinterhaus hinaufgestiegen und hatte an seiner Tür gelauscht, und bei jeder Hofdurchquerung ließ er sich länger Zeit als nötig, um einem weiteren Zusammentreffen eine Chance zu geben.

Im Moment beschäftigten ihn jedoch akutere Probleme und gedankliche Entscheidungsschlachten zu deren Lösung, weshalb er nicht an seinen Nachbarn dachte, als er vom Institut nach Hause kam. Am Eingangstor stieß er mit ihm beinahe zusammen.

»Mir scheint es, als wären wir auf Konfrontationskurs.« Der Nachbar sah verändert aus, er hatte sich die Haare schneiden lassen und neu eingekleidet. In der Hand hielt er ein Buch, von dessen Titel Daniel nur die Worte *religiöser Erfahrung* lesen konnte. Das Erlebnis hat einiges bewirkt, dachte er. »Wie geht's denn?« Er hielt Stoller die Tür auf und ging neben ihm in den Hof.

»Gut, und selbst?«

»Viel Arbeit im Institut.«

»Was für ein Institut?«

»Ich arbeite in der Epilepsie-Forschung. Angewandte Forschung. Deshalb interessiert mich dein Erlebnis. Alles wieder okay?«

Stoller blieb stehen und sah ihn verständnislos an. »Was soll okay sein?«

Daniel tippte sich an die Schläfe. »Ob sich da oben alles wieder beruhigt hat, meine ich.«

»Sicher. Mir geht's gut. Also, schönen ...«

»Moment, nun wart doch mal. Am Institut haben wir die beste Ausstattung im ganzen Land. Alles, um das Hirn bis in den Kern jeder Zelle zu durchleuchten, alle Großgeräte, jeden erdenklichen Tomographen. Ich könnte dich da untersuchen, mal so richtig durchchecken und sehen, was dahinter steckt.«

»Was sollte denn dahinter stecken?«

»Oh, da gibt es eine ganze Reihe von neurologischen Störungen, die außergewöhnliche Erlebnisse hervorrufen. Epilepsie zum Beispiel kann das Hirn in einen magischen Zirkus verwandeln. Hormonelle Störungen können ein Feuerwerk aus Illusionen entfachen.«

Stoller überlegte einen Moment. »Nein, danke«, sagte er dann, »ich kann selber herausfinden, was dahinter steckt. Schönen Abend noch.« Ohne ihm noch eine Chance zum Nachbohren zu geben, verschwand sein Nachbar im Hinterhaus.

»Mist!«, entfuhr es Daniel kaum hörbar. Er musste den Kerl in sein Labor und den wandelnden Zufall unter Kontrolle bringen. Wie stelle ich das am besten an, fragte er sich, während er die Treppen des Seitenflügels hinaufging. Er musste eine vertrauliche Situation herstellen und ihn dann geschickt ködern. Aber wie?

In der Wohnung war alles dunkel. Er war froh, ungestört hier weiterarbeiten zu können, nachdem es im Institut ein kleines Unglück gegeben hatte. Kollege Richter war in sein Labor gekommen, als Daniel gerade einen Versuch mit Paul unternahm. Er experimentierte mit demselben Algorithmus, der beim letzten Versuch und bei seinem Nachbarn so spektakulär gewirkt hatte. Zwar zeigte das Elektroenzephalogramm heftige Ausschläge als Reaktion auf die Reizung, doch Paul bekam weder einen epileptischen Anfall noch eine klitzekleine Vision.

Richter platzte, ohne anzuklopfen, herein, sah sich neugierig um und stutzte, als er die Versuchsanordnung sah. »Was machen Sie denn da?«

Daniel war zu überrascht für eine Ausrede. »Ich probiere eine neue Behandlungsmethode«, stammelte er gegen den Argwohn seines Kollegen und setzte schnell hinzu: »Sie stören!«

Es kam ihm vor, als sei die kurze glückliche Phase seit dem Umzug ein luzider Traum gewesen, eine selbst geschaffene Wirklichkeit, eine Wunscherfüllung. Von einem auf den anderen Tag war er jetzt in einer Realität gelandet, die seinem Gestaltungswillen entglitt.

Gemäß Kant in seiner *Kritik der reinen Vernunft* bedeutete Willensfreiheit das Vermögen, einen Zustand von selbst anzufangen. Ohne äußere Kausalprinzipien wie Determinismus und Zufall als Naturkräften oder dem Wirken höherer Mächte. Aus freiem Willen hatte Daniel einen Zustand herbeigeführt, den er nun nicht mehr kontrollieren konnte, weil die Kausalkette schon zu weit in Gang gekommen war. Von allen Seiten bekam er plötzlich Druck: Kollege Richter, der in sein illegales Experiment platzte und zunehmend misstrauisch wurde; Institutsleiter Hohlbein, der von ihm einen Durchbruch in der Epilepsie-Behandlung und in Kürze einen Bericht über seinen Forschungsstand erwartete; Hagen und Wolff, die schon vor seinem Umzug auf Ergebnisse gedrängt hatten, um den Terminplan des geheimen Projektes einzuhalten und den letzten Meilenstein zu erreichen; Beyer und Mattern von 21e, die Daten für ihre Prototypen erwarteten, die sie auf der Pressekonferenz nächsten Montag vorstellen wollten; und nicht zuletzt Anna, die sich heute früh, als er nur kurz auf der Toilette gewesen war und die sonst immer verschlossene Tür zu seinem Arbeitszimmer offen gelassen hatte, neugierig in seinem Labor umgesehen hatte. Ihre Einmischung hatte ihm gerade noch gefehlt.

Es erforderte Achtsamkeit und Anstrengung, die Wahrheit zu verheimlichen.

51

Wahr ist, was im Leben Früchte trägt.

Stoller schaute von dem Buch auf und an Mephisto vorbei zum Friedhof, auf dem sich die Bäume sacht im Wind wiegten. Weder sein Leben noch das Erlebnis, das es verändert hatte, trugen bislang Früchte. Oder übersah er etwas?

In William James' mehr als hundert Jahre altem Hauptwerk über *die Vielfalt religiöser Erfahrung* schilderte der Philosoph und Psychologe eine Vielzahl konkreter Fallgeschichten, die sich um Gnadenempfang und Erlangung von Gewissheit drehten. Geschichten von Bekehrung und Wiedergeburt, Offenbarung und Erkenntnis, Engeln und Gott.

Bis in die moderne Zeit hatten viele Menschen Übersinnliches erlebt. Nicht nur Mystiker wie Meister Eckhart oder Jakob Böhme, Religionsstifter und Heilige wie Theresa von Avila, Johannes vom Kreuz oder Ignatius von Loyola, sondern auch und gerade einfache und ungebildete Menschen, viele von ihnen überzeugte Atheisten.

Menschen aller Schichten und Milieus waren vom Heiligen Geist erfüllt worden, hatten die unmittelbare Anwesenheit Gottes gespürt und Aufträge erhalten. Durch ihr mystisches Erleben hatten zahllose Menschen *Einsicht in die Tiefen der Wahrheit* erlangt. *Es sind Erleuchtungen, Offenbarungen voll Bedeutung und Wichtigkeit.*

James schlussfolgerte daraus, die sichtbare Welt sei Teil eines geistigen Universums und nicht die einzige Realitätsform. Die überall auf der Welt auftretenden mystischen Zustände bewiesen, dass die sinnliche Wahrnehmung des

Normalbewusstseins nicht die einzig gültige, wahre Instanz sei. Der mystische Zustand sei kein intellektueller und damit beschreibbarer Zustand, er sei ein Gefühlszustand.

Der Philosoph hielt religiöse Erfahrungen für rein innerpsychische Prozesse, die pathologische Aspekte enthalten konnten. So sei George Fox, der Begründer der Religion der Quäker, ein Psychopath gewesen, und Paulus Epileptiker.

Die Wahrheit in ihrer ganzen Fülle könne ein Einzelner ohnehin nicht besitzen. Obwohl die Erlebnisse große Übereinstimmungen zeigten, mache doch jeder Mensch ganz unterschiedliche, individuelle, von unbewussten und persönlichen Faktoren gefärbte Erfahrungen. Die Echtheit eines religiösen Ereignisses könne man nicht auf dem Weg der reinen Vernunft beweisen. Es entziehe sich aller Rationalität, ließe sich nicht messen und damit nicht wissenschaftlich mitteilen. Den Wahrheitsgehalt einer Offenbarung könne man nur an den Ergebnissen, an den Auswirkungen auf das Ganze ermessen. *An ihren Früchten sollt ihr sie erkennen, nicht an ihren Wurzeln.* So ähnlich stand es auch in der Bibel.

Stoller schenkte sich aus einer Kanne Leitungswasser in ein Glas und überlegte, wie er sein Erlebnis fruchtbar machen konnte. Bei den von James zitierten Erleuchteten fand sich kein einziger, der zum Messias auserwählt worden wäre, niemand, der die ganze Welt retten sollte.

Es bereitete ihm Schwierigkeiten, all das in letzter Zeit Gelesene, Gesehene und Erlebte in sein naturwissenschaftliches Weltbild einzusortieren. Seine spirituellen Einsichten konnten trotz ihrer Erlebnismacht auf purer Einbildung, auf psychischen Ursachen oder einer pathologischen Störung beruhen.

Andererseits schienen ihm die vielen Berichte ebenso wie die Bibel zu beweisen, dass seine Erkenntnis und das erlangte Wissen einen Wahrheitskern enthalten *mussten*. Ihm schoss das apokryphe *Buch der Weisheit* in den Sinn, das Peter Faust erwähnt hatte. Er suchte im Internet nach dem Text, stieß dabei auf das *Thomas-Evangelium* und druckte die beiden verbannten Bücher der Bücher aus.

Das *Buch der Weisheit* thematisierte die rationalen Zweifel, mit denen er rang. Es ging um die Diskrepanz zwischen menschlicher Vernunft und Gottesglauben, zwischen logischer Naturwissenschaft und übersinnlicher Metaphysik. *Töricht waren von Natur alle Menschen, denen die Gotteserkenntnis fehlte. Sie verweilen bei der Erforschung seiner Werke und lassen sich durch den Augenschein täuschen; denn schön ist, was sie schauen. Doch auch sie sind unentschuldbar: Wenn sie durch ihren Verstand schon fähig waren, die Welt zu erforschen, warum fanden sie dann nicht eher den Herrn der Welt?*

Die Textstelle schien ihm eine Erläuterung eines Bibelverses im ersten Brief des Timotheus zu sein. *Bewahre, was dir anvertraut ist, und meide das ungeistliche, lose Geschwätz und das Gezänk der fälschlich so genannten Erkenntnis, zu der sich einige bekannt haben und sind vom Glauben abgeirrt.*

Stoller fühlte sich ertappt. Die Beschreibung traf auf ihn wie auf die meisten seiner Mitmenschen zu, die Erkenntnis und Wissen, Heil und Heilung von den aufgeklärten Wissenschaften erwarteten, deren materialistische, ans Kausalitätsprinzip gekoppelte Weltsicht auf Spekulationen und Annahmen, Theorien und Vermutungen basierte, die oftmals genauso unbeweisbar waren wie Gott.

Wie sollte man auch wahre Aussagen über das Wesen der Welt treffen können, wenn mehr als neunzig Prozent des sichtbaren Seins aus unbewiesener dunkler Materie und Anti-Materie bestanden. Die Urknall-Theorie steckte voller Widersprüche. Wieso konnte sie nicht die Entstehung der Elemente, die schwerer als Eisenatome waren, erklären? Warum ließen sich Quantentheorie und Allgemeine Relativitätstheorie nicht vereinen, die doch beide für sich genommen mit phantastischer Exaktheit stimmten und in sich konsistent waren. Wieso lagen die Werte für die kosmologische Konstante, aus der jeweiligen Theorie errechnet, universumweit auseinander?

Wie ließen sich die Gravitation oder quantenphysikalische Phänomene wie die Fernwirkung erklären? Warum ließen sich die theoretischen Modelle der Kosmologie nicht mit den experimentellen Daten in Einklang bringen? Und mussten Astrophysiker nicht ständig neue Theorien voll metaphysischer Spekulationen über dunkle Energie, Quarks und Strings und Multiversen erfinden, um die Vorstellung vom Leben am Leben zu halten?

Noch nie konnte ein Wissenschaftler die blinden Flecken in Darwins Theorie ausfüllen. Keine Funde belegten die Weiterentwicklung einer Art oder ihren Übergang in eine andere; kein Biologe konnte den Grund und Auslöser von Gen- oder Genom-Mutationen erklären; noch nie wurden die Entstehung einer Art gesehen oder Relikte gefunden, die sie bezeugten.

Es schien weitaus größerer geistiger Anstrengung zu bedürfen, einen göttlichen Schöpfer abzulehnen als ihn anzunehmen. Gott weg zu erklären war schwieriger als an ihn zu glauben.

Stollers zwischenzeitlich verloren geglaubte Gottesgewissheit kehrte zurück. Millionen oder Milliarden von

Menschen hatten im Lauf der Geschichte persönliche Gotteserfahrungen gemacht. Das konnte nicht alles als rein innerpsychisch oder gar pathologisch abgetan werden.

Aber wie konnte man das Gegenteil beweisen? Dass Gotteserlebnisse nicht einer Krankheit, sondern der Wahrheit entsprangen? *Wer suchet, der findet.*

Der Apostelgeschichte zufolge sollten die Menschen *Gott suchen, ob sie ihn vielleicht tastend fühlen und finden möchten, obwohl er ja nicht fern ist von jedem von uns. Denn in ihm leben und weben und sind wir, wie auch einige eurer Dichter gesagt haben.*

Im *Thomas-Evangelium* ging das Versprechen noch weiter: *Wer sucht, soll nicht aufhören zu suchen, bis er findet; und wenn er findet, wird er erstaunt sein; und wenn er erstaunt ist, wird er verwundert sein, und er wird über das All herrschen.*

Das klang nach einer echten Verheißung. Stoller beschloss, so lange zu suchen, bis er fand.

52

Anna klappte die Bibel zu und streichelte gedankenverloren über das Schildpatt. Wenn sie in Schwermut gefangen auf dem Bett lag, konnte ihr das ziellose Blättern in der Heiligen Schrift manchmal neue Kraft und Hoffnung geben.

Ohne die Nacht am Strand des Todes hätte sie die heilsame Wirkung der Bibel nie erfahren. Die Erfahrung des Jenseits und die Begegnung mit Gott hatten alles verändert. Das philosophische Spekulieren über die Welt, Wahrheit und Metaphysik war in jener Zeit ihr Lebens- und Studieninhalt gewesen. Nach dem Erlebnis erschien es ihr nur noch lächerlich. *Und ich richtete mein Herz darauf, in Weisheit alles zu erforschen und zu erkunden, was unter dem Himmel getan wird. Ich sah all die Taten, die unter der Sonne getan werden, und siehe, alles ist Nichtigkeit und ein Haschen nach Wind.*

Alles Vorherige hatte an Bedeutung verloren, war im Strudel des Todes versunken, dem sie im letzten Moment entkommen war. Sie war neu geboren worden und ihr bisheriges Leben mit all seinem Streben gestorben.

In ihrem zweiten Leben interessierte sie sich nur noch für Musik und Spiritualität. Mit Hilfe der Musik wollte sie die unsichtbaren Klänge des Sphärischen und Metaphysischen erspüren und ergründen. Nach der Rückkehr aus Mexiko hatte sie sich zum ersten Mal seit ihrer Kindheit wieder ans Klavier gesetzt. Durch die Erfahrung des Himmels entdeckte sie ihre verloren geglaubte Musikalität wieder.

Musik hatte früher schon einmal im Zentrum ihres Lebens gestanden. Bis zu dem radikalen Schnitt. Anna hatte mit dem kleinen Finger die Musik aus ihrem Leben geschnitten.

Sie dachte an ihre Großmutter, die sie nie kennengelernt hatte. Die Konzertpianistin hatte mit zweiundzwanzig Jahren Johannes geboren, Annas und Daniels Vater. Acht Wochen nach der Geburt starb sie zusammen mit ihrem Mann, einem Jazz-Saxofon-Spieler, beim letzten Bombenangriff auf Dresden.

Annas Vater trieb die Pianisten-Karriere seiner Tochter voran. Sie sollte die Laufbahn ihrer Oma fortführen. Mit vier Jahren bekam Anna Klavierunterricht. Ihrer ersten Lehrerin fiel ihre motorische und musikalische Begabung sofort auf. Dank ihrer Auffassungsgabe und intuitiven Spieltechnik machte Anna schnelle Fortschritte. Die Kraft und Geschmeidigkeit ihrer Hände erleichterten ihr die technische Beherrschung des Instruments. Natürlich konnte sie in dem Alter aus physiologischen Gründen nicht alle Oktaven greifen und nicht jeden Akkord spielen, doch was im Rahmen der Naturgesetze möglich war, machte sie möglich.

Mit acht Jahren gab sie ihr erstes Solokonzert in der Schule und trug Klaviersonaten von Mozart vor. Melodien, die sich in ihre Seele einbrannten und nie mehr losließen. Parallel zur Grundschule besuchte sie ein Konservatorium für Jungstudenten. Später kam sie auf ein Musikgymnasium und erhielt Unterricht von immer besseren Lehrern der Musikhochschule, finanziell unterstützt von der Stiftung Deutsches Musikleben. Ihre Solo-Abende fanden vor einem stetig wachsenden Publikum statt, in einem Rahmen, der immer größer wurde und mit dem sie kaum Schritt halten konnte.

Mit zwölf Jahren gewann Anna den zweiten Platz bei *Jugend musiziert* und wurde vom deutschen Musikrat ausgewählt, in den Schulferien Meisterkurse bei renommierten

Lehrern zu absolvieren und dadurch ihre Technik immer weiter zu polieren.

Und sie wurde immer besser. Ihr weiches Legatospiel wurde gerühmt, ihr absolutes Gehör, und die Poesie, die ihr Spiel mit fast gespenstischer Perfektion entfaltete. Selbst schwierigste Literatur bewältigte sie tadellos und mit tänzerischer Leichtigkeit. »Als Pianistin geboren« lautete die Überschrift eines Artikels der Regionalzeitung. Vertreter der Musikindustrie besuchten ihre Eltern und boten ihnen an, mit Anna eine CD mit Orchester-Begleitung aufzunehmen. Der Karriere des Wunderkinds zum Weltstar stand nichts im Wege.

Bis das Feuer kam, und der radikale Schnitt, und alle Träume blutig platzten.

Fast zwei Jahrzehnte blieb sie musikalisch stumm. Der Strand des Todes beendete diese Stille. Zur Zeit ihres Erlebnisses am Playa de los Muertos schrieb ihr Bruder gerade an seiner Doktorarbeit. Er wollte sie als weiteren Fall für die Belegsammlung eines Kommilitonen vorschlagen, der eine umfangreiche Studie über Nahtoderfahrungen durchführte. Daniel hatte ihr Erlebnis natürlich als Neurospektakel herabgewürdigt. Aber wie sollte es jemand verstehen können, der es nicht selbst erlebt hatte? Es sprengte die Vorstellungskraft und war mit nichts vergleichbar.

Manchmal hasste sie ihren Bruder für seine blinde Wissenschaftsgläubigkeit. Die Neurowissenschaften waren zu seiner Religion geworden. Mit hochtechnologischen Geräten, komplexer Software und extremer Rechnerleistung rückte er Geist und Gehirn zu Leibe und fand in seinen Erkenntnissen Glaubensgewissheit. In Annas Augen war er ein Gläubiger geworden, der einem bizarren Irrglauben anhing, von dem er keinen Millimeter abwich.

Zu seinem letzten Geburtstag hatte sie ihm ein Buch des amerikanischen Philosophen Thomas Nagel geschenkt. Der bekennende Atheist kritisierte den Anspruch der materialistischen Erklärungsversuche von Leben und Geist als unglaubhaft und als heroischen Triumph ideologischer Theorie über den gesunden Menschenverstand. Die wissenschaftliche, rationalistische und naturalistische Weltsicht sei genau genommen selbst nur Ideologie und Religion: *Des Menschen Willen, zu glauben, ist unerschöpflich.*

Für Nagel waren Religion und Vernunft kein Widerspruch. Aufklärung, gesunder Menschenverstand, Humanismus und Intelligenz konnten sehr wohl mit Religiosität einhergehen, wie die Biografien diverser Aufklärer und Wissenschaftler sowie Kants Gottesbeweis gezeigt hätten. Der Philosoph hielt es für möglich, dass wir die Wahrheit nie ergründen könnten, da sie aufgrund unserer wesensmäßigen Beschränkungen jenseits unseres Erfahrungshorizontes läge und nicht bloß außerhalb unseres Verständnisvermögens.

Daniel wollte von solchen Zweifeln nichts wissen. Der Wahrheitsanspruch seiner Religion war absolut. Er hatte ihr Nagels Buch nach ein paar Tagen zurückgegeben: »Tut mir leid, aber ich bin nicht übers erste Kapitel hinausgekommen. Ich glaube, der Kerl wird alt und senil. Das ist mir zu langatmig, hab keine Zeit für so uninteressante Lektüre. Kannst du selber lesen.«

Als es ihr heute früh endlich gelungen war, sich in seinem Arbeitszimmer für eine Minute umzusehen, während er die Toilette benutzte, erschrak sie über die Ansammlung an Gerätschaften. Mehrere Computer, Drucker und Leuchtkästen, an denen Hirn-Scans hingen, eine Satellitenschüssel, die vor der Wand zu Stollers Wohnung auf einem Ständer fixiert war, elektrische Geräte, die wie Schaltpulte und altmodische Verstärker oder Funkgeräte aussahen, ein seltsames Handy, und auf dem Boden ein chaotisches Gewirr aus Kabeln, das sich durch den ganzen Raum wand. Überall im Zimmer verteilt lagen Ausdrucke mit Zahlenkolonnen und Kurvendiagrammen, aufgeschlagene Ordner und Bücher, leere Gläser, leere Flaschen. Doch es blieb ihr keine Gelegenheit, Daniels Heiligtum näher zu inspizieren, denn ihr Bruder kam zurück, schrie sie an und zerrte sie aus dem Raum, als könnte er im nächsten Moment explodieren.

Anna schüttelte den Kopf. Wie gegensätzlich sie waren. Vielleicht wäre es besser gewesen, nicht mit ihm hierher zu ziehen, sondern in Bonn zu bleiben und eigene Wege zu gehen.

Aber dann wäre sie nicht dem Mann begegnet, der sie für einen kurzen Moment erlöst hatte, einen glückseligen Augenblick lang von der Verschlossenheit in sich selbst befreit hatte. Ein Unbekannter, in den sie eine grundlose Hoffnung setzte.

»Verdammt!« Sie wollte nicht wieder an Stoller denken, es war fruchtlos. Denn wie sollte ein Baustatiker ihr inneres Gleichgewicht wiederherstellen können, wenn selbst Psychostatiker es nicht vermochten?

Anna klappte das Buch der Bücher auf und las in der *Offenbarung*.

53

Voller Neugier und Wissensdurst setzte er sich mit dem letzten Schutzengel-Tee an seinen Computer und suchte nach Offenbarungsberichten in den Weltreligionen. Besonders im Hinduismus spielten Offenbarungen des Göttlichen eine bedeutsame Rolle. Er fand in der *Bhagavadgita,* der heiligen Schrift der Hindis, Schilderungen der Offenbarung Krishnas, und im *Devi Bhagavatam,* einem der wichtigsten Bücher des Shaktismus, die Beschreibung einer Offenbarung der Göttin. Krishna, Buddha, Jesus, Mohammed, Manu – scheinbar allen Religionsstiftern wurden Verkündigungen zuteil. Erleuchtungen und Handlungsanweisungen von ganz oben.

Stollers Augen flogen über die Texte, er wollte den mystischen Kern der Religionen im Schnelldurchgang erfassen. Er stieß auf gnostische und hermetische Strömungen, auf die alten Ägypter und das Buch *Enoch,* auf islamische Derwische und jüdische Chassidim.

Im Vergleich der Religionen entdeckte er auffällige Gemeinsamkeiten. In nahezu allen Traditionen wurde der menschliche Körper mit einem Tempel verglichen, in dem Gott wohnte. Wer ihn suchte, fand ihn. *Kehre den Geist in dich selbst und betrachte das innere Leuchten,* wurde im Daoismus aufgefordert. Ein muslimischer Heiliger lehrte: *Ihr müsst das innere Auge öffnen, um die Herrlichkeit Gottes im Inneren zu sehen. Sie ist bereits dort.*

Im Körper findet man alle Gottheiten, versicherte ein hinduistischer Geistlicher, *Brahma, Vishnu, Shiva, Jesus, wie die ganze Schöpfung.* Ein anderer Hindu-Meister lehrte: *Brahmand befindet sich im Menschen in einem Miniaturmaßstab, und wer es sucht, wird es finden.*

Ob Himmel der Christenheit, Paradies des Islam oder Swargas des Hinduismus – das Reich Gottes lag im Inneren. *Es ist in deinem begrenzten Körper, wo die Verbindung mit dem Wort hergestellt werden kann, und dies bringt dich zuletzt in die Region der ewigen Wahrheit. Daher bitte ich dich, nach innen zu schauen, mit Sehnen im Herzen und Schweigen in der Seele. Gott wird sich dir enthüllen. Du wirst ihn finden – nein, sehen.*

Stoller fiel auf, dass auch die Kernbotschaften in den heiligen Texten der verschiedenen Kulturen übereinstimmten: Gott ist Licht und Liebe. Gott ist alles in allem und in jedem Menschen. Gott ist zugleich immanent und transzendent. Wir können zwischen gut und böse unterscheiden und frei wählen. Unser freier Wille macht uns für unser Handeln verantwortlich.

Außerdem schienen die mystischen Zweige aller Religionen dasselbe Ziel zu verfolgen: Die Wiederverbindung, die Re-Ligio mit Gott. Der Weg dorthin bestand gemäß christlicher Erlösungslehre genauso wie auf dem buddhistischen Pfad der Erleuchtung in *Überwindung.* Im Absterben und Loslassen des tyrannischen Ich und der niederen Triebe, im Sieg über das stolze Ego und seine Sünden, die vom Selbst und von Gott absonderten. Durch Überwindung der menschlichen und damit sündigen Natur konnte der göttliche Kern offengelegt und die Verbindung mit dem Licht hergestellt werden.

Das Christentum sprach von einer notwendigen Überwindung der Sünden, Begierden und Laster, einer Transformation der sieben Todsünden, die den Egoismus repräsentierten, in die Kardinaltugenden des altruistischen Selbst. Der Islam forderte auf zum Heiligen Krieg gegen das Schlechte im Menschen, gegen das sündige Ich, und verfolgte das Prinzip, zu sterben, bevor man stirbt. Im Buddhismus ging es um Auslöschung des Ich und aller egoistischen Bedürfnisse. Im Judentum sollte das Schlechte und Böse des Menschen durch Opfer überwunden werden.

Die Überwindung der Welt verlangten alle Religionen als Voraussetzung für das Erlangen der Glückseligkeit, für das Erreichen einer Verbindung mit Gott. Die Welt, das war das Reich des Egoismus und Narzissmus, der Laster und Lügen, des Neids und Zorns, der Bosheiten und Gemeinheiten. Die Welt, das hieß ein Leben in rücksichtsloser Gier und unbarmherziger Lieblosigkeit, voller Sucht und Zerstreuung.

Um in den Himmel zu kommen, musste man die Welt verlassen und sich nach innen kehren, wie es auch im apokryphen Philippus-Evangelium gefordert wurde. *Jesus sagte: »Gehe in deine Kammer und schließe die Tür ab und bete zu deinem Vater, der im Verborgenen ist« – das heißt der, der innerhalb von ihnen allen ist. Nach ihm gibt es keinen anderen in seinem Inneren. Das ist der, von dem man sagt: ›das über ihnen ist.‹*

Stoller wurde schwindelig vom vielen Lesen. Ihm schwirrte der Kopf und flaute der Magen von der Unmenge an Ideen und Informationen, die er in sich aufgesogen hatte wie sonst nur Gin Tonic durch einen Strohhalm. Obwohl er in den letzten Tagen intensiver studiert hatte als je zuvor, fühlte er ein galaxiegroßes Loch der Unwissenheit in seinem Kopf. Jetzt weißt du, dass du nichts weißt.

Er legte sich auf den Boden, starrte an die Decke, atmete gleichmäßig und grübelte nach, von Mephisto aufmerksam beäugt.

Die Hauptgemeinsamkeit von Christentum und Buddhismus schien das Leid zu sein. Wenn der Sinn des menschlichen Lebens in der Heiligung lag, so musste man tatsächlich leiden, weil man sich nur durch die Überwindung des Leids heiligen konnte. Erst die Überwindung von allen egozentrischen Eigenschaften, die den Menschen von Gott trennten, führte zur mystischen Hochzeit, zur *Unio Mystica* und zur *Visio Dei* oder zum *Nirvana*.

Stoller musste an Poulains Ausführungen über die zu überwindende Bindung an das Ich und die Welt denken. Bindung überwinden. Er stand auf, ging zum Tisch, griff zur Bibel und suchte eine Stelle in der *Offenbarung*, die er markiert und mit Ausrufezeichen versehen hatte. *Wer überwindet, dem werde ich zu essen geben von dem Baum des Lebens, welcher in dem Paradies Gottes ist.*

In der Überwindung des Ich steckte ein gigantisches Versprechen. Stoller wollte es ernsthaft probieren. Allen Verführungen und Versuchungen widerstehen, Egoismus, Arroganz und Zynismus überwinden, einschließlich des ewigen Zweifels, Selbstbezogenheit, Lethargie und Laster über Bord werfen, bequeme Sicherheit, Trägheit und Gleichgültigkeit sowie alle Vorstellungen und Vorurteile loslassen und stattdessen diszipliniert und selbstlos an der Aufgabe festhalten und Gottes Auftrag folgen. Durch bewussten Widerstand würden seine Lüste und Laster von selbst verschwinden, wie anbrandende Wellen, von denen nur noch Schaumkronen blieben, sobald sie sich wieder ins Meer zurückzogen.

Das Zauberwort hieß Selbstbindung. Stoller fiel ein Buch ein, das er in der Schule gelesen hatte, Homers *Odyssee.* Er konnte sich nur an ein einziges Bild erinnern, das ihm gefallen hatte: Als Odysseus sich an den Schiffsmast binden ließ, um dem Lockruf der Sirenen nicht zu verfallen. Menschen mit ungenügender Selbstdisziplin mussten sich eine starke Selbstbindung auferlegen.

Der Petrus-Schlüssel kam ihm in den Sinn. Solch ein mystischer Code zum Binden und Lösen könnte dabei von Nutzen sein.

Der kiffende Missionar. Stoller schüttelte amüsiert den Kopf. Ihn beschlich das Gefühl, der Straßenprediger habe ihn mit seinem Gerede vom Petrus-Schlüssel auf etwas gestoßen. Auf ein Geheimnis, das offenbart werden wollte. Diesem Geheimnis wollte er auf den Grund gehen. Aber erst musste er den knurrenden Löwen in seinem Bauch füttern.

54

Anna zu sehen, versetzte ihm einen Stich im Solarplexus. Sie stand am Altpapier-Container und bot ihm die Gelegenheit zu einem schmerzhaften Vergleich mit ihrer ersten Begegnung, deren Magie nur noch flüchtige Erinnerung war.

»Hallo, Anna.«

Anna lächelte erfreut und wandte sich ihm aufmerksam zu. »Hey, was ist denn mit deinen Haaren passiert?«

»Schnipp schnapp, ab.«

»Sieht besser aus als vorher. Wie geht's dir?«

»Gut. Hunger. Essen kaufen.« Er wollte Anna abwehren und sich schützen. Bloß kein Wort und keine Emotion zu viel.

Anna lachte. »Gut gesprochen, Tarzan. Und schön, dass wir uns treffen. Ich würde dich nämlich gern …«

»Max! Da bist du ja!«

Viola kam zusammen mit Hannes, der wie üblich mit Bierflasche und Frikadelle bewaffnet war, in den Hof. »Dachte schon, du bist nicht da. Dein Nachbar hat mir aufgemacht.«

»Ja, mein Guter, konnte deine hübsche Freundin ja schlecht draußen lassen, ne, wie bestellt und nicht abgeholt.«

Anna drückte Stollers Arm und lächelte ihm krampfig zu. »Na dann, gut kauf!« Bevor er sie zurückhalten konnte, verschwand sie im Haus.

»Viola ist eine Kollegin«, klärte er Hannes mürrisch auf und wandte sich an sie. »Was willst du?« Ihm stand jetzt nicht der Sinn nach stochernden Blicken und bohrenden Fragen. Wahrscheinlich wollte sie ihn überreden, in die Psychiatrie zu gehen.

»Mich entschuldigen.«

»Wofür?«

»Dass ich Hardy alles erzählt hab.«

»Was?«

»Na, von deinem Erlebnis. Nach deinem Auftritt gestern hat er mich mit Fragen gelöchert. Da hab ich ihm alles gesagt. Von deinem Auftrag und ...«

»Schon gut, ich kenn die Geschichte. Wo ist das Problem?«

»Na ja«, druckste Viola. »Hardy hat es Raumann erzählt und ihm das Handy-Video geschickt.«

Stoller sah sie einen Moment sprachlos an.

»Sag, dass das nicht wahr ist.«

»Geht ja noch weiter. Raumann hat es dann auf dem Abteilungs-Meeting verbreitet, von da hat es die Runde im Intranet gemacht, und seit heute früh ist es im Internet. Musst mal ›Prediger Stoller‹ googeln.«

Stoller schloss die Augen und stöhnte.

»Tut mir wirklich leid.«

Er seufzte. »Egal, ich kenn eh niemanden. War's das?«

»Na ja ... Ich wollte auch schauen, wie's dir geht.«

»Mir geht's blendend, Viola. Echt lieb von dir, dass du dich sorgst und dir Gedanken machst. Aber erstens ist das nicht nötig, und zweitens wär's nett, wenn du nächstes Mal vorher anrufst. Ich hab keine Zeit, sorry.«

»Fünf Minuten?«

»Nein. Ich muss was essen und der Vietnamese macht gleich zu. Kannst ja mitkommen, wenn du willst.«

»Ich bin auf Diät.«

»Schon klar«, sagte er lächelnd, »weiß ich doch. Aber du musst ja nichts essen. Ich denke, du willst reden.«

»Willst du?«

»Nicht wirklich.«

Stoller erwartete, dass sie ihn anblaffen oder sich rechtfertigen, ihm Vorwürfe machen oder sich mit ihm streiten würde, aber sie nickte nur. »Wie du willst. Dann bis Montag.« Als wäre er damit gestorben, drehte sie sich zu Hannes und lächelte ihm zu. »Hat mich gefreut.«

»Und mich erst! Ich bin übrigens Hannes.«

»Bis zum nächsten Mal, Hannes.« Sie winkte ihm zu und verließ den Hof, ohne Stoller noch eines Blickes zu würdigen.

Bewundernd schaute Hannes ihr nach. »Mann-o-Mann! Du hast Kolleginnen … Die steht wohl auf dich, he?«

»Schon möglich.«

»Was meinte die denn mit Auftritt und Video und Prediger Stoller?«

»Vergiss es!« Er wollte zum Tor, doch Hannes hielt ihn am Arm.

»Du, wart mal, was anderes.« Er beugte sich verschwörerisch näher. »Sag mal, hast du in letzter Zeit auch so'n komisches Surren und Fiepen im Kopf?«

»Nicht mehr als üblich. Wieso? Piepst es bei dir nicht richtig?«

Hannes sah ihn vorwurfsvoll an. »Ich bin ganz klar in der Rübe!« Er klopfte sich mit den Fingerknöcheln an den Kopf. »Nee-nee, das bild ich mir nicht ein, das war vorher nicht.«

»Und wo soll das plötzlich herkommen? Der Handymast oder was?«

»Du, lach nicht, das ist nicht witzig! Da steckt der Dienst dahinter, ich sag's dir, das liegt an der Gehirnwäsche, die manipulieren unser Bewusstsein mit Handystrahlen, ob du's glaubst oder nicht!«

»Was sollte mit dem Bewusstsein denn jetzt anders sein als vorher?«

Hannes lachte meckernd. »So einfach ist das natürlich nicht, die passen schon auf, dass man das nicht gleich merkt, das geht schleichend. Die drehen an unserem Zeitempfinden, die wollen uns in der Gegenwart gefangen halten, darum geht's nämlich. Wir sollen unser Gedächtnis verlieren, damit wir uns nicht über bestimmte Entwicklungen wundern können, und wir sollen nicht über die Zukunft nachdenken, damit niemand deren Pläne stört, sondern sollen nur noch im Jetzt sein, und dann laden sie ihre Elf-Wellen mit neuen elektromagnetischen Informationen auf und manipulieren damit unser ganzes Leben, was wir einkaufen, fernsehen, lesen, alles.«

Stollers übliche Abwehr gegen den Schwachsinn war ausgeschaltet. In letzter Zeit hatte er so viel unglaubliches Zeug gelesen, an das man aus guten Gründen glauben konnte, weshalb er sich nun das obskure Geschwätz des Haustrinkers geduldig anhören wollte. Womöglich steckte in den verrückten Verschwörungstheorien ein Funken Wahrheit und es gab noch eine andere Erklärung für sein Erlebnis. Außerdem hatte er sich vorgenommen, Skepsis und Zweifel zu überwinden.

»Seit wann hast du das denn, dieses Kopfsurren?«

»Na, seit dem Handymast, paar Wochen.«

»Und was soll das mit den elf Wellen? Wieso elf?«

»Extreme low frequencies heißt das, also niederfrequente Wellen, wie sie für den Handyverkehr benutzt werden. Ein Kumpel von mir ist Elektroingenieur, eigentlich ja Mathematiker, der kann dir das erklären, wenn du willst. Hab jetzt keine Zeit. Tschau.«

Stoller sah ihm verwundert nach. Da schenk ich ihm einmal mein Ohr, und der lässt mich stehen. Na toll. Unvermittelt drehte er seinen Kopf nach oben, als hätte er den Blick gespürt. Im geöffneten Küchenfenster stand Annas Bruder und starrte ihn an. Für Sekunden trafen sich ihre Blicke, und obwohl es durch die Entfernung und aufgrund der Dunkelheit nicht möglich war, glaubte er in den Augen des Neurologen abgrundtiefe Feindseligkeit zu erkennen.

55

»Was machst du denn da? Komm, der Kuchen ist fertig.«

Daniel schloss das Fenster und folgte Anna ins Wohnzimmer. Typisch, dachte er, am späten Samstagabend Kuchen backen. Sie stellte ihr Backwerk auf den Tisch und ging zurück in die Küche, um den Espresso zu holen, der aus der Maschine röchelte. »Um die Zeit Espresso? Willst du die Nacht durchmachen?«

»Ich will nur Kaffee zum Kuchen, das ist alles. Warum sollte ich mir von der Uhrzeit vorschreiben lassen, wann ich zu essen und zu trinken habe?«

»Du bist eine komische Frau.«

»Und du ein komischer Typ«, gab sie ungerührt zurück. »Was hast du denn da gemacht? Belauschst du die Nachbarn?«

»Wieso sollte ich?«

»Weiß nicht. Was wolltest du am Fenster?«

Was sollte er darauf antworten? Natürlich hatte er seinen Nachbarn belauscht. Er suchte einen Ansatzpunkt für eine Strategie, Stoller untersuchen oder sogar Experimente mit ihm durchführen zu können. Vielleicht konnte er Anna instrumentalisieren. Sie schien an dem Narren Gefallen zu finden.

»Dieser Stoller ...«, sagte er zögernd.

»Was ist mit ihm?« Sie stellte die Tassen auf den Tisch.

»Er macht einen gestörten Eindruck auf mich.«

Anna verengte misstrauisch die Brauen. »Inwiefern gestört?«

»Weiß nicht. Der hat so einen Blick ... Dann das Gerede vom Gotteserlebnis. Und jetzt die Haare ab.«

»Ja, und? Was ist daran gestört?«

»Vielleicht ist er schizophren. Das ist für die Betroffenen und ihre Umwelt mitunter höchst gefährlich. Ich mache mir Sorgen um ihn. Deshalb dachte ich ...«

»Er hat eine Freundin«, sagte sie nachdenklich.

Daniel setzte sich an den Tisch und sog die Aromen eines Sonntagnachmittags seiner Kindheit ein. »Wieso interessiert es dich, ob er eine Freundin hat?«

Anna überhörte seine Frage. »Auf mich macht er einen normalen Eindruck.« Sie setzte sich neben ihn aufs Sofa und lud Kuchen auf die Teller.

»Ich bin vom Fach, falls du das vergessen hast.«

»Du bist Neurologe, kein Psychiater.«

»Was macht das für einen Unterschied? Der Neurologe in mir sieht doch, dass der arme Kerl eine schizophrene Episode hat, einen psychotischen Schub.«

»Glaubst du wirklich?«

»Der Mann braucht Hilfe!«

»Wie willst du ihm denn helfen?«

»Ich kann mir vorstellen, dass er gar nichts von seinen Problemen weiß. Vielleicht müsste man erst mal versuchen ihm klarzumachen, dass es Hilfe gibt für Leute wie ihn.«

Anna klatschte Sahne auf die Kuchenstücke. »Wir könnten ihn einladen«, sagte sie forsch. »Zu Kaffee und Kuchen.«

Das wollte er hören. »Wann?«

»Morgen. Klassischer Kaffeeklatsch am Sonntagnachmittag. Wie wär das?« Als sie ihm den Kuchenteller reichte, zog ihr Vanilleduft in seine Nase. Vergeblich versuchte er, ihn einer Blume zuzuordnen.

»Gute Idee.«

56

Nachdem er die vietnamesische Reispfanne gegessen hatte, öffnete Stoller die Käfigtür und ließ den Papagei fliegen. Mephisto flatterte unbeholfen durchs Zimmer, setzte sich dann auf seine Schulter und krächzte »Toller«. Mit dem Vogel neben seinem Kopf nahm Stoller im Armsessel vorm Fenster Platz und las noch einmal die Petrus-Briefe auf der Suche nach versteckten Hinweisen zum Geheimnis des Schlüssels. Der erste Brief schien eher Motivationsschreiben zur Stärkung im Glauben als Träger geheimer Botschaften zu sein.

Der zweite Brief war interessanter. Er beschrieb den Weg zur Gotteserkenntnis in Stufen geistigen Wachstums durch Glaube, Tugend, Erkenntnis, Selbstbeherrschung, Ausdauer, Frömmigkeit, Brüderlichkeit und Liebe. *Denn wenn diese Dinge bei euch vorhanden sind und zunehmen, lassen sie euch im Hinblick auf die Erkenntnis unseres Herrn nicht träge und nicht fruchtleer sein.*

Aber das klang nach einem langen, mühevollen Weg, der auf die Einlösung eines unbewiesenen Versprechens abzielte. Eine unsichere Wette auf die Zukunft, kein Schlüssel für den sofortigen Eintritt im Hier und Jetzt. Das war nicht das, was er sich erhofft hatte.

Stoller sinnierte über die Verbindung von Petrus zu seinen päpstlichen Nachfolgern. Die katholische Kirche betrieb einen Kult und Mummenschanz, der die Menschen womöglich gezielt davon abhalten sollte, eine persönliche Verbindung zum Göttlichen zu suchen und zu finden. Der Vatikan hatte den Glauben gefangen genommen und in goldene Fesseln gelegt, verkleidet und gegen Gebühr vorgeführt.

Warum hatte die Kirche, obwohl die Urheberschaft der Petrus-Briefe umstritten war, die vergleichsweise belanglosen Texte in den biblischen Kanon aufgenommen; andere Texte, die Petrus zugeschrieben wurden, wie die *Verkündigung des Petrus, Akten des Petrus, Apokalypse des Petrus,* jedoch nicht?

Das Studium der apokryphen Texte enttäuschte Stoller. Statt Andeutungen mächtiger Geheimnisse fand er in den Fragmenten nur Bruchstücke der Passionsgeschichte. Einzig interessant erschienen ihm die detaillierten Höllenbeschreibungen. Wenn der Petrus-Schlüssel nicht nur die Himmelspforte, sondern auch den Schlund zum Abgrund der Hölle öffnete, wusste er zumindest, wohin die Tür führte.

Die Klingel riss ihn aus seinen Gedanken. Mephisto flatterte in seinen Käfig. Schon nach Mitternacht. So spät hatte Hannes noch nie geklingelt. Stoller rührte sich nicht. Erst als es erneut schellte, ging er öffnen.

Vor der Tür stand Anna. »Tschuldige die späte Störung, du hast doch nicht geschlafen, oder?«

»Nein, ich …« Überrumpelt sah er auf ihren leuchtend roten Mund. »Hab gelesen. Ich glaube, ich bin noch nie so spät besucht worden.«

»Ist das nicht toll, dass man sein Leben lang immer wieder irgendwas zum ersten Mal erlebt?« Sie schob ihre Brille den Nasenhügel hoch. »Und die schönsten Sachen sind oft beim ersten Mal am besten«, fügte sie mit einem verschmitzten Lächeln hinzu, ehe sie in die Wohnung marschierte. »Ich darf doch kurz reinkommen, oder?«

Anna ging in die Küche und sah sich neugierig um.

»Das ist die Küche«, sagte Stoller ungelenk, »wir können ins Wohnzimmer.«

Sie folgte ihm und schaute dabei interessiert ins Bad. Vor der offenen Tür zu seinem Schlafzimmer blieb sie stehen und durchforschte mit den Augen den Raum.

»Neugierig bist du nicht, oder?«, fragte er.

»Ich erforsche gern fremdes Leben. Schläfst du alleine in dem Bett?«

»Äh, natürlich.«

»Natürlich«, wiederholte sie gedehnt.

Machte sie sich über ihn lustig? Ihrem erwartungsvollen Blick hielt er nicht stand. »Gehen wir doch ins Wohnzimmer.«

Auch hier sah sich Anna ausgiebig um, obwohl es wenig zu sehen gab. »Gefällt mir. Viel Holz. Schön puristisch.« Sie entdeckte Mephisto. »Du hast einen Vogel?«, fragte sie mit einem schelmischen Grinsen.

»Ja«, lachte er. »Seit ein paar Tagen.«

»Hätte gar nicht gedacht, dass du ein Tierfreund bist.«

»Ich auch nicht. Mein erstes Haustier, hab ihn erst ein paar Tage.«

»Ich dachte, die muss man paarweise halten, damit sie sich nicht selbst verletzen?«

»Paarweise ist besser«, nickte er, »aber muss nicht zwingend sein. Wenn man es schon immer gewöhnt ist«, fügte er schmunzelnd hinzu, »so wie Mephisto, dann geht's.«

»Kannst du sprechen?«, fragte sie den Papagei.

»Ich bin Mephisto!«, gab der Vogel zur Antwort.

Anna lachte herzhaft. »So siehst du gar nicht aus. Ich heiße Anna, freut mich dich kennen zu lernen.« Sie wandte sich Stoller zu. »Wie ist das mit einem Papagei? Sprecht ihr miteinander?«

»Ja, schon, aber er spricht auch gerne mit sich selbst. Ich mag seine Selbstgespräche und die Geräusche, die er macht, wenn er in seinem Käfig rumturnt, dann klimpert und rasselt und klirrt es so eigenartig. Das hat was Beruhigendes.« Stoller imitierte das Zwitschern, Tschilpen und Glucksen des Vogels, das Mephisto wiederum nachmachte, so dass sie im Chor sangen.

»Ihr solltet als Duett auftreten«, lachte Anna und nahm Bücher und Ausdrucke vom Tisch und las die Titel. »Die Fülle der Gnaden, Apokryphen, Die Vielfalt religiöser Erfahrung … Ein Purist und Mystiker.«

Wäre Viola so frech gewesen, hätte er ihr die Sachen mit einer bissigen Bemerkung aus der Hand geschnappt. Mit Anna war alles anders.

»Was verschafft mir die Ehre? Gibt es einen bestimmten Grund? Ich meine«, fügte er hastig hinzu, »alles hat doch seinen Grund, oder nicht?«

»Haben wir nicht viele Gründe?« Sie legte die Bücher zurück. »Du bist doch ein guter Grund, oder?«

Als er ihrem Blick unsicher auswich, sprach sie in einem unbekümmerten Tonfall weiter. »Der Hauptgrund ist: Wir möchten dich morgen einladen, Daniel und ich. So zum nachbarschaftlichen Kennenlernen. Ich hab Apfelkuchen gebacken. Magst du Apfelkuchen?«

»Schon, aber … Ich war noch nie bei Nachbarn zum Kuchen essen.«

»Hurra«, rief sie fröhlich und reckte die Faust wie eine Siegerin in die Luft, »das Leben steckt voller Premieren!«

Die Einladung kam ihm suspekt vor. Er fragte sich, ob es ihre oder die Idee ihres Bruders war. »Ladet ihr noch andere Nachbarn ein?«

»Erst mal nicht. Aber wenn man so Wand an Wand wohnt, kann man sich ja mal kennen lernen, findest du nicht?« Sie setzte sich aufs Sofa. »Willst du mir von deinem Gotteserlebnis erzählen? Du weißt ja schon, wie neugierig ich bin.«

Stoller setzte sich einen halben Meter neben sie und nagte an einem Fingernagel. »Sag mir erst, ob du an Gott glaubst.«

»Aha«, grinste sie, »Stoller-Geschichten sind an Bedingungen geknüpft, verstehe ich das richtig? Macht man das heute so, Geschichten gegen Bekenntnisse tauschen?«

»Sag doch mal«, beharrte er unruhig, »glaubst du an Gott?«

»Im tiefsten Grund denke ich schon, dass ich an ihn glaube. Du nicht?«

»Du denkst, du glaubst?«

»Das denke ich, also glaube ich es«, antwortete Anna. »Glauben bedeutet ja das Fürwahrhalten eigener Wahrnehmungen ohne objektive Belege. Vertrauen ohne Beweise. Von daher ... Ja, ich glaube, dass ich glaube. Ich bin davon überzeugt.«

»Was hat dich überzeugt?«

»Erzähl mir doch von deinem Erlebnis.«

»Hattest du schon mal eine persönliche Gotteserfahrung?«, fragte er.

»Ja, hatte ich. Wenn du willst, erzähl ich dir später davon.«

»Nein, gleich«, verlangte Stoller, »du zuerst, sonst ist es mir zu peinlich.«

Anna musterte ihn, dann lächelte sie und seufzte. »Na schön, wie du willst. Meine Gotteserfahrung ... Fast acht Jahre ist das her, ich war dreißig. Ich bin damals für ein Semester nach Mexiko gegangen, während des Studiums.«

»Dein Musikstudium?«

»Nein, ich habe nicht Musik studiert. Zu der Zeit hatte ich mit Musik längst abgeschlossen. Ich hab damals Philosophie, Soziologie und Politologie studiert.«

Oje, dachte er, eine Geisteswissenschaftlerin, eine Intellektuelle. Er erinnerte sich an seine mehrmonatige Beziehung mit einer Sozialpädagogin. Nie wieder eine Frau mit Geistes- oder Sozialquatsch, hatte er sich damals geschworen.

»Was hast du in Mexiko gemacht?«

»In einem Kinderhilfsprojekt mitgearbeitet, ein kleines Dorf für Waisen- und Straßenkinder. Die letzte Woche meines Aufenthalts hab ich Urlaub gemacht, in Zipolite, einem Aussteigernest an der Pazifikküste. Und dort ... Sorry, aber kann ich was zu trinken bekommen?«

»Natürlich, entschuldige, mangelnde Übung.« Er schämte sich für seine Ignoranz und Unaufmerksamkeit. »Hm, was kann ich dir anbieten? Alkohol hab ich nicht, Saft auch nicht ...«

Freundlich lächelnd beendete sie seine Pein. »Ein Glas Leitungswasser wäre super.«

Er brachte zwei Gläser und eine Kanne Wasser, und setzte sich neben Anna aufs Sofa. In seiner Abwesenheit hatte sie das Rot auf ihren Lippen erneuert. Dankend nahm sie das angebotene Glas, trank es in drei großen Schlucken leer und sah ihn dabei unentwegt an. Eine warme Welle schoss durch seinen Körper.

»Also, Strandurlaub in Mexiko. Was passierte da?«

»Sie sind ganz schön ungeduldig, mein lieber Stoller«, grinste sie amüsiert. Ihre Augen funkelten wie Rauchquarz in der Sonne. »Aber Obacht«, ermahnte sie ihn mit erhobenem Zeigefinger wie die Lehrerin ein Kind, »die Ersten werden die

Letzten sein. Ruhig mal auf die Bremse treten, Herr Ingenieur. Ja ja, der Ingenör hat's schwör, immer schwere Gedanken.« Sie lachte albern.

Als er mit einem schiefen Lächeln antwortete und ihrem Blick betreten auswich, errötete sie beschämt, drückte den Rücken gerade, nahm eine steife Haltung ein und räusperte sich. »Ich war froh, dass ich einen Tag nach einem verheerenden Tornado ankam, der über die Gegend gezogen war. Kurz nach der Ankunft bin ich Opfer der Nachwehen geworden. Eine riesige Welle ist über dem Strand, der Bar und mir zusammengeschlagen. Plötzlich war ich in einem Strudel aus Wasser, Glasscherben und Holzstücken.«

»Ein Tsunami.«

»Nein, das war kein Tsunami. Dieser Strand, Playa Zipolite … Auf Zapotekisch heißt er Playa de los Muertos, Strand der Toten. Wegen der gefährlichen Strömungen gibt es dort fast jeden Monat Todesfälle. Deswegen nennen ihn die Touristen Beach of Death, Strand des Todes.«

»Du hast es überlebt.«

»Die Geschichte kommt ja noch. Die Monsterwelle war die Begrüßung, der Vorbote, das lief noch glimpflich ab. Als sie sich zurückgezogen hatte, war mein ganzer Körper übersät von Schnittwunden.«

»Autsch.« Mitfühlend verzog er das Gesicht.

»Ein blutiges Hallo. Danach war erst mal alles gut. Der Sturm war vorüber, die Bar wieder aufgebaut, meine Wunden am Heilen. Es geschah an meinem letzten Abend. Ich sitze am Strand in derselben Bar unter sternenklarem Himmel, fünfundzwanzig Grad, ein zarter Wind streicht über mein Gesicht. Ein idealer Abschied, denke ich. Neben mir am Tisch sitzt ein Amerikaner, bizarrer Typ, ein Bösewicht wie aus einem Hollywoodfilm, John heißt er natürlich, ein echter Rambo, Vietnam- und Irak-Veteran, verdient als Kokain-Dealer sein Geld, am ganzen Körper tätowiert, sieht furchterregend und gefährlich aus, ist aber handzahm, trinkt abwechselnd Whisky und Tequila.«

Sie schenkte sich Wasser ein. »Ich trinke ein kaltes Bier, die nackten Füße im warmen Sand. Plötzlich merke ich einen stechenden Schmerz im rechten Fuß. Ich weiß sofort, das ist nicht von einem Moskito oder harmlosen Insekt, sondern der Biss einer Spinne, hoffentlich, oder der Stich eines Skorpions, hoffentlich nicht. Voller Panik renne ich zum Barkeeper und bitte ihn um Hilfe, schon klitschnass von Schweißausbrüchen. Der Mexikaner an der Bar bleibt ganz cool. Es ist ein Uhr nachts, an einem abgelegenen Strand, Stunden entfernt vom nächsten Krankenhaus, da ist in der Kürze der Zeit sowieso nichts zu machen. Ob Spinne oder Skorpion, ich soll einfach ein Bier trinken und abwarten.«

»Bist du nicht in totale Panik verfallen?«

»Dafür war's zu spät. Auch John war total relaxt. Er meinte, wenn du leben wirst, dann wirst du leben, und wenn du sterben wirst, dann wirst du sterben. Ich trinke noch ein Bier und spüre das Gift von meinem Fuß durch die Adern nach oben kriechen. Als es meinen Oberschenkel erreicht, gehe ich in meine Hütte und leg mich zum Sterben.«

»Du warst dir sicher, dass du sterben wirst?« Stoller trank einen Schluck Wasser. Wie gerne hätte er jetzt etwas *Richtiges* getrunken.

»Absolut. Es war keine Spinne, sondern ein Skorpion. Das konnte man an der Wunde sehen, und das konnte ich spüren, weil meine Beine schon ganz taub waren, wie abgestorben. Der kalte Strom des Giftes kroch immer höher zu meinem

Herzen, bis es heftig zu zucken begann. Im nächsten Moment bin ich aus meinem Körper ausgetreten.«

»Wie, ausgetreten?«

»Meine Seele hat sich vom Körper gelöst. Ich hab sofort gewusst, dass Gott mich zu sich holt. Ich schwebe aus meinem Körper an die Decke und sehe mich von außen, wie ich unbeweglich auf der Matte liege. In dem Moment wusste ich: Ich bin tot.«

»Und konntest dich selbst als Tote sehen? Obwohl du tot warst?« Er hatte Mühe, das Paradoxon zu begreifen.

»Das war, wie wenn man träumt, dass man träumt. Als nächstes bin ich aus dem Fenster und über die Dächer zu den Sternen, durch die Galaxie und das ganze Universum, bis ich zu einem Tunnel kam, an dessen Ende ein gleißendes Licht war. Ich bin durch den Tunnel in dieses reine, warme, phantastische Licht geflogen.«

»Und was war da?«

»Nichts, nur dieses Licht. Licht und Liebe und Wissen und Weisheit. Gott. Das Licht war Gott, das habe ich unmittelbar gespürt.«

Stoller wurde an sein eigenes Erlebnis erinnert. An das überirdische Licht Gottes. »Wie ging's dann weiter?«, drängte er.

»Ich wollte wissen, warum ich überhaupt sterben sollte, ich hatte ja noch einiges vor. Gott hat mir mitgeteilt, dass er meine Seele für höhere Aufgaben im Himmel braucht. Ich konnte jedoch wählen, es stand mir frei.«

»Gott hat dich zwischen Leben und Tod wählen lassen?«

»Ja, ich durfte mich zwischen Himmel und Erde entscheiden.« Sie lächelte versonnen. »Ich konnte den Silberfaden sehen, er fühlte sich wie ein dünner Bindfaden an.«

»Silberfaden?«

»Der Seele und Körper verbindet. Der Silberfaden war mit dem Herz meines Körpers verbunden, der in dieser Strandhütte in Mexiko lag. Das konnte ich sehen und spüren, der Faden war die einzige Verbindung zu meiner irdischen Existenz. Auf der anderen Seite sah ich die Verlockungen des Himmels. Es fühlt sich einfach so göttlich an da oben, so unbeschreiblich friedlich, liebevoll und harmonisch. Pures, reines, unermessliches Glück. Ich habe dann Gott vorgeschlagen, mir noch ein paar Jährchen auf der Erde zu gönnen, bevor ich in seinen Dienst eintrete. Gott meinte aber, ich müsse auf mein irdisches Leben sofort verzichten, wenn ich die himmlischen Aufgaben übernehmen würde. Es fiel mir nicht leicht, aber ich dachte daran, was ich alles noch tun und erleben und erledigen wollte. Ich hatte doch vom Leben noch nicht viel gesehen, ich wollte ein Kind bekommen, für andere da sein. Deshalb habe ich mich fürs Leben auf der Erde entschieden. Dann wurde das Licht schwächer und ich bin in meinen Körper zurückgekehrt.«

»War Gott nicht sauer, weil du dich gegen ihn entschieden hast?«

Anna schmunzelte. »Gott kann nicht sauer sein. Es war ja in erster Linie mein eigener Schaden, denn ich habe nie ganz aufgehört meine Entscheidung zu bereuen. Und Gott hat einfach wen anders genommen.«

»Meinst du?«

»Das weiß ich. Im Morgengrauen bin ich raus auf die Veranda und hab aufs Meer geschaut. Die Sonne ging gerade auf, es war ein herrlicher Tag, windstill, das Wasser ruhig. Ich wusste, ich hab's geschafft. Ich hab gespürt, wie die Giftwirkung nachließ. Mein Blick schweifte zufrieden über die

Bucht hin zu einer Felswand. Ein Surfer aus Australien, den ich am Tag meiner Ankunft in Zipolite kennen gelernt hatte, kletterte freihändig in der Wand. Plötzlich kommt eine große Welle wie aus dem Nichts und spült ihn von der Wand wie einen ungeschickten Käfer. Dann kommt eine zweite Welle und schleudert ihn gegen den Felsen. Die dritte und letzte wirft den toten Körper schließlich auf den Strand, nicht weit von meiner Hütte. Es kam mir vor, als wäre er mir direkt vor die Füße gefallen.«

»Unglaublich!«

»Aber wahr. Weil der Playa Zipolite meine Seele nicht bekommen hatte, nahm er sich die des Australiers. So oder so brauchte der Strand der Toten Futter. Und Gott eine Seele.«

Anna leerte ihr Glas in einem Zug, nahm die Karaffe und schenkte nach. Stollers Augen folgten ihren Bewegungen, doch seine Gedanken waren bei den Bildern, die während ihrer Schilderung in ihm aufgetaucht waren. »Hast du die Entscheidung wirklich bereut?«

»Und wie, ich war mindestens ein Jahr lang depressiv.«

»Aber du lebst, das ist doch das Wichtigste.«

»Ich habe seitdem keine Angst vor dem Tod, das ist das Wichtigste. Wir sind doch nur kurz hier, in diesem Traum, den wir Leben nennen. Sobald wir sterben, erwachen wir. Diese Erkenntnis finde ich sehr tröstlich.«

»Glaubst du wirklich«, fragte er nachdenklich, »es war real, was du erlebt hast?«

»Es hat sich zumindest real angefühlt.«

Stoller versuchte zu verstehen, wie sie beide in unterschiedlichen Situationen der Todesnähe etwas Übersinnliches erlebt haben konnten. Anscheinend wurde der Tod von Mystik begleitet.

Anna zuckte mit den Schultern. »Aber wer weiß, vielleicht hat mein Bruder doch recht. Diese Nahtoderfahrungen hält er für eine rein neurologische Angelegenheit, so was wie ein epileptischer Anfall, ein Hirnunfall.«

»Das kannst du doch nicht allen Ernstes annehmen und gleichzeitig an Gott glauben!«

»Das eine muss das andere doch nicht ausschließen. Ich kann mich doch für die Kabbala genauso wie für Mathematik interessieren und beides für wahr halten.«

»Heißt das, du bist Kabbalistin? Eine Numerologin?« Er konnte seine Skepsis nicht verbergen. Die Worte Kabbala und Numerologie erinnerten ihn unangenehm an den Straßenprediger.

»Die Kabbala ist nicht bloß Zahlenmystik und Numerologie«, sagte Anna trotzig. Er hatte sie gekränkt, wie ihm schmerzlich bewusst wurde. »Lies doch mal den *Sohar* oder das Buch *Sefira*. Entscheidend ist nicht die Tatsache, dass jedem hebräischen Buchstaben ein numerischer Zahlenwert entspricht. Es geht um die Heiligkeit und Schöpfermacht, die den Buchstaben und den aus ihnen geformten Worten innewohnt. Im Anfang war das Wort. Eine Idee, ein Gedanke, der zum Begriff, zum Wort, zum Fleisch geworden ist.«

»Haben die Juden nicht ein eigenes Wort für Gott?«, fragte er versöhnlicher.

Anna schob die Brille hoch und lächelte dünn. Sein Interesse schien ihr zu gefallen. »Wegen der göttlichen Schöpferkraft des Wortes war es den Juden verboten, den geheimen Namen Gottes auszusprechen und sie haben stattdessen das Kürzel gewählt, das Tetragrammaton JHVH, Je-hovah.«

»Wie lautet denn der geheime Name Gottes?«

Anna lachte. »Du bist lustig! Den wüssten viele Leute gerne.«

»Wieso? Was ist daran Besonderes?«

Sie schien etwas verwirrt, als überlegte sie, wie sie einem Intelligenzbeschränkten in wenigen Sätzen die Relativitätstheorie erklären sollte. »Der jüdischen Mystik zufolge enthält der geheime Name Gottes den Schlüssel zur Göttlichkeit, er verbindet mit Gott. Und er hat eine geheime Schöpferkraft, er verleiht die Kraft zur Schaffung von Leben, in ihm steckt alles, nämlich Gott selbst.«

Stoller verstand nicht. »Woher will man das wissen, wenn den Namen keiner kennt?«

»Er ist bekannt gewesen. Aber der Name ist im Laufe der Zeit verloren gegangen oder ist aus dem Gedächtnis der Menschheit genommen worden. Dem orthodoxen Judentum zufolge wird der geheime Gottesname erst zurückkehren, wenn der Eine, der ihn als einziger benutzen darf, auf der Weltbühne erscheint, der Messias, den ein Teil der Juden seit Jahrtausenden erwartet. Der von Gott erwählte Mensch, der eine radikale Wende der Menschheit zu Frieden, Heil und Wohl für alle hervorruft.«

Durch Stoller jagten Hitzewellen, heilige Erregung erfasste ihn erneut. Anna sollte ihm Botschaften übermitteln, deshalb hatte sie ihn so spät besucht! Sie war um die Geisterstunde gekommen und hatte ihm von ihrem eigenen göttlichen Erlebnis berichtet. Ihre Schilderungen hatten seinen Glauben an seine Auserwählung und Mission bestärkt. Und jetzt sprach sie von uralten Geheimnissen. Er musste seine Aufregung zügeln. »Aber wenn dieser geheime Name mal bekannt war, muss er doch noch irgendwo notiert sein.«

»Nein, das war verboten. Der Name wurde von den Rabbinern, den einzigen Menschen, die ihn benutzen durften, mündlich weitergegeben. Es gibt nur noch Theorien und Spekulationen, aus wie vielen Buchstaben, Zahlen, Silben oder Zeichen er besteht.« Sie lächelte verschmitzt. »Oder Tönen. Vielleicht besteht das Geheimnis auch in einer Tonfolge.«

»Und was besagen diese Theorien und Spekulationen?«, fragte er mit pochendem Herzen.

»Die mittelalterlichen Kabbalisten leiteten aus zentralen Stellen der Thora, also den fünf Moses-Büchern, die Zahl zweiundsiebzig als Anzahl der Namen oder Buchstaben Gottes ab. Zum Beispiel hat jeder der drei Verse, die von der Vernichtung der Ägypter durch die verfolgten Juden berichten, exakt zweiundsiebzig Buchstaben. Die Juden schlossen daraus, dass Gott sein auserwähltes Volk durch seinen großen Namen gerettet hat. Es gibt viele Interpretationen, die auf diese Zahl hinauslaufen. Doch ich denke eher, dass die Verfechter der zweihundertsechzehn richtig liegen.«

»Wieso zweihundertsechzehn?«

»Es ist eine magische Zahl, die in der Quersumme Neun ergibt und die mit den drei Sechsen in Verbindung steht, der Zahl des Tieres und des Menschen, der sich anmaßt, wie Gott zu sein.« Anna sprach jetzt schnell und konzentriert wie eine Studentin in der Abschlussprüfung. Oder wie eine geheime Botschafterin, die unter Zeitdruck ihre Nachricht übermittelt.

»Die Sechs allein ist schon speziell. Sie ist eine perfekte Zahl, also eine, die sich aus der Summe ihrer Teiler ergibt. Die sechs ist nicht nur mathematisch perfekt, sie ist auch die vollkommenste Welt-Zahl, schließlich hat Gott die Welt in sechs Tagen erschaffen. Zwei mal drei macht sechs, zwei durch drei macht null Komma sechs sechs sechs. Sechs hoch drei ergibt zweihundertsechzehn. Wenn du einhundertvierundvierzigtausend, zwölf mal zwölftausend, die Zahl der geretteten Juden, durch sechshundertsechsundsechzig teilst, ergibt das zweihundertsechzehn Komma zweihundertsechzehn Periode. Wenn du die ersten einhundertvierundvierzig Nachkommastellen addierst, ergibt das drei Komma eins vier eins fünf neun und so weiter, sprich die magische Zahl Pi.«

Der hastig vorgetragene Monolog ließ Stoller wieder an den kiffenden Missionar denken. War Anna keine Botschafterin, sondern bloß eine esoterisch verquirlte Verschwörungstheoretikerin, deren Wahn zwischen dem seiner Kollegin Viola und dem an Numerologie glaubenden Straßenprediger lag?

»Was ist denn mit der Dreiundzwanzig«, fragte er lauernd. »Die soll doch auch so bedeutsam sein.«

»Für Verschwörungstheoretiker vielleicht.« Sie trank ihr Glas aus.

»Meine persönliche Zahlenmystik«, sagte Stoller, »hat sich bislang auf die Sieben als Glückszahl und die Dreizehn als Unglückszahl beschränkt. Ich hab an einem Dreizehnten Geburtstag.«

»Da hast du Glück! In der Kabbala gilt dreizehn als Glückszahl. Im Hebräischen, übrigens auch im Arabischen, entspricht dreizehn dem Zahlenwert des Wortes Ahad, Einer. Im Talmud heißt es an einer Stelle, dass Israel irgendwann in dreizehn Teile geteilt werden würde, der dreizehnte wird dem König Messias zufallen. Es gibt zahllose Stellen im Sohar und anderen kabbalistischen Quellen, in denen die Besonderheit der Zahl dreizehn in Gottes Werk hervorgehoben wird.«

Er konnte sich nicht mehr konzentrieren, ihre letzten Worte huschten an ihm vorüber wie flirrende Schatten, die er im schnellen Wechsel aus Licht und Dunkel nicht mehr wahrnehmen konnte. Er sah sich bei Peter Faust auf dem kaputten Sessel sitzen, die Sprungfedern im Hintern. Der Straßenprediger mochte verrückt sein, aber er hatte ihm interessante Inspirationen gegeben, die ihn auf seiner Suche weitergebracht und dafür gesorgt hatten, dass er offener geworden war für spirituelle Themen. Stoller war ganz heiß von den vielen Informationen und dem Sturm seiner Gedanken und Gefühle. Oder lag es an Annas Anwesenheit?

Er spürte eine Hand auf seinem Oberschenkel. »Hallo? Noch da?«

Hitzeströme flossen bis in seine Haarspitzen. Ihm wurde schwindelig. Er sprang auf und zog sich den Pullover aus. Das blaue T-Shirt darunter rutschte hoch. »Anna, ich … ich hab letzte Nacht kaum geschlafen und …«

Ihre Blicke wanderten über seinen Oberkörper. »Und was?«

Er stopfte das Shirt in die Hose und blickte auf ihren Unterarm. »Was ist da eigentlich passiert? Sind die Schnittwunden aus Mexiko?«

Anna erhob sich schnell und schob ihren verrutschten Ärmel über die Narben. »Morgen um drei gibt es Apfelkuchen mit Sahne. Bis dann.« Ohne ihn noch einmal anzusehen und ihm Zeit für einen Widerspruch zu lassen, verließ sie die Wohnung.

Was war denn das? Ihr plötzlicher Stimmungsumschwung verstörte ihn. Hatte er etwas Falsches gesagt? Die Schnitte an ihrem Handgelenk sahen wie gerade Striche aus, wie selbst gemacht. Hatte sie sich etwa selbst geschnitten? War Anna psychisch so gestört, dass sie ihrer Seelenqual mit Messern zu Leibe rückte?

Mephisto riss ihn aus seiner Erstarrung. »Anna, Anna!«, krächzte er aufgekratzt.

Stoller setzte sich aufs Sofa und roch an der Stelle, wo sie gesessen hatte. Ihren Sternbalsam hatte sie zurückgelassen. Am liebsten hätte er den Duft konserviert. Er legte sich auf die Seite und sog ihre olfaktorische Hinterlassenschaft tief in seine Nase. Nach wenigen Minuten schlief er ein und träumte von Anna, deren Gestalt sich verwandelte: In eine Biene und einen Skorpion, in Sternbalsam und eine Lilie mit Blütenkelchen aus Vanilleschoten, ein Herz aus Rosen und eines aus Symbolen. Er träumte von hebräischen und griechischen Buchstaben, ägyptischen Hieroglyphen, Notenschlüsseln und kryptischen Zeichen, die von allen Seiten auf ihn zustürmten und auf ihn einschlugen und in den Wahnsinn trieben.

57

Die Türklingel schreckte Anna auf und lenkte ihren Blick zum Wecker. Fünf nach drei. Sie hatte ihren Gedanken nachgehangen und dabei die Zeit vergessen. Insgeheim hatte sie gehofft, Stoller würde nicht kommen. Zu sehr schämte sie sich für ihr albernes Verhalten, als dass sie ihm in nächster Zeit unter die Augen treten wollte.

Ihre Freude über seinen Single-Status war außer Rand und Band geraten. Die Frau, die mit dem Haustrinker zu ihm gekommen war, hatte ganz unbegründet eifersüchtige Gefühle ausgelöst. Diese Gefühle machten ihr Angst, denn sie sprachen dafür, dass sie in diesen komischen Kauz verliebt war. Dafür sprach noch etwas. In seiner Anwesenheit spielte ein feuriges Orchester eine nie zuvor gehörte Sinfonie in ihrem Bauch. Sie wollte es sich nicht eingestehen, aber das Orchester spielte seit ihrer ersten Begegnung. Bei ihrem gestrigen Besuch auf voller Lautstärke.

Deswegen war sie total überdreht gewesen, wie sie in ihrer anschließenden Nachbetrachtung mit erdrückender Klarheit erkannt hatte. Stoller hatte zu Recht ablehnend auf ihre Albernheiten reagiert, ihr Auftreten war einfach nur peinlich gewesen. Und dann hatte sie auch noch einen Monolog *über sich* gehalten, obwohl sie etwas *über ihn* erfahren wollte. Von *seinem* Erlebnis wollte sie hören, stattdessen hatte sie ihn mit *ihrem* Erlebnis zugetextet. Und danach gleich weitergequatscht und angelesenes, unwichtiges Zeug wiedergekäut. Ausgerechnet mit der Kabbala musstest du ihn quälen, marterte sie sich, mit esoterischem Quark, ausgerechnet vor einem Ingenieur!

Er musste sie für verrückt halten, soviel stand fest. Als ob der Widersprüche zwischen Wollen und Sein nicht genug gewesen wären, hatte er zuletzt auch noch die Schnitte gesehen, weil das Haarband, das sie sich ums Handgelenk gewickelt hatte, verrutscht war. Oh Gott, wie peinlich!

Wenn man Scham wie Schuld abschneiden könnte, dachte sie, würde ich die Geflügelschere noch einmal holen. Aber ein Schnitt führte nicht zur Erlösung, sondern nur zu einer blutenden Wunde.

Anna hörte, wie Daniel die Wohnungstür öffnete und Stoller begrüßte. Sie war nicht in der Stimmung für eine Begegnung, doch noch während sie nach Ausflüchten suchte, öffnete ihr Bruder die Tür, ohne anzuklopfen, und streckte ihr den Kopf entgegen. »Der Nachbar ist da. Warum hast du mir nicht gesagt, dass er kommt?«

»Das hab ich dir gesagt, aber da hast du mir wohl nicht zugehört oder warst schon zu betrunken.«

Ein kalter Forscherblick musterte sie. »Warum so aggressiv?«

»Nichts! Ich komm gleich, biet ihm schon mal was an.« Sie setzte sich die Brille auf, band sich ein breites Lederband ums Handgelenk und zog sich vor dem Spiegel sorgsam die Lippen nach.

Daniel hatte Kaffeegeschirr und den Apfelkuchen auf den Tisch gestellt und dem Nachbar einen Cappuccino serviert, als sie dazu stieß. Stoller saß auf dem Sofa und streichelte Metatron in seinem Schoß. Er hatte sich seit Tagen nicht rasiert, was ihn verwegen aussehen ließ.

»Hey, Anna.« Er hob Metatron beiseite und stand zur Begrüßung auf.

»Hallo«, sagte sie mit einem gezwungenen Lächeln und wollte ihm förmlich die Hand geben. Stoller legte seine Hände auf ihre Arme und gab ihr einen Wangenkuss. Zitrusduft zog in ihre Nase.

Er setzte sich und nahm den Kuchenteller. »Der riecht lecker und sieht noch leckerer aus.« Hastig, als sei er nervös, aß er vom Kuchen.

»Schmeckt er?« Sie setzte sich an die andere Seite des Sofas.

»Und wie! Der erinnert mich an den Kuchen meiner Oma, die hat ihn auch immer mit Rosinen und Zimt gemacht.«

»Ist es nicht interessant«, fragte Daniel, »dass uns Gerüche und Geschmäcker weit zurückliegende Erinnerungen wiederbringen, wir unser Gedächtnis aber nicht willentlich steuern können? Wenn uns etwas nicht einfällt, können wir es nicht erzwingen.«

»Ich hatte noch nie ein gutes Gedächtnis«, sagte Stoller.

Daniel nahm eine angebrochene Flasche Whisky aus dem Schrank. »Lust auf ein kleines Neuronenfeuer?«

Stoller schaute zögernd auf die Flasche, dann zu Anna. Er schien mit sich zu ringen. »Nein, danke, ich … Ist noch zu früh.«

»Für Daniel gibt es kein *zu früh.*«

Ihr Bruder goss sich Whisky in den Kaffee. »Ein kleiner Irish Coffee am Sonntag schadet nicht. Oder besser Islay Coffee. Sehr anregend.«

»Ich dachte, Alkohol wäre schädlich fürs Gedächtnis«, sagte Stoller.

»Alles eine Frage des Maßes und des Trainings. Das Gedächtnis kann man trainieren. Umgekehrt degenerieren Hirnregionen, wenn sie nicht genutzt werden. Ganze Zellverbände können absterben, wenn sie funktional vernachlässigt werden.«

Sie hätte es wissen müssen. Sie hätte sich denken können, dass Daniel das Gespräch sofort an sich reißen und wie ein Dressurpferd durch den Parcours lenken würde, der durch sein Lebensthema führte: Das Gehirn und seine Funktionen.

»Genau das passiert jetzt und gerade überall auf der Welt«, fuhr er dozierend fort, »die Hirnphysiologie des Menschen verändert sich rapide. Ein historischer Prozess, ein evolutionärer Sprung.«

Stoller schien an dem Thema Gefallen zu finden. »Was ändert sich denn?«

»Alles. Die Evolution des Gehirns erlebt gerade eine Mutation, einen Sprung weg von linearem und chronologischem Denken hin zum assoziativen und kontingenten.«

»Was heißt das?«

»Das Verfolgen von Links und Verbindungen im weltweiten Computer-Netz hinterlässt seine Spuren im Gehirn. Durch Wiederholung der synaptischen Verbindungen zwischen Neuronen entstehen Furchen. In die Hirnbereiche graben sich die Funktionen des Suchens von Informationen und Input. Ähnlich wie bei einem Taxifahrer, anhand dessen Gehirn sich feststellen lässt, seit wie vielen Jahren er in der Stadt kutschiert, lassen sich an den Denkorganen von Computer-Arbeitern die hirnphysiologischen Veränderungen beweisen. Das Gehirn ist also zu permanenten Veränderungen fähig. So wie manche Hirnareale absterben und andere gestärkt werden können, kann es zu ganz neuen synaptischen Verbindungen kommen und zu Fehlschaltungen. Zum Beispiel im religiösen Zentrum.«

Stoller reagierte wie elektrisiert. »Religiöses Zentrum?«

Daniel tippte sich an die linke Schläfe. »Im Schläfenlappen. Dort werden Gottesvisionen erzeugt.« Er nahm seine Tasse. »Hast du nicht so was in der Art erlebt?«, fragte er beiläufig, bevor er an seinem Kaffee nippte.

Anna sah, wie aufgewühlt Stoller war. »Ich denke, ich hatte so etwas wie eine Inspiration des Heiligen Geistes.«

Daniel lächelte gönnerhaft. »So fühlt es sich wohl an, wenn es dort zu einem neuronalen Gewitter kommt. Erzähl doch mal, was hast du denn im Einzelnen erlebt? Wie ist das genau abgelaufen? Wie lange hat das gedauert?«

Anna ärgerte sich, weil sie so teilnahmslos dasaß wie eine vergessene Statistin. Warum wich Stoller ihren Blicken aus? War er wirklich so desinteressiert? Entweder hatte er ihre Anwesenheit vergessen oder sie war ihm von Beginn an gleichgültig gewesen, und sie hatte sich die ganze Zeit in eine Vorstellung verrannt, auf eine Erlösungshoffnung fixiert, die sich nie erfüllen würde. Ein mächtiges Gefühl von Hilflosigkeit und Einsamkeit überschwemmte sie wie die Begrüßungswelle in Mexiko.

Sie hatte Daniel die Einladung nur vorgeschlagen, weil sie eine unverfängliche Situation schaffen wollte, um den Nachbarn besser kennen zu lernen. Sie wollte etwas über ihn erfahren, wo er herkam und hinwollte, was ihn trieb und hinderte, was er glaubte, liebte und hoffte. Sie wollte ihn gewiss nicht einer neurologischen Zwangsuntersuchung ausliefern, doch die war bereits in vollem Gange.

Stoller gab auf Daniels bohrende Fragen ausführliche Antworten und stellte selbst viele Fragen, während er die Katze streichelte, die sich wieder in seinen Schoß begeben hatte. Er schien nach Gewissheit zu suchen, wie er sein religiöses Erlebnis zu deuten hatte.

Ihr Bruder legte ihm seine Vermutung dar, sein Erlebnis ginge auf eine Stimulation des betreffenden Hirnareals in den Schläfenlappen zurück. Neugierig fragte Stoller ihn, wodurch so etwas ausgelöst werde: Ob die elektromagnetische Strahlung des Handymastes in der Nachbarschaft damit zu tun haben könnte. Unter Gelächter widersprach Daniel und erklärte, die elektrischen und hormonellen Entladungen in den Hirnlappen könnten nicht durch Handystrahlung ausgelöst werden. Vermutlich basiere sein Erlebnis auf endogenen Ursachen.

Die Erklärung schien Stoller nicht zu befriedigen. »Das soll alles in mir selbst entstanden sein? Aber es muss doch einen richtigen Grund geben, eine letzte Ursache.«

»Das kann einfach nur Schlafmangel sein, der so was auslöst, oder psychischer Druck. So etwas kann zu einer unkontrollierten Ausschüttung von Serotonin, Dopamin und Noradrenalin führen. Das sind Neurotransmitter, chemische Botenstoffe, die in den Synapsen den Informationsfluss zwischen den Nervenzellen regulieren. Ein Überschuss an Dopamin führt zu einem überfließenden Glücksgefühl, einem paradiesischen Strom, der den Betroffenen wie die Eingießung des Heiligen Geistes erscheint.«

»Aha. Und wo soll so ein Überschuss plötzlich herkommen?«

»Da ist verschiedenes denkbar.« Daniel räusperte sich. »Vielleicht ein oneiroides Syndrom, das ist ein traumartiger Verwirrungszustand mit Bewusstseinstrübung, der meist mit plastischen Sinnestäuschungen und intensiven Gefühlen einhergeht. Bist du kreativ, hast du viel Phantasie?«

»Ich bin Bauingenieur. Wieso?«

»Weil Patienten mit dem Syndrom meist schon eine präpsychotische Neigung zur Phantastik haben.«

»Ich bin kein Phantast!«

»Häufig handelt es sich auch um drogeninduzierte Zustände. Waren Alkohol oder Drogen im Spiel?«

»Nein, ich war nüchtern.« Stoller schien sich verteidigen zu müssen, er rutschte ungemütlich auf seinem Hinterteil hin und her, was Metatron mit einem bösen Blick quittierte. »Also fast, nur ein bisschen Restalkohol.«

»Emotionaler Stress ist ebenfalls ein Auslöser. Ungewohnt starke Gefühle, zum Beispiel intensive Trauer oder ein Liebesrausch.«

»Liebesrausch?«, wiederholte Stoller und schielte aus den Augenwinkeln zu Anna.

»Klar, da schwappt schon mal was über, da fluten die Hormone und feuern die Neuronen, dass es nur so bimmelt. Solche Zustände können ebenso gut durch Sauerstoffmangel oder eine Überdosis Insulin ausgelöst werden. Bist du zuckerkrank?«

»Nein.«

Daniel nickte nachdenklich und suchte nach weiteren Begründungen. »Manchmal handelt es sich auch um eine affektive Psychose, gemeinhin manische Depression genannt. In einer manischen Phase können die grandiosen Gefühle in religiösen Wahn umschlagen, der mit Halluzinationen einhergeht. Oder es handelt sich um eine Form von Schizophrenie. Das Krankheitsgeschehen des oneiroiden Syndroms spielt sich zwischen der zirkulären und der schizophrenen Psychose ab, es gibt da aber auch noch die Mischpsychosen.«

»Ich bin nicht psychotisch!«, rief Stoller. »Okay, ich war die ersten drei Tage ein bisschen verwirrt, aber jetzt ist alles gut.«

Daniel holte tief Luft und nickte wie ein Arzt, der einer schrecklichen Diagnose näher kommt. »Ein Oneiroid weist bestimmte Konstanten auf. Genau wie du es beschrieben hast, erlebt man eine Ideenflucht mit raschem Bildwechsel und anschaulichen Szenen, die in einer magischen und mystischen Atmosphäre stattfinden. Phantastische Illusionen, die das Gehirn auf die Leinwand des Bewusstseins projiziert. Dazu kommt ein ekstatischer Gefühlsüberschwang, wie man ihn vorher noch nie erlebt hat. All das sind auch typische Kennzeichen bestimmter schizophrener Typologien. Als du dieses Erlebnis hattest, standest du da unter Stress? Oder hattest du Ärger auf der Arbeit?«

Anna erschrak, als Stoller herausplatzte. »Nein, verdammt!« Metatron sprang von seinem Schoß und trollte sich. »Das war weder Stress oder Ärger noch eine Geisteskrankheit, das war … Es war was anderes!« Sein Blick suchte ihren.

»Was wir noch gar nicht in Betracht gezogen haben, ist eine Schläfenlappenepilepsie. Früher schon mal Anfälle gehabt?«

»Ich bin kein Epileptiker.«

»Vielleicht kommst du doch mal bei mir in der Uni vorbei. Ich hab dir ja erzählt, wir haben das komplette Instrumentarium, alle möglichen Tomographen, diverse Tesla-MRT und …«

»Nein, ich glaube … Ich bin nicht krank!«

»Das hat Gottes Rudi auch gedacht.«

»Daniel, bitte!«, rief Anna dazwischen. Sie spürte Fremdschamröte in ihrem Gesicht. Wie konnte ihr eigen Fleisch und Blut nur so egozentrisch und ignorant sein?

»Wer ist das?« Stoller sah fragend zu ihr. Sie wusste, welche Geschichte kommen würde. Daniel hatte sie schon hundertmal erzählt. Die Lippen zu einem traurigen Schmollmund verziehend, schüttelte sie den Kopf und schwieg.

»Wir haben ihn so genannt«, antwortete Daniel, »eigentlich hieß er Rudolf, aber für das OP-Team war er nur Gottes Rudi, weil er immer behauptete, Engel sprächen zu ihm, dass Gott den kleinen Rudi lieb habe.«

Stoller lauschte gebannt. Aber das hatte Anna beim ersten Mal auch getan. Sie stand auf und ging zum Bücherschrank. Während Daniel von Rudi erzählte, suchte sie Bücher heraus und blätterte darin.

»Wir haben bei Rudi ein Epiphysen-Adenom und eine zweite Geschwulst im Schläfenlappen festgestellt. So schnell es ging, haben wir eine Operation Stillstand durchgeführt, das heißt, wir haben alle Lebensfunktionen gestoppt. Rudis Körper haben wir auf fünfzehn Grad abgekühlt, alle Körperfunktionen abgeschaltet, Herzschlag, Kreislauf, Atmung, alles aus. Dann haben wir ein Loch in seine Schädelplatte gesägt und das ganze Blut aus dem Gehirn gesaugt.«

»Gruselige Vorstellung.«

Anna mischte sich ein. »Hast du *Dantons Tod* gelesen?«

»In der Schule vielleicht, weiß nicht.«

»Gleich in der ersten Szene im Spielsalon …«

»Anna! Wen interessiert das jetzt? Ich bin gerade …«

»Mich«, schnitt ihm Stoller das Wort ab. »Was ist mit der ersten Szene?«

»Danton beklagt sich gegenüber seiner Frau Julie, wie einsam der Mensch ist, selbst wenn er verheiratet ist. Julie widerspricht, er würde sie doch kennen. Da tippt Danton an ihre Stirn und sagt, sie müssten sich gegenseitig die Schädeldecken aufbrechen und die Gedanken aus den Hirnfasern zerren, um einander zu verstehen. Daran muss ich immer denken, wenn Daniel von dieser OP erzählt.«

»Heute könnte Büchner so etwas nicht mehr schreiben«, stellte Daniel überheblich fest, »die moderne Neurologie hat ihn überholt und seine Utopie längst eingelöst. Mit bildgebenden Verfahren, dem Neuroimaging, haben wir einen Universalschlüssel zum Verständnis des Bewusstseins. Deshalb konnten wir …«

»Und als Hüter des Neuroimaging«, unterbrach Anna ihn sarkastisch, »als Herren der Systeme und Geräte sind Neurologen natürlich die Universalexperten für das Verständnis des Menschen und der Welt.«

»Dich wurmt doch nur, dass die Philosophie ihre Deutungshoheit verloren hat.«

»Mich wurmt, dass mein Bruder einer Theologie des Gehirns anhängt. Du lachst immer über Gläubige, dabei bist du selber einer!«

Daniel schüttelte den Kopf und und wandte sich an Stoller. »Jedenfalls konnten wir tatsächlich, wenn man so will, die verrückten Gottesgedanken aus Rudis Hirn zerren. Wir haben die Geschwülste entfernt. Seitdem hörten seine quälenden Gottesvisionen auf.«

»Wieso quälend?«, fragte Stoller. »Fühlt er sich denn jetzt besser, ohne Gott? Jetzt dürfte er wohl nur noch Rudolf sein, nicht mehr Gottes Rudi, oder?«

»Ganz genau. Er ist wieder ein richtiger Mensch geworden, kein religiöser Fanatiker aufgrund eines Hirnschadens.« Daniel trank genüsslich seine Tasse leer. »Descartes hatte also recht. Obwohl die Neurologie vor vierhundert Jahren eher unterentwickelt war.«

»Ich denke, also bin ich.«

»Er hat noch viel mehr kluge Sachen gesagt. Zum Beispiel, dass die Seele des Menschen nicht in seinem Herzen sitzt, sondern in der Epiphyse.«

»Was ist das?«

»Die Gehirneichel oder Zirbeldrüse oder auch Pinealis genannt. Eine Drüse, die in der Mitte unter dem Schädeldach sitzt und mit dem gesamten endokrinen Drüsensystem in Verbindung steht. Sie ist nur wenige Millimeter groß, aber ungeheuer mächtig. Unter anderem steuert sie die geschlechtliche Entwicklung und ist für die Melatonin-Produktion und damit für unsere innere Uhr und den Tag-Nacht-Rhythmus verantwortlich. Es ist schon erstaunlich, dass Descartes genau wie vor ihm Plato ihre besondere Bedeutung erkannt hat. Er glaubte, an diesem Ort träfen sich Materie und Geist, deshalb hat er sie als Organ der Seele betrachtet. Im Mythos vom Zyklopen-Auge findet sie ihre Entsprechung. Und Esoteriker halten sie für den Sitz des Dritten Auges.«

»Wie kommen die darauf?« Stoller nahm einen Schluck von seinem Kaffee und lauschte aufmerksam Daniels Antwort. Anna blätterte weiter in dem Buch in ihrer Hand.

»Zum einen aufgrund der Form der Zirbeldrüse. Sie ist rund wie ein Augapfel und hat eine Öffnung an der Seite. An dieser Öffnung befindet sich eine nach oben, gen Himmel, gerichtete Linse, um das Licht zu fokussieren. Außerdem ist sie hohl und mit Farbrezeptoren ausgestattet. Und sie enthält Zellen, wie sie auch in der Netzhaut des Auges vorkommen.«

»Klingt geheimnisvoll.«

»Die Epiphyse verbirgt noch weitere Geheimnisse. Es gibt in ihr Fasersysteme, von denen niemand weiß, welche Funktion sie ausüben. Weil sie noch nicht vollständig erforscht ist, bietet sie sich für Projektionen von Spinnern geradezu an. Aber ein Drittes Auge ist natürlich vollkommener Unsinn.«

»Natürlich!« Anna konnte sich den Einwurf nicht verkneifen. Die arrogante Selbstgewissheit ihres Bruders war ihr heute besonders schwer erträglich. »Weil der Geist in der Materie steckt, im religiösen Zentrum im Gehirn.«

Stoller schaltete sich zustimmend ein. »Ich denke, also bin ich«, sagte er spöttisch, »und wenn ich glaube, bin ich krank?«

Anna musste lächeln. Wenigstens verbündete er sich nicht mit ihrem Bruder.

»Ja«, antwortete Daniel ernst. »Glaube ist meines Erachtens eine Geisteskrankheit.«

»Von außen mag das so aussehen«, erwiderte Stoller. »Aber wenn man selbst so etwas erlebt, ist es einfach was anderes. Mein Bauchgefühl sagt mir, dass es echt war.«

»Dein Bauchgefühl ...« Daniel schmunzelte gönnerhaft. »Im Darmtrakt gibt es Nervenzellen wie im Gehirn, deswegen nennt man das enterische Nervensystem auch Bauchhirn. Die Eingeweide sind ein Quell psychoaktiver Substanzen, sie können Serotonin, Dopamin und Opiate produzieren, aus denen dann zum Beispiel die berühmten Schmetterlinge im Bauch schlüpfen. Im Bauchhirn gibt es sogar gedächtnisartige Funktionen, zum Beispiel hinterlassen Furcht und Freude nicht nur im Gehirn, sondern auch im neuronalen Teil des Darmes Spuren. Von daher ist es kein Wunder, dass sich dein Erlebnis auch in einem Bauchgefühl wiederfindet.«

Stoller schien nicht überzeugt. »Aber das war alles so machtvoll. Ich hatte wirklich das Gefühl, Gott zu sehen, oder ihn mit meinem ganzen Sein zu spüren.«

»Ich habe auch Gott gesehen«, sagte Daniel, sprang auf, nahm von einem Papierstapel aus dem Regal ein Blatt und reichte es Stoller.

Anna sah gequält von dem Buch auf. »Daniel! Nicht das jetzt!«

Ihr Bruder ließ sich nicht beirren. »Also: Fixiere dreißig Sekunden das Bild, ohne zu blinzeln.«

Anna schloss frustriert die Augen. Daniel machte sich einen Spaß daraus, mit Leuten, die von Gottesvisionen berichteten, das Experiment durchzuführen. Er legte seinen Probanden ein Blatt Papier vor, das mit einem seltsamen Gebilde bedruckt war: In einem schwarzen, unförmigen Kreis bildeten weiße Flecken den abstrakten Schemen eines Kopfes, doch war keine klare Kontur zu erkennen. Man konnte es für die schematische Schwarz-Weiß-Darstellung einer Landschaft halten, doch es blieb auch bei längerem Hinsehen ein undefinierbares Gebilde, in dessen Zentrum auf weißem Grund vier unförmige schwarze Punkte in einer Reihe standen.

Während Stoller auf das Blatt starrte, sah Daniel auf die Uhr. »Okay, jetzt schau zur Wand.«

Stoller blickte verständnislos auf die weiße Wand neben der Tür zur Küche. Nach wenigen Sekunden weiteten sich staunend seine Augen. »Wow!« Anna wusste, was er sah: Einen hellen Kreis, in dem das klar konturierte Portrait von Jesus mit wallendem Haar und Vollbart erschien.

»Das ist eine jener optischen Täuschungen«, sagte Daniel selbstzufrieden, »die magisch erscheinen. Du siehst: Jeder kann Gott sehen. Aber glaubst du, dass Jesus dort wirklich auf der Wand erschienen ist?«

Stoller schwieg nachdenklich. Anna presste entschlossen die Lippen aufeinander und zitierte aus einem Buch: »›So brauche ich Gewissheit, nicht Weisheit, Träume, Spekulationen, und diese Gewissheit ist der Glaube. Und der Glaube ist der Glaube an das, was mein Herz, meine Seele braucht, nicht mein spekulierender Verstand.‹«

»Anna, bitte!« Daniel stöhnte genervt.

»Wer hat das geschrieben?«, fragte Stoller.

»Das hat Wittgenstein zum Thema Glauben gesagt.«

»Das will jetzt niemand …«

Stoller fiel ihm an Anna gewandt ins Wort: »Dazu fällt mir eine Stelle aus dem Matthäus-Evangelium ein. ›An was dein Herz hängt, dort ist dein Schatz.‹«

»Willst du dich nicht wieder hinsetzen?« Daniel hatte sichtlich Mühe, seine Gereiztheit im Zaum zu halten.

Unbeirrt fuhr Anna fort: »Zum Schluss seines Tractatus Logico-Philosophicus schreibt er: ›Es gibt allerdings Unaussprechliches, dies zeigt sich, es ist das Mystische.‹«

»Anna, was soll das?!«, platzte Daniel unwirsch heraus.

Stoller warf ihm einen ärgerlichen Blick zu. »Ist doch interessant, wie ernst ein großer Denker das Thema nimmt. Wittgenstein scheint mystische Erlebnisse nicht für etwas Krankhaftes zu halten.«

»Hegel auch nicht«, sagte Anna und blätterte in einem anderen Buch. »Hier. ›Der Mensch weiß nur von Gott, insofern Gott im Menschen von sich selbst weiß; dies Wissen ist Selbstbewusstsein Gottes, aber ebenso ein Wissen desselben vom Menschen, und dies Wissen Gottes vom Menschen ist Wissen des Menschen von Gott; der Geist des Menschen, von Gott zu wissen, ist nur der Geist Gottes selbst.‹« Sie sah von dem Buch auf und fixierte mit ihrem Blick Daniels Augen. »Soviel zu deinem religiösen Zentrum.«

Wütend sprang Daniel auf, ging an das Regal und suchte hektisch die Buchreihen ab, nahm ein Buch heraus und blätterte aufgebracht darin. Stoller wechselte mit ihr einen fragenden Blick.

»Da!«, rief Daniel triumphierend. »›Böse heiße ich's und menschenfeindlich: all dies Lehren vom Einen und Vollen und Unbewegten und Satten und Unvergänglichen! Alles …‹«

»Der frühe Nietzsche ist unfair«, rief Anna dazwischen, »warum hast du nicht …«

»›Alles Unvergängliche, das ist nur ein Gleichnis! Und die Dichter lügen zuviel.‹« Er klappte das Buch zu und stellte es mit einer ruppigen Bewegung zurück, zog ein weiteres hervor und blätterte darin.

»Ich glaube kaum«, sagte sie mit vor der Brust verschränkten Armen, »dass Dichter häufiger als andere lügen, als Neurologen zum Beispiel.«

»Die Lüge ist das Geschäft von Dichtern, Neurologie dagegen ist die reine Wahrheit!«

»Tsa!«, stieß Anna verächtlich hervor. »Wie sagt Nietzsche im Zarathustra noch mal? ›Ohnmacht zur Lüge ist lange noch nicht Liebe zur Wahrheit.‹«

»Er sagt aber auch, dass Überzeugungen gefährlichere Feinde der Wahrheit sind als Lügen. Und Glaube ist ja wohl eine Überzeugung, oder etwa nicht?« Hektisch suchte er eine Textstelle. »Da. ›Die Erscheinungswelt ist ein Zauber, ein an sich wesenloser Schein, ein Etwas, davon es gleich falsch und gleich wahr ist, zu sagen, dass es sei, als dass es nicht sei. Die gesamte Wirklichkeit, wie wir sie kennen, ist Erscheinung, ist unsere Vorstellung.‹«

Mit dem Gestus des Siegers knallte Daniel das Buch zu, stellte es zurück in den Schrank und blickte zu Stoller. »Nicht nur Neurologen sehen das so, auch Philosophen.«

Jetzt bereute Anna es, ihn in Bonn mit Philosophie in Berührung gebracht zu haben. In dem kleinen Gästezimmer, das er ihr dort überlassen hatte, war kein Platz für ihre vielen Bücher gewesen. Deshalb hatte sie sich im Wohnzimmer eine Bücherwand gebaut. Daniel, der sich vorher für nichts anderes als Neurologie und Dostojewski interessiert hatte, fing an, ihre Bücher zu lesen. Ausgerechnet jene Philosophen wurden seine Helden, deren Denken sie verabscheute.

»Deine beiden Nihilisten vielleicht«, sagte sie verächtlich, »aber Gott sei Dank nicht alle Philosophen.«

»Schopenhauer war kein Nihilist, er war Atheist. Und genialer Visionär.«

»Er war ein misanthropischer Kotzbrocken, ein miesepetriger Pessimist!«, schrie sie.

»Seine Arbeiten über Kausalität, Willensfreiheit und Bewusstsein sind einzigartig«, brüllte Daniel, als wollte er den Kampf durch Lautstärke gewinnen.

»Ein unerträglicher Besserwisser war das, ein arroganter Polemiker!«

»Er war lediglich intelligent und scharfzüngig. Und feinfühlig und kunstsinnig noch dazu. Wer hat mir denn vorgeschwärmt, nur Schopenhauer habe das wahre Verständnis von Musik?«

»Verdammt!«, platzte sie heraus und warf ihm den Hegel an den Kopf. »Du Idiot!«

Daniel konnte noch abwehrend die Arme hochreißen. »Hast du sie noch alle?!«

»Manchmal glaub ich«, zischte sie hasserfüllt, »du bist Schopenhauers Wiedergeburt!«

»Du kleine Teufelin!« Daniel hatte sichtbar Mühe, seine Aggression zu zügeln. Mit zusammengepressten Kiefern nahm er sein klingelndes Handy aus der Jacke, schaute aufs Display und stutzte. »Der Institutsleiter. Ruhe jetzt, das ist wichtig!« Er nahm das Gespräch an.

Anna beäugte Stoller. Sie war so in ihrer Wut auf Daniel gefangen gewesen, dass sie ihn ganz vergessen hatte. Er saß geduckt da wie Metatron, beide in Alarmbereitschaft. Er wirkte verunsichert und verkrampft. Gestalt gewordenes Unbehagen.

»Möchtest du noch einen Cappuccino? Oder was anderes?«

Er stand auf. »Nein, danke. Ich muss jetzt.«

Sie wollte nicht, dass er mit diesen Gefühlen ihre Wohnung verließ. »Aber wir haben nur über Neurologie geredet. Wir wissen doch noch gar nichts voneinander.«

Stoller lächelte sie an und tippte ihr mit dem Finger an die Stirn. »Dazu müssten wir uns doch die Schädeldecken aufbrechen und die Gedanken aus den Hirnfasern zerren.« Er wandte den Blick ab und verließ das Zimmer.

Kaum war er draußen, ging auch Daniel aus dem Raum, das Handy ans Ohr gepresst, mit erschrockenem Gesichtsausdruck.

Anna blieb noch einige Sekunden wie paralysiert am Tisch stehen und schaute zur Tür, aus der die beiden wichtigsten Männer in ihrem Leben verschwunden waren. Tränen der Enttäuschung stiegen in ihr auf. Sie lief in ihr Zimmer, schlug die Tür zu und nahm eine Rasierklinge aus der Nachttischschublade.

58

»Au!« Er legte den Rasierer ab, wischte sich das Blut vom Kinn und betrachtete sein halb rasiertes Gesicht. Warum hast du dich nicht vorher rasiert? Wärst du gar nicht erst hingegangen. Oder nicht so plötzlich wieder gegangen. Er hatte die aggressive und gereizte Stimmung zwischen den Geschwistern nicht mehr ausgehalten und sich deplatziert gefühlt. Jetzt ärgerte er sich.

Statt etwas über Anna zu erfahren, war er von ihrem selbstherrlichen Bruder seziert und sein mystisches Erlebnis zu einem neurologischen Problem erklärt worden.

Die Möglichkeiten bissen sich wie Zecken in seine Gedanken. Oneiroides Syndrom. Schizophrene Psychose. Geschwür. Geschwulst. Alles, was Annas Bruder gesagt hatte, klang erschreckend vernünftig. Und wenn es sogar eigene Forschungsabteilungen gab, die diese offenbar häufiger auftretenden Phänomene systematisch untersuchten, typologisierten und kategorisierten, konnte am Wahrheitsgehalt der wissenschaftlichen Ergebnisse nicht gezweifelt werden.

Musste er Daniel als rationaler Mensch nicht glauben? Stoller überlegte, ob er sich nicht doch untersuchen lassen sollte. Aber von diesem arroganten Fatzke, eingebildet und selbstverliebt? Dem er misstraute, ohne zu wissen, warum? Unschlüssig nagte Stoller an der Unterlippe. Was könnte dabei herauskommen? Die Vorstellung einer konkreten Diagnose und einer Behandlung machte ihm Angst. Daniel würde ihm eine Störung attestieren und ein Etikett anheften. Sein Erlebnis bekäme einen Namen. Doch das würde nichts erklären, nichts nützen und nichts ändern.

Stoller überkamen Zweifel am Zweifel. Wie am Montag vorm Ärztehaus rebellierte sein Inneres gegen die unantastbare Vernunft. Sein Urvertrauen in die Wissenschaften, in das menschliche Vermögen war ihm abhanden gekommen. Denn er hatte etwas anderes gesehen. Eine Wahrheit, die der Vernunft widersprach. Erlebnisse waren mächtiger als Erkenntnisse. Aber waren sie wirklich wahr? War Gott real oder eine Erfindung des Gehirns?

Religion gegen Naturwissenschaft lautete der Kampf in seinem Inneren. Glaube gegen Vernunft. Intuition gegen Intellekt.

Stoller versuchte, die Konfusion aus seinem Kopf zu schütteln, und machte sich an die Rasur der anderen Gesichtshälfte. Nein, er war nicht krank, es konnten doch nicht alle Heiligen und Mystiker zu Hirnkranken abgestempelt werden. So viele Epileptiker und Kopfgeschädigte konnte es gar nicht geben. Nein, er würde sich nicht untersuchen lassen. Er wollte sich seine Erfahrung nicht als Illusion von der Medizin rauben lassen. Und er wollte kein Vertrauensverhältnis zu Annas Bruder aufbauen.

Ihre Nähe hatte in Sekundenschnelle seine Temperatur ansteigen lassen. Es regte ihn auf, etwas für eine Frau zu empfinden, die er nicht kannte, ohne vernünftigen Grund. Wie ausdruckslos sie ihn angesehen hatte. Mit einem Blick, so geheimnisvoll wie sie selbst.

Anna war in einer reizbaren Stimmung gewesen, streitlustig. Das Kämpferische gefiel ihm, aber er war nicht zu ihr gekommen, um Zuschauer eines Kampfes zu werden. Sein

Ziel war es gewesen, sie besser kennen zu lernen und ihr näher zu kommen. Ziel verfehlt, wieder einmal.

Sie schien kein Interesse an ihm zu haben. Wie hatte er sich nur einreden können, dass sie seine Empfindungen erwidern könnte?

Während er sich den Rasierschaum und die Barthaare aus dem Gesicht wusch, nahm er sich vor, in Zukunft weitere Zusammenkünfte mit Anna zu vermeiden. Er musste sie sich endgültig aus dem Kopf schlagen und weiter auf seinem Weg bleiben. Der Verheißung folgen, die Glückseligkeit durch Überwindung versprach.

Sollte sich der Versuch als Sackgasse erweisen, hatte er als letzten Ausweg immer noch die Todeshelfer.

TEIL 4
HÖLLENFAHRT

59

Paul war tot.

Prüfend hielt Daniel die Flasche gegen das Lampenlicht und schenkte sich nach. Sein fünfter Wodka innerhalb der letzten Stunde, in denen er in seinem Arbeitszimmer hin und her gelaufen war wie ein Mörder in seiner Zelle. Wenigstens hatte er Wodka, anders als der arme Schlucker Raskolnikow.

Es konnte nicht der letzte bleiben, um seinen Hormonhaushalt halbwegs auszubalancieren, den erst sein Nachbar und dann Hohlbeins Anruf aus dem Gleichgewicht gebracht hatten. Verdammt, wie konnte das passieren? Erst die Alte mit dem Schlaganfall, jetzt Paul. Was war da schief gelaufen?

Daniel trank gierig. Das Verlangen nach Alkohol, das ihm früher fremd gewesen war, hatte sich in den letzten Wochen dramatisch gesteigert und erreichte einen ersten Höhepunkt. Es war aus einer Angst geboren, die panikhafte Züge annahm.

Mehrmals hatte er in letzter Zeit verdächtige Männer oder Paare in parkenden Wagen vor der Tür des Hauses und auf dem Charité-Campus gesehen, die ihn zu verfolgen schienen. Die 21e AG war vor Jahren unangenehm aufgefallen, als herausgekommen war, dass der Konzern die eigenen Vorstandsmitglieder von Detektiven hatte ausspionieren lassen.

Die für morgen anberaumte Pressekonferenz war kurzfristig um zwei Wochen verschoben worden. Hatten die Produktentwickler gemerkt, dass Daniel sie betrogen und mit nutzlosen Frequenzen beliefert hatte? Er hatte Algorithmen übermittelt, die er im Rahmen seiner Versuchsreihen an seinen Patienten erprobt und als mehr oder weniger unwirksam verworfen hatte. Konnten die Leute von 21e wissen, dass er auf einen funktionierenden Algorithmus gestoßen war, auf *den* Algorithmus? Er fragte sich, ob sie ihn aus Misstrauen überwachten oder weil sie sich erhofften, schneller an wichtige Codes zu gelangen.

Oder litt er unter Paranoia und Verfolgungswahn? Hastig trank er das Glas leer. Namen und Bilder tauchten aus seinem Unbewussten auf wie Pop-Up-Fenster vor einer Website. Die Gedankenblasen stiegen auf und zerplatzten an seinem Bewusstsein. Hohlbein. Anna. Hagen und Wolff. Die Alte. Paul. 21e. Stoller.

Den Kasper schien das Erlebnis nicht loszulassen. Da suchte dieser Ahnungslose, der als Bauingenieur doch von dieser Welt sein sollte, in spirituellen Lehren sein Heil und wähnte sich als Gottsucher.

Am liebsten hätte er den Nachbarn darüber aufgeklärt, dass kein ER sein Erlebnis ausgelöst hatte, sondern *er*. Oder hätte er es sogar tun müssen? Hatte er nicht die Verantwortung und Verpflichtung, diesen Tölpel aufzuklären, was ihm geschehen war, und warum?

Daniel fragte sich, wie die Sache strafrechtlich aussah. Bei seinen Versuchen handelte es sich um Körperverletzung. Genau genommen eine Geistesverletzung mit unsichtbaren und nicht nachweisbaren Kräften. Kleine elektrische Kraft, große mystische Wirkung. Wenn man jemanden mit Plutonium oder Cäsarium vergiftete, waren die tödlichen Energien zwar nicht sichtbar, aber nachweisbar. Doch in diesem Fall: nichts.

Falls er den Nachbarn aufklären und der zur Polizei gehen würde, was dann? Er würde auf der Stelle suspendiert werden, seine illegalen Patientenversuche kämen ans Licht, er wäre für immer als neuer Mengele gebrandmarkt. Auch seine Auftraggeber wären nicht begeistert. Einerseits bedeutete das Erlebnis des Nachbarn den großen Durchbruch, den alle erhofften, andererseits gefährdete es das ganze Projekt.

Kalte Angst umklammerte sein Herz. Würde 21e für die erwartbaren Milliarden-Profite nicht über Leichen gehen? Über eine einzige Leiche, seine? Für wenige tausend Euro ließen sich Auftragskiller anheuern. Was waren ein paar Tausend gegen viele Milliarden?

Und würden Hagen und Wolff nicht genauso weit gehen und ihn beseitigen, damit ihr Plan, dessen zentrales Werkzeug er war, nicht öffentlich wurde? Überall auf der Welt verschwanden Menschen, wenn nationale Sicherheitsinteressen in Gefahr gerieten. Menschen verschwanden, damit eine unliebsame Wahrheit nicht ans Licht kam. Mord zum Schutz eines Geheimnisses.

Daniels Panik wuchs zum Monster. Zitternd goss er sich nach und trank einen Schluck. Worauf habe ich mich da nur eingelassen? Es war pure Ironie: Nur durch seine Auftraggeber und die Versuche, die er mit dem Pulsator für sie durchführte, hatte er die Wirkweise des Algorithmus auf einen Gesunden erkannt. Zugleich stellten die Randbedingungen der Erkenntnis eine große Gefahr für seine eigenen Pläne und seine gesamte Existenz dar.

Der Nachbar würde möglicherweise weitere Nachforschungen anstellen. Wer weiß, dachte Daniel, wem er noch alles davon erzählen würde? Der Messias-Quatsch könnte Aufmerksamkeit erregen und seine Auftraggeber Wind davon bekommen – wenn sie nicht längst mehr wussten als er selbst.

Vielleicht wussten sie auch schon von der Tragödie, über die ihn Hohlbein telefonisch informiert hatte, als der Nachbar zu Besuch gewesen war. Paul war in der Nacht von Freitag auf Samstag gestorben. Ausgerechnet nach weiteren Versuchen mit den Frequenzen, die Daniel den Nobelpreis bescheren sollten. Nach der letzten Behandlung, die von seinem Kollegen Richter unterbrochen worden war, verschied Paul in seiner Wohnung. Die Todesursache würde die Obduktion ergeben.

Daniel überlegte, einen Einbruch in die Pathologie zu inszenieren und die Leiche oder nur ihren Kopf verschwinden zu lassen. Nein, sagte er sich, du darfst dich jetzt nicht verrückt machen. Es kann nichts passieren, niemand wird etwas merken. Er trank das Glas in einem Zug leer und schüttelte den Kopf wie ein nasser Hund. Die Wirkung des Wodkas kam angerauscht. Es fühlte sich gut an.

Daniel nahm seinen Kamm aus der Tasche, fuhr sich damit übers Haupt und beschwor sein Spiegelbild: Alles wird gut.

60

Es tat gut. Rot wie ihr Lippenstift rann das Blut in dünnen Strömen an ihrer Wade hinab.

Gleichmäßig atmend saß Anna auf dem Boden und sah dem warmen Rinnsal zu. Bevor es aufs Parkett tropfte, wischte sie es mit einem Taschentuch ab, mit dem sie zuvor ihre Tränen getrocknet hatte. Die Haut an ihrem Unterschenkel war Blut verschmiert. Es half. Es löste reißende, innere Spannung und überführte sie in einen kontrollierbaren Schmerz. Der körperliche Schmerz übertrumpfte den seelischen. Jeder Schnitt war wie das Öffnen eines Überdruckventils.

Im Sommer würde sie Strumpfhosen tragen müssen. Ihre kräftigen Waden waren von roten Linien übersät. Überall gerade Striche, Gitterstäben gleich. Sie schob den Ärmel ihres Pullovers hoch und nahm das Lederband vom Handgelenk. Auch die Unterarme waren von roten Linien gezeichnet, manche viele Jahre alt und vernarbt, andere aus der Zeit nach dem Umzug.

Verdammt!, fluchte sie innerlich. Wäre ich doch nie mit hierhergekommen! Grundlos verliebt in einen kauzigen Nachbarn, der sofort den Schwanz einzieht, wenn es heikel wird! Verschwinde aus meinen Gedanken, befahl sie dem Stoller in ihrem Kopf.

Und jetzt denk an was Positives! Was ist gut in deinem Leben? Anna fiel nichts ein außer ihrer Arbeit. In anderthalb Stunden würde sie wieder am Klavier sitzen und für einige Stunden befreit sein. Sonntagabends war die Atmosphäre in der Hotelbar angenehmer als unter der Woche. Geschäftsleute genossen die Entspannung, bevor sie am nächsten Tag in den Alltagsstress zurückkehrten. Pärchen, die ein romantisches Wochenende in der Stadt verbrachten, genossen ihren letzten Abend.

Anna schloss die Augen und setzte sich in Gedanken ans Piano der Hotelbar. Sie hörte sich die Bach-Variationen spielen und bewegte ihren Oberkörper im Takt der Musik. Töne bildeten die Stufen der Himmelsleiter. Sie verbanden die menschlichen Sinne mit dem Übersinnlichen, schufen einen Rahmen, in dem sich Gefühle wie Ölspuren zu einem farbenprächtigen Gemälde vermischten.

Selbst banale Hintergrundmusik, die unterhalten sollte, ohne die Unterhaltungen zu stören, bewegte die Seelen der Hörer. Ein Wiener Walzer, ein Tango, ein Tusch, die Evergreens aus Klassik, Boogie-Woogie und Pop, die Jazz-Standards von Cole Porter, John Coltrane, Duke Ellington und George Gershwin – die Musik dirigierte die Gefühle der Gäste.

Je später der Abend, desto häufiger spielte sie Balladen und entführte die Zuhörer in melancholische Stimmungen oder ließ sie mit Mozarts traurigem A-Moll-Rondo an ihrer eigenen Schwermut teilhaben.

Sie öffnete die Augen. Wieder musste sie an Stoller denken. Aber das wollte sie nicht mehr, es war sinnlos. Ihre Hoffnung würde sich nie erfüllen. Es gab keinen Erlöser, sie war auf sich allein gestellt, eine Einzelkämpferin.

Anna nahm den bereitliegenden Wattebausch, träufelte aus einem Fläschchen Kamillenlösung darauf und tupfte ihn auf die roten Striche an ihrer Wade. Dann stand sie auf, zog sich die schwarze Seidenstrumpfhose an, die sich so angenehm an die Haut schmiegte, und machte sich fertig.

61

»Hast du meinen Schlüssel gesehen?«

Anna stand in der Tür. Schon wieder hatte er vergessen abzuschließen. Er wurde nachlässig. Sie hielt ihren Parka in der Hand, ihre Augen sahen verweint aus. Abschätzig musterte er sie, während er an einem Wodka nippte. Über einer weißen Rüschen-Bluse trug sie einen grässlichen Anzug aus violettem Samtstoff, die Haare hatte sie zum Zopf gebunden. Sie sah albern aus wie ein Kind im Sonntagskostüm.

»Du siehst lächerlich aus.«

»Kannst du mir sagen«, fragte sie in aggressivem Gestus, »warum du so ein Ego-Monster sein musst? Warum hast du den Nachbarn so ausgefragt? Du hast ihn kein einziges Mal ausreden lassen, immer sofort das Wort abgeschnitten und mit deinen Monologen tot gequatscht!«

Statt einer Entgegnung nahm er einen weiteren Schluck und lauschte gelassen ihren feurig vorgetragenen Vorwürfen. Alkohol machte wunderbar gleichgültig.

»Deine ewige Pathologisierung des Lebens! Alles wird zu einer Krankheit gemacht. Wenn ich das immer schon höre. Manische Depression, bipolare Störung, affektive Psychose, schizophrene Episode … Allein diese ganzen Begriffe, so ein Scheiß!«

Ungerührt blickte er sie an. Sie war manisch-depressiv, daran konnte es keinen Zweifel geben. Typische Anzeichen für die manische Phase waren Selbstüberschätzung und Grenzverletzungen, die von den Betroffenen in der anschließenden depressiven Phase höllisch bereut wurden. Manische wurden oft als solche nicht erkannt, weil sie für besonders engagiert, begeisterungsfähig oder charismatisch gehalten wurden. Anna war mittendrin in der Manie.

»Moses, Dostojewski und Bach waren Schläfenlappen-Epileptiker, richtig? Und Edison, Hemingway, Goethe, van Gogh, Virginia Woolf, Kurt Cobain, alle manisch-depressiv, ja? War das nicht so, he?«

Er schloss die Augen und seufzte genervt. Sie konnte manchmal so naiv sein, so dumm. »Ja, so war das.«

»Ja, so war das«, wiederholte sie hämisch. »Hast du dir mal überlegt, was passiert wäre, wenn all diese Kranken und Verrückten mit euren Pharmagiften und High-Tech-Wellen beschossen worden wären? Dann säßen wir immer noch im Dunkeln, dann gäbe es nämlich keine Glühbirnen, keine bewegenden Dramen und phantastischen Kompositionen, keine Gemälde und vermutlich auch kein bisschen Neurotechnologie. Nichts gäbe es, nichts was die Menschen rühren könnte, weil alles im durchschnittlichen Gleichmaß versunken wäre!«

»Wenn du es sagst, muss es ja stimmen. Aber ich möchte lieber nicht ausprobieren, was passiert, wenn wir alle Geistesgestörten unbehandelt lassen.«

»Ja, behandeln, behandeln, immerzu behandeln«, redete sie sich in Rage, »Hauptsache Aktivität, erst mal mit Chemie behandeln, dann bestrahlen, dann schnippeln, dann sehen wir weiter. Wenn's nicht hilft, probieren wir halt was anderes aus, gibt ja genug. Wir sind mit unserem Latein noch lange nicht am Ende.«

»Ja, zum Glück.« Seine aufkeimenden Aggressionen ertränkte er mit einem großen Schluck Wodka.

»Merkst du nicht, dass du bloß ein dummer, hirnloser Vollstrecker der Pharma-Mafia bist?«

»Anna, bitte, komm mir nicht wieder damit. Ohne Pharmazie wären wir noch in der Bronzezeit. Uns gäbe es gar nicht.«

»Ja, schütze die Profitgeier nur! Mit ihren perversen Lustpillen und erfundenen Krankheiten wie ADHS und …«

»Anna!«, rief er barsch dazwischen. »Es gibt keine erfundenen Krankheiten, hör auf damit! Du hast gut reden, weil du mehr oder weniger gesund bist, das sind Luxus-Reden, die du da schwingst. Frag meine Epileptiker mal, wie es ihnen ohne die Medikamente ginge. Du hast doch keine Ahnung!«

»Natürlich nicht, aber du hast die Weisheit, wer sonst, Professor Doktor Daniel Meckel, der große Neurologe hat das geheime Wissen!«

Stöhnend verdrehte er die Augen. »Du machst dich lächerlich. Weißt du, dass du schon wie die Verschwörungstheoretiker klingst? Uhuhuh, die bösen Bonzen mit ihren geheimen Machenschaften, uhuhuh.«

»Mach dich nicht lustig über mich! Manchmal glaub ich, du bist selbst so ein Verschwörer mit deiner Geheimniskrämerei in deinem Privatlabor!«

»Aber sicher. Ich bin ein Bösewicht und gehorche mysteriösen Auftraggebern, Strippenziehern aus dem Hintergrund, die Bosse der Pharmariesen, die Geheimbund-Führer und Bilderberger. Warum eigentlich nicht gleich der Geheimdienst? Mossad, CIA, NSA? Alles eine einzige große Verschwörung.«

»Und was ist mit Afrika, warum …«

Er konnte sie nicht ausreden lassen. Ihre Stimme imitierend äffte er sie nach. »Warum entwickeln die keine AIDS- und Malaria-Medikamente?« In normalem, genervtem Tonfall fuhr er fort. »Anna, dein romantischer Idealismus in

Ehren, aber die Pharma-Industrie ist kein Wohltätigkeitsverein und nicht für alle Probleme …«

Wütend stemmte sie ihre Hände in die Hüften und fauchte dazwischen. »Mit meinem was bitte schön? Romantischer Idealismus? So siehst du mich?«

»So sieht der Realismus dich.«

»Ach ja? Ist das dein objektiver Befund? Willst du mir die Realität erklären, ja?«

»Sei nicht kindisch. Das nervt.« Er trank sein Glas leer und schenkte sich nach. »Hör zu, ich hab jetzt keine Lust auf diese Diskussion. Und du siehst so aus, als wolltest du ausgehen.«

»Ich muss arbeiten, falls du das vergessen hast.«

Arbeit. Sie nannte es tatsächlich Arbeit, in einer Hotelbar am Klavier zu klimpern. Fast tat sie ihm leid, wie sie gedankenlos ihr Leben verplemperte.

»Für deine Gedankenlosigkeit«, sagte sie, »gibt es bestimmt auch eine neurologische Erklärung. Oder liegt es am Alkohol? Du bist ein richtiger Säufer geworden, weißt du das? Warst du das nicht, der mir einen Vortrag über die hirnphysiologischen Auswirkungen des Alkohols gehalten hat? Ich erinnere mich vage an das Küchenreferat eines gewissen Doktor Meckel, in dem von irreparablen Zellschäden die Rede war. Ja, angeblich soll ein Vollrausch Millionen von Zellen des grauen Klumpens zerstören.«

»Ich habe genug davon.«

»Du arroganter Narziss«, presste sie wütend hervor, während sie hektisch ihre Parka-Taschen durchsuchte, »es ist zum Kotzen mit dir, weißt du das? Ich denke, *du* bist manisch-depressiv, deswegen interessierst du dich auch so dafür. *Du* hast all diese Psycho-Neuro-was-weiß-ich-für-Probleme, und um das nicht wahrhaben zu müssen, suchst du sie bei anderen. Viel Spaß beim Finden!«

»Dir auch. Dein Schlüssel liegt im Bad. Vielleicht schaust du morgen, wenn du ihn wieder suchst, zuerst dort.«

Anna zeigte ihm den Stinkefinger, lief ins Bad, verließ die Wohnung und knallte die Tür zu.

Ja, vielleicht bin ich manisch-depressiv, dachte er, vielleicht hat sie recht. Er befand sich auf einer Gratwanderung und wagte sich in cäsarische Dimensionen vor, in gefährliche Sphären. Aber waren seine Forschungsergebnisse nicht viel gigantischer als jeder Größenwahn es sich ausspinnen konnte?

Er musste an seine Mutter denken. Wie oft hatte er frech und fröhlich verkündet, einmal weltberühmt zu werden. Er wollte die Weltformel finden. Seine Mutter hatte darüber gelacht. Am Tag ihres Todes jedoch musterte sie ihn mit einem düsteren Ausdruck in den Augen, mahnend den Zeigefinger erhoben, und warnte ihn vor Hochmut und Größenwahn, die eine Abkürzung zur Hölle darstellten.

Die apodiktische Warnung setzte ihn immer wieder aufs Neue unter Hochspannung. Die Vorstellung erregte ihn, neben Cäsar und Napoleon, Stalin und Hitler, Doktor Jekyll und Doktor Mabuse in einer Reihe zu stehen. Er sah sein Öl-Portrait in einer Ahnengalerie der höchsten Hochmütigen und größten Größenwahnsinnigen aller Zeiten.

62

»Die halten dich alle für größenwahnsinnig, für übergeschnappt, durchgedreht, total krank!« Raumann blieb stehen und schnappte nach Luft.

Mindestens fünf Minuten, gefühlte fünf Stunden, war er wie ein hungriger Tiger hinter seinem Schreibtisch hin und her gelaufen, den Blick starr vor sich auf den Boden gerichtet. »Ausgerechnet an meinem Jubiläum! Ausgerechnet zu meinem Zwanzigjährigen! Wie konntest du mir das antun! Ausgerechnet! Was sollte das?!«

Stoller saß im Besucherstuhl und ließ die Tirade kommentarlos über sich ergehen. Der Wutausbruch seines Vorgesetzten ließ ihn kalt. Er spürte die Ruhe eines Buddha. Bevor er zu seinem Personalgespräch in die WOHLAG gefahren war, hatte er überlegt, sich wieder krank zu melden. Doch er wollte seinen Job nicht riskieren und Raumann keine Angriffsfläche bieten. Besser einen Rüffel kassieren und anschließend um Urlaub bitten. Er konnte nicht einfach zur Normalität übergehen.

»Was das sollte, hab ich gefragt!« Raumann setzte sich und fixierte ihn wie einen Hochverräter.

Stoller wagte einen Vorstoß. »Ich hab's Freitag ja schon gesagt. Ich brauche Urlaub, möglichst den ganzen Jahresurlaub. Und zwar würde ich gern …«

Raumann schnitt ihm das Wort ab: »Du bist gefeuert.«

Es verschlug Stoller die Sprache und dauerte ein paar Sekunden, bis er sie wieder fand. »Schlechter Witz.«

»Kein Witz. Du bist für die Wohlag nicht mehr tragbar.

Mit deiner Sauferei die letzten Jahre und den ewigen Verspätungen … Da hab ich viel zu lange die Augen zugedrückt. Deine Arbeit und dein persönliches Verhalten sind nicht länger tolerierbar. Genau genommen stellst du eine Gefahr für alle dar.«

»Du kannst mich doch nicht einfach rausschmeißen. Ich habe einen unbefristeten Vertrag und …«

»Wenn Eisenfeld etwas will, geht das.«

»Eisenfeld höchstpersönlich schmeißt mich raus?«

Raumann nickte. »Eisenfeld höchstpersönlich. Nach deinem unsäglichen Auftritt wollte er eine Einschätzung deiner Arbeit hören. Ich habe reinen Tisch gemacht und ihm alles erzählt. Auch von der fehlenden Krankschreibung letzte Woche. Und von deinem Versagen.«

»Versagen? Bist du noch ganz dicht?«

Raumann stützte sich mit beiden Händen auf den Tisch und beugte sich vor. »Ich habe deine statischen Berechnungen überprüft. Du hast zwar den Winddruck berücksichtigt, aber den Wind*sog* vergessen! Wenn wir die Verbindungsbrücke über dem Atrium mit deinen Werten und obendrein mit deinen fehlerhaft bemessenen Schraubverbindungen gebaut hätten, gäbe es Tote! Die wäre beim ersten Wind sofort abgerauscht, deine scheiß Brücke!«

Stoller schluckte. Hatte er sich wirklich so katastrophal verrechnet? Es wäre nicht die erste Überführung, die einstürzte, weil Statiker sich verrechnet hatten. Die Takoma Narrows war mit zahlreichen Autos auf der Fahrbahn zusammengebrochen, weil der Planer die Eigenfrequenz der Konstruktion falsch kalkuliert hatte. Die Fernsehbilder der sich immer höher aufschwingenden Brücke mit den Autos, die wie Spielzeuge am Asphalt klebten, hatten sich unvergesslich in Stollers Gedächtnis gebrannt.

Auch der Einsturz der seinerzeit längsten Eisenbahnbrücke der Welt über den Firth of Tay in Schottland zählte zu den großen Statiker-Legenden. Der Ingenieur, der von Königin Victoria für seine vermeintliche Meisterleistung zum Ritter geschlagen worden war, hatte zahlreiche Planungs- und Konstruktionsfehler begangen. Die falsche statische Berechnung der Windlast war eine der ersten Ursachen für die Katastrophe gewesen, bei der in einer stürmischen Nacht alle fünfundsiebzig Zugreisenden ums Leben kamen.

Theodor Fontane verewigte das Unglück in seinem Gedicht *Die Brück' am Tay,* einer Ballade zur Mahnung vor technikgläubiger Hybris: *Tand, Tand, ist das Gebilde von Menschenhand.*

»Moment mal! Das war doch nur die Vorstatik, das hätte ich doch später noch gemerkt.«

Raumann ließ sich auf seinen Stuhl zurücksinken. »Ich fürchte, du hast den Überblick verloren. Aber jetzt hast du ja Zeit ihn wiederzufinden. Eisenfeld empfiehlt dir eine ärztliche Konsultation. Er ist davon überzeugt, dass du unter einer psychischen Störung leidest.«

»Ich bin nicht krank!«

»Weißt du's? Ich an deiner Stelle würde den Rat befolgen. Du hast ein ernstes Problem, eine echte Challenge. Mach's gut damit.« Geschäftig nahm er Papiere vom Tisch und wandte sich ihnen konzentriert zu.

Stoller bekam Panik. Er war auf sein Gehalt angewiesen, um den Dispokredit zu tilgen und seine Mietschulden zu begleichen. »Jetzt wart doch mal! Ihr könnt mich doch nicht einfach rausschmeißen. Ohne ordentliche Kündigung.«

»Stimmt.« Raumann nahm ein Blatt vom Tisch und reichte es ihm. »Bitte. Außerordentliche fristlose Kündigung aus wichtigem Grund gemäß Paragraph sieben deines Vertrages. Deine Kollegen sind schon informiert. Du kannst sofort deinen Schreibtisch räumen. Die Security bringt dich in dreißig Minuten raus. Viel Glück!«

Seine Kollegen schwiegen, während er seine Sachen in einen kleinen Karton packte und den Schreibtisch aufräumte. Hardy arbeitete mit ernstem Gesicht am Rechner, gelegentlich aus den Augenwinkeln zu ihm herüber schielend. Auch Viola arbeitete, bedrückt schweigend. Sie sah blass aus und hatte geweint. Oder wünschte er sich das bloß?

Weil er keine Lust auf eine unbeholfene Verabschiedung hatte, nahm er den Karton und behauptete, gleich noch einmal wiederzukommen, was er nicht tat. Vor dem Eingang blieb er ein paar Minuten stehen und sah sich das Gebäude an, in dem er viele Jahre seines Lebens verschenkt hatte.

Er sog die kalte, trockene Luft tief in seine Lungen. Die Sonne schien und eisig scharfer Wind blies ihm ins Gesicht. Obwohl der Februar sich dem Ende neigte, war es immer noch schneidend kalt. Der kälteste Februar seit Beginn der Wetteraufzeichnungen. Eiszeit.

Stollers Geist fühlte sich wach und klar. Zu Erkenntnis bereit. Er sah die unfreiwillige Auszeit als Geschenk des Himmels und wollte sie nutzen. Er wollte endgültig eine Antwort auf die große Frage finden, die ihn umtrieb und in ihm zerrte: War er wirklich Gott begegnet und hatte einen göttlichen Auftrag oder war er einfach nur verrückt geworden? Wahn oder Wahrheit, das war hier die Frage.

63

Irrer Hirn-Doc tötet Patient bei Geheimversuch!

So oder ähnlich würde die Schlagzeile der Boulevardblätter lauten, wenn die Wahrheit ans Licht käme. Daniel versuchte sich so gut es ging auf die Arbeit zu konzentrieren, doch es ging nicht gut. Seine Gedanken kehrten immer wieder zurück zum Obduktionsergebnis, das er jeden Moment erwartete.

Seine Nervosität war den Agenten nicht entgangen, als sie sich am frühen Morgen im Café an der Charité getroffen hatten. Das Café versteckte sich im Luisen-Carrée zwischen dem Charité-Hochhaus und dem Platz vor dem Neuen Tor. Es war schlicht und pragmatisch und so lieblos eingerichtet, dass niemand länger als nötig einen Sitzplatz beanspruchte. Der perfekte Treffpunkt für eine geheime Zusammenkunft.

Bisher hatten sie sich immer abends getroffen, in verschwiegenen Restaurants. Gemeinsame Abendessen in wechselnden Lokalitäten waren seit ihrem ersten Treffen zu einem festen monatlichen Ritual geworden. Heute trafen sie sich erstmals am Morgen. Wolff hatte sich einen kurzfristigen Termin erbeten. Normalerweise liebte Daniel es, vom Duft frischer Backwaren und überbrühter Kaffeebohnen umnebelt, dem vorbei strömenden Leben zuzuschauen. Doch heute hatte er für sinnliche Freuden keinen Sinn.

Wolff ließ ein Stück Zucker in den schwarzen Kaffee fallen und rührte ihn um. Hagen machte es ihm nach, mit dem Unterschied, dass er in sein Getränk zuvor Kondensmilch goss, die weiße Schlieren auf der schwarzen Oberfläche bildete. Die Männer vom Dienst hatten wieder graue Anzüge an. Stefan Wolff trug dazu eine blaue Krawatte. Markus Hagen verzichtete auf Schlips, jedoch stimmte die Farbe seines Hemdes mit der von Wolffs Krawatte überein, als hätten sie sich absichtsvoll so gekleidet. Eine geheime Übereinkunft der Geheimnisträger.

»Wieso treffen wir uns so früh am Morgen?«, wollte Daniel wissen und nippte an seinem Cappuccino.

»Uns ist zu Ohren gekommen«, sagte Wolff, »dass 21e heute eine Pressekonferenz abhalten will.«

»Abhalten *wollte*«, verbesserte Daniel. »Die PK ist verschoben worden.«

»Wieso haben Sie uns nichts davon gesagt?«, fragte der Leitwolf.

»Was 21e macht, hat nichts mit unserer Angelegenheit zu tun.«

»Wirklich nicht?«, lauerte Hagen.

»Wieso sollte es?«, fragte Daniel.

»21e entwickelt Produkte für Brain-Entertainment«, antwortete Wolff. »Die Mindmachines der Zukunft benötigen intelligente Algorithmen. Und da der Konzern Ihre Forschung finanziert, liegt es nahe, dass er an außergewöhnlichen Frequenzen interessiert ist. Genau wie wir.«

»Natürlich erwartet 21e Unterstützung in der Produktentwicklung von meiner Seite«, gab Daniel zu. »Aber dabei geht es selbstverständlich um ganz andere Algorithmen. Harmlos im Vergleich zu unserem Projekt.«

»Harmlos?«, fragte Hagen mit gerunzelter Stirn. »Heißt das, Sie betrachten unser Projekt als gefährlich?«

»Das habe ich nicht so gesagt, ich meine nur …«

Hagen ließ ihn nicht zu Ende sprechen. »Gefährlich für

wen?« Die Frage kam scharf wie eine Rasierklinge aus seinem Mund.

Daniel hielt dem bohrenden Blick stand. Seine Angst versuchte er sich nicht anmerken zu lassen. Statt einer Antwort nahm er einen Schluck vom Cappuccino. »Was sollen die Observationen?«, fragte er dann.

Hagen und Wolff sahen sich irritiert an. »Wäre das denn nötig?«, fragte Wolff.

»Ich brauche keine Aufpasser.«

»Leiden Sie etwa unter Verfolgungswahn?«, fragte Hagen.

Daniel blickte zwischen beiden hin und her. Wollten sie ihn für dumm verkaufen oder waren sie wirklich ahnungslos? »Vor unserem Haus stand das ganze Wochenende ein dunkler BMW mit zwei merkwürdigen Typen. So auffällig unauffällig, dass es sogar meiner Schwester nicht entgangen ist!«

»Ihre Schwester?«, hakte Wolff alarmiert nach. »Die weiß doch nichts, oder?«

»Natürlich nicht«, versicherte Daniel, »niemand außer uns hier am Tisch und Professor Hacker weiß irgendetwas.«

Zwei Augenpaare durchbohrten ihn. Er sah sich zwei Lügendetektoren gegenüber. Wolff nickte. »Gut.« Er nahm ein weiteres Stück Zucker und rührte es in den Kaffee, von dem er noch keinen Schluck getrunken hatte. Auch Hagen ließ sein Getränk unangetastet, als könnte es vergiftet sein.

»Wir haben Vertrauen in Sie und Ihre Arbeit«, log Wolff, »da können Sie uns ruhig etwas mehr Vertrauen entgegenbringen.«

Daniel hätte am liebsten laut gelacht. Dem Geheimdienst vertrauen, das war der kürzeste Witz, den er je gehört hatte. »Vielleicht ist es besser, wenn wir das Projekt erst mal auf Eis legen«, sagte er so selbstbewusst wie möglich, »oder sogar ganz beenden.«

»Das wäre sehr unklug«, erwiderte Wolff. »Ein vorzeitiger Projektabbruch ist nicht vorgesehen.«

»Und könnte für alle Beteiligten unangenehme Konsequenzen nach sich ziehen«, ergänzte Hagen. »Vergessen Sie nicht: Sie helfen Ihrem Vaterland. Sie helfen uns, die Bevölkerung zu beschützen.«

Diesmal konnte Daniel ein kurzes Lachen nicht zurückhalten und erntete dafür böse Blicke.

»Wie weit sind Sie denn mit dem Algorithmus?«, fragte Hagen, als hätte es Daniels Vorstoß nie gegeben.

»Es gibt Fortschritte und Rückschritte.«

»Wo liegt das Problem?«, wollte Wolff wissen. »Der Pulsator? Sollen wir ein Treffen mit Professor Hacker arrangieren?«

»Nein, der Pulsator funktioniert, das ist es nicht. Es ist nur ...«

»Was?«, setzte Hagen nach.

»Es ist nicht so einfach wie gedacht. Das Gehirn macht nicht immer das, was es soll. Wir stehen noch am Anfang.«

Wolff machte ein unzufriedenes Gesicht. »Sie standen doch schon kurz vorm Durchbruch. Mit dem Code.«

»Er funktioniert nicht!«

»Was soll das heißen?« Argwohn überzog Wolffs Stirn. »Er hat doch schon fast funktioniert.«

»Ja, fast. Die positiven Ergebnisse haben sich nicht bestätigt. Und ... Es gab einen Unfall. Im Institut. Ein Patient ist gestorben, nachdem ich an ihm den Algorithmus ausprobiert habe.«

»Oh.« Das war Hagen.

»Aber keine Sorge, das kläre ich schon, das bekomme ich in den Griff. Ich muss jetzt erst mal den Schaden begrenzen und verhindern, dass meine Kollegen Verdacht schöpfen.«

»Das wäre in der Tat fatal.« Er hörte die unmissverständliche Drohung in Wolffs Stimme.

»Ich weiß, ich weiß«, versuchte er das Misstrauen und die Bedenken seines Gegenübers zu zerstreuen. »Heute bekomme ich den Obduktionsbericht. Dann weiß ich mehr.«

64

Eine intrazerebrale Blutung wurde als Todesursache attestiert, eine plötzliche Hirnblutung. Zum Glück wurden die geplatzten Gefäße nicht in Pauls Temporallappen lokalisiert, in dem Daniel den künstlichen Orkan ausgelöst hatte, sondern zwischen dem Hirnanhangdrüsenstiel und der Sehnervenkreuzung.

Da Paul tot in seiner Wohnung gelegen hatte und eine Kopfverletzung an der Stirn entdeckt worden war, ging der Rechtsmediziner davon aus, dass er im akuten Anfallsgeschehen gestürzt und dadurch die Blutung ausgelöst worden war. Allerdings, so schränkte der Obduzent in seinem Bericht ein, lasse sich dieser Zusammenhang nur vermuten. Möglich sei auch, dass ein schwerer Anfall zu der Blutung geführt habe und der Patient durch eine daraus resultierende Bewusstseinstrübung oder Bewusstlosigkeit gestürzt sei. Diese Möglichkeit schien dem Rechtsmediziner unwahrscheinlich, weil epileptische Anfälle selten zu Gefäßschäden und noch seltener zu Blutungen führten.

Daniel wusste es besser. Das Unwahrscheinliche war in diesem Fall das Gewisse. Zu seinem Glück ahnte niemand etwas von den Kausalzusammenhängen.

Institutsleiter Hohlbein, ein hagerer Hüne Mitte Fünfzig mit einem zerknitterten Gesicht, verkündete das Obduktionsergebnis in einer kurzfristig anberaumten Sitzung der Arbeitsgruppen, für die er zuständig war. Den Blick an Daniel gewandt, zuckte um seinen Mund ein bitteres Lächeln, als er erklärte, was für ein unerquicklicher Einstieg in seine

Forschungsarbeit der Todesfall darstelle. Hohlbein forderte Daniel auf, den Verlauf seiner letzten Behandlungen des Verstorbenen zu schildern.

»Ich habe mit dem Patienten zuletzt wie geplant die Testreihen fortgesetzt, mit denen ich schon in der ersten Woche nach meinem Antritt begonnen habe. Am Freitag habe ich ihn noch behandelt.« Daniel schüttelte bedauernd den Kopf. »Ich kann es immer noch nicht fassen, dass er nur wenige Stunden später verstorben ist. Das tut mir wirklich weh. Ein großer Verlust für die Wissenschaft.«

Bevor er weiter sprechen konnte, mischte sich Richter ein, der in das Experiment geplatzt war. »Sie haben doch mit dem Stirnband experimentiert, wenn ich das richtig gesehen habe.«

Hohlbein durchbohrte Daniel mit einem skeptischen Blick. »Wieso das?«

Daniel spürte die gespannte Aufmerksamkeit der achtzehn Teilnehmer. Und seinen Herzschlag, der sich beschleunigte. Er entschied sich für die Offensive und nickte. »Aus Rücksicht auf den Wunsch des Patienten, auf eine medikamentöse Behandlung zu verzichten, und mit seiner expliziten Einwilligung habe ich versucht, mit Hilfe des Stirnbands auf die Epiphysen-Aktivität sedierend einzuwirken.« Ein Funken Wahrheit steckte in der Lüge.

»Sedieren mit dem Stirnband?« Hohlbein runzelte verwundert die Stirn. »Was soll das heißen?«

»Ich habe einen Algorithmus aus Alpha- und Theta-Wellen verwendet. Die Kombination mindert nachweislich die Aktivität der Epiphyse.«

»Was genau für einen Algorithmus?«, fragte Richter bohrend wie ein Richter.

Bevor Daniel darauf eingehen konnte, regte sich der Institutsleiter auf: »Aber das Band ist doch für so etwas überhaupt nicht vorgesehen!«

Es entbrannte eine Diskussion darüber, ob es sinnvoll sei, das Stirnband für diese Behandlungsform auszuprobieren und ob Daniel seine Kollegen hätte informieren und zu Rate ziehen müssen, was alle bejahten.

Denn Daniels, von Persingers Gotteshelm inspirierte Erfindung, war höchst umstritten. Der kanadische Neurologe Michael Persinger hatte erkannt, dass sich die Erlebnisse von Schläfenlappen-Epileptikern mit denen meditierender Mönche sowie Patienten mit Nahtoderfahrung größtenteils ähnelten. Bei allen Erlebnissen ließ sich eine erhöhte elektrische Aktivität im Schläfenlappen feststellen. Persinger begriff religiöse Erfahrungen als epileptische Mikro-Anfälle. Um zu beweisen, dass religiöse Visionen und mystische Erlebnisse im Temporallappen erzeugt wurden, im religiösen Zentrum des Gehirns, dem Gottesmodul, hatte er den Gotteshelm entwickelt. Er bestückte das Innere eines Motorradhelms mit Elektroden, die elektromagnetische Wellen in die Schläfenlappen sendeten. Das Muster dieser Wellen hatte er den Hirnwellen meditierender Mönche im Zustand des Samadhi entnommen. Die Reizung der Temporallappen mit den elektrischen Strömen aktivierte bei einem Großteil der Probanden das religiöse Zentrum und sorgte für mystische Erlebnisse.

Vor zwei Jahren hatte Daniel den Helm weiterentwickelt und vereinfacht. Er hatte eine größere Anzahl kleinerer Elektroden in ein zehn Zentimeter breites Latex-Stirnband eingebettet. Es war bequemer als ein Helm und effektiver. Seine Kollegen nannten die Erfindung Gottesband.

»Das stimmt«, gab Daniel zu, »das Band ist eigentlich für eine künstliche Stimulation des Schläfenlappens gedacht, aber …«

»Die Paul gewiss nicht benötigt haben dürfte«, unterbrach ihn Hohlbein. »Ich denke, wir arbeiten daran, Anfälle zu vermeiden und nicht daran, sie hervorzurufen.« Zwischen den Augenbrauen des Institutsleiters hatte sich mittlerweile eine tiefe Furche gebildet.

Daniel bemerkte, wie sein Puls raste, auf seiner Stirn bildeten sich Schweißtröpfchen. »Sicher, das versteht sich von selbst. Ich habe versucht, mit entsprechendem Wellenbeschuss eine Beruhigung hyperaktiver Hirnzentren zu erreichen. Deshalb habe ich das Band und die Elektroden so an Pauls Kopf angebracht, dass die Wellen nicht auf seine Schläfenlappen, sondern auf die Epiphyse ausgerichtet waren.«

Von anderer Seite kam eine weitere Frage. Von Richter, in dem das Misstrauen Eier gelegt hatte, aus denen nun kritische Fragen schlüpften. »Haben Sie Frau Gruszczewski auch mit diesen … wie soll ich sagen … alternativen Methoden behandelt?«

Daniel ging im Geiste seine Patientenakten durch. Natürlich, die Alte mit dem Schlaganfall! Seine Versuche hatten bei ihr nach der zweiten Behandlung einen linksseitigen Apoplex ausgelöst, einen ischämischen Hirninfarkt. »Nein«, log er unverblümt, »bei ihr habe ich die medikamentöse Therapie fortgesetzt, die bereits seit Jahren angewandt wird.«

Er fixierte den misstrauischen Kollegen mit seinem Blick und gab ihm zu verstehen, dass es nichts mehr zu bohren gab. Doch Richter ließ nicht locker. »Ich bin offen gestanden etwas skeptisch. Vor allem, was die Behandlung per Gottesband angeht. Ich würde diese Frequenzen ja gerne mal sehen.«

Der Institutsleiter schaltete sich ein. »Vielleicht stellen Sie einfach beim nächsten Meeting Ihre bisherigen Forschungsergebnisse vor. Bringen Sie bitte die Dokumentation Ihrer Testreihen und Behandlungsprotokolle des verstorbenen Patienten und von Frau Gruszczewski mit.«

»Und was ist mit den Algorithmen?«, setzte Richter nach.

»Richtig«, nickte Hohlbein. »Präsentieren Sie uns bitte auch alle Algorithmen, mit denen Sie arbeiten.«

Daniel schluckte unmerklich. Es lag viel Arbeit vor ihm, um sein Geheimnis zu beschützen.

65

Am Dienstagmorgen stand er um acht auf. Über dem Friedhof waberte Morgendunst.

Stoller duschte, versorgte Mephisto mit einem Hirsekolben und frischem Wasser, kochte Espresso mit heißer Milch, aß zwei Scheiben Toast mit Honig, und setzte anschließend seine Privatforschung fort.

Nach seinem Rausschmiss hatte er den ganzen Montag über im weltweiten Netz nach der Wahrheit gefahndet, von Wundern und Erleuchtungen, Heiligen und Propheten gelesen, bis ihm die Augen brannten. Im Kaiser's Supermarkt an der Landsberger Allee hatte er sich spät abends Lasagne und Halbbitterschokolade gekauft und der Versuchung widerstanden, Bier oder Wein und Zigaretten mitzunehmen. Nach dem Essen hatte er sich um Mitternacht aufs Bett gelegt, um kurz zu ruhen. Sofort war er eingeschlafen.

Zielstrebig arbeitete er jetzt am Rechner seine Lesezeichen vom Vortag ab. Diesmal nahm er sich okkulte und paranormale Erlebnisse gewöhnlicher Menschen vor.

Eine Umfrage hatte ergeben, dass drei Viertel aller Menschen Unerklärliches und Übersinnliches erlebt hatten: Hellsichtigkeit, Wahrträume, PSI-Phänomene, Geist-Erscheinungen. Einige Grenzwissenschaftler gingen davon aus, dass jeder Mensch übersinnliche PSI-Kräfte hätte, aber es gelänge nur wenigen, sie an ihrem Verstand vorbei zu lassen. Nur in Lebensgefahr oder wenn ein geliebter Mensch starb, würden sie von den meisten Menschen auf unerklärliche Weise wahrgenommen.

Er las von einer Frau, die von ihrer Schwester einen Kugelschreiber geschenkt bekommen hatte. Nachdem die Schwester bei einem Unfall gestorben war, schrieb der Kuli nicht mehr. Eine Friseurin war beim Staubsaugen, als der Staubsauger plötzlich ausging; im selben Moment sah sie ihre Tante vor sich, tot. Exakt zu dieser Uhrzeit hatte die Tante einen tödlichen Autounfall.

In einem Blog stieß Stoller auf einen jungen Mann, der seinen Vater besucht hatte. Während seines Besuches hatte der jüngere Bruder angerufen und dem Vater erzählt, dass er sich von seiner Frau scheiden lassen würde. In dem Moment gab es ein lautes Geräusch. Der junge Mann und sein Vater, der den Telefonhörer noch in der Hand hielt, sahen ein zerbrochenes Bild am Boden – ein Foto des Hochzeitspaares. Der Haken hing unversehrt an der Wand und die Öse am Bild zeigte keine Beschädigung.

In Chatrooms und Foren und Blogs las Stoller Dutzende Erlebnisberichte über Präkognition, Psychometrie, Astralprojektion, Levitation, Poltergeister, Teleportation, Psychokinese, Telepathie. Und immer wieder Nahtoderfahrungen, die ihn an Annas Bericht über ihr Erlebnis am Strand des Todes erinnerten. Ernest Hemingway schrieb, nachdem er im Ersten Weltkrieg von einem Schrapnell getroffen worden war: *Meine Seele kam geradewegs aus meinem Körper, wie man ein Seidentuch an einem Zipfel aus der Tasche zieht. Sie flog herum, kam zurück und ging wieder hinein, und ich war nicht mehr tot.*

Die vielen Darlegungen beeindruckten Stoller. Hinter der Wirklichkeit schien etwas verborgen zu liegen, ein geheimer Schatz, der auf Bergung wartete. Die Phänomene schienen zu beweisen, dass es eine geistige Welt gab, mit der jeder

Mensch verbunden war und dass es eine unsichtbare Verbindung zwischen den Menschen gab. Diese Verbindungen mussten Gesetzen gehorchen, wie es alle Naturerscheinungen taten.

Es kam Stoller so vor, als schwebte eine große Erkenntnis nah über seinem Kopf, doch konnte er sie nicht sehen, weil eine Nebelbank dazwischen lag.

Aus einer Laune heraus besuchte er eine Website über Tarot, nachdem er gelesen hatte, dass das Kartenspiel eine Möglichkeit darstellte, innere unbewusste Prozesse zum Vorschein zu bringen. Aus einem digitalen Kartenstapel zog er seine Persönlichkeitskarte. Die Hohepriesterin. Stoller las über die vermeintliche Bedeutung der Karte. Sie stand für das Unbewusste. Es ging um die verborgenen Geheimnisse der inneren Welt, darum, der eigenen Intuition zu vertrauen, auf die innere Stimme zu hören, sich der Welt der Gefühle, Träume und Phantasien zu öffnen. Die Hohepriesterin stand auch für irrationale Weisheit und Ahnungen. Er musste lächeln.

Als nächstes zog er drei Karten, eine für die Vergangenheit, eine für seinen gegenwärtigen Zustand und eine für die Zukunft. Er erschrak, als er den Teufel aufdeckte, und in seinem Inneren rief eine winzige Viola: Du bist ein schlechter Mensch. Doch dann las er die angebliche Bedeutung: Der Teufel repräsentierte die Schattenseiten des Unbewussten, die Triebe und Urkräfte im Menschen. Es ging darum, sich mit seinen unangenehmen Seiten auseinanderzusetzen, mit dem verdrängten Ekel vor sich selbst und dem inneren Dunkel.

War er nicht von sich selbst angewidert gewesen? Und hatte er nicht alles Unangenehme verdrängt und im Alkohol ertränkt? Hatte er nicht seinen Ekel vor sich selbst auf die Welt übertragen und seine Umwelt mit seinem inneren Schmutz beworfen?

Als Symbol für die Gegenwart deckte er den Narr auf. Der Narr symbolisierte laut Erklärung den Neubeginn. Der Narr öffnete sich mutig dem Neuen und Unbekannten, um Erfahrungen zu sammeln und eine neue Lebensphase zu beginnen. War das tatsächlich so, stand er vor einem Neubeginn? Erwartungsvoll deckte er die Karte um, die seine zukünftige Entwicklung anzeigen sollte. Die Welt. Die Karte stellte angeblich vollkommenen Erfolg dar, vollständige Selbsterkenntnis. Das klang verheißungsvoll.

Stoller sinnierte über die Bedeutung der Karten. Die Hohepriesterin stand für die Sinnsuche, die Welt für die Sinnfindung. Und während der Teufel für die Anhaftung an Vorstellungen stand, steckten in der Welt die unbegrenzten Möglichkeiten, die Erfüllung. Wenn man die Welt erreichte, war man am Ziel. Schöne Aussichten.

Er blickte aus dem Fenster und rieb sich die Augen. Die Gräber lagen bereits im Dunkeln und warteten auf die Nacht. Stoller gähnte und hörte seinen Magen knurren. Er sah zur Uhr. Seit zehn Stunden hatte er nichts außer zwei Riegeln Schokolade gegessen.

Er zog sich den Mantel an und verließ die Wohnung. Eigentlich wollte er zum nahegelegenen Italiener, doch er entschied sich um. Immer aß er in denselben Lokalen, immer die gleichen Gerichte, die immer von denselben Kellnern gebracht wurden. Und täglich grüßt das Murmeltier.

Heute wollte er aus seinem Kiez heraus. Seinen Lebensradius, der einen Quadratkilometer umfasste, erweitern. In einem Restaurant essen, das er noch nicht kannte, neue

Gesichter sehen. Seine Schritte führten ihn zur U-Bahn an der Weberwiese. Er fuhr zum Alexanderplatz und ging zum Fernsehturm. Vor den Aufzügen zum Panorama-Restaurant lärmten Touristengruppen. Stoller entschied sich, woanders hinzugehen. Ziellos lief er Unter den Linden entlang durchs Brandenburger Tor und schlenderte über den Potsdamer Platz. Ein österreichisches Restaurant in der Alten Potsdamer Straße zog ihn an.

Er setzte sich an einen kleinen Tisch neben das Fenster und bestellte einen Kaiserschmarrn. Während des Essens beobachtete er ein verliebtes Paar und musste an Anna denken. Er schlang sein Essen herunter, bezahlte eilig und verließ das Restaurant. Auf dem Weg zur U-Bahn fiel sein Blick auf ein Gebäude, das seiner Wahrnehmung bisher entgangen war. Hotel Safranski.

66

Anna spielte den *Liebestraum* von Liszt.

Eine kleine Hochzeitsgesellschaft war vom Festsaal in die Bar gezogen. Das junge Paar wünschte sich die Klassiker für diesen Anlass. Nach dem *Liebestraum* verlor sich Anna in Schumanns *Träumerei.*

Das Repertoire hatte sie schon oft gespielt. Sie musste nicht mehr auf die Noten schauen und konnte ihren Blick über die Gesichter der Gäste schweifen lassen. Ein Anflug von Neid überkam sie beim Anblick des glücklichen Paares. Sie kam sich vor wie eine unbeteiligte Zuschauerin des Lebens. Eine Außenstehende, eine Randerscheinung, die ihr Geld damit verdiente, die Begleitmusik zum Leben der anderen zu spielen.

Früher litt sie unter ihrer Teilnahmslosigkeit und ihrem Anderssein. Während ihre Schulfreundinnen die Kindheit mit Barbiepuppen zubrachten, experimentierte sie mit dem Physikkasten ihres großen Bruders. Ihr erstes Radio bastelte sie mit neun. Als ihre Freundinnen begannen, sich für Jungs zu interessieren, saß Anna auf ihrem Bett und las Bücher über den Urknall und die Entstehung der Welt. Während die anderen tanzen und feiern gingen, Kinder und Trauringe bekamen, familiär und häuslich wurden, saß sie in der Uni-Bibliothek und beschäftigte sich mit Atom- und Astrophysik, mit den kleinsten und größten Teilchen in Gottes Welt.

Als Kind war sie davon überzeugt, eine große Physikerin zu werden, die endlich die Weltformel finden würde. Die Formel, die die Welt erklärte und das Wirken und Wüten aller Kräfte. Doch kaum hatte sie sich in Heidelberg für Physik und Astronomie eingeschrieben, erstarb ihr Enthusiasmus. Statt auf große Denker mit weitem Geist traf sie auf engstirnige Naturwissenschaftler mit einem konservativen Weltbild und einer an Fetisch erinnernden Beweisgläubigkeit. Theorien der Quantenphysik, mit denen Anna sich auseinandersetzen wollte, wurden als esoterische Spinnerei in eine metaphysische Nische abgetan, die mit seriöser Wissenschaft nichts zu tun habe. Dabei erschien es ihr offensichtlich, dass die Interaktion von Geist und Materie auf quantenphysikalischen Gesetzen basierte. Nicht ohne Grund ähnelten sich Mystiker und Quantenphysiker in ihren Aussagen über das Wesen der Welt und die sinnlich wahrnehmbare Realität. *Der Stoff der Welt ist geistiger Stoff,* hatte der Physiker Eddington postuliert.

Nach zwei Semestern schmiss Anna das Handtuch und bereiste die Welt, ehe sie wieder ein Studium aufnahm und auf geisteswissenschaftliche Fächer umsattelte. Auf Disziplinen, die das Denken und Zusammenleben des Menschen in den Mittelpunkt ihres Forschungsinteresses stellten. Endlich machte ihr das Studieren Spaß. Sie sah sich auf dem richtigen Weg. Bis sie in Mexiko der Skorpion stach.

Das begrenzte Wissen der voneinander abgeschotteten Wissenschaften kam ihr nach dem Erlebnis im Angesicht des Todes lächerlich und nutzlos vor. Sie interessierte sich nur noch für spirituelles Wissen, las die heiligen Schriften der großen Religionen, angefangen bei Bibel und Bhagavadgita über Koran und Sohar bis zu den Totenbüchern der Ägypter und Tibeter. Und sie begeisterte sich wieder für die verloren geglaubte Musik.

Vergeblich hatte sie nach dem Erlebnis gehofft, ein für alle Mal befreit zu sein von ihren Ängsten. Ebenso vergeblich war ihre Hoffnung auf Erlösung durch Liebe.

Anna musste an Stoller denken und ertappte sich dabei, wie sie sehnsüchtig seufzte. Ihre Sehnsucht zielte ins Leere. Auf einen Bauingenieur, der mit sich selbst beschäftigt war. Er hatte sie in emotionalen Aufruhr versetzt und sie hatte auf ihn ihre Wünsche und Träume projiziert. Grundlos und vergebens.

In Gedanken an Stoller spielte sie Cole Porters *What Is This Thing Called Love* und ließ den Blick durch den Raum schweifen.

Einen Moment kam sie aus dem Takt und traf zwei Töne falsch. An der Tür stand Stoller und starrte sie unverwandt an. Ihre Blicke trafen sich für einen Wimpernschlag, bevor er sich ruckartig umdrehte und verschwand.

67

Fast eine halbe Stunde lang hatte er Anna am Klavier beobachtet. Sah, wie sie sich in ihr Spiel versunken hin und her bog wie ein Baum im Wind, die Schultern nach oben drehte, dann zurück sank, um dem Lauf der Finger auf die andere Seite der Klaviatur zu folgen.

In dem violetten Samtanzug, der weißen Rüschen-Bluse und dem Pferdeschwanz erschien sie ihm wie eine Puppe, die aus einer fernen Vergangenheit ausgeschnitten worden war. Für den Rest seines Lebens hätte er ihr zuschauen können, doch als sie ihn bemerkte, fühlte er sich ertappt wie ein Spanner.

Vor dem Eingang zur U-Bahn glaubte er, Peter Faust zu sehen. Er rief mehrmals seinen Namen, doch der Mann reagierte nicht auf die Rufe und verschwand um eine Häuserecke. Stoller schüttelte den Kopf. Die Sinne konnten täuschen, und die Wahrnehmung bildete nicht immer die Wahrheit ab.

Er nahm die U-Bahn und lief von der Weberwiese durch Eiseskälte nach Hause. Im Hof begegnete er Hannes. Neben dem Trinker ging ein Mann mit einem schmalen Gesicht, in dem ein Oberlippen-Bärtchen klebte. Mit seinem braunen Hut und der Fransenlederjacke sah er aus wie ein Musketier.

»Stoller, mein Guter!«, rief Hannes, »hier, mein Kumpel Martin, jetzt lernste den auch mal kennen, der ist Mathematiker, 'n richtiges Genie.« Hannes' meckerndes Lachen erschallte.

»Hallo«, sagte Stoller zum Musketier und wollte ins Haus gehen.

»Wart mal«, rief Hannes ihn zurück, »die Kohle! Ich kann dir die Kohle zurückgeben. Hab mit Martin paar Münzen seiner Mutter verkauft. Komm doch grad mit hoch, ich hab das Geld weggeschlossen, damit ich's nicht gleich wieder versaufe.«

»Kannst du mir auch wann anders geben.«

»Nee, nee, lieber sofort, dann hab ich gleich alle Schulden bezahlt.«

Stoller betrat die Wohnung des Säufers zum ersten Mal. Durch Flur und Zimmer wanden sich schmale Wege zwischen Müllbergen hindurch. Frikadellenpapier, Pizzakartons, Burgerverpackungen, Milchbeutel, Bierflaschen und Bücherkartons türmten sich in der ganzen Wohnung. Die abgestandene Luft roch nach einer Raucherkneipe voll alter Männer. Es gab weder Bilder an der Wand noch Vorhänge vor den verdreckten Fenstern, Glühbirnen hingen ohne Lampe in den Fassungen, zwei übereinander liegende Matratzen und ein Tisch mit drei Stühlen waren die einzigen Möbel außer einem alten Seekoffer, aus dem Socken und Unterwäsche quollen.

Hannes bot ihm einen Stuhl an. Martin saß bereits am Tisch und sah ihn erwartungsvoll an. »Du bist also der Bauingenieur ...«

Stoller war es unangenehm, von dem Säuferkumpan seines Nachbarn so vertraulich angesprochen zu werden.

»Ich hab ihm gesagt, dass du auch gern rechnest«, warf Hannes ein. »Martin hat ja erst Elektrotechnik und dann Mathematik studiert, ja-ha. Echter Diplom-Mathematiker.« Hannes reichte Stoller einen Fünfzigeuroschein und schlug ihm jovial auf die Schulter. »Kauf dir mal was Gesundes.

Obst, Gemüse.« Er lachte dreckig und sagte, er gehe zum Kiosk, Bier holen.

Als er draußen war, nahm Stoller den kurzen Gesprächsfaden wieder auf. »Arbeitest du als Mathematiker?«

»Du meinst für Geld, in der Wirtschaft? Nö, will ich gar nicht«, grinste der Musketier und kramte aus seiner Fransenjacke einen Tabakbeutel. Während er sich eine Zigarette drehte, sprach er munter weiter. »Ich betreibe Privatforschung. Ein paar Rätsel der Natur sind ja noch nicht geknackt, also noch nicht mathematisch gelöst, das Wetter zum Beispiel. Im Prinzip lässt sich alles mathematisch ausdrücken. Für alles gibt es eine Formel, auch für das Wetter muss es eine geben.«

»Auch für die Welt und für Gott?«

»Für alles.« Genüsslich zündete sich Martin die Selbstgedrehte an.

»Was ist mit Geheimnissen?«

»Mathematik des Geheimnisses? Warum nicht?«

»Dann müsste es auch eine Mathematik der Mystik geben.«

»Mathematik *ist* Mystik. Kennst du Blaise Pascal, den Mathematiker und Philosoph?«

»Klar, Wahrscheinlichkeitsrechnung, Stochastik.«

»Darüber hat er auch was geschrieben. Aber Pascal war nicht nur Naturwissenschaftler, er war Mystiker und hat zum Schluss nur noch religiöse Texte geschrieben.«

»Wusste ich nicht.«

»Pascal hatte mit Anfang Dreißig eine mystische Erfahrung, die ihn stark veränderte. Erst war er das hochgelobte Mathematikgenie, dann fanatischer Gottessucher.«

»Was für eine mystische Erfahrung?« Stoller nahm Witterung auf wie ein hungriges Raubtier, das Blut roch.

»So genau kenn ich mich damit nicht aus, ich hatte noch keine. Aber die sollen sich ja irgendwie alle ähneln. Pascal hat direkt im Anschluss an sein Erlebnis ein Memorial darüber verfasst, ein Blatt Pergamentpapier, das er sein Leben lang immer wieder neu in das Futter seines Mantels eingenäht hat. Das Erlebnis war für ihn das Beeindruckendste seines Lebens. Er war tief gläubig geworden. Kennst du nicht die Pascalsche Wette?«

Stoller verneinte.

»Pascal war zwar nach seiner Erfahrung von Gottes Existenz überzeugt, aber einen Gottesbeweis konnte auch er nicht liefern. Also dachte er darüber nach, wie andere Menschen davon überzeugt werden könnten, trotz des fehlenden Beweises an Gott zu glauben. Pascal nimmt ein Gedankenspiel vor. Die Wette geht folgendermaßen: Wir sollen eine Münze werfen und darauf wetten, ob es Gott gibt oder ob es ihn nicht gibt. Beides ist gleich möglich, beides ist gleich unbeweisbar. Die Wahrheit kann zwar nicht durch die Wette bewiesen werden, aber es muss gewettet werden, wir müssen uns entscheiden, auf Teufel komm raus.«

»Im Ergebnis kommt doch das Gleiche raus«, schlussfolgerte Stoller. »Wenn ich an ihn glaube und es gibt ihn, gut. Wenn ich nicht an ihn glaube und am Ende stellt sich raus, es gibt ihn doch, okay. Was hab ich dann gewonnen?«

»Wenn du nicht an ihn glaubst und es gibt ihn am Ende nicht, hast du tatsächlich nichts gewonnen.«

»Die Wette schon.«

»Nicht wirklich. Pascal hat statistisch nachgewiesen, dass es besser ist, auf die Existenz Gottes als auf seine Nicht-Existenz zu wetten, denn der potentielle Gewinn ist stets größer als der mögliche Verlust. Aber lassen wir das, wir könnten

Stunden über das Ausgangsdilemma streiten und ihm einen logischen Fehlschluss attestieren. Ich wollte ja nur sagen, wie eng Mathematik und Mystik manchmal sogar in einer Person zusammenhängen.«

Ein Naturwissenschaftler hat sein mystisches Erlebnis nicht als krankhaft abgetan, dachte Stoller aufgewühlt. »Du sagtest, er hat nur noch religiöse Texte geschrieben. Hat er sich ganz von der Wissenschaft abgewandt?«

»Ich schätze, er wollte beides vereinen. Er hat viel über die menschliche Vernunft und den Glauben und über wissenschaftliche Wahrheit geschrieben. Für ihn gab es nur zwei Arten von Menschen, die man vernünftig nennen kann. Jene, die Gott von ganzem Herzen dienen, weil sie ihn erkennen, und jene, die ihn von ganzem Herzen suchen, weil sie ihn nicht erkennen. Er wollte aber niemanden missionieren, weil er erkannt hatte, dass das gar nicht geht. Warte, wie war das noch mal …?«

Einige Sekunden lang durchforstete Martin sein Gedächtnis, bis er das Gesuchte fand. »›Gott gibt so viel Licht, dass wer glauben will, glauben kann. Und Gott lässt so viel im Dunkeln, dass wer nicht glauben will, nicht glauben muss.‹« Zufrieden lächelnd zündete er seine erloschene Zigarette wieder an und zog den Rauch tief in seine Lungen.

Nach einer Weile nachdenklichen Schweigens sagte Stoller: »Meinst du, es gibt tatsächlich so etwas wie eine Mathematik der Mystik?«

Martin überlegte einen Moment. »Interessante Frage. Da alle Erscheinungen in mathematischen Formeln ausgedrückt werden können, auch jeder Gedanke und jede Idee …«

»Müsste auch ein mystisches Erlebnis in Zahlen codierbar sein«, kombinierte Stoller.

»Ja, rein theoretisch müsste es auch dafür einen Algorithmus geben.«

»Wieso Algorithmus? Ich denke, mathematische Formel?«

»Eine mathematische Formel ist ja ein Algorithmus. Aber wenn man erst mal nach einem Muster sucht, nach der Bauanleitung, sollte man sich nicht zu früh auf die Art des Algorithmus festlegen. Das ist ja zunächst nur eine genau definierte Handlungsvorschrift, ein formales Verfahren, das zu einem logisch erwartbaren Resultat führt. Ein Kochrezept ist genauso ein Algorithmus wie der Programmcode einer Suchmaschine oder eine Bedienungsanleitung.«

»Schon klar. Auch der Darwinismus ist ein Algorithmus.«

Martin nickte, zog an seiner Zigarette und blies Kringel aus, die sich vor seinem Gesicht auflösten.

»Dann steckt also hinter einer mystischen Erfahrung ein Algorithmus«, sagte Stoller nachdenklich.

»Wäre denkbar.«

Stoller musste an den Petrus-Schlüssel denken. Alles ließ sich mathematisch ausdrücken. Musste es nicht so etwas wie einen Gottes-Algorithmus geben?

Hannes kehrte mit einem Sechser-Container Bier zurück. Stoller hatte genug gehört. Er stand auf und verabschiedete sich. »War nett mit dir zu plaudern, sehr aufschlussreich.« Der Musketier hob die Flasche zum Gruß und nahm einen Schluck.

Im Laufschritt eilte Stoller in seine Wohnung. Er fühlte mit der Gewissheit des Glaubens, dass diese Begegnung ein wichtiges Zeichen war. Ein Wegzeiger, dem er sofort folgen wollte.

68

Die Tatsache, dass ein genialer Wissenschaftler Ähnliches wie er selbst erlebt hatte und sich dadurch zum Mystiker und Gottsucher gewandelt hatte, entfachte erneut Stollers Willen zum Glauben. Bei seinen Recherchen über Pascal stieß er auf ein Zitat des Philosophen, das ihn darin bestärkte: *Wer den Glauben besitzt, ist immer in Gefahr, ihn zu verlieren; nur der Suchende wird ihn gewinnen.*

Er fragte sich, wodurch Pascals mystisches Erlebnis ausgelöst worden war und suchte nach einer Biografie des Mathematikers. Die Liebe schied als Auslöser aus. Manche Forscher sahen einen Zusammenhang mit einem Kutschenunfall, bei dem sich Pascal den Kopf verletzt hatte. Diese Erklärung würde gut in das neurologische Erklärungsmodell seines Nachbarn passen.

Stoller fand keine befriedigende Antwort auf die Frage, was Pascals Erweckungserlebnis hervorgerufen haben könnte. Allerdings fand er beeindruckende Belege der verwandelnden Kraft seiner Erfahrung. Pascal zog sich sofort von allem Bisherigen zurück und verkehrte fast nur noch mit Einsiedlern und Geistlichen im Umkreis eines Klosters, in dem seine Schwester als Nonne lebte.

Seine Studien über Pascal führten Stoller zu Thomas von Aquin. Der Philosoph und Theologe hatte im dreizehnten Jahrhundert ein mystisches Erlebnis gehabt. Danach stellte er jegliche Arbeit an seinen wissenschaftlichen Schriften ein. *Alles, was ich geschrieben habe, kommt mir vor wie Stroh im Vergleich zu dem, was ich gesehen habe.*

Manche Biografen vermuteten, Thomas habe ein Nahtoderlebnis gehabt. Seitdem war er überzeugt: *Jeder Mensch ist ein einzigartiger Ausdruck Gottes.*

Thomas von Aquin vertrat die Ansicht, der Glaube an die Existenz Gottes sei nicht vernunftwidrig. Seiner Auffassung nach widersprachen sich Glaube und Vernunft nicht. In der *Summa Theologica* beschrieb er fünf Wege, die als Gottesbeweise aufgefasst werden konnten, da sie rationale Gründe für die Existenz des Höchsten darlegten.

Zu seiner Zeit stritten zwei Philosophien miteinander: Die des Aristoteles, der sich auf die Erkenntnisse der Erfahrungswelt bezog, und die des Augustinus, der das Prinzip des Glaubens in den Mittelpunkt rückte. Thomas von Aquin löste die Gegensätze beider Philosophien auf, indem er darlegte, dass sich die Lehren nicht widersprachen. Einiges ließ sich nur durch Logik und Vernunft erklären, anderes nur durch Glauben und Offenbarung.

Stoller kam sich vor wie ein Eingeweihter, der ein Geheimnis mit großen Geistern der Geschichte teilte. Er folgte einem weiteren Link und las über einen Schuster namens Jakob Böhme, der vor etwa vierhundert Jahren eine mystische Vision gehabt hatte. Anschließend hatte er zahlreiche mystische Schriften verfasst. Böhme schrieb von einem *wiedergeborenen Gott,* den der Mensch nur erkennen konnte, wenn er selbst wiedergeboren wurde. Diese Wiedergeburt erfolgte, indem der Mensch mit Gott kämpfte und durch einen Gnadenakt von diesem Kampf erlöst und mit absolutem Wissen beschenkt wurde.

Stoller blickte nachdenklich auf. Hatte er mit Gott gekämpft vor seinem Erlebnis? Er hatte seinen Selbstmord geplant, höchste Gewalt gegen das Leben. War die Aufgabe des

Lebens nicht eine Auflehnung gegen Gott?

Von der Website über Böhme führten Links zu Eckart Tolle und Edgar Cayce, modernen Mystikern und Propheten, und von diesen zu einem anderen Naturwissenschaftler mit mystischer Erfahrung. Mitte des achtzehnten Jahrhunderts hatte der schwedische Forscher und Erfinder Emanuel Swedenborg eine Offenbarung des Göttlichen erlebt. Angeblich hatte Gott persönlich zu ihm gesprochen und ihn auserwählt, der Menschheit den tieferen Sinn der Heiligen Schrift zu erklären. Daraufhin hatte Swedenborg zahlreiche theosophische Werke verfasst, die ihn zu einem der einflussreichsten Mystiker im Zeitalter der Aufklärung machten.

Nachdenklich blickte Stoller zu Mephisto, der ihn die ganze Zeit über schweigend betrachtet hatte. Trotz ihres wissenschaftlichen Weltbildes und Denkens schienen Pascal und Swedenborg keine Sekunde an der Wahrhaftigkeit ihres Erlebnisses gezweifelt zu haben. War er nicht *zu* skeptisch gewesen?

Aber woher sollte das Vertrauen in seine Offenbarung auch kommen? Die Begegnung mit Anna hatte ihn emotional aufgewühlt und verwirrt. Und die Wucht seiner Erfahrung hatte seine Welt auf den Kopf gestellt.

Stoller stand auf, öffnete das Fenster und saugte Eisluft ein. Unwillkürlich sah er Annas Bild vor sich, wie sie in der Hotel-Bar am Klavier saß und in die Melodien versunken ihre neun Finger in fließender Leichtigkeit über die Tasten tanzen ließ.

Unruhig ging er im Zimmer auf und ab. Wie heiße Nadeln drang plötzlich ein Gedanke in sein Bewusstsein, den er bislang missachtet hatte: Vielleicht hat sie einen Freund! Obwohl er sie noch nie mit einem anderen Mann außer ihrem Bruder gesehen hatte, musste er die Wahrscheinlichkeit einkalkulieren.

Oder war sie vielleicht lesbisch? Er fand es merkwürdig, dass eine Frau Ende Dreißig mit ihrem Bruder zusammen lebte. Sie waren zusammen hergezogen. Die beiden gingen miteinander um wie ein altes Paar. Hatten sie möglicherweise ein inzestuöses Verhältnis?

Aber hätte sie dann mit mir geflirtet, fragte er sich. Hat sie überhaupt mit mir geflirtet? Wahrscheinlich hat sie sich bloß über mich amüsiert.

Stoller zwang sich zu vernünftigem Denken. Sie war erst vor kurzem nach Berlin gezogen. Wenn sie schon länger einen Freund hatte, müsste sie eine Fernbeziehung führen. Dafür gab es bislang keine Anhaltspunkte, aber es war denkbar. Weniger wahrscheinlich erschien es ihm, dass sie in der Zeit seit ihrem Umzug jemanden kennen gelernt hatte. Obwohl es durchaus möglich war.

Wahrscheinlich, vielleicht, möglicherweise, eventuell – die Ungewissheit war kaum auszuhalten. Du musst es herausfinden, befahl er sich, und wirst sie bei der nächsten Gelegenheit fragen. Und wenn sie Single ist, wirst du sie ins Restaurant einladen.

Damit verscheuchte er die Gedanken an Anna und lenkte sie zurück auf sein Thema. Wenn man mystische Erlebnisse wiederholen und sich zuverlässig mit dem göttlichen Selbst im Inneren verbinden könnte, dachte Stoller, wenn sie sich wissenschaftlich reproduzieren ließen, dann könnte man das Göttliche verifizieren. Wenn man auf Knopfdruck so eine Erfahrung auslösen könnte, wäre Gott beweisbar.

Plötzlich hörte er die Stimme von Peter Faust: ›Die Pilze können dir bei deiner Selbsterkenntnis helfen. Und sie können dir helfen, mit höheren Mächten in Verbindung zu treten.‹

Stoller hatte die Pilze, die ihm der kiffende Straßenprediger geschenkt hatte, achtlos in den Küchenschrank gelegt. Jetzt holte er den Plastikbeutel, öffnete ihn und schnupperte am Inhalt. Modergeruch stieg auf. Die Nase rümpfend nahm er einen Pilz, hielt ihn gegen das Licht, wendete ihn und besah ihn sich aus allen Winkeln. Konnte er damit sein mystisches Erlebnis wiederholen? Er musste es herausfinden. Ohne weiter darüber nachzudenken, steckte er sich den Pilz in den Mund und kaute darauf herum. Er fühlte sich zäh an, wie faseriges Leder, und schmeckte so modrig wie er roch.

Die Pilze waren klein, geradezu mickrig, manche nur ein paar Millimeter groß. Stoller schüttete sich den Beutelinhalt, etwa zwanzig Stück, in die hohle Hand und stopfte sie sich in den Mund. Er wollte es schnell hinter sich bringen und den beißenden Geschmack nicht länger als nötig schmecken. Einige Minuten kaute er auf der modrigen Masse, bevor er den Pilzmatsch mit Leitungswasser hinunterspülte.

Rülpsend blickte er zur Küchenuhr, die Zeiger standen auf Punkt zwölf, Mitternacht. Aus dem Fenster sah er den vollen Mond. Er glaubte bereits eine Veränderung seiner Wahrnehmung zu verspüren, deren Ursprung in der Magengegend lag.

Eine halbe Stunde später kam die Wirkung wuchtig angerauscht. Der Boden unter ihm schien zu zerfließen, seine Beine wurden weich, aus seinem Magen strömte Hitze, ihm wurde schummrig, seine Sicht veränderte sich. Schnell legte er sich aufs Bett, ehe es zu spät war und er es nicht mehr konnte.

Am ganzen Körper fühlte er ein Reißen und Ziehen, in allen Gliedern pulsierte etwas Machtvolles, eine Energie oder etwas Materielles oder beides im Wechsel oder zugleich. Jede Zelle schien in Aufruhr, alles war in Bewegung, in Kopf und Rückenmark spürte er Wallungen und Wellen, Zucken und Zerren, Ziehen und Drücken, als fände eine körperliche Metamorphose statt, eine Verwandlung, erst in einen Adler, dann in eine Schlange, die aus den Armen entstand und sich häutend aus dem Körper schlängelte.

Kaum war die Schlange verschwunden und sein Arm wieder nachgewachsen, entstand vor seiner Stirn ein Strahlenkranz aus weißem Licht. Er tauchte ein und tauchte ab in farbige Spiralen, die der DNS-Doppelhelix ähnelten, und schoss in einem rasanten Flug durch die Spiralstrudel.

Er hatte das Gefühl, in diesem Strudel innerhalb kürzester Zeit sein Sterben und seine Wiederauferstehung zu erleben, Tod und Wiedergeburt, Vergehen und Werden, Eingehen und Austreten. Äonen zogen durch den Kosmos in diesen Sekunden, die ihn mit Gedankenbildern überfluteten.

Unvermittelt schien sich knackend und reißend sein Schädel zu spalten und zu öffnen, der obere Teil löste sich, ein frischer Wind drang ans Gehirn, durch die Fontanelle flossen Energieströme hinein und durch die Stirn wieder hinaus.

Durch das Loch im Schädel entwich seine Seele, wie Stoller zweifelsfrei spürte. Beim Austritt der Seele fühlte er ein ziehendes Gefühl am Hinterkopf, dort wo er auf einem Hirnschema die Hypophyse, die Hirnanhangdrüse, gesehen hatte.

Die Seele trat aus seinem Körper und begann ihre Reise. An jeden beliebigen Ort konnte sie fliegen und jede beliebige Person besuchen, um mit ihrer Seele in geistigen Kontakt zu treten und zu kommunizieren. Er nutzte diese Möglichkeit und reiste in die Nachbarwohnung. Er sah Anna aus dem Bad kommen, nur mit Slip und T-Shirt bekleidet und mit Zahnbürste im Mund, sie war verärgert und stritt mit Daniel, der im Pyjama mit vor der Brust verschränkten Armen im Flur stand.

Stollers Seele verließ das Haus und schwebte gen Himmel. Im Flug durch All und Äther, durch Mikro- und Makrokosmos, flogen Gesichtsmasken an ihm vorbei, Masken aus der Erinnerung, immer weiter zurück, alle Bekanntschaften seines Lebens begegneten ihm, Studienfreunde und Kollegen, die wenigen Frauen in seinem Leben.

Stoller begriff, dass jeder Augenblick, jede Tat, jedes Bild, jedes Wort und jeder Gedanke gespeichert wurden, aufgezeichnet im Buch des Lebens. Auch alles Böse, jede Bosheit, Gemeinheit, Schlechtigkeit. Szenen aus seinem Leben, in denen er zynisch und bösartig gewesen war, egoistisch und gierig, engstirnig und kleinherzig, stiegen in ihm auf.

Von einem Augenblick auf den nächsten kippten harmlose Bilder von Gesichtern und wurden zu Fratzen. Plötzlich war er Teil eines Horror-Szenarios. Genitalien verwandelten sich in abgebissene Penisse und eiternde Vaginas, Gesichter zu dämonischen Fratzen und Haifisch-Gebissen. Er sah spermige, schleimige, blutige Dämonen und Drachen, Trugbilder und Schreckgespenster. Die Hölle.

Stoller erschrak und bekam panische Angst vor dem Erstickungstod. Er würde sterben, die Handvoll Pilze würde ihn zerreißen, in Stücke fetzen, in Atome auflösen. Er sprang vom Bett auf, lief ins Bad und klatschte sich kaltes Wasser ins Gesicht. Das tat gut, es ernüchterte ihn schlagartig und ließ die Rauschwirkung wie einen überstandenen Alptraum erscheinen. Er schüttelte den Kopf und betrachtete sein Spiegelbild, das wie ein Schleier im Wind bewegt schien.

Stoller legte sich wieder aufs Bett und versuchte die Farbspiralen wieder zu sehen. Von angenehmeren Gefühlen begleitet, konnte er nun die Rauschwirkung steuern wie ein Multidimensionsvehikel. Wie es ihm beliebte, konnte er durch die Zeit reisen, er flog durch die Geschichte. Bilder der Vergangenheit tauchten auf, Stimmen und Geräusche, Bomben und Schreie, der Zweite Weltkrieg und der Erste, der Lärm der Industrialisierung und der Revolutionen, dann wurde es leiser, Mittelalter, Geschrei, immer stiller wurde es, bis es keine Menschen mehr gab, bis er im Land der Dinosaurier und Riesenfarne gelandet war.

Noch schneller reiste er in die andere Richtung, in die Zukunft, er sah Menschen und Roboter, die sich immer ähnlicher wurden, Humanoiden bestritten Wettkämpfe mit Technoiden. Fliegende Cyborgs konnten sich beliebig verwandeln, sich dehnen und verändern, vergrößern und verkleinern, auflösen, verschwinden und wieder erscheinen, wie es ihnen beliebte.

Stoller hatte das Gefühl, in dieser fernen Zukunft selbst die Möglichkeit zu haben, die Welt nach Gutdünken zu formen und Raum und Zeit beliebig zu lenken. Seinen Körper empfand er als schwebenden Gummileib in einem gekrümmten Raum und einer gedehnten Zeit. Raum und Zeit erschienen ihm frei gestaltbar zu sein, jede materielle Form konnte er annehmen. In diese zeitlose Ewigkeit des Nichts konnte er jede beliebige Form projizieren: Energiewellen, Musik oder Pyramiden ließen sich ebenso leicht erzeugen wie schwebende, fliegende, riesige oder extrem winzige Menschen.

Die Zukunft und Stollers Raum-Zeit-Experimente gingen unmerklich über in ein erneutes Erleben des Todes, doch diesmal blieb er angstfrei, wie ein sorgloser Zuschauer. In gleichzeitigem Erleben und Erkennen realisierte er, dass es im Tod keinerlei Leiden und keine Schmerzen gab. Zeit, Raum und Materie wurden im Sterben zu Bestandteilen einer anderen Welt.

Die Visionen zerplatzten plötzlich wie Seifenblasen. Stoller sah sich um. Er lag im Bett und wusste nicht, ob er geschlafen und geträumt hatte oder ob er tatsächlich Pilze gegessen hatte. Es war vier Uhr früh. Sein Kopf fühlte sich benommen an, seine Glieder schmerzten leicht. Er hatte Muskelkater, sein Körper wirkte ausgepumpt, erschöpft.

Umso frischer fühlte sich sein Geist an. Ihm kam es vor, als wären ihm noch einmal die Augen geöffnet worden, als wäre er ein zweites Mal mit Erkenntnis und Glück gesegnet worden. So gut hatte er sich seit seinem mystischen Erlebnis nicht mehr gefühlt.

69

Mit einer Tasse weißem Tee stand sie am Fenster und lauschte Mozarts d-Moll-Fantasie in verschiedenen Interpretationen. Die Mozart'sche Leichtigkeit verband sich in den Moll-Fantasien mit seinem sinnenden, schwermütigen Charakter. Die Motive entwickelten sich langsam wie Nebel, der aus der Erde stieg.

Metatron schnurrte zufrieden in dem antiken, mit rotem Samt bezogenen Ohrensessel, den er zu seinem Lieblingsplatz erkoren hatte. Anna öffnete das Fenster und atmete die frostige Luft tief ein. Wieso war Stoller im Safranski auf- und sofort wieder abgetaucht? Sie hatte das Lied noch zu Ende gespielt, war dann aufgesprungen und aus der Bar gerannt, in der Hoffnung, er würde auf sie warten. Atemlos suchte sie mit den Augen die Gegend ab. Kein Stoller, nirgends.

Auf der gegenüberliegenden Straßenseite stand der Straßenprediger, den sie schon einmal vorm Ring-Center gesehen hatte. Er stierte sie an, als würde er sie beobachten. Nachdem sie sich wieder ans Klavier gesetzt hatte und ihrer Pflicht nachgekommen war, ließen die Gedanken an Stoller sie nicht mehr los. Neue Hoffnung keimte in ihr wie die Frühblüher unterm Schnee.

Dabei hatte sie sich Stoller schon aus dem Kopf geschlagen und einen Entschluss gefasst, an dem sie festhalten wollte. Als erwachsene Frau, die auf die vierzig zuging, mit dem Bruder zusammen zu leben, war ein Fehler. Die Bindung zwischen ihr und Daniel war einfach zu stark. Sie musste endlich alleine klar kommen, ohne Mann, ohne Bruder, ohne brüchigen Halt.

Ein eigenartiges Druckgefühl im Bereich ihres Solarplexus kündigte Rebellion gegen die Entscheidung an. Du darfst dich nicht von deinen Gefühlen leiten lassen, schärfte sie sich wie ein Dogma ein, und kämpfte gegen das Unbehagen, das damit einherging. Sei vernünftig, Anna. Alles hat seine Zeit. Auch die Illusion namens Stoller.

Er war bloß ein Nachbar, den sie nur flüchtig und oberflächlich kannte. Sie wusste nichts von ihm, außer dass er ein Bauingenieur war, den ein mystisches Erlebnis zum Gottsucher gemacht hatte. Ihre einzige Gemeinsamkeit bestand in einer übersinnlichen Erfahrung. Eine dünne, zerbrechliche Ligatur. Es verband Anna mehr mit Patienten einer Kurklinik zur Behandlung posttraumatischer Belastungsstörungen als mit ihm. Trotzdem fühlte sie eine tiefe Verbundenheit mit ihm, eine unerklärliche Verwandtschaft der Seelen. Vielleicht war es das Unangepasste an ihm, das Eigensinnige, das sie so anzog und das so gut zu ihr passte. Der Eigenbrötler und die Einzelgängerin.

Das Schlagen der Wohnungstür riss sie aus ihren Gedanken. Daniel kam nach Hause. Seine geheimnisvolle Forschungsarbeit hatte ihr keine Ruhe gelassen. Sie wollte ihn konfrontieren und nicht mehr von der Angel lassen, ehe er ihr die Wahrheit sagte. Und danach wollte sie ihm ihren Entschluss mitteilen.

Sie schloss das Fenster, ging in den Flur und versperrte ihrem Bruder den Weg zu seinem Labor. »Ich möchte endlich erfahren, was du in deinem Elektroschuppen treibst«, verlangte sie mit der Entschlossenheit einer Frau, die den Seitensprung ihres Mannes entdeckt hatte.

»Was?«

»Wieso ist dein Arbeitszimmer tabu, warum diese Geheimniskrämerei? Woran arbeitest du?«

»Ich habe dir beim Einzug schon erklärt, dass ich mit neuartigen Strahlengeräten arbeite. Die Wirkung der Strahlen ist noch nicht vollständig erforscht, da will ich niemanden gefährden, besonders dich nicht.«

»Was für Strahlen?«

»Anna, bitte! Ich unterliege Schweigepflichten. Ich betreibe Innovationsforschung in einem sensiblen Bereich. Ich *darf* dir nichts sagen. Deswegen muss ich immer abschließen. Das ist nicht gegen dich gerichtet. Ich *muss* es.«

»Ich glaube, du belügst mich.«

»Was soll das, Anna?«, fragte er gereizt. »Du kennst mich!«

Sie schüttelte den Kopf. »Ich kenne dich nicht, ich weiß nicht, wer du bist.«

»Ich bin dein Bruder«, platzte er ungehalten heraus, »der sich um dich gekümmert hat, als keiner mehr da war. Der dich aufgenommen hat, als es dir schlecht ging. Der dir Geld gegeben hat, als du pleite warst.«

»Danke, ich erinnere mich«, sagte sie, sarkastischer als beabsichtigt.

Natürlich war sie dankbar, dass er ihr geholfen hatte, als sie aus Mexiko zurückgekommen war und ihr zweites Leben begonnen hatte. Sie hatte ihr Studium abgebrochen, keinen Job und kein Geld gehabt, aber den Plan, als neunfingrige Pianistin ihre Zukunft zu gestalten. Eine Zukunft, die sie ohne Daniel niemals erlebt hätte.

Bilder stiegen in ihr auf. Sie war mit ihrer Mutter allein im Haus. Ihr Vater war als Architekt in Ägypten zur Besprechung einer Eisenbahnbrücke über den Nil. Daniel feierte irgendwo seinen neunzehnten Geburtstag. Anna war glücklich, an dem nasskalten Novembertag nach dem Essen mit ihrer Mutter auf dem Sofa zu lümmeln. Sie sahen im Schein der Kerzen gemeinsam einen Liebesfilm im Fernsehen. Ihre Mutter stand irgendwann auf, wollte die Kerzen löschen und in ihr Nähzimmer unterm Dach gehen, um beim Duft von Räucherkerzen zu bügeln. Anna bat ihre Mutter, die Kerzen anzulassen, das Licht sei so schön. Die Mutter ermahnte sie noch, die Kerzen auszupusten, wenn sie den Fernseher ausmachte. »Nicht vergessen!«

Nach wenigen Minuten war Anna eingeschlafen. Eine Kerze fiel beim Niederbrennen um und entzündete die Tischdecke, den Holztisch, den Teppich, die Möbel, die geblümte Tapete und die karmesinrote Lampe. Ihre Mutter nahm den Brandgeruch wegen der Räucherkerzen zu spät wahr. Als sie die Treppe hinunter wollte, war ihr der Weg durch eine Feuerwand versperrt.

Johannes Meckel litt nach dem Unglück unter schweren Depressionen. Seine Eltern hatte er bei einem Bombenangriff und seine Frau durch eine Rauchvergiftung verloren. Es verschlug ihm die Sprache. Er redete nicht mehr. Es gab für ihn nichts mehr zu sagen. Drei Jahre nach der Tragödie erhängte er sich.

Anna quälten seitdem doppelte Selbstvorwürfe. Sie hatte ihre Mutter und ihren Vater auf dem Gewissen. Schuld ohne Sühne.

»Würdest du jetzt bitte zur Seite treten«, hörte sie die ungeduldige Stimme ihres Bruders, »ich muss arbeiten.«

»Jetzt sag schon, was sind das für Strahlen«, bohrte sie unnachgiebig, »worüber forschst du wie besessen?«

»Sorry, Anna, aber das kann und darf ich dir wirklich nicht sagen. Noch nicht.«

Sie sah ihn prüfend an. »Ich habe mir wegen dir lange genug die Zunge blutig geredet. Es reicht! Ich habe einen Ent…«

Daniel fiel ihr energisch ins Wort: »Ja, finde ich auch, es reicht mit uns! Wahrscheinlich wäre es für uns beide besser, wenn du ausziehst. Du solltest eigene Wege gehen und dir eine Wohnung suchen.« Herausfordernd blickte er ihr in die Augen. »Möglichst bald.«

Anna nickte. »Da sind wir uns endlich mal wieder einer Meinung.«

Sie lief in ihr Zimmer und knallte die Tür zu.

70

Er schenkte Wodka in ein Glas, trank einen Schluck und richtete seinen leeren Blick aus dem Fenster in die Dunkelheit. Wenn Anna auszog, brauchte er sich nicht mit ihr auseinandersetzen und konnte frei von Schuldgefühlen und Gewissensbissen konzentriert seiner Arbeit nachgehen. Seit sechsundzwanzig Jahren, seit seinem neunzehnten Geburtstag, war Anna sein lebendiges Schuldgefühl.

Zahllose Male waren die Szenen vor ihm aufgetaucht: Aufgeregte Nachbarn standen vor dem Haus, aus dem schwarze Rauchwolken stieben. Feuerzungen loderten aus dem Wohnzimmerfenster. Aus der Ferne näherten sich die Sirenen der Feuerwehr. Ein stämmiger Kerl aus dem Nebenhaus warf sich vergeblich gegen die Haustür. Daniel schubste ihn beiseite, schloss mit rasendem Puls und zittrigen Händen auf und kämpfte sich durch den Qualm. Die Flammen hatten die hölzernen Stufen der Treppe zum Obergeschoss erfasst, er hörte die verzweifelten Schreie seiner Mutter, doch die Flammenwand war unüberwindbar. Anna lag leblos auf dem Sofa, das bereits brannte. Splitter des implodierenden Fernsehers trafen ihn, als er sie aus dem Feuer riss und hustend nach draußen trug, wo ihm Feuerwehrmänner entgegenliefen.

Es war nicht selbstverständlich gewesen, dass er sein eigenes Leben riskiert hatte, um das seiner Schwester zu retten. Er hatte sie von Anfang an nicht gemocht und gewünscht, sie wäre nie geboren worden. Als Erstgeborener bildete er den Mittelpunkt der Welt. Bis Anna kam. Er musste den Platz an der Sonne für sie frei räumen und zusehen, wie sie zum bevorzugten Nesthäkchen wurde. Mehr als einmal hätte er sie lieber tot gesehen. Doch als er die Gelegenheit dazu bekam, schlug er sie aus und raubte sein Schwesterchen aus den Klauen des Todes.

Ein Leben seiner Familie hatte er zwar gerettet, ein anderes dafür auf dem Gewissen. Er hatte seiner Mutter versprochen gehabt, dass sie ihm an seinem Geburtstagsabend die Tarotkarten legen durfte. Obwohl er es hasste, wie er alle ihre esoterischen Anwandlungen hasste. Sie machte sich Sorgen um ihn und befürchtete, er sei nicht auf dem richtigen Weg. »Ich will dir ein Zeichen geben«, sagte sie, »die Karten werden dir den Weg weisen. Lass dich vor einem falschen Schicksalsweg bewahren.«

Ihr zuliebe hatte er ihrem Bitten nachgegeben und zugesagt, an dem Abend, der ihr letzter werden sollte, zu Hause zu bleiben. Aber dann hatte er sich kurzfristig anders entschieden und seinen ursprünglichen Plan in die Tat umgesetzt: Als eigenes Geburtstagsgeschenk ließ er sich in einem Bordell von einer Prostituierten entjungfern.

Niemals konnte er sich das verzeihen. Er hatte seine Mutter auf dem Gewissen und in der Konsequenz seinen geliebten Vater. Dessen Selbstmord bedeutete Strafe und Schuld zugleich.

Schuld lastete wie die Ursünde auf ihm. Die ganze Familie schien von Schuldgefühlen zerfressen, als wären sie erblich. Als wäre die Empfindsamkeit des Gewissens genetisch bedingt und Schicksal vererbbar.

Schuld schrie nach Sühne, nach Bestrafung und Befreiung durch Erlösung. Ein Mörder fand erst Seelenruhe, wenn er entdeckt und bestraft wurde, wenn ihm die Schuld abgenommen und gegen ein Urteil getauscht wurde. Wie oft hatte Daniel *Schuld und Sühne* gelesen und war gänzlich in der Figur des Raskolnikow aufgegangen. War mit ihm wahnsinnig vor Schuldgefühlen geworden und erlöst, als die Sühnezeit im Straflager begann.

Um von seinem Schuldenberg etwas abzubauen, hatte Daniel Verantwortung übernommen und sich um seine Schwester gekümmert, ihr Obdach und Halt geboten und sie in jeder Hinsicht unterstützt. Nach ihrem Erlebnis in Mexiko hatte er sie wieder bei sich aufgenommen, obwohl sie schon dreißig war und auf eigenen Beinen stehen sollte.

Er dachte an ihre Zeit in Bonn. Dort war ihr Zusammenwohnen harmonischer abgelaufen. Durch Anna entdeckte er die Freuden der Philosophie und führte mit ihr regelmäßig Diskussionen, die genauso regelmäßig in Streit endeten.

In den letzten Wochen seit dem Umzug gab es einen schleichenden Bruch zwischen ihnen. Er spürte ihre Distanz und Verachtung. Und seine notwendigen Lügen sorgten für neue Schuldgefühle.

Daniel trank den Wodka aus, öffnete einen Schrank und fand, wie erhofft, noch eine angefangene Flasche Lagavulin. Den Whisky schenkte er sich in das Glas, aus dem er den Wodka getrunken hatte. Er merkte, wie er schwankte, als stünde er auf einem Schiff. Ich bin beschwipst, sagte er sich, und musste lachen. Beschwingt pfiff er ein Lied, das ihm seit vielen Jahren nicht mehr in den Sinn gekommen war, und dessen Refrain sich um *Freedom* drehte.

71

Nach ein paar Stunden unruhigen Schlafs und einem hastigen Frühstück hatte Stoller sofort über die berauschenden Pilze und die Herkunft seiner Visionen geforscht. Steckten in wenigen Mikrogramm Psilocybin die Bilder der Hölle? Wie konnten minimale Spuren eines Wirkstoffs die Welt maximal aus den Angeln heben? Öffneten sie eine Schleuse im Gehirn, durch die man in phantastische Gegenwelten treten konnte, die real existierten, oder wurden durch die homöopathische Dosis einer natürlichen Substanz Bilder aktiviert, die bereits im Gehirn schlummerten und nur darauf warteten, zu erwachen und ins Bewusstsein zu gelangen?

In nahezu allen Teilen der Erde gab es diese geheimnisvollen Pilze, um deren Wirkung schon die Azteken wussten. In indianischen Kulturen wurden sie im Rahmen ritueller Anlässe verzehrt. Auch in schamanistischen Riten und spirituellen Zeremonien spielten sie eine wichtige Rolle, ebenso wie Ayahuasca, der Pflanzensud aus Lianen und Blättern eines Kaffeestrauchs, die DMT enthielten, einen eng mit Serotonin verwandten Stoff, der angeblich bei Geburt und Tod von der Epiphyse ausgeschüttet wurde.

Stoller erinnerte sich an Daniels abfällige Bemerkung über die Vorstellung einiger Esoteriker von der Epiphyse als Drittem Auge. Neugierig gab er den Suchbegriff ein und stieß auf zahllose Websites, die sich mit dem Thema beschäftigten. Je mehr er über das winzige Organ las, desto faszinierter wurde er.

Nicht nur Descartes, Plato und Hippokrates hatten die Bedeutung der Zirbeldrüse erkannt, anscheinend war ihre besondere Funktion schon vor vielen tausend Jahren bekannt. Das ägyptische Horusauge mit seinen seltsamen Linien schien tatsächlich das Gehirninnere mit der Pinealis im Zentrum darzustellen, und der Pinienzapfen tauchte als heiliges Symbol in nahezu allen Kulturen auf.

Sumerer und Ägypter, Inkas und Azteken, Griechen und Römer, Hindus und Buddhisten, Muslime und Christen benutzten die Zirbelnuss als geheimes Zeichen. Die weltweit größte Darstellung des Symbols befand sich im Hof des Vatikan. Statt Jesus, Maria, einem Apostel oder einem Kreuz wurde vor den Vatikanischen Museen einem gigantischen Zapfen der Zirbelkiefer ein Denkmal gesetzt als Sinnbild für die Geburt Christi, für Auferstehung und Unsterblichkeit.

In vielen mythologischen und religiösen Traditionen wurde die Pinie als Baum des Lebens aufgefasst. Stoller dachte an den Sündenfall im Paradies. Gott vertrieb Adam und Eva, damit sie nicht auch noch vom Baum des Lebens aßen und dadurch ihm gleich und unsterblich wurden.

Wer die geheimnisvolle Drüse in seinem Kopf aktivierte und sein Drittes Auge öffnete, sah das innere Licht und einen Abglanz der Wahrheit, versprachen Esoteriker. Ebenso wie Jesus: *Die Lampe des Leibes ist das Auge; wenn nun dein Auge einfältig ist, so wird dein ganzer Leib licht sein. Dann wird er ganz Licht sein, wie wenn dich das Licht erleuchtet.*

Angeblich ließ sich das Dritte Auge durch zielgerichtete Praktiken öffnen, durch Meditation, Yoga, Gebete, Mantren. Mit Zauberworten wie einem *Sesam öffne dich,* dem Anruf des Samens aufzugehen, der Aufforderung an die Saat, ihre Kelche zu öffnen, konnte die Räuberhöhle geöffnet und der darin verborgene Schatz zugänglich gemacht werden. Der Himmelsschatz, das Reich Gottes.

Stoller suchte im Netz nach den Märchen aus Tausendundeiner Nacht, und las *Alibaba und die vierzig Räuber*, besuchte anschließend Websites, die sich mit der mythologischen und esoterischen Bedeutung des Märchens befassten. *Sesam öffne dich*. Der Schatz war die göttliche Kraft, die im Samen steckte. Die Höhle war das Innere des Menschen. Gottes Himmelreich war tief im Menschen und seinen Höhlen verborgen, in den Geheimnissen der Epiphyse versteckt.

Mephisto betrachtete er mit besonderem Respekt, nachdem er gelesen hatte, dass die Epiphyse bei Vögeln zehn Prozent ihrer Gehirnmasse einnahm. Womöglich hatten Vögel einen direkten Draht zum Himmel.

Stoller grübelte, wie die Zirbel und DMT, Drogenpilze und Gott zusammenhingen. Das innere Auge zu öffnen, galt genauso wie der Konsum von DMT und Psilocybin als Eintrittstor in himmlische Götterwelten. Aber existierten diese Lichtwelten real oder waren es bloß innerpsychische Traumwelten, die vom Gehirn nicht nur erlebt, sondern erschaffen wurden?

Er war verunsichert, denn von der Wissenschaft wurden DMT und Psilocybin als Halluzinogene bezeichnet; als Stoffe, die Träume und Visionen des Unbewussten aktivierten. Doch wie waren die Bilder in sein Unbewusstes gekommen? Was, zum Teufel, hatte er da erlebt?

Milchkaffee schlürfend sinnierte er, wie sich sein Leben seit dem verpassten Selbstmord an seinem vierzigsten Geburtstag entwickelt hatte. Nicht mal zwei Wochen lag jener Freitag der Dreizehnte zurück. Er hatte sich auf die Suche nach der Wahrheit gemacht. Dabei hatte er begonnen, die ihm unbekannte Welt des Geistes und des Glaubens zu erforschen, die Wurzel mystischer Erlebnisse zu ergründen, das ominöse Numinose zu erhellen. Er hatte sich auf die Suche gemacht. Doch was hatte er gefunden?

Von einer Erkenntnis zur nächsten hatte er neue Wahrheiten gefunden, die neue Fragen aufwarfen und nach einer weiteren Antwort verlangten. *Die Wahrheit zwingt den Menschen dazu, Wahrheit zu suchen,* hatte vor anderthalb tausend Jahren der sogenannte Makarius angeblich gesagt. Wenn man sie suchte, fand man sie auch.

Wahrheit überall. Stoller hatte das Gefühl, von den vielen Wahrheiten ganz verrückt zu werden. Doch sie waren relativ. Die absolute Wahrheit konnte nur mit dem Herzen gesehen werden, nicht mit dem Verstand. Die fünf Sinne und das Denken konnten die Wirklichkeit hinter der Realität nicht erfassen. Dazu war Glauben notwendig, aber der war eine persönliche Angelegenheit, jenseits aller Beweismacht. Und mystische Zustände waren schwer von psychotischen abzugrenzen. Das Göttliche blieb Spekulation.

Die Suche nach der Wahrheit war in Wirklichkeit eine Suche nach Sinn. Aber machte eine Sinnsuche Sinn, wenn es nichts zu finden gab? In Wirklichkeit fand man doch immer nur, was man nicht suchte, und suchte, was man nicht fand. Dazwischen gab es nichts. Zwischen Suchen und Finden klaffte eine Welt. Oder ein Nadelöhr.

Stoller fiel der Traum ein, aus dem er am Morgen erwacht war. Er hatte sich in den tiefsten Tiefen des Meeres befunden, in einer Wüste im Wasser, in absoluter Dunkelheit. Langsam schwebte er auf den Grund, wo es plötzlich heller wurde. Das Licht kam von zahllosen Glühwürmchen, die in der stillen Dunkelheit herumschwirrten. Es gab keine Algen, Korallen oder sonstigen Lebewesen dort, nur einen Maulwurf, der tot am Boden lag. Als Stoller den Maulwurf aufhob, wachte er auf.

Er versuchte den Traum zu verstehen. Hatte ihn seine blinde Suche im geistigen Wasser statt zu Gott nur zu sich selbst geführt? War sein altes Ich gestorben? Oder hatte er sich so gefunden, wie er geistig war: Blind, gestorben, tot?

Immer wieder sah er in der letzten Zeit Erkenntnis aufleuchten, Glühwürmchen des Wissens, blitzende Funken im dunklen Raum, winzige Leuchtbojen im weiten Meer. Träume sind Schäume, dachte er, doch während des Träumens sind sie real. Verhielt es sich mit all den Erlebnisberichten und religiösen Geschichten genauso? Waren es vielleicht doch bloß Träume, die sich einfach nur echter anfühlten, weil sie im Wachzustand erfahren wurden? Legenden, Mythen und Sagen, zu Bildern und Worten geformte Phantasien und Halluzinationen?

Stoller trank die Tasse leer und setzte sich an den Laptop. Nicht Licht und Offenbarung googelte er diesmal. Psychose und Schizophrenie hießen seine Suchbegriffe. Warum hast du dich die ganze Zeit davor gedrückt, fragte er sich. Und gab sich selbst die Antwort: Er hatte nach einem Beweis gesucht, dass sein mystisches Erlebnis *wahr* war. Die Wissenschaft würde ihm das Gegenteil beweisen.

Eine Vielzahl von Frauen hatte aus heiterem Himmel ein Offenbarungserlebnis und dabei das Gefühl, von Gott als Maria auserwählt worden zu sein. Er las von Patientinnen, die regelrechte Psychosen-Karrieren hinter sich hatten, die allesamt mit einer Auserwählung als Maria begannen. Männer hielten sich oftmals für Jesus oder Satan, einen Propheten oder den Messias.

Vermeintlich religiöse Erlebnisse standen häufig am Anfang einer schizophrenen Phase, die mit Lichterlebnissen und Strömungsempfindungen, mit Liebesgefühlen und Hitzewellen begann. Spirituelle Inhalte, teuflische oder göttliche Energien, Botschaften von fremden Mächten überschwemmten das eigene Erleben und konnten nicht mehr geordnet, gesteuert und begrenzt werden.

Stoller schluckte betroffen. Er fühlte sich erkannt.

Ein Prozent der Bevölkerung durchlebte eine schizophrene Episode. Manche Wissenschaftler meinten sogar bis zu vier Prozent. In Deutschland also mindestens eine Million Menschen.

War er also doch, wie Millionen andere, kurzzeitig verrückt geworden? Emotionaler Stress führte zu einer dissoziativen Störung. Es kam zu einer Verschiebung in der psychischen Struktur des Ich, zu materiellen Veränderungen im limbischen System, zu Desintegration und psychotischem Zusammenbruch. Die Wahrscheinlichkeit eines erneuten Ausbruchs lag bei vierzig Prozent. Wenn man keine Neuroleptika einnahm, bei fast neunzig.

Bipolare Störung las er, disphorische Manie und instabile Wirklichkeitskonstruktion, Hypomanie und affektive Psychose. Ein Kosmos von unfassbaren Geschehnissen verschwand in psychologischen Begriffen.

Stollers alte Zweifel kehrten zurück und erklärten sein Erlebnis zu einem wahnwitzigen Traum. Er hatte anscheinend den typischen Beginn einer ordinären Psychose erlebt, ein furchtbares und beängstigendes statt eines mystischen Erlebnisses. Er litt unter einer Krankheit, unter wissenschaftlich erforschtem Wahnsinn.

Seine absurde Gottsuche hatte ihn in die Irre geführt, zu

sektiererischen Lehren und vermeintlichen Weisheiten. Als habe ihm seine Reise in die Welt der Spiritualität und des Glaubens die Augen geöffnet, glaubte er jetzt, in Religion und Mystik Betrug am menschlichen Geist zu erkennen, ein Gaukelfest für Leichtgläubige. Wieso war er so dumm gewesen und hatte den Hafen der Rationalität verlassen, um sich in einen Bereich zu begeben, in dem unreflektierte Sehnsüchte, Wünsche und Träume, Emotionen und Phantasien die Fundamente des Wissens bildeten und die vermeintliche Wahrheit begründeten?

Die Skepsis eines gesunden Menschenverstandes hätte sich sofort gefragt, ob ein Gott so barbarisches Zeug von sich geben würde, so absurde Opfer verlangen und seine Geschöpfe so sehr quälen würde, wie er es im Alten Testament und im Koran tat. Die Texte waren voller Aggressionen und Grausamkeiten, boshaft und unbarmherzig. Und welcher Gott würde auserwählten Menschen so phantastisches und spinnertes Zeug diktieren wie es durch die Apokryphen geisterte, voller Absurditäten und Fabelwesen?

Und was war mit den Apokryphen des Koran, den satanischen Versen, die Mohammed angeblich vom Teufel statt vom Erzengel eingeflüstert bekommen hatte?

Es waren widersprüchliche und ungewisse Wahrheiten, die ihn an seine Wahrscheinlichkeitsrechnungen erinnerten: Wie wahrscheinlich war es, die eine Wahrheit unter all den vielen Wahrheiten zu finden? Für die jeweilige Gewissheit starben Milliarden Menschen im Lauf der Geschichte. Gläubige zettelten in blindem Glauben Kriege an, führten Kreuzzüge oder sprengten sich als Selbstmordattentäter im heiligen Krieg gegen den Unglauben in die Luft.

Die Welt des Glaubens war eine verrückte Welt, nicht besser als seine alte Welt ohne Götter. Stoller kam es vor, als hätte er wieder seinen Ausgangspunkt erreicht, allerdings auf einer anderen Ebene, einem anderen Niveau. Wie ein Elektron, das die Position auf seiner Ringbahn änderte, ohne dem Atomkern einen Hauch näher zu kommen.

72

Am Donnerstag erwachte Stoller im Wohnzimmer. Er war in seinen Klamotten auf dem Sofa eingeschlafen. Gähnend stand er auf und ging ins Bad. Nach dem Duschen befiel ihn Hunger wie zuvor die Wissbegier. Er fand weder Essen im Kühlschrank noch Geld in der Tasche. Er zog sich an und ging durch schneidende Kälte zum Bersarinplatz. Am Automat der Berliner Sparkasse wurde sein Auszahlungswunsch zurückgewiesen.

Stoller starrte auf das Display: *Auszahlung nicht möglich.*

Erschrocken realisierte er, dass er vergessen hatte, sich um den Antrag auf Arbeitslosengeld zu kümmern. Über seiner spirituellen Suche hatte er seine alltäglichen Verpflichtungen vernachlässigt. Zu seinem Hunger gesellten sich Existenzangst und Panik.

Auf dem Rückweg sah er zwei suspekte Typen in grauen Anzügen an den Hausbriefkästen hantieren. Der Jüngere mit Segelohren nickte ihm zu, ehe er dem anderen folgte und das Haus eilig verließ. Stoller sah ihnen stirnrunzelnd nach. Was hatten die komischen Vögel hier gewollt?

Er öffnete seinen Briefkasten und zog ein Mahnschreiben der Hausverwaltung heraus. Die Miete konnte abermals nicht abgebucht werden. Mit dem Brief in der Hand wollte er bereits die Treppen zu seiner Wohnung hochsteigen, als er Anna mit einem Karton aus dem Eingang des Seitenflügels kommen sah. Sein Herz kam aus dem Takt.

Er wollte sie jetzt gleich um eine Verabredung bitten und lief zurück in den Hof. »Brauchst du Hilfe?«

»Danke, geht schon.« Sie blieb stehen und lächelte ihn am Karton vorbei an.

»Ziehst du schon wieder aus?«, fragte er schief grinsend. Es sollte witzig klingen.

»Ja.«

Stoller hatte das Gefühl von einem Faustschlag in der Magengrube. »Du bist doch gerade erst eingezogen. Wieso ziehst du aus? Warum denn? Wohin?«

»Machst du meiner Neugier Konkurrenz?«, schmunzelte sie. »Ich zieh nicht aus der Welt, nur in einen anderen Kiez. Nach Wedding, Afrikanische Straße zehn. Vielleicht magst du mich ja besuchen kommen. Und dann länger bleiben als an der Tür der Bar.«

Er versuchte fieberhaft, seine quer schießenden Gedanken zu kontrollieren. Wieso, weshalb, warum? Er brauchte Gewissheit. »Ziehst du zu deinem Freund?«

»Welchem?«, entgegnete sie lachend. Sie bugsierte mit einem Knie den Karton in eine andere Position, um ihr Handy hervorzukramen, das zum dritten Mal klingelte. »Blödes Ding, immer im falschen Moment. Wir sehen uns bestimmt noch«, sagte sie, bevor sie den Anruf annahm.

Stoller ging in seine Wohnung. Frustriert legte er sich aufs Bett und dachte über die Frau nach, die ihn auf eine Karussellfahrt der Gefühle mitgenommen hatte. Es bestand wenig Hoffnung auf ein Wiedersehen, wenn sie erst einmal ausgezogen war. Das bekannte Gefühl der Leere machte sich in ihm breit. Die alte Einsamkeit kehrte zurück, die von dem mystischen Erlebnis und seinen Gefühlen für Anna in eine dunkle Ecke gedrängt worden war.

In der Leere rumorte es. In seinem Magen lärmte ein Loch. Stoller ging in die Küche und durchsuchte alle Schränke nach Essbarem. Nichts außer ein paar verschimmelten Toastscheiben. Zunehmend panisch durchwühlte er Jacken und Hosen und seine gesamten Habseligkeiten, bis er einen Zwanziger fand, mit dem er sich etwas zu essen kaufen konnte.

Im Hof begegnete er Frau Gruszczewski, eine der alten Schwestern, um die sich Hauswart Michel kümmerte. Auf einen Stock gestützt, tippelte sie in kleinen Schritten über den vereisten Boden mit einem Beutel zu den Mülltonnen. Unter ihrem Lammfell-Mantel trug sie ein Jahrzehnte altes, gepflegtes Kleid mit Blumenmuster, ihre Haare hatte sie zu einem Dutt gesteckt. Trotz ihrer Gebrechlichkeit wirkte sie stark und stolz.

»Warten Sie, ich helf Ihnen!« Stoller beeilte sich, ihr den Deckel der Tonne aufzuhalten und den Müll abzunehmen.

»Danke, sehr freundlich. Wie schön, dass es noch gute Menschen gibt!«

Stoller winkte lächelnd ab. »Alles Tarnung.«

Sie lachte. »Sagen Sie, wissen Sie, wann der liebe Herr Kusch wieder da ist?«

»Wo ist er denn? Ich hab ihn schon ein paar Tage nicht gesehen.«

»Er ist in seine Heimat gereist und besucht Verwandte. Ich habe mir leider nicht gemerkt, wann er wiederkommt.«

»Das weiß ich leider auch nicht.«

Frau Gruszczewski seufzte. »Ach je …«

»Wieso, was ist denn, benötigen Sie Hilfe?«

»Der liebe Herr Kusch geht meiner Schwester und mir dankenswerterweise ab und an zur Hand. Vor seiner Abreise hat er noch für uns eingekauft. Leider habe ich vergessen, Waschpulver aufzuschreiben. Meine Schwester ist bettlägerig, da haben wir viel Wäsche, jede Woche wasche ich dreimal.«

»Kein Problem, ich kann Ihnen was mitbringen, ich will eh grad zum Supermarkt.«

Ihr Gesicht hellte sich auf. »Hätten Sie wirklich die Güte?«

»Mach ich gerne.«

Sie kramte aus ihrem Mantel ein kleines Damenportemonnaie aus weißem Leder hervor, das so alt zu sein schien wie sie selbst, nahm einen Zwanzigeuroschein heraus und drückte ihn in seine Hand. »Das ist wirklich zu gütig, Gott vergelt's Ihnen.« Sie nannte ihm ihre bevorzugte Marke, bedankte sich noch zweimal und verschwand im Haus.

»Der Herr Nachbar!« Daniel trug einen Karton durch den Hof. »Wie geht's, wie steht's?«

Stoller hielt ihm das Hoftor auf und begleitete ihn zu einem Mietkastenwagen mit offenen Hecktüren, in dem ein hölzernes Bett, ein paar Pflanzen und ein mit rotem Samt bezogener Ohrensessel standen. »Gut. Du hattest übrigens recht, bei mir war das Dach undicht, ich hatte wohl eine Psychose.«

Daniel blieb stehen und sah ihn überrascht an. »Woher die Einsicht?«

»Ich hab mich im Wahn zum Gespött meiner Kollegen gemacht und meinen Job verloren.«

»Oh!«, rief Daniel erschrocken, als wäre er persönlich betroffen.

»Ja, oh. Ich habe dann im Netz recherchiert. Dabei bin ich auf all das gestoßen, was du erzählt hast.«

»Sehr vernünftig. Ich bin beruhigt, dass du es eingesehen hast. Möchtest du vielleicht doch mal zur Untersuchung kommen?«

»Danke für das Angebot, aber ich denke, das ist nicht nötig, ist ja schon vorbei.«

»Du solltest das nicht unterschätzen. Eine Psychose ist kein Schnupfen.«

»Gewissermaßen schon«, widersprach Stoller. »Die meisten Psychosen vergehen nach ein paar Tagen oder Wochen von selbst.«

Daniel verzog den Mund zu einem gequälten Lächeln, in dem Stoller Hochmut sah. »Unterschätze das nicht. Selbst wenn es vergeht, es kann jederzeit wiederkommen. Aber mach dir keine Sorgen, wir können das alles behandeln. Ich kann dir die besten Fachärzte empfehlen.«

»Wie gesagt, nicht nötig. Ist alles längst wieder gut.«

»Wie du meinst. Du weißt ja, wo du mich finden kannst, falls du es dir doch noch überlegst. Ich muss Anna beim Umzug helfen und wieder zurück ins Institut. Mach's gut!«

Daniel lächelte eigenartig und ging zum Haus zurück. Stoller überlegte, was er in dem Lächeln außer Zufriedenheit noch gesehen hatte. Den Triumph des Siegers.

73

Noch eine gute Nachricht. Erst Annas plötzlicher Auszug, dann die unerwartete Einsicht des Nachbarn. Obwohl es ihn erschrocken hatte, dass sich seine Befürchtung bewahrheitet hatte – das Erlebnis des Tölpels hatte Aufmerksamkeit erregt. Ohne Job hatte der Kerl natürlich mehr Zeit. Aber er würde das Geschehen gewiss für sich behalten, um sich nicht weiter lächerlich zu machen.

Beide Nachrichten nahmen Druck von Daniels Schultern, der ihm unerträglich geworden war und den er nur mit Alkohol kontrollieren konnte. Je höher sein Alkoholpegel, desto niedriger der Druckpegel, diese einfache Gleichung hatte er heute Morgen während seiner Fahrt ins Institut aufgestellt.

Seine marternden Kopfschmerzen hatten sich nach dem Anruf von Hacker, der ihm die schlechte Neuigkeit beschert hatte, verschlimmert. Hacker hatte aufgeregt von dem Einbruch in sein Büro erzählt. Die Diebe hätten Unterlagen zum Pulsator gestohlen. Zum Glück existierte nur ein Exemplar des Geheimgeräts. Der Prototyp, mit dem Daniel experimentierte.

Nach dem Anruf hatte Daniel alle wichtigen Ordner aus dem Stahlschrank in einen Karton gepackt, den er mit nach Hause nehmen wollte. Ahnungsvoll ließ er anschließend alle Computer mit einer Virensoftware auf Schadprogramme überprüfen. Tatsächlich befanden sich auf den Rechnern Trojaner, die sie ausspionierten. Aufgewühlt nahm er eine Flasche Lagavulin aus dem Stahlschrank, hielt sie sich an die Lippen und trank gierig.

Nur durch seine Vorsichtsmaßnahmen hatte er verhindert, dass die Datendiebe an den magischen Code gelangt waren. Er hatte die wichtigsten Algorithmen auf einem USB-Stick gespeichert, den er zu Hause mit dem Pulsator im Geheimfach seines Schreibtisches versteckte. Die Originaldateien hatte er von den Festplatten seiner Rechner mit einem Löschprogramm unwiederbringlich vernichtet. In den auf dem Computer vorhandenen Datei-Ordnern hatte er Fehlspuren ausgelegt, wie ein Mörder falsche Fährten, sinnlose Algorithmen ohne Nutzen und Funktion. Wer immer ihn heimlich ausforschte, hatte diese Formeln gefischt.

Selbstzufrieden kämmte er sich vor dem Spiegel die Haare und nahm aus der Flasche einen weiteren Schluck, obwohl es erst Mittag war. Wenigstens musste er nicht befürchten, von Kollege Richter behelligt zu werden. Der unangenehme Kollege war heute nicht im Institut.

Daniel hätte gerne ungestört gearbeitet, doch Annas Anruf zerstörte den Plan. Erstaunlicherweise hatte sie binnen weniger Stunden eine Wohnung gefunden, in die sie sofort umziehen wollte und dafür seine Hilfe erbeten. Diesen letzten Gefallen, der in seinem eigenen Interesse lag, erfüllte er seiner Schwester gern. Ab sofort konnte er mit seinem Endspurt beginnen. Er hatte dem Chefredakteur von *Neuroreport* und dem Herausgeber von *Neuropsychologia* E-Mails geschickt und für kommenden Mittwoch einen Aufsatz angekündigt, der eine sensationelle Entdeckung beschrieb. Eine Sensation, wie sie die Welt noch nicht gesehen hatte. Die den Glauben auf den Kopf stellte.

74

Als Stoller mit Lebensmitteln und Waschpulver aus dem Supermarkt trat, stand plötzlich wie aus dem Nichts Peter Faust vor ihm. Was hatte der Straßenprediger in dieser Gegend verloren? »Was machst du hier?«

»So ein Zufall! Ich hab hier zu tun.« Peter beugte sich in Hannes-Manier verschwörerisch näher. »Geheime Kommandosache.« Sein Lachen klang diabolisch. »Und du? Schon den Petrus-Schlüssel gefunden?«

»Hast du mal darüber nachgedacht, ob dein Petrus-Schlüssel-Wahn von einer ordinären Psychose herrühren könnte?«

Peter sah ihn verdutzt an. »Du hältst mich für verrückt? Ich denke, du täuschst dich in mir. Glaubst du etwa, dein mystisches Erlebnis war Ausfluss einer Psychose?«

»Das glaube ich nicht, das weiß ich.«

»Das weißt du!« Peter lachte schalkhaft auf. »Mann, bist du naiv, das hätte ich nicht gedacht. Willst du einen Tipp? Gib dich nicht mit der falschen Wahrheit zufrieden. Suche die richtige. Finde den Petrus-Schlüssel!«

»Wenn du meinst.«

»Das meine ich mit heiligem Ernst. Suche, bis du *wirklich* gefunden hast. Dann wirst du über das All herrschen.«

»Logisch.«

»Der Schlüssel liegt im Vertrauen. Glauben heißt Vertrauen. Vertrau mir! Glaub mir! Ich hab doch recht.« Ohne weitere Worte und ohne Verabschiedung drehte sich Peter ab und verschwand.

Verwundert sah Stoller ihm nach. Eine bizarre optische Täuschung, die von Lichtspiegelungen herrühren mochte, ließ es ihm so erscheinen, als wäre der Sonderling in einem unsichtbaren Loch im Raum verschwunden. Als hätte er sich in Luft aufgelöst.

Oder war es keine optische Täuschung, sondern Teil seiner Psychose? War er diesem Spinner tatsächlich begegnet? Suchend blickte er sich um, doch von Peter Faust keine Spur. Stoller schüttelte den Kopf und brachte den Gruszczewskis ihr Waschpulver.

Der Geruch des Todes, dachte er, als die Tür geöffnet wurde.

»Das ist so gut von Ihnen«, sagte Frau Gruszczewski und bat ihn herein. »Sie bleiben doch noch auf eine Tasse Kaffee? Fünf Minuten haben Sie bestimmt für zwei einsame alte Schwestern.«

Er nickte ergeben.

Der Geruch des Todes entströmte dem Wohnzimmer. Er entstieg der alten Frau, die auf dem Krankenbett vorm Fenster lag, und mischte sich mit dem Duft des verwelkenden Blumenstraußes, der auf dem Tisch stand.

»Der Nachbar ist zu Besuch«, rief Frau Gruszczewski in Richtung des Bettes, »der so freundlich war, uns Waschmittel zu besorgen.« An Stoller gewandt sagte sie: »Das ist meine Schwester Magdalena.«

Er trat zum Bett, reichte der Frau die Hand und stellte sich vor. Ihre Finger waren kalt und kraftlos. Sie trug ein weißes Nachthemd unter einer cremefarbenen Strickjacke, die langen schlohweißen Haare lagen offen um ihr Gesicht. Sie erinnerte ihn an eine Mischung aus einem Engel und einer Schamanin. Aus wässrigen blauen Augen sah sie ihn aufmerksam an.

»Sie kann nicht mehr sprechen. Der Schlaganfall hat ihr Sprachzentrum verletzt, sagen die Ärzte. Aber sie versteht alles. Nicht wahr, Lenchen?« Ihre Schwester nickte schwach und tätschelte dabei seine Hand.

»Kommen Sie, setzen Sie sich doch.«

Stoller nahm auf einem mit dunkelgrünem Samt bezogenen Sessel Platz und ließ seinen Blick durch den Raum gleiten. Die Polstergarnitur stammte anscheinend aus den Sechzigerjahren des vergangenen Jahrhunderts. Auf dem Walnusstisch stand Kaffeegeschirr und ein großer Teller Gebäck. An der Wand hinter dem Sofa hing ein kolorierter Druck des Abendmahls von Da Vinci, an einer anderen Wand mehrere Heiligenbilder. Gegenüber dem Krankenbett prangte über einer Biedermeier-Anrichte ein schlichtes Holzkreuz. Auf der Anrichte standen gerahmte Familienfotos, die meisten in Schwarz-Weiß. In einem klobigen Vitrinenschrank waren Sammeltassen und Kristallgläser ausgestellt. Es kam ihm vor, als wäre er durch ein Zeitloch in die Vergangenheit geschlüpft.

»Sie müssen die Madeleines probieren. Das Rezept ist von unserer Urgroßmutter.« Sie zeigte auf den Gebäckteller und schenkte ihm eine Tasse Kaffee ein.

Er nahm ein Gebäckstück, biss ab und zerdrückte es mit der Zunge am Gaumen, während er das Alter des Rezepts kalkulierte. Mindestens hundertfünfzig Jahre.

Der erwartungsvolle Blick der Alten durchbohrte ihn. »Mhm, köstlich«, nickte er anerkennend, »ganz hervorragend. Schön zitronig.«

»Nicht wahr? Für Magdalena tunke ich sie immer in Tee mit Milch. Sie liebt das.«

»Michel, ich meine Herr Kusch, hat mir von dem Schlaganfall Ihrer Schwester erzählt. Wie kam das, was ist passiert?«

»Ach«, winkte Frau Gruszczewski ab, als wollte sie die Frage schnell wegfegen, »das ist eine lange Geschichte. Lenchen hat Epilepsie.« Sie trank einen Schluck aus ihrer Kaffeetasse, sah lächelnd zu ihrer Schwester und schüttelte den Kopf. »Dass Magdalena damit so alt geworden ist. Was Gott sich dabei nur gedacht hat.«

»Gott?«

Frau Gruszczewski streckte sich vor und stellte ihre Tasse auf den Untersetzer. »Sagen Sie bloß, Sie sind auch einer von diesen jungen Leuten, die nicht mehr an ihn glauben?«

Stoller schob sich eine Madeleine in den Mund, um seine Antwort zu bedenken. Du darfst die alte Frau nicht verstören, sagte er sich. »Klar kann man an ihn glauben, wenn man mag. Aber es gibt halt keine Beweise. Niemand weiß, ob es ihn wirklich gibt.«

»Unsinn! Jeder weiß das doch, also *ich* weiß es!«

»Sie glauben es zu wissen, weil Sie gläubig sind.«

»Ich glaube, und ich *weiß*! Ich habe ihn gesehen. Ich stand schon einmal an der Schwelle des Todes und konnte hinüber sehen in Gottes Reich.«

Neugierig geworden, bat Stoller sie, ihm davon zu erzählen. Frau Gruszczewski sagte, sie sei als Jugendliche beim Schlittschuhlaufen eingebrochen und fast ertrunken. Weil sie viel Wasser geschluckt habe, sei sie bewusstlos geworden.

»Eigentlich war ich schon tot«, sagte sie lapidar, »fast eine halbe Stunde lang war ich nicht mehr im Leben. In der Zeit ist meine Seele erst durch einen Tunnel aus Licht ins Himmelreich geflogen, und dann habe ich Gott gesehen. Und weil er ein großer und gnädiger Gott ist, hat er mich wieder zurück auf die Erde gelassen.«

Stoller erinnerte sich an Annas Bericht von ihrem Erlebnis am Strand des Todes. Er erzählte der Alten davon und sagte, seine Bekannte glaube ebenfalls, durch einen Tunnel aus Licht gereist zu sein.

Frau Gruszczewski lächelte wissend, erhob sich und winkte ihn in die Ecke mit den Heiligendarstellungen. »Hier, sehen Sie sich das an.« Sie zeigte auf ein Bild. »Es heißt Benedikts Heimgang.«

Interessiert betrachtete er den Druck des mittelalterlichen Gemäldes, das den Heiligen Benedikt umringt von mehreren Personen zeigte, die ihn in ihrer Mitte hielten, ein Jüngling blickte den Betrachter an. Benedikts totenblasses Gesicht war dem Himmel zugewandt, er starb, die Umstehenden wirkten geschockt. Vom Kopf des Heiligen führte ein breiter werdender Lichttunnel durch den Raum in den Himmel. In eine transparente Hülle in Vaginalform war eine leuchtende Miniatur Benedikts geborgen – seine Seele, die zu Gott zurückkehrte.

»Und hier, haben Sie das schon gesehen?« Frau Gruszczewski zeigte auf einen anderen Gemäldedruck. Das Triptychon stellte ebenfalls einen Lichttunnel dar, durch den Gestalten gen Himmel reisten, umschwirrt von Kobolden und Dämonen. »So hat Hieronymus Bosch das Jenseits gesehen. Das Bild heißt Aufstieg ins Paradies. Bosch und der Maler des anderen Bildes müssen auch mal tot gewesen sein, vermute ich. Sie zeigen das Sterben genau so, wie ich es erlebt habe.«

Gebannt studierte Stoller die Bilder. Weil sie wisse, wie schön es im Himmel sei, fuhr Frau Gruszczewski fort, wünsche sie sich für ihre Schwester nichts sehnlicher als den Tod. Er sei die Erlösung. Gott solle Magdalena erlösen und ihre

Seele befreien. Sie stellte sich neben das Bett, nahm die Hand ihrer Schwester und zitierte aus der Bibel: »›Und er wird jede Träne von ihren Augen abwischen, und der Tod wird nicht mehr sein, noch Trauer, noch Geschrei, noch Schmerz wird mehr sein: Denn das Erste ist vergangen. Und der, welcher auf dem Thron saß, sprach: Siehe, ich mache alles neu.‹ Nicht wahr, Lenchen, so wird es sein.« Magdalenas Reaktion bestand in einem Lächeln.

Stoller kamen die Worte Binden und Lösen in den Sinn. Der Tod bedeutete Lösung vom Leben und Leiden, und Verbindung mit Gott. Im Moment des Sterbens war die alte Frau auf der anderen Seite gewesen und hatte wie Anna einen kurzen Einblick ins Jenseits erhalten. Wenn es diesen einen Zugang gab: Konnte es dann nicht noch mehr Tore geben? Oder waren die beiden Frauen angesichts des nahen Todes in einen psychotischen Zustand geraten und hatten alles nur halluziniert?

»Meinen Sie nicht, dass Sie das vielleicht nur geträumt haben, als Sie bewusstlos waren?«, fragte er vorsichtig.

»Ganz bestimmt habe ich das nicht nur geträumt«, sagte Frau Gruszczewski resolut. »Nach diesem Erlebnis habe ich die Bibel gelesen, wieder und wieder, das Neue Testament allein vierzehn Mal. Und immer wieder habe ich dabei die Bestätigung dafür gefunden, wie wahr es ist, was mir widerfahren ist. Ich habe ja das Gericht selbst erlebt! Wenn Sie wollen, erzähle ich Ihnen davon. Aber ich will Sie nicht bedrängen.«

»Erzählen Sie nur. Ich bin ganz gespannt.«

Zufrieden nippte die Alte an ihrem Kaffee, bevor sie den Augenblick ihres Sterbens schilderte. Ihre Schilderung ähnelte Annas Beschreibung der Todesnähe.

»Ich konnte spüren, wie meine Seele aus dem Körper austrat und in der Luft schwebte. Von oben sah ich dann, wie meine Schwester mich mit Hilfe eines Spaziergängers aus dem eisigen Wasser zog und dabei selbst beinahe eingebrochen wäre. Magdalena hat meinen Körper geschüttelt und gerufen, ich solle aufwachen. Doch ich war bereits im Zwischenreich zwischen Leben und Tod, nicht mehr in meinem Körper, aber noch nicht bei Gott. Und dann ist plötzlich mein ganzes Lebens vor mir aufgetaucht. Fast wie im Lichtspieltheater!«, sagte Frau Gruszczewski begeistert. »Ich war gleichzeitig Zuschauerin und Hauptdarstellerin meines Lebens und habe alles noch einmal erlebt. An meiner Seite stand Jesus und hat mit mir mein Leben angeschaut. Herrlich war das!«

Sie habe alles begriffen, ihre Rolle im Welttheater, den Sinn allen Lebens, einfach alles.

»Was ist denn der Sinn des Lebens?«, fragte Stoller.

Frau Gruszczewski lächelte spitzbübisch. »Liebe und Wissen.«

»Liebe und Wissen?«

»Es geht darum, nützliches Wissen zu suchen und zu sammeln. Kein Bildungswissen, sondern himmlisches Wissen. Die Erkenntnis der eigenen Seele und ihrer Bedürfnisse. Und die Liebe ist natürlich das Wichtigste. Alles dreht sich ja um die Liebe. Die Liebe zwischen den Geschöpfen und die Liebe zu allen Mitmenschen. Wenn man anderen Gutes tut und seinen Mitmenschen gegenüber barmherzig ist, tut man sich selber Gutes. Deswegen gilt auch das Umgekehrte: Was du nicht willst, das man dir tu, das füg auch keinem anderen zu. Weil man sich selber schadet, wenn man anderen schadet. Wegen dem Gericht.«

Frau Gruszczewski erklärte, beim Gericht sei der Mensch Zeuge, Schöffe und Richter in eigener Angelegenheit. Die Fakten würden nackt und ungeschminkt da liegen, nichts würde unentdeckt bleiben, nicht einmal intimste Gedanken und Sehnsüchte.

»So wie das Licht der Mittagsonne den vereisten See ausleuchtete, so wurde meine Seele von göttlichem Licht durchstrahlt. Alles ist ans Licht gekommen, so wie es in der Bibel steht. Man erkennt alles und wird von niemandem verurteilt außer sich selbst.«

Die alte Frau schilderte ihr Ringen und Verhandeln mit Gott, das vor einer Schranke stattgefunden habe, die unmissverständlich die Grenze markierte, nach deren Übertretung es kein Zurück mehr gab.

»Das Gericht ist gerecht. Wie heißt es noch bei Matthäus: ›Richtet nicht, auf dass ihr nicht gerichtet werdet. Denn mit welcherlei Gericht ihr richtet, werdet ihr gerichtet werden; und mit welcherlei Maß ihr messet, wird euch gemessen werden.‹ So wie wir andere verurteilen, werden wir dereinst selbst verurteilt. Und es wird jedem vergolten nach seinem Tun.«

Stoller trank nachdenklich von seinem Kaffee. Gab es tatsächlich die unsterbliche Seele und ein Weiterleben nach dem Tod? Ein Tod, der kein Schlusspunkt und schwarzes Nichts war, sondern ein Wendepunkt in einen neuen Anfang?

»Wenn das alles und wenn Gott nicht wahr wäre«, fuhr Frau Gruszczewski mit dem Stolz einer alten Frau und dem Trotz eines kleinen Mädchens fort, »müssten wir die Bibel zu den Märchenbüchern stellen! Aber Gott ist real, er existiert! Meine Schwester hat ihn auch gesehen. Nicht wahr, Lenchen«, rief sie ihrer Schwester zu, deren Gesicht freudig strahlte.

»Hatte sie auch so ein Todeserlebnis?«

»Nein. Gott zeigt sich ihr in den Anfällen. Sie hat seit damals diese Absencen, dann ist sie minutenlang wie weggetreten, starrt ins Nichts oder in den Himmel. Danach erzählt sie von Gott und seinen Engeln. Herrje, manchmal glaube ich, sie kennt die ganze Engelhierarchie persönlich. Sie erzählt dann von Mächten und Gewalten, Erzengeln und Thronen, Herrschaften und Hoheiten. Da kommt keiner mit.«

Stoller spürte Magdalenas Blick und sah sie an. Sie lächelte milde. Er wandte sich wieder ihrer Schwester zu. Sie schenkte Kaffee nach und erzählte dabei, dass sich seit einigen Jahren Wissenschaftler für Magdalenas Fall interessierten.

»Bis zu dem Infarkt gehörte sie schon fast zum Inventar der Charité, so oft wurde sie untersucht und behandelt.« Seufzend schüttelte sie den Kopf. »Es war ein Fehler, dass wir zugestimmt haben. Der Neue hat die modernsten Behandlungsmethoden an Lenchen ausprobiert, sie in alle erdenklichen Röhren geschoben, verkabelt und ihren Kopf vermessen. Vor ein paar Wochen ist es dann passiert. Mitten in der Behandlung hat es in ihrem Kopf Peng gemacht. Seitdem ist sie ans Bett gefesselt und kann nicht mehr sprechen.« Sie trank die Tasse leer, bevor sie fort fuhr. »Ich weiß nicht, was dieser Professor Meckel mit ihr gemacht hat.«

»Meckel?« Der Name elektrisierte ihn. »Daniel Meckel?«

»Sie kennen ihn?«

In Stoller tobten Gedankenstürme. Er war hierher gekommen, um Waschmittel abzuliefern. Jetzt wurde ihm die Schicksalhaftigkeit dieser Begegnung bewusst. Der wütende Schaum aus Gedanken und Gefühlen kulminierte in einem Erkenntnisblitz, der dem Peng von Magdalenas Schlaganfall entsprechen mochte. Es konnte kein Zufall sein, dass er nach dem Einzug eines Neurologen, der Epileptiker erforschte und behandelte, selber so etwas wie einen epileptischen Anfall gehabt hatte.

»Wissen Sie nicht, dass er unser Nachbar ist?«, fragte er aufgewühlt. »Er wohnt hier im Haus, im Seitenflügel.«

»Welcher Zufall«, erwiderte sie überrascht. »Herr Kusch sprach nur von einem Doktor, der mit seiner Schwester eingezogen sei.«

»Weiß Meckel, dass Sie hier leben?«

»Ach«, sagte sie und winkte verächtlich ab, »der ist doch nur an Magdalenas Fall interessiert, der kann sich ja nicht einmal ihren Namen merken. Diese Schläfenlappenepilepsie ist für die Forscher wohl ziemlich wichtig. Weiß der Teufel, weshalb.«

Stoller stand auf, bedankte sich und verabschiedete sich hastig. Er wollte schnellstens Klarheit über die Forschungsarbeiten eines Neurologen, der mit dem Ereignis, das so viel ausgelöst hatte, höchstwahrscheinlich zu tun hatte. Stoller glaubte felsenfest daran, der Wahrheit so nah zu sein wie bei seinem übersinnlichen Erlebnis.

TEIL 5
FINDEN

75

Die Suche nach Professor Doktor Daniel Meckel führte zu einer langen Trefferliste. Sein Nachbar galt als Koryphäe in der Epilepsieforschung und hatte zahlreiche wissenschaftliche Publikationen zur Hirnwellenaktivität bei epileptischen Anfällen verfasst.

Bis jetzt hatte Stoller immer geglaubt, im Gehirn liefen in erster Linie biochemische Prozesse ab und Hormone steuerten alles Leben. Aus Meckels Arbeiten schloss er, dass in elektrischen, also physikalischen Abläufen das Geheimnis der Konstruktion der Welt lag. Letztlich bestanden chemische Elemente aus Molekül- und Atomverbindungen, aus elektrisch geladenen Neutronen und Protonen, die physikalischen Gesetzmäßigkeiten folgten. Die Welt wurde im Innersten von elektrischen Strömen zusammengehalten.

Er schaute vom Bildschirm auf. War das wirklich denkbar? Entstand die Welt in unseren Köpfen, erfolgte ihr Bau im Bewusstsein, das aus elektromagnetischen Wellen bestand? War die Wirklichkeit eine Erfindung des Geistes und Gott ein Muster aus Hirnwellen?

Stoller rief die Website des neurowissenschaftlichen Forschungszentrums der Charité auf. Auf einem Gruppenfoto der Mitarbeiter des Instituts für medizinische Physik und Biophysik war Meckel mit seinen Kollegen neben einem Computertomographen abgebildet. Stoller blinzelte und beugte sich näher an den Bildschirm. Neben Meckel bemerkte er einen Mann mit Ziegenbart, der Petrus-Schlüssel-Peter verblüffend ähnlich sah.

Kopfschüttelnd sah er sich die Liste der Forschungspartner, Förderer und Sponsoren an. Meckels Forschungen wurden unter anderem von der 21e AG finanziert. Stoller erinnerte sich erneut an Peter Faust, der einen Werbekugelschreiber dieser Firma hatte. Alles schien mit allem verbunden.

Mit fiebrigem Detektivgeist las er Aufsätze von Meckel, die er von der Website herunterlud. Religiöse Erlebnisse entstanden demnach in einem Verbindungskanal zwischen den Schläfenlappen und waren eine mehr oder minder ausgeprägte Form von Schläfenlappenepilepsie. Moses und Dostojewski, Franziskus und Nietzsche, Heilige und Mystiker – sie alle hätten epileptische Anfälle gehabt, als sie ihre Gottesvisionen erlebten.

Ein kanadischer Neurologe namens Persinger hatte einen Gotteshelm entwickelt, der es angeblich bewies. Mit Hilfe des Helmes konnte man anscheinend mit Gott in Berührung bekommen. Mit jenem Gott, der im Gehirn hauste, in einem von vier Lappen, und dort in einem kleinen Nest jenseits des Schädelknochens.

Der Schläfenlappen schien prädestiniert zu sein für die Erzeugung von Halluzinationen. In ihm wurden Gesichter und Gegenstände erkannt, Sprache verarbeitet und das eigene Körperbild konstruiert. Bereits vor fünfzig Jahren hatten Forscher bei epileptischen Patienten diesen Hirnteil elektrisch gereizt und dadurch wilde Erlebnishalluzinationen ausgelöst.

Im Schläfenlappen befand sich außerdem das limbische System mit der Amygdala, dem Mandelkern, der zentralen Region für Gefühle. Das limbische System drückte äußeren Reizen und Ereignissen einen Stempel der Gefühle auf, der garantierte, dass besonders Bedeutendes sich unvergesslich in die Hirnwindungen brannte. Die Welt, die durch die Sinneseindrücke in den Schläfenlappen gelangte, erhielt hier ihre Bedeutung. Und hier entstanden halluzinierte Welten, Illusionen, und sinnlich-sensorische Empfindungen ohne äußere Reize. Hirngespinste wurden hier geboren.

Das Gehirn wurde permanent mit Unmengen von Daten überschwemmt, die teils unsinnig, teils widersprüchlich waren. Aus der Flut der Eindrücke und Informationen filterte das Gehirn diejenigen heraus, die bedeutsam waren. Aufgabe des Hippocampus war es, die plausibelste aller möglichen Deutungen eines Reizes auszuwählen. Dies geschah durch permanenten Abgleich des Wahrgenommenen mit dem Erwarteten. Ohne die Zensur im Seepferdchen würde der Mensch orientierungslos im Datenmeer ertrinken.

Andererseits schränkte der Hippocampus als radikaler Filter die Wahrnehmung ein, indem er Unwahrscheinliches und Außergewöhnliches ausblendete und nur das ins Bewusstsein treten ließ, was als wesentlich erkannt wurde. Doch als wesentlich wurde vom Seepferdchen in der Regel nur das erkannt, was es schon kannte. Das Bewusstsein erfuhr nur, was es sowieso schon wusste.

Manche Forscher waren davon überzeugt, Erleuchtungen und Visionen träten erst dann auf, wenn die Selbstzensur im Hippocampus ausgetrickst und überrannt würde. Die Arbeiten eines amerikanischen Radiologen schienen das zu bestätigen. Der Forscher hatte die Hirnaktivität meditierender Buddhisten untersucht. Er fand ein charakteristisches Muster der aktiven Hirnareale, ganz ähnlich denen betender Franziskanernonnen. Sowohl Nonnen als auch Buddhisten zeigten in einem Bereich des Scheitellappens eine unerwartete Inaktivität. Wo im normalen Wachzustand andauernd Elektrizität durch die Neuronen zuckte, waren bei den Betenden und Meditierenden keinerlei Hirnströme mehr messbar. Und zwar genau in jener Hirnregion, in der alle Informationen über den Körper zusammenliefen und in der das eigene Körperbild zusammengesetzt wurde. Der Radiologe schlussfolgerte, Meditierende verlören deshalb den Kontakt zu ihrem Körper und empfänden sich nur noch als reinen Geist.

Stoller aß ein Stück Halbbitterschokolade, trank einen Schluck von dem Milchkaffee, den er sich nach seinem Besuch bei den Gruszczewskis zusammen mit ein paar Käsebroten gemacht hatte, und grübelte nach. Eine ansonsten stets aktive Region war also abgeschaltet, daher rührte das Empfinden der Loslösung vom Körper. Zugleich bedeutete die Abschaltung dieses Hirnareals eine Ausschaltung des Wahrnehmungsfilters. Und in diesem halb hirntoten Zustand wurden die außergewöhnlichsten Erfahrungen gemacht.

Stoller erinnerte sich an zwei Nahtodberichte, über die er gelesen hatte. Eine Frau, der ein Tumor im Gehirn entfernt werden musste, war während der Operation eine Stunde vollkommen hirntot gewesen. Während der OP machte sie eine Nahtoderfahrung, bei der sie aus ihrem Körper schwebte und ihrer eigenen Operation zusah. Neurologen hatten den Fall wieder und wieder untersucht, und fanden keinerlei Erklärung. Denn wie sollte ein totes Gehirn, in dem weder Blut oder Hirnströme flossen noch Hormone zirkulierten, etwas erleben können?

Ähnlich beeindruckend war der Fall einer blind geborenen Frau, die während ihres Nahtoderlebnisses zum ersten Mal in ihrem Leben sehen konnte. Sie reiste aus ihrem Körper, aus dem Operationssaal und dem Krankenhaus auf die Straße, sah zum ersten Mal Bäume, Autos, Menschen, sah Farben und Licht.

Manche Neurologen gingen davon aus, dass im Sterben bereits im Gehirn vorhandene Bilder und Szenen, erlebte Vergangenheit, abgespielt wurden. Aber wie konnte bei einer Blinden etwas abgerufen werden, was niemals in ihren Kopf gedrungen war, Bilder, die sie nie gesehen und erlebt haben konnte? War das nicht ein Beweis dafür, dass Körper und Geist unabhängig voneinander waren, dass Bewusstsein nicht zwingend ans Gehirn gekoppelt war?

Ein Neurochirurg der Harvard Medical School war felsenfest davon überzeugt gewesen, dass sich Nahtoderfahrungen mit Hormonausschüttungen erklären ließen – bis er selbst den Tod schmeckte, als er im Koma lag. Nach dem Erwachen war er verwandelt und propagierte Gott und die unsterbliche Seele.

Immer mehr moderne Naturwissenschaftler glaubten aufgrund der Erkenntnisse aus der Nahtodforschung an das Jenseits und an die Existenz der geistigen Welt, angesehene Neurowissenschaftler sahen darin einen Gottesbeweis.

Stoller dämmerte eine gewaltige Erkenntnis: Die religiösen Bilder waren nicht vom Gehirn aktiv erzeugt worden, sondern durch seine Inaktivität erst ermöglicht, weil zugelassen, worden. Es war wie das Umschalten des Radioprogramms: Die richtige Einstellung der Antenne zum Empfang der gesendeten Informationen war das Entscheidende. Mit der richtigen Einstellung nahm man nicht mehr die Frequenz der Wirklichkeit wahr, sondern die Frequenz des Himmels. Die Radiomoderatoren waren ja auch nicht zwischen Mikrochip und Verstärker eingesperrt, Schauspieler nicht in den

Geheimgängen des Fernsehapparats, soziale Netze nicht im Smartphone – und Gott nicht im Gehirn.

Stoller spürte seinen Puls kräftig pochen. Er war sich plötzlich sicher, dass bei ihm nicht ein religiöses Zentrum stimuliert und ein bereits installiertes Gaukelprogramm gestartet worden war, sondern sein Gehirn nur das materielle Empfangsgerät für den real vorhandenen himmlischen Geist gewesen war.

Die Materie konnte Geist empfangen, aber nicht erzeugen oder speichern. Die geistige Welt und Gott existierten, schloss er, jedoch war eine korrekte Einstellung nötig, eine Frequenzverschiebung, eine Verrücktheit, um sie wahrnehmen zu können. Und sobald sie wahrgenommen wurden, konnten sie auch für wahr gehalten werden.

Der indische Neurologe, der das Gottesmodul als erster entdeckt und beschrieben hatte, schien in eine ähnliche Richtung zu denken, als er in einem Interview sagte, für ihn käme es niemals in Frage, seine hochreligiösen Schläfenlappen-Epileptiker operativ zu behandeln, weil er damit dem Allmächtigen sein Besuchsrecht rauben würde.

Stollers Aufregung wuchs, ihn überkam das Gefühl, einem großen Geheimnis auf der Spur zu sein. Einem Geheimnis, das sich um Professor Doktor Daniel Meckel rankte.

76

Die Einbrecher stahlen Computer, Laptops, Festplatten und DVDs. Alles Wichtige war weg. Nur sein großes Geheimnis konnten sie nicht rauben.

Nach dem letzten Telefonat mit Hacker hatte Daniel vorsorglich alle wichtigen Ordner aus dem Stahlschrank mit nach Hause genommen. Auch den Pulsator. Er brachte ihn nur gelegentlich ins Institut mit. Ansonsten hielt er ihn seit jenem Freitag, dem Dreizehnten, zu Hause in einem Geheimfach seines Schreibtischs unter Verschluss. Er holte ihn nur für Experimente hervor und ging überaus achtsam mit ihm um. Aus gutem Grund: In dem Gerät war der Algorithmus gespeichert.

Seine ahnungsvolle Vorsicht half ihm, den Code erfolgreich zu beschützen. Als er am Morgen sein Büro durch die aufgehebelte Tür betrat, stand Richter an seinem Schreibtisch. Der aufdringliche Kollege informierte ihn über den nächtlichen Einbruch, der durch einen Keller erfolgt sei. »Die haben einen Tipp bekommen. Ohne Insiderwissen hätten die es nie geschafft, sich Zutritt zu verschaffen, ohne Alarm auszulösen.«

»Es gibt überall Kriminelle«, sagte Daniel und musterte den Kollegen abschätzig. »Sogar dort, wo man sie am wenigsten vermutet.«

»Aber was sind das für Kriminelle«, fragte Richter und zupfte sich nachdenklich am Kinnbart, »die sich die Mühe machen, in Fort Knox einzubrechen, um einzig und allein *Ihr* Büro zu durchwühlen. Worauf haben die es abgesehen?«

»Mein Büro ist das erste auf dem Gang. Die haben wahrscheinlich hier angefangen, sind gestört worden und abgehauen.«

Daniel ließ seinen Blick über die Verwüstung schweifen. Die Tür des Stahlschranks hing verbogen zur Seite, aus den Schreibtischen waren die Schubladen herausgerissen, auf dem Boden verstreut lagen Papiere neben dem elektrischen Rasierer und Wodka- und Whiskyflaschen.

»Sauerei«, sagte Richter. »Haben die sich erst mal Mut angetrunken?« Er gab einer leeren Whiskyflasche einen Kick mit der Schuhspitze. »Wieso sind alle Papiere durchwühlt? Merkwürdig, finden Sie nicht? Was meinen Sie, haben die nach etwas Bestimmtem gesucht?«

»Was sollen die suchen außer der Bürokasse und Computern? Sie wissen doch selbst, dass es hier nichts zu finden gibt.«

Richter sah ihm für quälend lange Sekunden in die Augen, als könnte er dort fündig werden. Schließlich nickte er langsam. »Stimmt.«

»Hier gibt es für *niemanden* etwas zu finden«, sagte Daniel und blickte unmissverständlich zur Tür.

»Das wollen wir nicht hoffen. Die Polizei wird jeden Moment mit der Spurensicherung anrücken. Vielleicht gibt es Fingerabdrücke oder Haare vom Täter.«

»Das glauben Sie doch selber nicht.«

»Mit Glaube habe ich nichts zu tun. Viel Spaß beim Aufräumen«, wünschte Richter. Im Türrahmen drehte er sich noch einmal um. »Sie kommen doch heute Abend? Hohlbein ist auch dabei. Er wird wissen wollen, was hier geschehen ist.«

Daniel nickte unwillig und wartete, bis der Kollege verschwand. Dann nahm er eine halbvolle Lagavulinflasche vom

Boden, ging in eine Zimmerecke, die man vom Flur aus nicht einsehen konnte, und genehmigte sich einen großen Schluck.

Erst der Einbruch bei Hacker, dann die Trojaner. Und letzte Nacht war in sein eigenes Reich eingedrungen worden. Die Skrupellosigkeit, mit der seine Auftraggeber an die Ergebnisse seiner Forschungsarbeit gelangen wollten, machte ihm Angst. Wusste der Geheimdienst, dass er den richtigen Algorithmus gefunden hatte? Oder hatten ihn Detektive von 21e erfolgreich beschnüffelt, weil sie nicht länger auf Ergebnisse warten wollten oder längst erfahren hatten, dass er sie hinterging?

Seine E-Mails an die Fachmagazine fielen ihm ein. Es war dumm von ihm gewesen, eine Sensation anzukündigen. Er war angetrunken gewesen, als er die Mails verfasst hatte. Die enthemmende Wirkung des Alkohols stachelte gefährlichen Leichtsinn an.

Ein Gedanke schoss ihm durch den Kopf und erzeugte eine Hitzewallung. Stoller! Es war nicht auszuschließen, dass seine Verfolger im Zuge ihrer Überwachungsmaßnahmen auf den tollpatschigen Nachbarn und sein vermeintlich mystisches Erlebnis aufmerksam geworden waren. Mit einem Richtmikrofon war es möglich, aus einem Auto auf der Straße ein Gespräch im Hof zu belauschen.

Das durfte Daniel nicht zulassen: Dass der lebende Beweis des Algorithmus zu seinem Verhängnis wurde. Wenn es sein musste, würde er über eine weitere Leiche gehen, um das große Werk zu schützen.

77

Anna stand in ihrem Zimmer, in dem sich Bücherkartons türmten, trank eine Tasse grünen Tee und beobachtete die Schwanzmeisen am Futterhaus, die sich über die letzten Erdnussstückchen hermachten. Zum letzten Mal blickte sie auf den Friedhof. Zum ersten Mal sah sie die Trauerweiden ohne Schneemantel. Premiere.

Die Temperaturen waren erstmals in diesem Jahr über den Gefrierpunkt geklettert und tauten die weiße Welt auf. Anna dachte an den Tag, an dem sie Stoller an den Mülltonnen begegnet war. Kurz vorher hatte sie genau wie jetzt Tee trinkend an derselben Stelle gestanden.

Die Entscheidung, wenige Wochen nach dem Einzug Hals über Kopf wieder auszuziehen, musste ihm verrückt erscheinen. Als sie ihm von ihrem Auszug erzählt hatte, wirkte er geschockt und traurig. Aber vermutlich wünschte sie sich das nur.

War es richtig, wieder einmal wegzulaufen und alle Hoffnung in einen Neuanfang zu setzen? Sie erkannte ein Muster ihres Lebens.

Waldner kam ihr in den Sinn und sein Gequatsche vom Schiff, das einen Ankerplatz suchte. Vielleicht sollte sie sich doch die Neuropillen verschreiben lassen. Dein Kopf ist falsch eingestellt, sagte sie sich. *Du* bist der Falschfahrer, nicht alle anderen. Erlösung aus dem Chemiebaukasten. Wenn alle diese Pillen nahmen, mussten sie doch wirksam sein und helfen. Die Weisheit der Vielen. Du solltest es wenigstens mal versuchen. Sie nahm Waldners Visitenkarte vom Tisch und starrte auf das Kärtchen. Sah den Psychotherapeuten vor sich, wie er sich bedeutungsschwer das Kinn rieb.

»Verdammt!« Sie zerriss die Karte und warf sie in den Müll. In der künstlichen Manipulation des Gehirns mit Pharmagiften konnte keine Hilfe liegen. Sie musste mit ihren Entscheidungen und den Folgen ihres Handelns leben, auch wenn sie den überstürzten Entschluss zum Auszug in einer Woche bereuen würde.

Anna hasste den Zwang zur Entscheidung. Warum musste das Leben so kompliziert sein und von Entscheidungen, Wahlen und Urteilen abhängen, die von einem freien Willen getroffen wurden, dessen Freiheit zweifelhaft war?

Sie entschied sich, auf das Schicksal zu vertrauen. Es hatte ihr immerhin die neue Wohnung beschert, eine unwahrscheinliche Fügung. Anna war die Erste gewesen, die sich auf eine Annonce gemeldet hatte, die erst wenige Minuten zuvor im Internet veröffentlicht worden war. Darin wurde für eine Wohnung im Wedding kurzfristig ein Zwischenmieter für ein Jahr gesucht.

Anna rief an und vereinbarte einen Besichtigungstermin um zehn Uhr. Eine Frau in ihrem Alter mit burschikoser Statur und stoppeligen Haaren öffnete ihr die Tür. Anna fand sie sofort sympathisch, nachdem sie Narben vom Ritzen an ihren Handgelenken gesehen hatte.

Sie erkundigte sich nach den Mietkonditionen und den notwendigen Unterlagen für die Zustimmung der Hausverwaltung, der Erlaubnis zur Haustierhaltung und Details zur Wohnungsnutzung. Weil die Räume renovierungsbedürftig waren, vereinbarten sie, dass Anna die Wände in ihren Wunschfarben streichen dürfe. Sie freute sich darauf, die Wohnung nach ihren Wünschen einzurichten. Die Möbel ihres Bruders hatte sie nie gemocht, zu viel Stahl und Glas. In ihr neues Leben würde viel Holz einziehen.

Ohne zu zögern, unterschrieb sie den Vertrag, obwohl ihr die Frau eine Nacht Bedenkzeit anbot. Anna wollte ihr Glück besiegeln. Ein eigenes Zuhause. Auch wenn sie alleine leben würde. Die unbestimmte Hoffnung, Stoller würde sie besuchen, tröstete sie. Wenn da mehr zwischen ihnen war als Illusionen und Projektionen, dann würde er kommen.

78

Das *European Journal of Neuroscience* hatte einen Aufsatz von Meckel über Hirnprothesen veröffentlicht. Er stellte darin die These auf, die Neurotechnologie werde in naher Zukunft zur Phänotechnologie. Das phänomenale Erleben des Menschen werde schrittweise technologisch verfügbar sein und sich systematisch beeinflussen und kultivieren lassen. Den Bewusstseinstechnologien prognostizierte er eine große Zukunft.

In der Abhandlung begegnete Stoller wieder dem kanadischen Neurologen. Persinger nahm an, alle menschlichen Gehirne besäßen eine fundamentale Gemeinsamkeit, eine physikalische Konstante, ein Grundmuster aus Information und Struktur. Einen grundsätzlichen Basisalgorithmus, mit dem das menschliche Gehirn arbeitete. Ein Algorithmus, bei dem alle sensorischen Signale in einen gehirnspezifischen Code übersetzt wurden. Jede Form des Bewusstseins sei, so Persinger, mit einem spezifischen elektromagnetischen Muster assoziiert.

Die Existenz eines universellen Hirnalgorithmus ermöglichte die Beeinflussung aller Gehirne durch bestimmte Reize. Auf diesem Grundgedanken basierte Persingers Gotteshelm: Wenn alle Gehirne unabhängig von ihrer kulturellen und genetischen Geschichte auf biochemische Beeinflussung durch Psychopharmaka und Drogen ähnlich reagierten, so musste dies auch für neuroelektrische Reize gelten. Bestimmte Signale erzeugten identische Erfahrungen.

Persinger ging in seinen Spekulationen noch weiter. Er hielt es für möglich, alle Gehirne durch Modulation des Erdmagnetfeldes zu beeinflussen. Es sei denkbar, der Frequenz des Erdmagnetfeldes Informationen in einer Frequenz aufzuprägen, die mit den Hirnwellen interagierte und sie in eine beliebige Richtung veränderte.

Meckel bezog sich ausführlich auf Persingers Thesen, versuchte aber zugleich, den Kanadier als unglaubwürdig darzustellen und seine Forschungen als unseriös zu brandmarken. Er drängte ihn in die Ecke der Verschwörungstheoretiker, da Persinger massive Warnungen vor den technischen Möglichkeiten der Hirnwellenmanipulation vorbrachte und die Öffentlichkeit für die Gefahren dieses zukünftigen Potentials sensibilisieren wollte.

Stoller gab in die Suchmaschine den Begriff Hirnwellenmanipulation ein. Er stieß auf kommerzielle Brain Machines, Hirnwellen-Generatoren, Bio- und Neurofeedback-Geräte, mit denen die Hirnwellen beeinflusst werden konnten. Die Gerätschaften manipulierten das Gehirn mit optisch-akustischen Frequenzmustern, um Entspannung oder Konzentration zu fördern, Kreativität oder Leistungsfähigkeit zu steigern oder die beiden Hirnhemisphären in Einklang zu bringen.

Durch die Synchronisation beider Gehirnhälften transzendiert das menschliche Bewusstsein die vierte Dimension und wird zum Herrn der Zeit, las er auf der Website eines Herstellers von Mentalsystemen. Der Brainwave Generator des Anbieters konnte diese Harmonisierung angeblich herstellen und dadurch ein erwachtes Bewusstsein bewirken, das nur mit einem Klartraum vergleichbar sei.

Im Klartraum war sich der Träumende während des Traums der Tatsache bewusst, dass er träumte. In diesem Zustand konnte er angeblich mit den schöpferischen Kräften seines Unbewussten eine eigene Realität erschaffen und sich gleichzeitig aufgrund seines aktiven kritischen Verstandes der selbst geschaffenen Traumwelt bewusst sein. Die Website zitierte Probanden eines neurowissenschaftlichen Experiments in einem Schlaflabor im Taunus, bei denen durch externe Hirnwellenmanipulation luzide Träume ausgelöst worden waren.

Stoller war baff: Sollte es tatsächlich möglich sein, mystische Erlebnisse auf Knopfdruck zu erhalten?

Der Elektronikkonzern Sony hatte ein Patent für eine Technologie angemeldet, die auf sonarer Stimulation basierte und mit Schallwellen Gedanken erschaffen konnte. Die Pläne skizzierten eine sensorische Geist-Maschine-Schnittstelle mit einer Vorrichtung, die Ultraschall-Impulse auf den Kopf abfeuerte, um Muster in gezielten Bereichen des Gehirns zu verändern und Sinneserfahrungen von bewegten Bildern, Geschmack und Sounds zu schaffen. Damit sollte es laut Patentanmeldung blinden oder tauben Menschen ermöglicht werden, erstmals zu sehen oder zu hören.

Stoller schüttelte ungläubig den Kopf. Mit solch einer Technologie konnten offenbar in Zukunft auch Werbeclips und alle möglichen Botschaften in Köpfe verpflanzt werden.

Der nächste Suchtreffer führte ihn zur Website der 21e AG. Unter einer Rubrik mit dem Titel *Brain Entertainment* fand er eine Vielzahl von Apparaturen zur Beeinflussung von Geist und Gehirn. Er klickte die Seite mit der Firmenbeschreibung an. Als er das Foto des Vice President Wireless Communication sah, der für den Geschäftsbereich Gehirnunterhaltung zuständig war, bekam er wieder den Eindruck, Peter Faust zu erkennen, obwohl der Mann auf dem Bild einen dunklen Vollbart trug.

Stoller seufzte, stellte den Computer aus, trank den letzten Schluck Milchkaffee und versuchte seine Gedanken zu sortieren. Eine geistige Achterbahnfahrt hatte er hinter sich. Durch ein übersinnliches Erlebnis hatte er sich vom skeptischen Ingenieur mit einem streng naturwissenschaftlichen Weltbild zu einem Erforscher des Spirituellen gewandelt. Er war seinem mystischen Erlebnis und Gott mit Psychologie, Philosophie, Religionswissenschaft und Medizin zu Leibe gerückt. Und war durch seine Recherchen und Begegnungen auf die Forschungen seines Nachbarn gestoßen.

Jetzt verschmolz er sein höchst persönliches Erlebnis mit seinen objektiven Erkenntnissen: Mystische Erfahrungen konnten durch elektrische Stimulation, durch Manipulation der Gehirnwellen erzeugt, oder besser gesagt: zugelassen werden. Es gab einen Schlüssel, möglicherweise eine bestimmte Hirnwellenfrequenz, einen Gottes-Algorithmus, der das Tor zum Himmel öffnete. Und vielleicht hatte sein Nachbar so einen Schlüssel, auch wenn Stoller nicht verstand, wie Meckel damit bei ihm eine Pforte öffnen konnte.

Ihm fiel sein Besuch bei den Nachbarn ein. Meckel hatte ihn mit Fragen gelöchert und wollte alles im Detail wissen. Zugleich hatte er versucht, Stollers Erlebnis zu pathologisieren und ihm eine Psychose oder einen neurologischen Defekt einzureden. Wie passten diese Neugier und der Zweifel zusammen?

Hatte der Neurologe etwa bei sich zu Hause Experimente durchgeführt? Aber selbst wenn: Wie konnte er davon beeinflusst worden sein? Stoller erinnerte sich an Hannes' Verschwörungstheorien über Hirnwellenmanipulation durch Mobilfunkstrahlung.

79

Beim Hinabsteigen der Treppenstufen hörte Daniel, wie sein Nachbar im Hof mit dem Trinker sprach.

»Du hast doch mal was von Hirnwellenmanipulation erzählt!«

Daniel zuckte alarmiert. Er blieb stehen und lauschte dem Gespräch. Eigentlich wollte er rasch ins Institut zurück. Er war am frühen Nachmittag, nachdem die Polizei Spuren gesichert und er das Chaos in seinem Büro grob bereinigt hatte, nach Hause gefahren, um den Schlüssel zu holen, den Anna sich von ihm ausgeliehen hatte, weil sie in der Wohnung noch etwas vergessen hatte. Bis auf das Piano hatte sie mittlerweile alle Sachen in ihre neue Bleibe gebracht. Nächste Woche wollte sie sich um den Klaviertransport kümmern.

Eine zentnerschwere Last war von ihm abgefallen. Die letzten Tage hatte Anna ihn angesehen wie einen Fremden, wie ein wissenschaftliches Objekt, das es aufmerksam zu studieren galt.

Aber kaum hatte er diesen Brandherd gelöscht, entzündete sich im Hof ein neues Feuer. »Wusstest du, dass der neue Nachbar Neurologe ist und über Hirnwellen forscht?«, hörte er Stoller fragen. Er schlich zur halb geöffneten Tür des Aufgangs und versteckte sich dahinter.

»Ha«, stieß der Alkoholiker triumphierend von sich, »wusst ich's doch, dass da was im Busch ist! Erst der Handymast, dann ein Wellenforscher und die Dauerüberwachung. Ich sag dir, da bahnt sich was an! Wenn der mal nicht vom Dienst ist, hab ich doch von Anfang an gesagt!«

Daniels Augen weiteten sich. Wie kam dieser Spinner auf so einen Irrsinn? Am liebsten hätte er dazwischengefunkt und das Gespräch mit einem Kurzschluss beendet. Doch er war machtlos. Noch.

»Komm mir jetzt bitte nicht so, ich will nichts von Verschwörungen hören. Mich interessiert nur, wie das technisch gehen soll.«

»Ja, mein Guter, ist doch ganz einfach«, sagte der Trinker und rülpste, bevor er weiter sprach. »Jede drahtlose Kommunikationstechnologie funktioniert nach dem gleichen Prinzip, ob Radio, Fernsehen, Radar oder Mobilfunk. Auf elektromagnetische Wellen als Trägerfrequenz wird Information aufmoduliert. Beim Mobilfunk ist es ja so, dass die Trägerfrequenz im Mikrowellenbereich liegt, also im Bereich von Gigahertz, das heißt, mehrere Milliarden Mal in der Sekunde schwingt diese Trägerwelle durch den Äther.« Er gestikulierte mit beiden Armen und simulierte eine Wellenbewegung. »Und die Infos surfen oben drauf.«

»Wie, die Infos surfen oben drauf?«

»Bist du blöd oder was?«, rief der Trinker beleidigt. »D-i-e I-n-f-o-s s-u-r-f-e-n a-u-f d-e-r W-e-l-l-e. Ob Bild oder Video oder die Stimme beim Telefonieren, diese Infos werden in kleine digitale Päckchen verpackt und auf diese Welle geschickt, das heißt, die Welle wird moduliert, ist doch klar!«

»Die Infos reiten also wie ein Surfer auf der Mikrowelle?«

»Sag ich doch! Das nennt man dann niederfrequent modulierte Hochfrequenzstrahlung. Das Blöde ist«, fuhr er, von Schluckauf unterbrochen, fort, »anders als bei Rundfunk oder anderen Frequenzbändern werden die Infopakete beim Mobilfunk mit einer Frequenz von zehn Hertz übertragen, also in einem extrem niederfrequenten Bereich. Daher heißen sie ELF-Wellen, von extreme low frequencies, extrem langsame Frequenzen. Ja, da guckst du, mein Lieber!«

»Und wieso ist das blöd?«

»Weil die niederfrequenten Infopäckchen«, sagte der Trinker und hickste erneut, »in absolut gleichmäßigen Pulsen auf den Trägerwellen reiten, deswegen nennt man es gepulste Strahlung. So, was heißt das jetzt konkret?«, fragte er wie ein Ausbilder seinen Lehrling.

»Mach's nicht so spannend!«

»Das heißt, bei so einer Pulsmodulation kommen in periodischen Abständen kurze Strahlungspakete mit Infos, und dazwischen ist jeweils nichts, nur die Trägerwelle. Auf dieser irre schnellen Mikrowelle werden also extrem langsam schwingende Informationen durch den Raum übertragen, und zwar in absolut unnatürlicher Gleichmäßigkeit.«

»Ja, und? Ich versteh immer noch nicht, was blöd daran ist. Komm doch mal zum Punkt!«

»Denk einfach mit, Mann! Diese niederfrequent gepulsten Hochfrequenzfelder, die wirken auf die natürlichen elektromagnetischen Felder ein! Und auf das biologische System, auf uns, auf dich und mich.« Der Trinker tippte sich an den Kopf. »Die Funktionen hier oben werden gestört. Zehn Hertz liegen genau im Bereich der Alphawellen unserer Hirnfrequenz, hab ich dir doch schon mal erklärt.«

»Aber wenn das wirklich so wäre, dann wäre Mobilfunk verboten. Es gibt doch Grenzwerte.«

»Grenzwerte«, empörte sich der Trinker, »wo lebst du denn, sag mal? Das mit den Grenzwerten ist eine gigantische Gaunerei. Bei der Aufstellung der Grenzwerte für Mobilfunk haben die nur die theoretischen, Quatsch, was red ich denn, die *thermischen*, die haben damals nur die thermischen Auswirkungen gemessen! Die haben nur geguckt, wie warm das Gewebe und die Zellen durch die Strahlen werden. Ja-ha, da guckst du! Und zwar haben sie genau sechs Minuten lang ein paar Leute den Strahlen ausgesetzt und dann geguckt, ob ihr Gewebe nicht zu heiß wird. Das ist so, als würde man sagen, rauchen ist deshalb unschädlich, weil die Tabakindustrie einen Grenzwert einhält, der besagt, dass die Lunge vom Rauch einer Zigarette nicht um mehr als ein Grad erwärmt wird.«

»Versteh ich nicht.«

»Da musst du mal mitdenken! Beim Tabak und beim Mobilfunk interessiert doch gar keine Wärme, da geht es nur um *athermische* Wirkungen! Das hat mit Erwärmung überhaupt nichts zu tun! Die schlimmen Wirkungen sind *athermisch*.«

»Was für schlimme Wirkungen? Wovon redest du?«

»Weißt du nicht, was Handystrahlung alles anstellt? Davon geht die Erbsubstanz kaputt, man kriegt DNA-Strangbrüche, und die Blut-Hirn-Schranke wird geöffnet, dadurch kommen Gifte leichter ins Hirn. Und die Unfallwahrscheinlichkeit liegt nach einem Handytelefonat um ein Vielfaches höher als normal. Liest du denn keine Zeitung?«

Stoller ignorierte die vorwurfsvolle Frage. »Und die Beeinflussung von Hirnwellen? Ist das bewiesen, dass es möglich ist, mit Mobilfunkstrahlung auf unser Denkstübchen Einfluss zu nehmen?«

»Na logisch ist das bewiesen, wie unser EEG davon verändert wird! Aber gepulste Mobilfunkstrahlen machen noch viel mehr, Ionen und Moleküle werden verändert und Nervenzellen im grauen Klumpen umgeschaltet.«

Daniel schüttelte den Kopf. Ausgerechnet dieser verwahrloste Säufer, den er für grenzdebil gehalten hatte, kannte sich mit Hirnwellen und den Möglichkeiten ihrer Beeinflussung bestens aus.

Er wünschte sich, den Pulsator bei sich zu haben. Dann könnte er ermessen, wie ausgereift die Erfindung schon war. Stattdessen musste er ohnmächtig mit anhören, wie sein Nachbar weiter nach der Wahrheit bohrte.

»Meinst du«, fragte Stoller, »es wäre möglich, statt zehn Hertz andere Frequenzen auf die Trägerwelle zu setzen, zum Beispiel Frequenzen im Bereich unserer Theta- und Delta-Wellen?«

»Aber klar doch! Man kann eine Mikrowelle mit jeder beliebigen Frequenz modulieren. Wer weiß, ob die Dienste nicht mit so was schon rum experimentieren. Kennst du Darfa? Quatsch, Darpa heißt das, Darpa!«

»Was soll das sein?«

»So ein Verein des amerikanischen Militärs. Die machen seit Jahren Experimente mit Ratbots. Indem sie die armen Viecher mit entsprechenden Frequenzen bestrahlen, können sie sie fernsteuern.«

»Blödsinn, das ist unmöglich!«

»Wenn ich's dir doch sage! Die zwingen die Ratten durch Hirnwellenmanipulation dazu, in einem Labyrinth nach links oder rechts zu gehen, so wie es ihnen gefällt. Die Ratte kann nichts dagegen unternehmen, die glaubt wahrscheinlich, dass sie selber links abbiegen will, dabei wird ihr das von außen mit unsichtbaren Wellen eingetrichtert. In Zukunft wollen sie damit Soldaten fernsteuern. Irre, oder?«

»Allerdings, klingt ziemlich durchgeknallt.«

»Die machen noch viel verrücktere Sachen in Amiland. Wer weiß, ob sie nicht mit diesem, na, wie heißt es, Darpa, Harpa ... Haarp! Haarp heißt das andere, mit zwei A. Wer weiß, ob sie nicht damit schon längst unsere Gehirne manipulieren.«

»Was soll dieses Haarp sein?«

»Hochfrequenz, aktiv, Aurora ... Egal. Irgendwo in der Pampa von Alaska haben die Amis die größte Ansammlung von Sendeantennen aufgebaut. Angeblich wollen die Schwachköpfe damit Wetterphänomene und die Aurora untersuchen. Das Wetter haben sie ja schon beeinflusst, El Niño gab's erst nach Inbetriebnahme der Anlage.«

»Und was hat das Wetter mit unserem Gehirn zu tun?«

»Denk mit, Mann!«, rief er empört und spuckte dabei Stoller Bier- und Speicheltröpfchen ins Gesicht. »Haarp hat die stärkste Strahlenpower überhaupt, die können die ganze Erde bestrahlen! Damit können sie nicht nur das Wetter und das Ökosystem des Planeten verändern, die können mit ganz spezifischen EEG-Signalen Krankheiten auslösen und das Bewusstsein und die Gedanken manipulieren. Und wenn Haarp es nicht bringt, dann dies andere, na, wie heißt es noch ... Herpf, nee, Hertz ... Hertf, genau, irgendwas mit Hochenergie, warte ... Ja, High Energy Research, irgendwie so. Na, bin ich gut oder bin ich besser? Hab grad erst'n Buch drüber gelesen«, fügte er mit einem dreckigen Lachen hinzu, »kann ich dir ausleihen, wenn du willst.«

»Jetzt spuck's schon aus: Was ist dieses High Energy Dings?«

»Eine militärische Forschungsanlage auf einem Luftwaffenstützpunkt in New Mexico. Angeblich können die alles aussenden, Mikrowellen, Plasmastrahlung, Hochenergie-Pulswellen. Darf man gar nicht dran denken, was da alles möglich ist. Irgendwann können die bestimmen, was wir wollen, wen wir wählen, wann und wo wir arbeiten und schlafen, was wir essen und einkaufen, einfach alles! Aber nun sag doch mal, wozu du das alles wissen willst? Was hat das denn mit diesem«, er rülpste, bevor er die Frage zu Ende führte, »mit diesem Neurologen zu tun?«

Daniel trat näher an die Tür und lauschte angestrengt.

Stollers Antwort kam zögerlich. »Das weiß ich noch nicht so genau. Ich weiß nur, dass er über Hirnwellen forscht und bei mir ...«

Daniel hielt gespannt den Atem an.

»Egal«, brach Stoller den Satz ab. »*Diesen Forschungen will ich auf den Grund gehen*. Das ist alles.«

Der Trinker nickte beifällig. »Da ist dir das Buch bestimmt nützlich. Komm doch grad mit, dann geb ich's dir.« Er kam mit Stoller auf die Tür zum Seitenflügel zu. Daniel hastete die Treppe zum Keller hinunter und duckte sich in eine Ecke. Mit geschlossenen Augen wartete er, bis die Gefahr vorüber war.

80

Diesen Forschungen will ich auf den Grund gehen, hallte es in Daniels Kopf nach, als würden die Worte auf Stahlplatten gehämmert. Er lehnte sich an die Wand und starrte vor sich hin. Er kam sich vor wie ein Locked-In-Patient, dem kein Muskel mehr gehorchte und dessen Leben sich einzig und allein in der grauen Masse unter der Schädeldecke abspielte. Wie gelähmt fühlte er sich, obwohl heiße Panik durch seine Adern jagte.

Wieso hatte sich sein Nachbar nicht mit seinen Begründungen abgefunden? Er hatte sich doch selbst eingestanden, eine Psychose zu haben. Damit war alles gut und erledigt. Gewesen. Weshalb wollte dieser Trottel ausgerechnet eine Wahrheit ergründen, die er nicht ergründen durfte? Daniel mahlte mit den Kiefern. Er musste die Entdeckung seiner Erfindung um *jeden* Preis verhindern!

Auf der Fahrt ins Institut spielte er alle Optionen durch. Dem Zufall konnte nachgeholfen und Schicksal manipuliert werden. Er könnte seinem Nachbarn mit dem Auto folgen, auf eine günstige Gelegenheit warten und einen Unfall verursachen, der bedauerlicherweise tödlich verliefe.

Aber die Polizei könnte argwöhnisch werden, wenn er seinen Nachbarn irgendwo in der Stadt überführe. Der Zufall schlug zwar oft eigenwillige Wege ein, konnte jedoch stets in Frage gestellt werden. Den Zufall zu bezweifeln war die Voraussetzung für alles Esoterische und Mystische, er war die Grundbedingung des Glaubens. Aus der Negierung des Zufalls entstanden die Götter. Und Verdachtsmomente skeptischer Kommissare.

Nein, das Verscheiden seines Nachbarn musste ohne Zufall auskommen, es musste ein reiner Unfall sein.

Oder er sorgte für ein Unglück. Seinen Nachbarn würde das Glück verlassen, das man beim Absteigen der Treppe brauchte, oder das Glück, an einem offenen Fenster lehnend nicht hinauszufallen.

Ein Gedanke durchfuhr ihn wie ein Blitz. Gedankenblitze waren tatsächlich welche. Elektrische Entladungen, die mit der Geschwindigkeit von Gewitterblitzen durch Neurone und Axone jagten. Wenn das Gehirn ein freier Körper mit Ohren wäre, hätte es vor dem Blitz lautes Donnern gehört. Der Geistesblitz bestand aus einem einzigen Wort: Gehirnwäsche. Er musste den Nachbarn lediglich mit den Frequenzen bestrahlen, die bei Ben, dem Philosophiestudenten und Frontallappen-Epileptiker, das Gedächtnis gelöscht hatten.

Daniel hatte Ben mit einem Frequenzspektrum bestrahlt, durch das er einen Klartraum seiner frühen Kindheit erleben sollte. Zu diesem Zweck hatte er Hirnwellen gewählt, die bei anderen Probanden intensive Erinnerungen an vergangene Zeiten ausgelöst hatten. Doch Ben hatte durch die Behandlung eine retrograde Amnesie erlitten. Er wusste danach nicht einmal mehr seinen Namen. Zum Glück war das Lerngedächtnis nicht betroffen, so konnte der Patient noch einmal bei Null anfangen und alles neu erlernen.

Daniel wäre fast gestorben aus Angst vor Enttarnung. Und jetzt trieb ihn wieder die Angst. Er würde im Gehirn seines Nachbarn Tabula rasa machen, die beschriebene Tafel namens Stoller weißen und in seine ursprüngliche Unschuld verwandeln. Der Kerl dürfte um die vierzig sein, schätzte er. Jung genug für einen Neustart.

Sein Gewissen meldete sich als Schatten, der wie eine eisige Brise durch ihn hindurch strich. Konnte er wirklich so weit gehen? Rechtfertigte die bislang bloß potentielle Gefahr einer Entdeckung solch eine monströse Tat? Die Patientenversuche waren eine Sache, sie dienten hehren wissenschaftlichen Zielen, dem Nutzen der Menschheit. Geistiger Mord war nach einem realen Mord die größte Grenzübertretung, die ein Mensch vollbringen konnte. Aber rechtfertigte die größte Erfindung nicht die größte Übertretung? Wogen sie sich nicht gegenseitig auf? Und was war schon *ein* kleines Gehirn von Milliarden im Vergleich zu der *einen* Frequenz, die diese Milliarden Gehirne befreien und begeistern konnte?

War es denn nicht richtig und vernünftig von Raskolnikow gewesen, die alte Wucherin zu beseitigen und dadurch hundert Schuldner zu befreien? War die rationalistische Ideologie dahinter nicht logisch und wahr? Eine Laus gegen hundert Menschen. Ein Gehirn gegen Milliarden.

Raskolnikow hatte sich von seinem Gewissen besiegen lassen und war, geschwächt durch die Liebe, zu einem religiösen Schwärmer geworden. Aber war das nicht bloß Fiktion? Dostojewski war Schläfenlappen-Epileptiker gewesen und hatte häufig religiöse Visionen gehabt. Er war bereits zum Exekutionsplatz geführt worden, ehe ihn die Nachricht seiner Begnadigung durch den Zar von der Todesschippe nahm. War Dostojewski nicht auf die plumpe Inszenierung der Begnadigung, die lediglich eine Machtdemonstration des Zaren war, hereingefallen, und hatte sich nach dem Erlebnis und der Lektüre des Neuen Testaments zum frömmlerischen Gotteszeugen gewandelt?

Und war Raskolnikow nicht bloß Dostojewskis Alter Ego, das diese Wandlung literarisch nachvollzog? In Wahrheit wäre ein Raskolnikow niemals zu der falschen Erkenntnis gelangt, dass die Reduktion auf den Rationalismus den Menschen ins Verderben stürze. Er hätte vielmehr erkannt, dass der wissenschaftliche Rationalismus die einzig reale Macht des Menschen war.

Mit diesen Gedanken rang Daniel sein schlechtes Gewissen nieder. Er nahm sich vor, zu später Stunde an der Tür des Nachbarn zu lauschen. Sobald sich Stoller schlafen legte, würde er aus seinem Arbeitszimmer heraus zuschlagen. Am liebsten gleich heute Abend.

Doch er hatte zugesagt, Richters Einladung nachzukommen. Der verhasste Kollege wollte mit ein paar Institutsmitarbeitern seinen Geburtstag nachfeiern. Daniel wollte Institutsleiter Hohlbein selbst von den Vorkommnissen berichten. Die Kontrolle über die Informationen durfte er nicht aus der Hand geben, vor allem nicht an Richter, dessen Anwesenheit unmittelbar nach dem Einbruch ihm höchst suspekt erschienen war. Daniel musste ihn im Auge zu behalten, damit aus dem Störfeuer kein Flächenbrand entstehen konnte.

81

Stoller war noch mit in Hannes' Wohnung gegangen und hatte sich das Buch mit dem Titel *Bewusstseinskontrolle durch Gedankenmanipulation* ausgeliehen. Es war im Selbstverlag erschienen, und Rechtschreibfehler in der knappen Inhaltsangabe verhießen nichts Gutes.

In dem Pamphlet ging es um die Möglichkeiten von Gedankenbeeinflussung durch Handystrahlung. Der Verfasser sah überall Geheimdienste am Werk, die Kommunikations- und Unterhaltungstechnologien dazu benutzten, jeden Gedanken aus den Gehirnen der Menschheit zu saugen, um absolute Kontrolle über das Bewusstsein der Massen zu erlangen. Mit Handys könne man nicht nur die Gedanken der Menschen lesen, sondern ihnen umgekehrt auch Gedanken aufzwingen und ihr Bewusstsein verändern.

Stoller musste an seine Recherchen denken. Zur schizophrenen Psychose gehörte oftmals Verfolgungsparanoia. Überall lauerten Manipulation und Verschwörung, jede Technologie diente neben dem offensichtlichen einem dunklen, gefährlichen, bösen Zweck.

Allerdings schien der Elektrotechniker, der die Schrift verfasst hatte, die Sachlage korrekt darzustellen. Seine Ausführungen zu allen Arten von Strahlentechnologien und ihren Auswirkungen auf das biologische System schienen gründlich recherchiert und wissenschaftlich fundiert zu sein. Er zitierte aus Fachaufsätzen und Studien sowie Unterlagen der Bundeswehr über waffentechnische Anwendungen von Hochleistungsmikrowellen wie Laserkanonen, Radarpulsern, Mikrowellenpistolen, Radiofrequenz- und Millimeterwaffen.

Da die Zirbeldrüse Magneteisenmoleküle enthielt, die Zugvögeln als Kompass dienten, konnten bereits durch schwache elektromagnetische Felder, wie sie durch Haushaltsgeräte, Fernseher, Handys, Mikrowellengeräte, Computer und Hochspannungsleitungen entstanden, Gehirnfunktionen beeinträchtigt werden. Die Melatoninproduktion reduzierte sich unter solchen Einflüssen und sorgte für Schlafstörungen.

Gerichtete Hochfrequenzstrahlung konnte die elektrischen Ströme in den Nervenzellen gezielt beeinflussen, indem die Aktionspotentiale verändert und elektrische Ströme mit einer bestimmten Wirkung erzeugt wurden. Gleichgerichtete Hochfrequenzsignale konnten eine sichere biologische Wirkung erzielen, wenn Pulsform, -folge, -länge, -stärke, -richtung und -wiederholrate den richtigen Wert hatten. So konnten gepulste Informationen den Hirnwellen aufgezwungen werden.

Auch über größere Entfernungen ließen sich Gehirnwellen drahtlos übertragen. In einem Experiment waren durch stille unsichtbare Wellen über mehrere hundert Meter Entfernung im Gehirn von Probanden laute Geräusche erzeugt worden.

Stoller stand aus seinem Sessel auf und beschäftigte sich gedankenverloren mit Mephisto. Die Ausführungen des Verschwörungsspinners wühlten ihn auf. Theoretisch konnte man mit einem entsprechend umfunktionierten Handy die Gehirnströme des Nutzers manipulieren. Erhöhte man die Sendeleistung des Mobiltelefons massiv, konnte man Köpfe im Umkreis einiger Meter beeinflussen. Funkstrahlen gingen durch Wände und Schädelknochen. War das wirklich denkbar – dass Meckel etwas so Wahnwitziges erdacht und konstruiert hatte? Die Idee war verrückt genug, um wahr zu sein.

Du musst Anna fragen!

Um neun Uhr abends stand er vor ihrer Tür und klingelte. Anna öffnete nur einen Spalt breit, damit Metatron nicht entwich, und linste vorsichtig hinaus. Sie schien überrascht zu sein, ihn zu sehen, fast erschrocken. Wenn sie das gewusst hätte; wieso er nicht Bescheid gesagt habe; ob er kurz reinkommen wolle.

Sie war am Streichen, wie an den Farbklecksen auf ihrer Brille und im Gesicht unschwer zu übersehen war. Ihre Haare hatte sie zu seitlichen Zöpfen gebunden, sie trug einen mit roter und grüner Farbe verschmierten grauen Overall mit abgeschnittenen Hosenbeinen, darunter ein ausgewaschenes T-Shirt und eine geringelte Wollhose mit Löchern an den Knien. Sie sah frech und sexy aus. Ihre Lippen waren zum ersten Mal ungeschminkt. Er fand sie noch anziehender als sonst und spürte eine Erektion in seiner Hose.

»Was ist? Willst du dir die Baustelle ansehen?« Sie trat zur Seite und winkte ihn herein. Die Wohnung hatte zwei Räume, ein kleines Schlafzimmer, das sie dunkelrot gestrichen hatte, und ein grünes Wohnzimmer.

»Du siehst ja«, sagte sie, »hier wird noch renoviert. Wollen wir in eine Bar gehen? Kann die Baustelle sowieso nicht mehr sehen, muss mal raus hier. Wir könnten ins Solar. Hast du Lust?«

82

Babylonisches Stimmengewirr empfing sie, als sie das Solar betraten. Anna steuerte auf zwei freie Hocker an der Bar zu. Als Stoller sich neben sie setzen wollte, entdeckte er an einem Tisch ihren Bruder. »Sieh mal, wer da ist.«

Anna verdrehte die Augen. »Nee, ne? Wollen wir lieber woanders hin?«

»Nein. Das ist kein Zufall. Augenblick, ich sag nur kurz Hallo.«

Bevor sie protestieren konnte, ging er zu dem Tisch. Als er näher trat, erkannte er die Gesichter von dem Teamfoto auf der Website des Instituts. Meckels Kollege Richter, der trotz des Kinnbarts dem Straßenprediger jetzt noch ähnlicher sah als auf dem Foto, stand auf und ging zur Toilette.

»Hallo, Professor.«

Daniel fuhr erschrocken herum. »Ach!« Er sah seine Schwester an der Bar sitzen und winkte ihr mit einem krampfigen Lächeln zu. »Ich wusste gar nicht, dass ihr miteinander ausgeht.«

»Bleibst du noch ein bisschen? Ich würde gern mit dir reden.«

»Worüber denn?«

»Nachher?« Stoller war über seinen scharfen Ton überrascht.

»Ich bin nicht privat hier, wir feiern den Geburtstag eines Kollegen.«

»Was hat das eine mit dem anderen zu tun?«

»Was willst du denn von mir?«

»Erfährst du dann.«

Stoller ging zu Anna zurück, Daniels verunsicherten Blick in seinem Rücken spürend.

»Was war das für eine schräge Nummer?«, fragte Anna und drehte den Lippenstift zu, mit dem sie das Rot auf ihrem Mund aufgefrischt hatte. »Kommst mich besuchen und quatschst erst mal mit meinem Bruder?« Sie beugte ihren Kopf über das Glas, das ihr der Barkeeper hinstellte, saugte durch einen Strohhalm gierig vom Mojito und sah Stoller skeptisch an.

Er bestellte einen alkoholfreien Cocktail und erklärte der darüber verwunderten Anna, er sei auf Alkoholdiät. Nulldiät. Sie zog die Brauen hoch, bevor sie weiter an ihrem Strohhalm saugte.

Drucksend fuhr er fort, er wolle mit ihr über die Forschungen ihres Bruders reden. Ihre Enttäuschung war nicht zu übersehen. »Ach so? Verstehe.« Sie trank den Mojito in hastigen Zügen leer, als könnte er ihr weggenommen werden.

»Ich hab dir doch von meinem mystischen Erlebnis erzählt. Zuerst dachte ich, es wäre durch dich ausgelöst worden.«

Ihre Brauen verengten sich verständnislos. Sie schob das leere Glas von sich und orderte beim Barkeeper einen zweiten Mojito. »Wieso durch mich? Was hab ich mit deinem Erlebnis zu tun?«

»Na ja, als ich dich da an den Mülltonnen getroffen hab, ausgerechnet an meinem Geburtstag ...« Er lachte nervös auf. »Das war irgendwie schön, wie ich dich da im Müll entdeckt hab.«

»Ach ja?« Um ihren Mund bildeten sich Fältchen und Grübchen, die er gern mit seinen Fingern berührt hätte.

»Wie oft findet man eine Pianistin im Müll? Nicht sehr wahrscheinlich.«

»Als Schatzsucher hast du bestimmt schon Tolleres gefunden«, erwiderte sie süffisant.

»Ich hab mal ein Kruzifix gefunden, aus Blei.«

»Hm, das soll toller sein als eine Pianistin im Müll?«

»Niemals«, beeilte er sich, »im Gegenteil, du bist das Beste, was ich je gefunden habe!«

Anna sah ihn mit funkelnden Augen an. Stoller glaubte, einen feuchten Glanz zu erkennen, aber das musste am Alkohol liegen, der offenbar zu wirken begann, denn sie schien plötzlich ganz verklärt.

Weil sie nichts sagte, räusperte er sich und sprach drucksend weiter. »Also, irgendwie ... Es ist halt so ... Ich dachte erst, das Erlebnis sei durch Liebe ausgelöst worden.«

Jetzt war er es, der wie ein Ertrinkender nach seinem Strohhalm griff, nicht ohne zu ihr hinüberzuschielen und ihre Reaktion zu beobachten. Beinahe explosionsartig breitete sich ein zartes Rot auf ihrem Gesicht aus, während sie ihn mit leicht geöffneten Lippen erwartungsvoll anschaute.

Stoller lachte verunsichert. Er schämte sich für seine mangelnde Souveränität. Zum dritten Mal seit ihrer ersten Begegnung hätte er sich am liebsten die Zunge abgebissen. Wieso musst du gleich mit der Tür ins Haus fallen, marterte er sich. Jetzt hast du sie vergrault, du Idiot! Er nahm eine Serviette vom Tresen und wischte sich über den Mund. Um Schadensbegrenzung bemüht, fuhr er schnell fort: »Aber jetzt weiß ich, dass dein Bruder dahinter steckt.«

»Mein Bruder?« Irritation sprudelte aus ihrem Blick. Kopf schüttelnd nahm sie den zweiten Mojito in Angriff.

Stoller musste zum Punkt kommen, ehe sie zu berauscht war für ein sinnvolles Gespräch. Unverblümt erzählte er ihr daher von seinem Verdacht, Daniel habe mit seiner Gottesvision zu tun. Anna hörte anfangs gleichgültig und offensichtlich in Gedanken versunken zu. Nach einer Weile unterbrach sie seinen Bericht, gab zu, nicht zugehört zu haben und bat ihn um eine Wiederholung. Beim zweiten Mal lauschte sie zunehmend alarmiert seinen Erklärungen und saugte an ihrem Cocktail. Ab und zu spähte sie zu ihrem Bruder, als wollte sie sich seiner Existenz vergewissern.

Als er seine Schilderung und Anna ihren zweiten Mojito beendet hatte, nickte sie. »Ich vermute schon länger, dass er irgendwas Verbotenes in seinem Heimlabor macht.« An den Barkeeper gewandt bestellte sie einen Mai Tai.

»Redest du etwa von mir?« Daniel stand hinter ihnen und zog sich seine Jacke an. Im Hintergrund verließen seine Kollegen die Bar.

»Hast du gelauscht?«, fragte Anna ärgerlich.

Stoller signalisierte ihr mit dem Finger auf seinen Lippen, nichts zu sagen.

»Als würde ich so etwas Primitives tun. Ich wollte mich nur anständig verabschieden. Wo du mich doch so nett begrüßt hast. Und entschuldigen möchte ich mich«, fuhr er an Stoller gewandt fort, »aber wir müssen unser Gespräch verschieben. Mein Kollege will in eine andere Bar, weiß der Teufel, warum. Ich bin machtlos, es ist sein Geburtstag.«

»Schade. Was ist mit morgen Abend?«

»Morgen ist schlecht. Da habe ich einen wichtigen privaten Termin.« Mit einem dünnen Lächeln sagte er zu Anna: »Danke noch mal für die Karte. Also, schönen Abend noch.«

Sobald er draußen war, fragte Stoller, worauf Daniel angespielt habe.

»Ich hab ihm eine Premierenkarte fürs Berliner Ensemble geschenkt«, erklärte Anna, »damit er morgen nicht zu Hause ist und ich in sein Labor kann. Du weißt ja, wie neugierig ich bin. Es lässt mir einfach keine Ruhe, was er in seinem geheimen Kämmerlein so treibt.«

»Aber wieso sollte dein Bruder ins Theater gehen?«

»Es ist nicht irgendeine Premiere. ›Der Idiot‹ von Dostojewski.«

»Ist das was Besonderes?«

»Für Daniel schon. Das einzige, für das er sich außer Neurologie begeistern kann, ist Dostojewski. Er ist von Bonn aus durch halb Deutschland gereist, wenn es eine sehenswerte Aufführung gab. Außerdem ist der Held in dem Stück Epileptiker. Und die Inszenierung soll spektakulär sein, ein Highlight der Theatersaison. Das wird er sich im Leben nicht entgehen lassen.«

»Wie bist du an die Karte gekommen?«

»Ein Kollege aus dem Hotel ist mit einem Schauspieler zusammen, der in dem Stück die Hauptrolle spielt. Jedenfalls wird Daniel im Theater sein und glauben, ich arbeite im Hotel. Aber ich hab mir morgen Abend frei genommen.«

»Was ist, wenn er sein Arbeitszimmer abschließt?«

»Das ist immer abgeschlossen. Sein Heiligtum. Deswegen bin ich ja so neugierig.«

»Und wie willst du da reinkommen, wenn immer zu ist?«

»Heute Nachmittag war ich bei ihm im Institut und hab mir seinen Schlüsselbund ausgeliehen.«

Annas Zunge war schwer geworden, ihre Bewegungen ruckartig und unkoordiniert. Drei Anläufe musste sie nehmen, um den Strohhalm ihres Mai Tai zu fassen, und wäre dabei fast vom Hocker gekippt. Nachdem sie von ihrem Cocktail getrunken hatte, erklärte sie umständlich, sie habe Daniel ihren eigenen Wohnungsschlüssel bereits zurückgegeben. Mit der Begründung, dringend benötigte Kosmetikartikel im Badezimmer vergessen zu haben, sei sie zu ihm ins Institut gefahren und habe sich seinen Schlüssel ausgeliehen. Ihr Bruder sei mit Polizisten beschäftigt gewesen, die wegen eines Einbruchs dort gewesen seien, daher habe er ihr seinen Bund genervt in die Hand gedrückt, damit sie schnell wieder verschwand. Sie habe die Schlüssel sofort nachmachen lassen. Auch den zu seinem Arbeitszimmer.

»Nimmst du mich mit auf die Exkursion?«, fragte Stoller.

Sie verabredeten sich für den nächsten Abend. Gemeinsam wollten sie in Daniels Reich eindringen und die ganze Wahrheit erfahren.

Anna stand auf und versuchte, die Balance zu halten. »Bringst du mich nach Hause?« Die Welt drehte sich immer schneller um sie herum. Stollers Gesicht vervielfachte sich, es schwamm und schwang kaleidoskopartig vor ihren Augen. Es versank im Bilderstrudel und sie in seinen Armen.

83

Anna erwachte verkatert. Durch dichten Nebel versuchte sie, den vergangenen Abend zu rekonstruieren. Sie hatte in einem Cocktailmeer gebadet und es bis auf den Grund ausgetrunken. Normalerweise trank sie niemals mehr als drei Gläser Wein, weil sich ab dieser Alkoholmenge die anregende und beschwingende Wirkung in etwas Unkontrollierbares verwandelte.

Zwei Mojitos und ein Mai Tai innerhalb von einer Stunde. Premiere. Der Kontrollverlust machte ihr Angst. Wie konnte sie sich nur so gehen lassen? Stoller hatte sie von einem Gefühlsextrem ins nächste gejagt. Als er ihr verdruckst seine Liebe gestanden hatte, war heiße Lava durch ihr Herz geflutet, um gleich mit dem nächsten Satz schlagartig zu erkalten und arktische Eisberge in ihrem Inneren zu bilden.

Wieso redete dieser Schuft erst von Liebe und relativierte es dann sofort? Hatte er Gefühle für sie gehabt, die sich in Luft aufgelöst hatten? Warum hatte er ihr nicht früher was gesagt?

»Fick!«, platzte sie heraus und hielt sich den Kopf vor Schmerzen.

Nicht einmal einen harmlosen Abschiedskuss hat er dir gegeben, erinnerte sie sich jetzt. Er hatte sie noch nach Hause gebracht, sich an der Wohnungstür verabschiedet und war mit dem Verweis auf ihre heutige Verabredung einfach gegangen. Dieser Idiot! Was war das für ein Kasper? Warum kam der nicht zur Sache wie ein richtiger Mann?

Anna öffnete die Nachttischschublade und fingerte eine Rasierklinge hervor, hielt sich das scharfe Stahlblättchen vors Gesicht und betrachtete es eine Weile. Musste es wirklich sein? Nein, entschied sie trotzig, Ritzen war keine Lösung. Sie musste endlich damit aufhören und anfangen, ihre Gefühle auszuhalten. Sie warf alle Klingen in den kleinen Mülleimer neben dem Bett, setzte ihre Brille auf, quälte sich stöhnend aus dem Bett und fiel beinahe über die Kartons, die überall herumstanden. Nach einer kalten Dusche und doppeltem Espresso ging es ihr langsam besser.

Gegen ihren Frust und die Enttäuschung strich sie den ganzen Vormittag über Wände in der Wohnung an. Mittags machte sie sich einen Spinatsalat mit Tofu. Die Kopfschmerzen ließen endlich nach. Dann sagte sie zum ersten Mal ihre Piano-Schicht im Safranski mit der Begründung ab, sie habe sich den Magen verdorben. Ein Körnchen Wahrheit steckte in der Ausrede, denn sie hatte den ganzen Tag über einen flauen Magen, den sie mit Zwieback und Kamillentee beruhigte.

Am Nachmittag duschte sie noch einmal und probierte jedes Kleidungsstück aus den Kartons im Schlafzimmer. Es nützte nichts, sie fühlte sich in allen Sachen dick und hässlich. Am liebsten hätte sie ihren Körper ausgezogen und sich eine neue Hülle übergestreift, eine zweite Haut.

Schließlich zog sie die Sachen an, die sie am liebsten trug: Eine geringelte Strumpfhose, darüber eine knielange Hose und einen kurzen Rock. Schicht um Schicht, mit jeder neuen Stofflage, fühlte sie sich besser geschützt und sicherer.

Sie trat in den klaren Abend, der vom Halbmond beschienen wurde und fuhr mit der U-Bahn nach Friedrichshain. In der Luft lag ein Hauch von Frühling. Vor dem Haus fiel ihr ein, dass ihre Lippen nackt waren. Sie stellte die Flaschen auf den Boden und nahm Handspiegel und Lippenstift aus ihrem Parka. Als sie den Spiegel aufklappte, fiel er ihr aus der Hand und klirrend zu Boden.

Seufzend sammelte sie die Scherben auf und warf sie in den Müll. Ihr fiel ein, dass Stoller sie gestern schon mit ungeschminkten Lippen gesehen hatte. Dann sieht er dich halt wieder ohne, befand sie trotzig, spielt doch sowieso keine Rolle mehr.

Sie nahm die Flaschen, ging durch das offene Haustor, durchquerte den Hof und stieg die Treppen des Hinterhauses hoch. Ihre Hand zitterte leicht, als sie auf die Klingel drückte. Sofort wurde die Tür aufgerissen.

Stoller starrte mit aufgerissenen Augen ins Treppenhaus. Er reckte den Hals und blickte lauernd hinter sie, als litte er unter Verfolgungswahn.

»Äh ...«, äußerte sie irritiert.

Schnell zog er sie in die Wohnung und schloss die Tür.

»Hey, was ist los mit dir?«

»Warst du gerade schon mal da?«

»Nein. Wie kommst du darauf?«

»Jemand hat an meiner Tür gelauscht.«

»Wer?«

»Weiß nicht. Eine Viertelstunde lang stand ich hier und hab mein Ohr gegen die Tür gepresst. Ich dachte erst, ich bilde mir das nur ein, aber dann hab ich Schritte gehört.«

»Warum hast du nicht einfach nachgesehen?«

»Wollte ich ja, aber dann bist du schon gekommen.«

Sie lächelte verunsichert und hielt eine Flasche Rotwein hoch. »Sollen wir uns erst mal Mut antrinken?«

»Du warst wohl schon zu betrunken, aber ich hab dir gestern Abend erzählt ...«

»Dass du alkoholmäßig auf Nulldiät bist«, beendete sie seinen Satz und hielt die Flasche Apfelsaft hoch, die sie in der anderen Hand hatte.

84

Beinahe hätte seine Schwester ihn entdeckt, als er an der Wohnungstür lauschte. Er konnte gerade noch eine Etage höher schleichen. Vor der Tür zum Dach kauernd, lauschte er ihrer Begrüßung durch den Nachbarn. Anscheinend hatte Stoller sein Lauschen belauscht.

Daniel fragte sich, wieso Anna ihn angelogen hatte. Sie hatte ihm gesagt, sie müsse im Hotel spielen, deshalb könne sie ihn nicht ins Theater begleiten. Ihr Geschenk hatte ihn überrascht gehabt. Die Premierenkarte war ihm gerade recht gekommen. Natürlich war es hart, auf die Aufführung zu verzichten. Aber dafür lieferte es ihm ein perfektes Alibi, um einer Auseinandersetzung mit Stoller aus dem Weg zu gehen. Stattdessen würde er die permanente Drohung und wachsende Gefahr, die der Schwachkopf darstellte, ein für alle Mal beseitigen. Nachdem er ihn gestern Abend mit seiner Schwester in der Cocktailbar gesehen hatte, stand sein Entschluss fest: Heute würde er aktiv werden.

Er war froh gewesen, als Richter plötzlich die Lokalität wechseln wollte und ihn dadurch vor einer Konfrontation mit dem Nachbarn bewahrt hatte. Vor der Tür des Solar hatte Richter überraschend das Ende der Feier verkündet. Zum Glück hatte sich der Kollege heute krankgemeldet und war nicht im Institut erschienen. Da drei weitere Mitarbeiter nicht anwesend waren, wurde die Teamsitzung, auf der Daniel seinen Forschungsstand und die Algorithmen präsentieren sollte, von Hohlbein auf nächste Woche verschoben.

Zwar hatte der Einbruch Daniels Situation verbessert, denn er konnte nun behaupten, wichtige Unterlagen seien gestohlen worden. Trotzdem hatte er kein Interesse an einem Kreuzverhör durch Hohlbein und Richter. Dessen Erkrankung verschaffte ihm Aufschub, eine Gnadenfrist. Es blieb die einzige gute Nachricht des Tages.

Vor seinem Büro hatten ihn bereits Simone Beyer und Hendrik Mattern von der 21e AG erwartet. Die beiden Firmenvertreter waren erbost. Bei ihren internen Testreihen hatten sie festgestellt, dass die Algorithmen, die er ihnen lieferte, nicht funktionierten. Bei der Produktpräsentation während der Vorstandssitzung am Montag konnten sie nicht wie erwünscht und versprochen funktionierende Prototypen mit zuverlässigen Algorithmen vorstellen. Sie fühlten sich von Daniel hintergangen.

Seine Ausflüchte und Beteuerungen, mit denen er seine Finanziers bislang immer beruhigen konnte, wurden offensiv bezweifelt. Zuletzt kündigte Simone Beyer mit unverhohlener Drohung in der Stimme an, sie würden mit dem Vice President sprechen, der für das Projekt zuständig war. Dann werde man sehen, wie die künftige Finanzierung gestaltet werde.

So verärgert hatte Daniel die beiden Manager noch nie erlebt. Und noch nie hatten sie ihn mit zornigen Blicken stehen lassen, ohne ihm zum Abschied die Hand zu schütteln. Die Reaktion seiner Auftraggeber hatte er gleichgültig hingenommen. Statt über seine Zukunft besorgt zu sein, fühlte er sich erleichtert. Immerhin konnte er sich jetzt sicher sein, dass 21e trotz ihrer Detektive nicht in den Besitz des Algorithmus gelangt war. Und da er bereits kurz vorm Ziel stand, kamen eventuelle Sanktionen des Konzerns zu spät.

21e war nur ein Problem. Daniel hatte an einer weiteren Front zu kämpfen, die bedrohlicher war. Als er am Nachmittag zu seinem Auto ging, stand neben seinem Wagen ein dunkler BMW, wie er ihn mehrfach vor ihrem Wohnhaus gesehen hatte. Hagen und Wolff stiegen aus dem Auto. Vor Schreck bekam Daniel Herzstechen.

»Was wollen Sie hier?«, zischte er und schaute sich prüfend um, ob jemand sie beobachtete. »Wir hatten doch ausgemacht, niemals hier!«

»Uns ist zu Ohren gekommen«, sagte Wolff, »dass es einen Einbruch gegeben hat.«

»Wer hat Ihnen das gesagt?«

Wolff grinste ihn an wie ein Kommissar, der weiß, dass der Beschuldigte lügt. »Sind wir wieder nicht richtig informiert? Gab es keinen Einbruch?«

Daniel schwante, wer der Informant des Dienstes war. Natürlich! Richter war ein Spitzel. Sein aufdringliches Verhalten ergab endlich Sinn. »Was wird das für ein Spiel? Sie wissen genau, wer hinter dem Einbruch steckt.«

»Helfen Sie uns!«, forderte Wolff. »Sie wissen doch, wie wenig wir wissen, wenn man es genau betrachtet.«

Daniel mahlte mit den Unterkiefern. Was wollten sie von ihm? Es konnte doch nur der Geheimdienst selbst hinter dem Einbruch stecken. Oder waren die Agenten wirklich ahnungslos? Gab es einen weiteren Mitspieler? Der Dritte Mann? 21e, BND und Mister X?

»Ja, es wurde eingebrochen«, gab er zu, »Laptops und Labortechnik sind gestohlen worden. Der Zeitplan ist natürlich nicht mehr einzuhalten. Der Einbruch wirft mich um Wochen zurück.«

Hagen und Wolff verwandelten sich wieder in Lügendetektoren. Sekundenlang starrten sie ihm wortlos in die Augen.

Daniel schluckte. »Entschuldigen Sie, aber …«

Hagen ließ ihn nicht zu Ende sprechen. »Was ist mit dem Pulsator?«

Die Frage hatte Daniel erwartet, sich aber keine Antwort überlegt. Er konnte unmöglich lügen und behaupten, der Pulsator wäre gestohlen worden. Den Meistern der Lüge so eine dreiste Lüge aufzutischen war lebensgefährlich. Er wusste genau wie seine Gegenüber, dass die Frage nicht mit *was* begann, sondern mit *wo*. Da sie den Pulsator bei dem Einbruch nicht finden konnten, fragten sie jetzt indirekt direkt nach seinem Aufbewahrungsort.

»Sicher aufbewahrt«, antwortete er mit einer Festigkeit in der Stimme, zu der er sich zwingen musste. »An einem geheimen Ort.«

»Geheimer Ort?« Wolffs Blick verriet Ärger. »Dafür sind wir zuständig. Wir sorgen hier für Sicherheit. Ihr Job ist das Labor.«

»Der Pulsator gehört Ihnen nicht«, stellte Hagen fest. »Er ist Hackers Erfindung.«

»Keine Sorge, der Pulsator ist sicher. Sobald die gestohlene Technik ersetzt ist, werde ich meine Experimente fortsetzen. Ich halte Sie auf dem Laufenden.« Er blickte zur Uhr. »Entschuldigung, aber ich bin in Eile.«

Daniel wollte zu seinem Wagen, doch er stolperte über den Fuß von Hagen und fiel hin. Hatte ihm dieser Affe absichtlich ein Bein gestellt?

Wolff trat auf seine rechte Hand. Daniel schrie auf. »Verzeihung, das wollte ich nicht«, log Wolff. »Kommen Sie, ich helfe Ihnen.«

Daniel ignorierte die Handreichung, stand auf und rieb sich den schmerzenden Daumen.

»Haben Sie sich verletzt?« Wolffs Frage klang höhnisch.

»Bleibt es bei dem Treffen nächste Woche?«, fragte Daniel.

Hagen und Wolff nickten unisono, als wären sie ein auf zwei Körper verteilter Geist.

Daniel hatte zum Abschied ebenfalls genickt, war ohne weitere Worte in seinen Wagen gestiegen und nach Hause gefahren, nachdem er drei Flaschen Lagavulin und drei Flaschen Beluga gekauft hatte. Von dem Single Malt hatte er noch im Auto das Drittel einer Flasche getrunken und später ein weiteres Drittel, bevor er zu seinem Nachbarn gegangen war. An der Tür hatten sie sich über mehrere Minuten ein Lauschduell geliefert, bis Anna kam.

Jetzt schlich Daniel aus seinem Versteck die Treppen hinunter und presste sein Ohr gegen Stollers Wohnungstür.

85

Sie setzten sich wie artige Kinder nebeneinander aufs Sofa und nippten schweigend an ihren Getränken, Blickkontakt vermeidend. Selbst Mephisto gab keinen Laut von sich, als wollte er die Stille nicht stören.

Stoller brach das Schweigen mit einem Räuspern. »Schön, dass du da bist. Also, ich meine, freut mich, dass du gekommen bist.«

Anna studierte sein Profil. Ein Fünftagebart bedeckte sein Gesicht. Er sah jungenhaft und reif zugleich aus. Gern hätte sie mit ihren Fingern die Konturen seines Profils nachgezogen.

Sie nahm allen Mut zusammen. »Ich war zwar gestern ziemlich betrunken, aber ich glaube, du wolltest mir was erzählen, über dein Erlebnis und ... die Liebe.«

»Wollte ich das?«, fragte er und trank einen Schluck.

Sie grinste amüsiert, hob die Augenbrauen und schob mit dem Zeigefinger ihre Brille die Nase hoch. »Als Schauspieler hättest du es nicht weit gebracht.«

Nervös stierte er sein Glas an. Anna stieß ihn mit dem Ellbogen an. »Na komm, erzähl mir doch von der Liebe.«

Ihm wurde heiß. »Ist dir auch so heiß?«, fragte er, sprang auf, drehte die Heizung ab, kippte das Fenster und setzte sich wieder hin.

Anna sagte nichts und ließ ihn schmoren. Wie sehr es in ihm arbeitete, konnte sie in seinen Augen lesen, die sich, während er in einem großen Schluck sein Glas leerte, rasant in verschiedene Richtungen bewegten, als suchten sie einen Ankerpunkt im Raum.

»Wieso willst du das denn wissen?« Er hüstelte gekünstelt und stellte sein Glas ab. Anna musste lächeln. Er sah aus wie ein Schüler, der unerwartet an die Tafel gerufen wurde.

Sein Blick angelte nach ihrem. »Nehmen wir mal an«, fuhr er zögernd fort, »ich hätte mich an den Mülltonnen ... also nicht, dass du mich jetzt falsch verstehst, wenn ich immer mit den blöden Mülltonnen anfange«, ereiferte er sich, »aber du weißt, was ich meine, wir haben uns ja da getroffen, nicht wahr?«

»Und weiter? Du hättest dich *was*?« Sie spitzte ihre ungeschminkten Lippen. Sollte er nicht einfach seinen Mund darauf drücken, jetzt gleich? Sie wollte es doch bestimmt auch. Oder nicht? Was wollte sie eigentlich?

Er verpasste das Momentum und schluckte den Wunsch hinunter. Seinen Blick hob er von ihren Lippen zu den Augen, in denen feuchter Glanz schimmerte. Wie hypnotisiert sahen sie sich an, ohne Regung.

Anna sah sein Gesicht langsam näher kommen, ihr Blick senkte sich auf seine halb geöffneten Lippen, die sich zielstrebig auf die ihren zu bewegten. Unmittelbar bevor ihre Münder sich berührten, zuckte sie erschrocken zusammen. Schrille Schreie wie von einem misshandelten Baby hatten sie aus dem zauberhaften Moment gerissen. »Was ist das?!«

»Todesschreie«, antwortete er mit heiserer Stimme. »Die Friedhofsfüchse sind die letzten Nächte wieder sehr aktiv. Ich hätte das Fenster zulassen sollen.« Er schenkte Wein und Saft nach.

Das verzweifelte Schreien klang wie Hilferufe, die niemand beachtete. Es verblasste zu einem Wimmern, ehe der Todeskampf in Stille endete.

Anna ärgerte sich über ihre Schreckhaftigkeit, die den Moment der Momente zerstört hatte. So kurz davor! Sie wollte die Magie des Augenblicks nicht verloren geben, und so folgte sie einem spontanen Impuls, legte in schnellen Bewegungen erst ihre Brille auf den Tisch, dann beide Hände um Stollers Kopf, riss ihn ruppig zu sich herüber und presste entschlossen ihre Lippen auf seinen Mund.

Stoller verkrampfte sich reflexartig, und es dauerte ein paar Sekunden, bis sich seine Haltung lockerte und er sich dem Kuss hin gab. Sie war überrascht, wie weich seine Lippen waren und wie behutsam und zart sie agierten. Seine Zunge suchte sacht nach ihrer, umtänzelte sie geschickt und geschmeidig. Anna kam es vor, als wäre sie nie von einem Kuss so erregt worden.

Noch eine Premiere.

86

Die Minuten dehnten sich in ihr Vielfaches und erzeugten eine schier unerträgliche innere Spannung, während Daniel lauschend vor der Tür stand. Hättest du dir wenigstens den Whisky mitgenommen, quälte er sich und presste die Zähne zusammen.

Lange hörte er nichts aus der Wohnung, bis raschelnde und knutschende Geräusche an sein Ohr drangen, als Stoller mit seiner Schwester durch den Flur ins Schlafzimmer ging. Warum musste sie sich ausgerechnet heute diesem Kerl annähern? Warum musste sie überhaupt etwas mit ihm anfangen? Wenn er jetzt zur Tat schritt, traf er auch die eigene Schwester. Er riskierte die geistige Gesundheit seiner einzigen lebenden Angehörigen.

Sollte er die Aktion verschieben? Aber wenn er es nicht heute tat, war es vielleicht schon zu spät. Womöglich würde dieser unberechenbare Typ im Institut aufkreuzen und Alarm machen.

Daniel nahm seinen Kamm aus der Tasche und fuhr sich damit übers Haupt. Versehentlich riss er sich mehrere ineinander verknotete Haare aus und fluchte leise. Er steckte den Kamm zurück und besah sich seinen geschwollenen Daumen. Diese Mistkerle!

Ihn beschlich das Gefühl, als würden sich unsichtbare Schlingen um ihn legen. Zwischen den Fronten heute Mittag, zwischen dem Besuch von Beyer und Mattern, und später dem Auftauchen von Hagen und Wolff, hatte ihn die Schwester der alten Frau angerufen und um Behandlungsprotokolle gebeten, die sie ihrem Hausarzt zeigen wollte. Daniel hatte nicht gewusst, dass die Schwestern im selben Haus wohnten. Wie sich herausstellte, hatte die Alte es selbst erst durch Stoller erfahren.

Nicht auszuschließen, dass der Nachbar zur Polizei ging und ihn anzeigte, sobald sich sein begründeter Verdacht erhärten würde, dass Daniel illegale Patientenexperimente durchführte. Ich muss es heute tun, dachte er. Je eher, je besser. Und war es nicht Annas eigene Schuld? Vielleicht war es gar nicht so verkehrt, auch in ihrem Gehirn eine Grundreinigung durchzuführen, denn trotz ihres Auszugs schien sie weiter misstrauisch gegen ihn zu sein. Es wäre wohl auch für sie das Beste, wenn sie noch einmal von vorn beginnen könnte.

Ja, nickte Daniel, es war für alle das Beste.

87

Unversehens fand Anna sich im Schlafzimmer wieder. Stoller hatte sie küssend zum Bett geführt.

Während sie sich gegenseitig auszogen und auf die Matratze sanken, streichelte er sie, behutsam und begierig. Eine genussvolle Ewigkeit lang fühlte sie seine Hände auf ihrem Körper. Seine Finger strichen mal mit geschwinden, dann zögernden Bewegungen über ihren Hals, ihre Brüste, ihre Taille, ihren Po. Sorgsam erkundeten sie das unbekannte Terrain und steigerten Annas Erregung ins Unerträgliche.

Sie wollte ihn in sich spüren und drückte seinen Körper an sich. Plötzlich flackerte das Licht. Stoller sah irritiert auf.

»Was war das?«, fragte Anna.

»Ein Wink Gottes, das Licht zu löschen?«, lächelte er.

»Nein, nicht!« Die Vorstellung von Dunkelheit verursachte Panikwallungen. »Bitte anlassen!«

Das Flackern hörte auf. »Alles okay, nur eine Stromschwankung«, sagte Stoller.

Mit ihren Fingerrücken strich Anna ihm über die unrasierte Wange. Fuhr ihm mit dem Zeigefinger übers Gesicht und zeichnete die Konturen seines Profils nach, wie sie es vorhin schon gewollt hatte. Ihr Blick tastete wie mit vorsichtigen Fühlern sein Antlitz ab.

»Wer bin ich?«, fragte er leise und sah ihr in die Augen.

»Mein Stoller«, flüsterte sie mit einem liebevollen Lächeln, »mein Retter.«

»Woher willst du das wissen?«, fragte er mit einem frechen Grinsen. »Siehst du überhaupt was ohne Brille?«

»Ich bin kurzsichtig.« Sie schloss die Augen und zog ihn zu sich heran.

88

Beinahe hätte er einen Kurzschluss ausgelöst, als er den Pulsator einschaltete, um mit seinem großen Werk zu beginnen. Hastig trank er sein Glas leer und sprang auf. Wie ein Getriebener hin und her hetzend, suchte er fieberhaft nach einer Rechtfertigung für seine Entscheidung, seine Macht zu missbrauchen und seiner einzigen Verwandten das Gedächtnis zu rauben.

Dann waren es halt zwei Gehirne statt einem, sagte er sich. Diese lächerlich geringe einstellige Zahl stand einer Zahlenmenge mit zehn Ziffern gegenüber. Zwei Gehirne für Milliarden. Du darfst dich jetzt nicht von persönlichen Emotionen leiten lassen, beschwor er sich. Keine falschen Gefühle, benutze deinen Verstand!

Schnell griff er die Flasche und ertränkte seinen inneren Widerstand. Ein paar Tropfen liefen ihm das Kinn herab, als er sie von den Lippen nahm und abstellte, um sein Handy aus der Tasche zu holen. Beethovens Neunte teilte ihm den Erhalt einer SMS mit. Die Absendernummer war ihm unbekannt. Vergeblich versuchte er, die Nachricht mit dem geschwollenen Daumen zu öffnen und benutzte seinen Zeigefinger. Er hatte Mühe, die verschwimmenden Buchstaben zu entziffern.

Beim nächsten Treffen P mitbringen. W.

Es dauerte ein paar Sekunden, ehe Daniel die Nachricht verstand. Zum ersten Mal hatte Wolff ihm eine Nachricht aufs Handy geschickt.

Daniels Finger umklammerten es, als wollten sie es zerquetschen. Vor Schmerzen sog er zischend Luft ein, schmiss es wütend auf den Boden, steckte sich den Daumen in den Mund und nuckelte, als könnte er den Schmerz absaugen. Dann lief er wieder als Fleisch gewordene Panik auf und ab. Du musst dich beeilen, schärfte er sich ein. Du musst vor dem nächsten Treffen mit Hagen und Wolff an die Öffentlichkeit, bevor sie dich still und heimlich beseitigen, sobald sie haben, was sie wollen.

Er griff nach der Flasche. Seine Bewegungen waren ungenau, er stieß sie versehentlich um und verschüttete Whisky auf Unterlagen mit Algorithmen. »Fuck!«, zischte er, schnappte sich die Flasche und warf sie gegen den Spiegel an der Wand.

89

Sie hielten im Streicheln inne und sahen sich verwundert an. »Kam das von nebenan?«, fragte Anna.

»Komisch, ich dachte, dein Bruder ist im Theater?«

»Als ich vorhin gekommen bin, war nebenan alles dunkel.«

»Meinst du, er ist schon zu Hause?«

»Glaub ich nicht. Die Vorstellung läuft bestimmt noch. Vielleicht ist was runter gefallen.«

»Oder es kam von draußen«, spekulierte Stoller.

»Dieser Verschwörungstrinker.« Sie strich mit dem Finger über die Fältchen um seinen Mund und lächelte verliebt. »Erinnerst du dich, als er mit dieser Frau für dich ankam?«

»Meine Kollegin Viola.«

»Mein Herz hat sich so zusammengezogen, dass es wehtat.«

»Wieso?«

»Ich dachte, es ist deine Freundin.«

Er grinste belustigt. »Da ist wohl jemand ein klitzekleines bisschen eifersüchtig.«

Sie drehte ihren Kopf zur Seite und blinzelte kokett wie ein Teenager beim ersten Date. »Ich und eifersüchtig? Niemals!«

»Hat auch keinen Zweck«, sagte Stoller mit gespieltem Bedauern, »ich bin schon vergeben.«

»Ach ja?«, fragte Anna lasziv und hob eine Augenbraue. »Wie heißt denn die Arme?«

»Wie heißt die noch mal ...« Stoller strich sich mit Daumen und Zeigefinger über das Kinn und schaute nach oben, als könnte von dort eine Antwort kommen. »Eine kleine freche Pianistin. Total neugierig und manchmal etwas unbeherrscht.«

»Kenn ich sie?«

»Weiß nicht. Glaub nicht.«

»Du weißt nicht und glaubst nicht?«

»Ah«, stieß er gedehnt hervor, »ich glaub, ich weiß wieder. Meine Liebe heißt Anna.«

Bevor Anna etwas erwidern konnte, verschloss Stoller ihre Lippen mit seinem Mund und setzte das leidenschaftliche Vorspiel fort, das von dem splitternden Geräusch unterbrochen worden war.

90

Hektisch sammelte Daniel die Scherben vom Boden und schnitt sich dabei in den Zeigefinger. »Fuck!« Er nahm den Finger in den Mund und saugte wie ein Verrückter.

Mit ruppigen Bewegungen öffnete er die zweite Flasche Lagavulin und vergaß wieder den verletzten Daumen. »Au! Verdammt!« Die Augen weit aufgerissen, trank er gierig aus der Flasche.

Nachdem er ein Drittel des Inhalts hinuntergestürzt hatte, setzte er die Flasche keuchend ab. Er spürte Übelkeit in sich aufsteigen, zog rasch den Mülleimer unter dem Schreibtisch hervor und kotzte hinein. Mit einem Taschentuch wischte er sich den Mund ab und nahm gegen den üblen Geschmack einen Schluck aus der Flasche.

Der Whisky hüllte sein Hirn in tanzende Nebel. Sein Koordinationsvermögen war gestört, er taumelte und sah doppelt. Und er wurde leichtsinnig.

Nach der Stromschwankung hatte er den Pulsator noch einmal vom Netz genommen und mit Verlängerungskabeln neu an der Steckdose angeschlossen, um mit dem handlichen Gerät näher an die Wand zu gelangen, hinter der das Schlafzimmer seines Nachbarn lag. Den Radarschirm hatte er demontiert. Jetzt stellte er die Halterung des Pulsators an die Stelle.

Als er das Wundergerät wieder aktivierte, unterlief ihm der fatale Fehler.

91

Seine Zunge kitzelte in ihrem Ohr, spielte mit dem Ohrläppchen, tänzelte langsam ihren Hals entlang bis zur Brust und umkreiste ihre hart gewordenen Brustwarzen.

Anna lag in regloser Anspannung da. Alle Körperhärchen hatten sich aufgestellt wie Metallfäden unter einem Magnet. Ihr Kitzler vibrierte und schwoll an, sie spürte feuchte Hitze zwischen ihren Beinen. Von Lust gequält stöhnte sie auf. Ihre sexuelle Spannung steigerte sich bis zum Zerreißen. Sie konnte Stollers Penis an ihrem Oberschenkel fühlen, heiß und pulsierend. Mit den vier Fingern der linken Hand umfasste und erfühlte sie ihn.

Ihr Orgasmus würde nicht so berechenbar und kontrollierbar sein, doch tausendmal schöner als ein multipler Orgasmus mit dem Dolphin. Der Vibrator hatte ihre Lust normiert und in enge Ketten gelegt. Alles hat seine Zeit. Die Zeit des Dolphins war vorüber. Anna würde ihn auf den Abfall ihrer Geschichte werfen.

Jetzt kam die Zeit der Befreiung.

Sie schob ihre Beine auseinander, dirigierte ihn ins Zentrum ihrer Lust, umschloss ihn mit ihren weichen Lippen und fühlte die Erlösung nahen.

92

Als Daniel seinen Fehler bemerkte, war es bereits zu spät. In wirrem Wahn hatte er den Pulsator falsch eingestellt und so ging die Bestrahlung nach hinten los. Seinen Daumen konnte er nicht mehr benutzen. Mit Zeige- und Mittelfinger drückte er die falschen Tasten und drehte an den verkehrten Schaltknöpfen.

Innerhalb weniger Minuten erzeugte er eine Hirnwellenflatline in seinen neuronalen Gedächtnisstrukturen. Er wusste nicht mehr, welcher der Knopf zur Richtungsänderung der Wellen war. Stattdessen schaltete er die Frequenzen des Gottes-Algorithmus dazu und hörte in seinem Kopf Gesänge himmlischer Chöre schmettern, die sich mit hallendem Gelächter und geisterhaften Stimmen vermischten. Er sah ein Licht, aus dem Engel auf ihn zuströmten.

Panisch drehte er an allen Knöpfen. Was war das für ein bescheuertes Handy? Wahllos schaltete er weitere Frequenzen dazu. Die Welt um ihn herum füllte sich mit flirrenden Farben, überlagernden Tönen und verschwimmenden Formen. Die Welt versank im Chaos.

Dann sah er einen gigantischen Lichtblitz vor seinen Augen und es gab einen lauten Knall in seinem Kopf wie von einer Explosion. Es machte in dem Moment Peng in seinem Gehirn, als die Sicherung rausflog.

93

Schlagartig wurde es dunkel.

Anna hatte ihre Lust hinaus geschrien, als sie gleichzeitig zum Höhepunkt kamen. Noch während die Fülle der Liebesgnaden auf sie nieder prasselte, vernahmen sie einen Knall und das Licht erlosch.

Anna fühlte keine Angst mehr vor der Dunkelheit. Mit Stoller verschränkt blieb sie liegen und sagte nichts, den Moment im Dunkeln genießend. Nach ihrer Umarmung, die ihr endlos erschien, begann er sie zu liebkosen, berührte mit seinen Lippen ihren Hals, ihre Schultern, ihre Arme. Es kam ihr vor, als küsste er die Stellen verbrannter und vernarbter Haut an ihrer Brust und ihrem Bauch mit besonderer Hingabe.

Eine halbe Stunde mochte seit dem Einsetzen des Dunkels vergangen sein, als Stoller aufstand, sich durch den dunklen Flur tastete und die Sicherung einschaltete. »Seltsam«, sagte er, als er zu ihr zurückkehrte, »die Hauptsicherung ist durchgeknallt. Dabei brannten nur ein paar Glühbirnen.«

»Das soll uns wahrscheinlich an unser Vorhaben erinnern. Gleich elf. Wir sollten rüber gehen, bevor mein Bruder nach Hause kommt.«

94

Auch Meckels Wohnung lag im Dunkeln. Vergeblich drückte Anna den Lichtschalter. »War wohl im ganzen Haus Stromausfall.«

Stoller öffnete den Sicherungskasten und schaltete die Hauptsicherung ein, worauf Licht erstrahlte. Anna stutzte und sah ihn irritiert an. »Wieso brennt Licht? Ist Daniel schon zurück?«

Die Tür zu seinem Arbeitszimmer stand offen. Als sie eintraten, erschraken sie und kräuselten angewidert die Nase. Daniel lag rücklings auf dem Boden und starrte an die Decke. »Jesus, komm«, rief er verzückt. »Ja, ich sehe!« Er gluckste wie ein Wahnsinniger. Aus dem Papierkorb drang der Gestank von Erbrochenem.

Alarmiert stürzte Anna zu ihrem Bruder. »Daniel, was ist? Was ist mit dir?«

Sein verklärter Blick schien durch sie hindurch zu gleiten und auf etwas anderes gerichtet zu sein. Er griff kichernd in die Luft. »Ja, komm, mein Jesus, komm zu mir, ja, ich sehe, das weiße Licht, die Merkabah, Andromeda, der Schlüssel, Sirius, die Spirale, Amun-Re, der Lebensbaum, der Schlüssel … Hihihi, ja komm, mein Herr, komm!« Ohne Unterbrechung faselte er weiter wirres Zeug.

Anna sah voller Sorge zu Stoller, der sich umschaute und mit seinem Blick irritiert dem Verlängerungskabel zu dem eigenartigen Handy folgte, das neben Daniel mit aufgeplatztem Gehäuse auf dem Boden lag.

Er hob es auf und betrachtete es verständnislos. »Das ist

kein normales Handy. Was hat er bloß gemacht?«

»Was immer es war, es hat ihn verrückt gemacht.«

95

Anna rief einen Krankenwagen und lief mit Stoller in die Notaufnahme des Klinikums im Friedrichshain. Daniel wurde stundenlang untersucht, während sie im Flur warteten. Immer wieder tigerte Anna von einem Ende des Gangs zum anderen, setzte sich neben Stoller, um ihren sorgenvollen Kopf an seiner Schulter auszuruhen, ehe sie wieder aufsprang und weiter auf und ab lief.

Gegen vier Uhr morgens trat ein Arzt zu ihnen und verkündete mit einer Miene des Bedauerns und Mitgefühls das Ergebnis. »Das EEG Ihres Bruder zeigt völlig unnatürliche Linien. Ein ischämischer Schlaganfall dürfte ursächlich dafür sein. Wir haben verheerende Läsionen in verschiedenen Hirnarealen festgestellt. Es sieht leider nicht gut aus.«

Daniel hatte einen Gehirninfarkt erlitten, der offenbar zu völliger Amnesie und Wahnvorstellungen geführt hatte. Ein innerer Stromausfall, elektrischer Kurzschluss. Ihm waren alle Neuronen durchgebrannt.

Die Ursache des Hirnschlags war noch unbekannt. »Wir werden ihn in den nächsten Tagen gründlich untersuchen und umfangreiche Tests durchführen. Ob und inwieweit die Schäden reversibel sind, wird sich zeigen.«

Anna ging mit Stoller zurück in die Wohnung. Im Morgengrauen durchstöberten sie Daniels Arbeitszimmer, nachdem sie gelüftet und den stinkenden Papierkorb entsorgt hatten.

»Was ist denn das?« Stoller zeigte zum Schreibtisch. An der rechten Querseite stand eine kleine Klappe offen, hinter der sich ein Hohlraum befand. »Ein Geheimfach!«

»Typisch Daniel! Was ist drin?«

Stoller erfühlte mit der Hand das Fach. »Nichts. Doch«, verbesserte er sich und fingerte einen USB-Stick hervor. »Das gucken wir uns nachher mal in Ruhe an«, sagte er, steckte den Datenträger ein und drückte die Klappe zu.

Anna öffnete einen Stahlschrank, in dem reihenweise sorgsam beschriftete Akten standen: *Testreihe 001-099, Testreihe 100-199,* und zehn weitere Hefter, die Daniels Versuche dokumentierten. Außerdem Patientenakten und Ordner, auf deren Rücken *21e, Algorithmen, Pulsator, Dienst* und *Frequenzen* stand.

Im Ordner mit der Beschriftung Pulsator fanden sie eine Beschreibung der Funktionsweise und Möglichkeiten des Geräts. »Das gibt es also tatsächlich!«, staunte Stoller. »Ein Handy, das Strahlen aussendet.« Er spekulierte, ihr Bruder habe einen Selbstversuch durchgeführt, der gründlich schief gegangen sei.

»Aber was sind das für Selbstversuche?«, wollte Anna aufgeregt wissen. »Was soll so ein Handy, das Frequenzen aussendet?«

Eine Antwort fanden sie im *Dienst*-Ordner. Stoller blätterte ihn durch und schüttelte staunend den Kopf. »Das ist ja richtig unheimlich. Dein Bruder hat für den Geheimdienst gearbeitet.«

»Nee, ne?« Anna schaute mit ihm in den Ordner, in dem sich Schreiben mit dem Briefkopf einer Firma namens Epiphyt GmbH befanden und ein Hefter des Bundesnachrichtendienstes, auf den der Vermerk *Verschlusssache-Geheim* gestempelt war. Darin ging es um eine *Machbarkeitsstudie Operation Brainbug.* Es wurden die technischen und theoretischen Voraussetzungen für die gezielte Hirnwellenmanipulation einzelner Personen mittels modulierter Mobilfunkstrahlung dargelegt. Das Denken von Terroristenführern, Kriegsverbrechern, Despoten und Tyrannen sollte entsprechend beeinflusst werden, um einen Sinneswandel zu bewirken oder sie ganz und gar *freiwillig* von der öffentlichen Weltbühne verschwinden zu lassen.

Auch ein künftiger Einsatz des Pulsators als Strahlenwaffe im Polizeidienst wurde angedacht. Das Gerät wurde mit herkömmlichen Elektroschock-Teasern verglichen und seine vielfältigen Möglichkeiten angepriesen.

Im Mittelpunkt der Erörterungen standen neben dem Pulsator, den ein Professor Hacker erfunden hatte, die damit zu programmierenden Frequenzen, die Meckel liefern sollte. Die Komponenten und Bauteile lieferte die Epiphyt GmbH, Tochterfirma eines großen IuK-Konzerns.

»Verrückt«, meinte Stoller, »absolut verrückt!«

Während Anna noch den *Dienst*-Ordner studierte, durchforstete er bereits die Akten *Algorithmen* und *Frequenzen*. Und verstand endlich alles.

»Der Gottes-Code! Dein Bruder hat es tatsächlich geschafft, er hat den Gottes-Algorithmus gefunden, den Petrus-Schlüssel!« Stoller versuchte die zahllosen Notizen, die in krakeliger Schrift an den Seitenrändern und auf eingeklebten Zetteln standen, zu entschlüsseln.

»Gottes-Algorithmus?«

»Ein Muster aus zweihundertsechzehn Hirnfrequenzen, das zu Gott führt.«

Anna horchte auf. »Exakt zweihundertsechzehn? Sicher?«

»So steht es hier, vier mal vierundfünfzig.«

»Der geheime Name Gottes … ein Muster aus Hirnfrequenzen?!« Konsterniert schüttelte sie den Kopf.

»Hier, da steht das Datum, als ich mein Erlebnis hatte. Und daneben ... warte ... Mann, hat dein Bruder eine unleserliche Klaue! Das kann doch keine Sau lesen.«

»Zeig!« Anna beugte sich zu ihm und entzifferte die Schrift. »›Beweis: Nachbar‹.«

Stoller sah sie mit großen Augen an. »Weißt du, was das heißt? *Ich* habe ihm den Beweis geliefert, dass seine Gottesfrequenz funktioniert. Dass der Petrus-Schlüssel existiert.«

»Dann stimmt es also – mein eigener Bruder hat illegale Experimente mit wildfremden Nachbarn durchgeführt.« Ihre Stimme klang enttäuscht und traurig.

»Nicht nur mit mir. Hier ist die Akte von Frau Gruszczewski. Dein toller Bruder trägt wahrscheinlich die Schuld an ihrem Schlaganfall.«

»Wie böse ...«

Zuletzt nahmen sie sich den *21e*-Ordner vor.

Sie setzten sich auf den Boden und blickten aneinandergedrängt in die Akte. Es handelte sich um als *streng vertraulich* deklarierte Präsentationen von Projekt- und Zukunftsstudien, die mit *Brain Entertainment* betitelt waren.

Darin ging es um zukünftige Elektronikprodukte, die die Arbeitstitel *A.D.A.M.* und *E.V.E.* trugen. A.D.A.M. stand für *Acoustic Digital Alphawave Modulation*, E.V.E. für *Electronic Visual Energy*. Die beiden Objekte waren jeweils in ein Stirnband eingebaut, A.D.A.M. mit angeschlossenem Kopfhörer und E.V.E. mit integrierter Brille.

Du bist Buddha, lautete die Überschrift eines Absatzes, in dem über A.D.A.M und E.V.E. geschwärmt wurde, sie würden zu innerem Frieden führen. Aufgrund einer Harmonisierung der Hirnhemisphären durch akustische oder visuelle Reize würden die ihrer sich selbst bewussten Benutzer die

Ruhe und Gelassenheit eines Buddhas ausstrahlen. Gemäß Projektstudie ermöglichten die installierten Frequenzprogramme das Reisen durch Raum und Zeit, ins Unbewusste und in die Phantasie, Klarträume, Nahtoderlebnisse, Gedankenkommunikation, Schöpfung eigener innerer Welten und so weiter und so fort.

»Das ist ja total irre!«, stieß Anna fassungslos hervor. »Ist das die Zukunft – Hirnunterhaltung?!«

»Gott bewahre«, murmelte Stoller und las atemlos weiter in dem Konzept. *Öffne das Auge und sei dein eigener Gott* wurde für das Hauptprodukt *E.D.E.N.* geworben. Das *Electronic Digital Eye Neuropuls* wurde als *Elektromagnetisches Drittes Auge* sowie als *Key to Heaven*, als *Himmelsschlüssel*, beschrieben. Es handelte sich um ein kleines, knopfartiges Gerät in Form eines Auges, das auf die Stirn geklebt wurde. In dem Knopf verbargen sich ein Mikrochip, Mikrorechner und elektromagnetischer Impulsgeber. Das Gerät sollte als *himmlischer Götterbote* die *Entdeckung des Himmels* möglich machen. Die ausgesandten Signale stimulierten jene Nervenzellen und Hirnareale im Bereich des Hippocampus und der Hirnanhangdrüse, die für die Steuerung der Epiphyse zuständig waren. Gleichzeitig wirkten die Frequenzen direkt auf die Zirbeldrüse ein. Dadurch sollte angeblich das Dritte Auge auf ungefährliche, rein physikalische Art und Weise aktiviert werden.

In nicht allzu ferner Zukunft sollte E.D.E.N. den Konsumenten mystische Erfahrungen und göttliche Offenbarungserlebnisse auf Knopfdruck ermöglichen. Die Technologie führte angeblich zum Erlebnis des religiösen Zentrums im Gehirn und zur Erfahrung des Glaubens. E.D.E.N. versprach nicht weniger als *das Paradies auf Erden.*

Herkömmliche Unterhaltungselektronik, Freizeitangebote und Kultureinrichtungen würden der Vergangenheit angehören, weil die Menschen dank E.D.E.N. ihre Freizeit im eigenen Gehirn verbringen und dort alles erleben könnten, wonach ihnen beliebte. *Frei nach Shakespeare: Wie es dir selber gefällt* war die Liste der phantastischen Vorteile des Produkts betitelt. Die selbst erschaffenen inneren Welten wären vollkommener und intensiver als das wahre Leben und ihr Konsum frei von Nebenwirkungen.

»Wahnsinn!« Anna schüttelte den Kopf. »Die spinnen doch, aber total!«

Stoller nickte. »Verrückte Welt.«

»Das ist alles so unglaublich ... *Mein* Bruder führt Menschenversuche durch. Für furchtbare Brainwash- und Mindfuck-Produkte eines noch furchtbareren Konzerns. Und arbeitet für den Geheimdienst. Ich fass es nicht! Daniel, was hast du getan?«, rief sie verzweifelt in den Raum, als könnte ihr Bruder es hören. »Das ist teuflisch! Als hätte er seine Seele an den Satan verkauft.«

»Er hat sich von der Wirtschaft und dem Dienst instrumentalisieren lassen. Da kommt das Böse her. Dein Bruder ist doch nur Mittel zum Zweck. Wer weiß, ob ihm der Geheimdienst die ganze Wahrheit gesagt hat.« Stoller spekulierte, diese *Operation Brainbug* könnte theoretisch nicht nur auf einzelne Personen angewendet werden, sondern über die Mobilfunkstrahlung auf die Gesamtbevölkerung. Die Manipulation der Massen zur Bewusstseinskontrolle wäre dann nicht mehr bloß eine Verschwörungstheorie.

»Ich will mir das alles gar nicht ausmalen. Mein Bruder ein Monster, ein Faust, Mabuse, Mengele, ach was, der leibhaftige Teufel!«

»Oder ein Mystiker.« Stoller fasste sie von hinten an den Schultern.

Anna ließ ihren Kopf auf seine Brust sinken. »Ein Mysterium meinst du. Ein teuflisches Geheimnis.«

96

Den Pulsator, den USB-Stick, die Ordner mit den Algorithmen und die Dokumentation der Experimente verfrachteten sie in Stollers Wohnung. Sie wollten sich alles in Ruhe ansehen. Lediglich die Patientenakten sowie die Unterlagen vom BND und 21e ließen sie zurück.

Anna informierte Daniels Arbeitgeber, nahm sich eine Woche Urlaub und holte Metatron zu sich. Die nächsten Tage verbrachte sie rund um die Uhr mit Stoller. Stundenlang lag sie in seinen Armen, wie an eine Boje geklammert, und schlief manchmal in dieser Haltung ein.

Drei Tage lang studierten sie Daniels Datensammlung. Am vierten Tag gingen sie ins Krankenhaus und brachten Daniel frische Wäsche. In einem Nachthemd der Klinik stand er neben seinem Bett vorm Fenster, die Hände in professoraler Geste hinter dem Rücken verschränkt, und starrte nach draußen auf Bäume im Nieselregen.

Als Anna ihn begrüßte, drehte er sich zu ihr um und lächelte stumm. Er sprach kein Wort. Als sie ihm erklärte, dass sie mittlerweile die ganze Wahrheit erfahren habe, sah er sie aufmerksam an und runzelte bedeutungsvoll die Stirn. Kein Laut kam über seine Lippen. Er hüllte sich in Schweigen. Der Oberarzt der neurologischen Station konnte sich die Sprachlosigkeit des Patienten nicht erklären. Zwar hätten sie in Daniels Temporallappen auffällige Läsionen im Bereich des Wernicke Areals entdeckt, die zu Wort- und Sprachverständnisstörungen führen könnten, allerdings sei sein Sprachzentrum intakt. Leider sei nicht ersichtlich, wie ihr Bruder seine Umwelt wahrnehme. Der Arzt sagte, er warte noch auf die Antwort der Spezialisten von der Charité, denen er die Tomographieaufnahmen mit der Bitte um Beurteilung geschickt habe. Zumindest sei Daniels körperlicher Allgemeinzustand gut und keine Funktionsstörung erkennbar.

Der Pieper des Arztes unterbrach das Gespräch. Es war alles gesagt. Er verabschiedete sich mit der Versicherung, Anna anzurufen, sobald ihr Bruder wieder spreche, sich an seinem Zustand etwas ändere oder er neue Erkenntnisse habe, und huschte davon.

Beinahe wäre er mit einer blonden Frau zusammengestoßen, die in Begleitung eines Anzugträgers mit Aktenkoffer in die Besucherecke steuerte. »Anna Meckel?«, fragte die Blondine. Sie war Ende Dreißig, trug ein dunkelrotes Kostüm und eine schwarze Designerbrille. Die Haare hatte sie hochgesteckt und zu viel Schminke im Gesicht. »Mein Name ist Simone Beyer, das ist mein Kollege Hendrik Mattern. Wir sind Mitarbeiter der Twentyfirst Century Electronics AG, kurz 21e. Ich bin im Business Development tätig und leite die Abteilung Zukunftsprojekte.«

Sie nickte ihrem Kollegen zu, der aussah wie ein Absolvent einer privaten Wirtschaftshochschule: Groß, schlank, dunkelhaarig, smart. »Und ich bin für die Produktentwicklung zuständig und entwickle konkrete Anwendungen für die von uns eruierten Themenfelder und Märkte der Zukunft.«

»*Sie* haben sich Adam, Eve und Eden ausgedacht?«, fragte Anna.

Beyer und Mattern sahen sich überrascht an, die Leiterin ergriff das Wort. »Ihr Bruder hat Ihnen davon erzählt?«

»Natürlich. Wir sind Geschwister, wir haben keine Geheimnisse voreinander.«

»Sicher. Kein Problem«, sagte die Projektleiterin nach einem kurzen Räuspern, das ihre Äußerung Lügen strafte. »Allerdings wäre es wünschenswert, dass die Informationen über unsere Projektstudien im Kreis der Familie bleiben«, fuhr sie fort. »Sie sind Ausdruck und Beweis unserer Innovationsführerschaft auf dem Zukunftsmarkt Brain Entertainment. Davon sollen weder unsere Konkurrenten noch die Medien vor der Zeit erfahren. Sie verstehen, was ich meine?«, fügte sie mit einem dünnen, verbindlichen Lächeln an.

Anna fragte, woher sie wüssten, was mit ihrem Bruder geschehen sei. Simone Beyer antwortete, sie habe in seinem Institut angerufen. Der Institutsleiter habe ihnen nicht weiterhelfen können und sie nach Rücksprache mit einem Doktor Richter an sie verwiesen.

»Wieso schickt der Sie zu mir? Woher sollte ich über die Forschungen meines Bruders mehr wissen als seine Kollegen aus dem Institut?« Anna sah Hilfe suchend zu Stoller.

»Finden Sie das nicht etwas taktlos«, fragte er mit gespielter Empörung, »meine Frau in dieser Situation zu belästigen?«

Anna musste lächeln. Es klang gut.

»Tut mir wirklich leid«, log die Blondine. »Aber wir investieren viel Geld in die Forschungen Ihres Bruders und sind daher an verwertbaren Ergebnissen interessiert, das will ich gar nicht leugnen. Und da Sie ... Nun, wenn Sie so ein vertrautes Verhältnis zu Ihrem Bruder haben und von unseren Projektstudien wissen ... Wäre ja denkbar, dass er Ihnen Näheres über seine Arbeit mitgeteilt hat. Oder vielleicht bewahrt er bei sich zu Hause Unterlagen oder technisches Equipment auf?«

»Weder noch. Und Sie können sich auch nicht viel Hoffnung darauf machen, in absehbarer Zeit mit ihm sprechen zu können. Mein Bruder hat sich ausgesprochen. Vielleicht ist es ein Schweigegelübde. Sollte er es brechen, werden Sie bestimmt die Erste sein, die es erfährt«, sagte Anna mit unmissverständlich ironischer Betonung, nahm Stollers Hand und ließ die beiden stehen.

Sie gingen in Daniels Wohnung, um die verbliebenen Akten zu holen. Doch sie waren verschwunden. Ohne eine Spur an der Wohnungstür zu hinterlassen, war jemand eingebrochen und hatte das Arbeitszimmer durchwühlt.

»Das ist ja das Allerletzte!«, schimpfte Anna.

Stoller deutete zum Schreibtisch. Die Klappe des Geheimfachs stand offen. »Die habe ich ganz sicher zugemacht.«

Anna vermutete, das Vertreterpaar von 21e stecke hinter dem Einbruch, und hatte bereits das Telefon in der Hand, um die Polizei zu verständigen. Stoller nahm es ihr weg und wies sie darauf hin, dass sowohl die Patientenakten als auch die 21e-Unterlagen noch da waren, es fehlte lediglich die Geheimdienst-Akte.

Anna sah ihn ängstlich an. »Du meinst …?«

Er nickte. »Weiß nicht, ob es Sinn macht, die Polizei zu rufen.«

Eine unheimliche Angst breitete sich wellenartig in Anna aus, ähnlich der Panik, die sie seit ihrer ersten Vereinigung mit Stoller nicht mehr gespürt hatte. Sie nahm ihm das Versprechen ab, sie die nächsten Tage bei sich aufzunehmen, und fuhr dann nach Wedding, um ein paar Sachen zu holen.

Auch in Annas Wohnung war jemand eingedrungen und hatte alles durchsucht. Als Anna es bemerkte, bekam sie Gänsehaut. Hastig stopfte sie Kleidungsstücke in eine Tasche, löschte das Licht und wollte die Wohnung schnellstmöglich verlassen.

Als sie die Tür öffnete, rannte sie beinahe in zwei Männer in grauen Anzügen. Der Ältere sah aus wie ein Wolf, der Jüngere hatte Segelohren. Erschrocken schrie Anna auf.

»Haben wir Sie erschreckt? Entschuldigung«, sagte der Wolf. Er stellte sich und seinen Begleiter als Forschungspartner ihres Bruders vor. Sie hätten ihm für eine gemeinsame Projektarbeit den Prototypen einer technischen Anwendung zur Verfügung gestellt, den sie dringend zurück benötigten. In seinem Institut seien sie erfolglos vorstellig geworden, dort habe sich das wichtige Forschungsgerät nicht befunden.

Anna versuchte, ein Zittern in der Stimme zu vermeiden, als sie die unglückliche und leider vollkommen ahnungslose Schwester mimte. Sie behauptete, vor einem Rätsel zu stehen, und versprach, in Daniels häuslichem Arbeitszimmer nach dem Gerät zu suchen.

Die Männer tauschten einen Blick. Der Mann mit den großen Ohren meinte, das sei unnötig und fragte, ob ihr Bruder weitere Räumlichkeiten außer den Laboren im Institut und bei sich zu Hause genutzt habe.

Anna zuckte bedauernd mit den Schultern. »Nicht, dass ich wüsste. Aber wie gesagt, ich weiß leider gar nichts über seine Forschungen. Mein Bruder sagte immer, es sei geheim. Ich wusste ja nicht mal, dass er Sie kennt und mit Ihnen zusammen arbeitet.«

97

Anna war in Stollers Armen eingeschlafen und erwachte am nächsten Vormittag vom Gezwitscher der Frühlingsboten. Die Sonne schien ihr ins Gesicht, Metatron schnurrte auf Stollers Kissen.

Anna hörte Mephisto krächzen. »Anna Stoller«, rief der Papagei. Aus der Küche erklang das Röcheln der Espressokanne, kurz darauf zog Kaffeeduft in ihre Nase. Tränen des Glücks stiegen ihr in die Augen. Schnell wischte sie sie weg, als Stoller Frühstück ans Bett brachte.

Nachdem sie sich gestärkt hatten, schmusten sie stundenlang und schliefen dreimal miteinander, bevor sie am frühen Nachmittag aufstanden. Anna bat Stoller, mit in die Sauna zu kommen. Sie wollte die alten Gefühle ausschwitzen, für die jetzt kein Platz mehr war.

Hand in Hand gingen sie zu einer Kiezsauna nahe des Frankfurters Tors. Stoller war schon jahrelang nicht saunieren gewesen und wählte eine milde Biosauna für seine erste Runde, die er nach zehn Minuten beendete. Erschöpft legte er sich nach dem Kältebad in Bademantel und Handtücher gehüllt auf eine Liege und schlief sofort ein. Als er eine Stunde später erwachte, ruhte Anna von ihrem zweiten Saunagang.

Für seine zweite Runde ging Stoller in eine finnische Sauna, aus der gerade ein Pärchen kam. Er hatte die Kabine für sich allein und begann gerade zu schwitzen, als sich die Tür öffnete. Ein Mann mit kurz geschorenen schwarzen Haaren trat ein.

»Stoller!«

Verblüfft starrte er den Mann an. »Peter? Petrus-Schlüssel-Peter?«

Peter lachte gehässig. »Petrus-Schlüssel-Peter, das ist gut. Ja, ich bin es leibhaftig.«

»Aber ...« Konsterniert schüttelte Stoller den Kopf. »Du siehst ganz anders aus.«

»Ja, ich liebe die Veränderung. Altes zerstören, damit Neues entstehen kann. Phönix entstieg der Asche auch in einer neuen Erscheinung.«

Fahrig wischte Stoller sich Schweißtropfen aus der Stirn. »Dann war das keine Verwechslung? Eisenfelds Chauffeur ... Doktor Richter aus dem neurologischen Institut ... Der Vizepräsident von 21e ... Das ist unmöglich!«

»Ich hätte erwartet, dass du mittlerweile auch das Unmögliche für möglich hältst. Du weißt doch, die Kraft, die alles schafft, steckt überall.« Peter lachte schallend.

Stollers Gedanken flogen durcheinander wie aufgescheuchte Hühner. »Wer bist du? Wer hat dich geschickt?«

»Ich bin der, der ich bin. Und ich bin immer bei dir, seit Anbeginn der Zeit.«

»Was redest du da? Du bist nicht Gott und auch kein Engel.«

»Ich sagte dir doch bereits, du täuschst dich in mir. Auch gefallene Engel sind Engel.«

Stoller sah ihn mit offenem Mund an. Er hatte das Gefühl, sich in einem surrealen Wachtraum zu befinden. »Du bist ... Luzifer?«, flüsterte er erschüttert.

Peter legte den Kopf in den Nacken und lachte bebend.

Trotz der Hitze fröstelte Stoller. »Ich dachte, der Teufel ist eine Konstruktion des Menschen.«

»Hältst du Gott für eine Konstruktion des Gehirns?«

»Gott ist Realität!«

»Realität!«, stieß Peter verächtlich hervor. »Was weißt du schon von Gott? Dieser Narziss ergötzt sich am Elend und Leid seiner Geschöpfe. Mit einem Fingerschnippen könnte er die Menschheit auf der Stelle wieder ins Paradies versetzen und unsterblich machen. Aber nein ... Er ist so kleinlich und egozentrisch! Er will nicht teilen und muss auf Teufel komm raus der einzige Gott sein. Weil es ihm nicht gepasst hat, dass ich ihm gleich sein und Leben erschaffen wollte, hat er mich einfach aus dem Himmel geworfen. Seinen Lichtträger und Lieblingsengel! Was, bitteschön, ist Anmaßung und Hochmut an dem Wunsch, eigene Welten zu schöpfen?«

»Es gibt nur einen Gott!«, trotzte Stoller.

»Weil er keine anderen neben sich duldet!«, fuhr Peter auf. »Jeder könnte Gott sein. Und du hast den Schlüssel dazu in der Hand. Du kannst die Menschen zu Gott machen. Du bist der Auserwählte. Wenn du den Petrus-Schlüssel herausgibst, wird sich Jesajas Prophezeiung erfüllen. ›Man wird nichts Böses tun noch verderblich handeln auf meinem ganzen heiligen Berg. Denn das Land wird voll von Erkenntnis des Herrn sein, wie von Wassern, die das Meer bedecken.‹ Du hast den Schlüssel zu dieser Erkenntnis!«

Stoller schüttelte verwirrt den Kopf. »Das kann nicht sein.«

»Es ist aber so«, insistierte Peter, »du hast eine Mission. Auch ich bin hier an meinem Teil und arbeite an unserm Heil. Glaubst du etwa, du bist der einzige Auserwählte? Jeder ist zu einer Aufgabe erwählt. Ich bin hier, um meinen Auftrag zu erfüllen.«

»Wie lautet dein Auftrag?«

»Dir zu helfen, deinen zu erfüllen«, antwortete Peter lauernd.

»Und wie soll das gehen?«

»Du musst dich mir nur anvertrauen, dann wirst du ewig Großes schauen! Wir werden den Petrus-Schlüssel zum Welterfolg führen. Alle Menschen können Gotteserfahrungen machen. Alle können Gott sein. Stell dir vor, die Menschen kehren sich ab von den jahrtausendealten Werten des Materialismus und der Gier. Sie werden sich den ewigen, wahren Werten hingeben, Barmherzigkeit und Nächstenliebe. Der Petrus-Schlüssel wird eine Revolution des Glaubens und des Geistes auslösen. Glaub mir! Ich hab doch recht!«

Stoller sah nachdenklich vor sich hin. Der Schweiß rann ihm am ganzen Körper herab und tropfte auf sein Handtuch.

»Begreifst du nicht«, fuhr Peter eindringlich fort, »mit dem Schlüssel wirst du zum Messias, zum Erlöser! *Du* wirst die Menschen mit Gott verbinden, wirst sie gottgleich machen. Du wirst sie zum Baum der Erkenntnis und von dort zum Baum des Lebens führen.«

Peter beobachtete aufmerksam Stollers Reaktion. Dann öffnete sich sein Gesicht, er breitete die Arme aus und schwärmte theatralisch: »Die Ankunft des Messias. Ein Bauingenieur rettet die Welt vor geistiger Versklavung. So werden die Schlagzeilen auf den Titelblättern lauten. Wie ein Lauffeuer wird sich die Erfindung um die Welt verbreiten. Mystische Erlebnisse, wann immer es einem gefällt. Der Petrus-Schlüssel befreit den Geist von Sklaverei und Manipulation durch die Bewusstseinsindustrien, durch Werbung, Medien und Politik. Du wirst die Welt verändern und gläubig machen, du wirst die Menschheit erleuchten und erlösen. Du wirst berühmter werden als Moses und Jesus und Mohammed zusammen!«

»Aber ...«

Peter fuhr unbeirrt fort. »Und du wirst reich werden, sagenhaft reich! Alle Reiche und Schätze dieser Welt werden dir gehören. Die Google-Gründer werden arme Würstchen sein im Vergleich mit dir. Du wirst die geistige Welt erobern und beherrschen, und die materielle Welt wird dir zu Füßen liegen. Alles, was du willst, wird dir gehören, Frauen und Sex, Ruhm und Reichtum, Ansehen und grenzenlose Macht. Du wirst der Herrscher dieser Erde sein, der König der Welt!«

»Ich weiß nicht«, setzte Stoller verunsichert an. Er konnte nicht mehr klar denken, sein Atem ging schwer, der Schweiß lief ihm in Strömen ins Gesicht, sein Kreislauf stand kurz vorm Zusammenbruch.

»Aber ich *weiß*!«, rief Peter voller Überzeugung. »Glaubst du, es ist ein Zufall, dass ausgerechnet *du* den Schlüssel gefunden hast? Du musst ihn jetzt nur noch einsetzen. Was bleibt dir anderes übrig? Wovon willst du leben? Meinst du ernsthaft, du könntest in irgendein Baubüro zurückkehren und wie früher statische Berechnungen durchführen? Du bist schon viel zu weit gegangen, niemand kann hinter die Wahrheit zurücktreten. Die Wahrheit schafft ein neues Bewusstsein und dadurch eine neue Welt. Du darfst sie nicht verbergen. Denk an deinen Auftrag!«

»Aber ich ...«, keuchte Stoller, »ich ...« Ihm wurde schwindelig.

Peter machte eine beschwichtigende Geste. »Du musst dich nicht sofort entscheiden. Ich komm wieder, du knie nieder!«

Als Stoller die Augen öffnete, sah er Annas besorgtes Gesicht. Sie kniete neben ihm vor der Saunatür und hielt seinen

Kopf mit beiden Händen. »Ein Glück«, sagte sie erleichtert. »Alles okay? Kannst du aufstehen?« Sie half ihm auf die Beine und musterte ihn besorgt. »Geht's wieder?«

Er nickte abwesend und ließ sich von ihr langsam zur Liege führen. »Was ist passiert?«, fragte er unsicher.

»Ich hab mich gewundert, wo du bleibst. Du lagst in der Sauna am Boden. Warum bist du nicht rechtzeitig raus gegangen? Hast du nicht gemerkt, dass dein Kreislauf kollabiert?«

»Hast du den dunkelhaarigen Typen gesehen, der nach mir in die Sauna ist?«

Anna runzelte die Stirn. »Nein, du warst allein.«

»Sicher? Hab ich mir das eingebildet?«

»Was denn?«

»Ich hatte einen fürchterlichen Traum. Ich hab vom Teufel geträumt.«

Anna stupste ihn mit dem Zeigefinger liebevoll an die Nase. »Hattest wohl eine Nahtoderfahrung, hm? Manche sehen ja nicht Gott, sondern den Teufel.«

98

Die nächsten sechs Wochen kamen Stoller vor wie ein einziger langer Marsch durch die Wüste. Er hatte keinen Job und kein Geld, dafür eine Wohnungsräumungsklage im Briefkasten, sein Telefon war mittlerweile abgestellt, und die Energieversorger drohten mit der Einstellung ihrer Leistungen. Höchste Zeit für die Nachzahlung der Arbeitsagentur, dachte er.

Mit Anna verbrachte er lediglich die Nächte zusammen. Sie kümmerte sich um ihren Bruder, besorgte ihm einen Platz in einer Rehaklinik und besuchte ihn dort fast täglich, obwohl er nach wie vor eisern schwieg. Abends saß sie im Hotel am Klavier.

Stoller kümmerte sich um Metatron und Mephisto, kaufte von Annas Geld ein und kochte für sie jeden Tag Gerichte aus einem Kochbuch, das er zu seinem fünfunddreißigsten Geburtstag von Viola geschenkt bekommen und nie benutzt hatte.

Mehrmals in der Woche klärte er seine Gedanken bei einem Spaziergang über den Friedhof – und war froh, dass kein Piepsen eines Metalldetektors ihn dabei störte.

Immer häufiger setzte er sich ans Klavier, das sie mit Hilfe von Hannes und Michel in seine Wohnung geschafft hatten. Mit Unterstützung seiner Liebsten, die ihm ein ausbaufähiges Talent bescheinigte, tauchte er täglich ein Stück tiefer ins Meer der Musik. Mit jedem Tauchgang gefiel ihm die neu entdeckte Welt besser.

Jetzt saß er auf dem Sofa, lutschte ein Stück Halbbitterschokolade und streichelte Metatron, der sich in seinem

Schoß fläzte und zufrieden schnurrte. Was ist nur aus mir geworden, dachte Stoller, über sich selbst verwundert. Ich sitze hier um elf Uhr morgens als Hausmann, streichele eine Katze und rede mit einem Papagei.

Er erinnerte sich an die Verlockungen seines teuflischen Traumes in der Sauna vor vierzig Tagen. Hatte Gott in diesem Traum zu ihm gesprochen? War es vielleicht doch wahr: Dass er zur Entdeckung des Petrus-Schlüssels geführt worden war, um seinen messianischen Auftrag zu erfüllen? Hielt er nicht tatsächlich die Schlüsselgewalt zum Himmel in seinen Händen, mit der er die Menschheit aus Unwissenheit und Ohnmacht befreien konnte? Er konnte den Schleier der Maya, der Illusion und des Unwissens lüften, den Menschen die Augen öffnen und die Wahrheit zeigen, eine Brücke zu Gott bauen. Er hatte die Macht und konnte die wundersame Formel, über die er frei verfügte, zum Einsatz bringen. Und dabei selbst sagenhaft reich werden.

Aber würde er damit wirklich die Welt retten und die Menschheit erlösen? Oder steckte im Gottes-Algorithmus die Saat des Bösen?

Während Stoller mit sich rang und ein Entschluss in ihm keimte, klingelte es an der Tür. Er nahm den protestierenden Metatron aus seinem Schoß, ignorierte Mephistos aufgeregte »Mephisto!«-Rufe und ging in den Flur. Dort stieß er mit Peter Faust zusammen, der plötzlich aus dem Nichts aufgetaucht war.

Stoller schloss panisch die Augen. Er war tatsächlich verrückt geworden!

»Hab ich dich erschreckt?«, fragte Peter und lachte dreckig.

Stoller öffnete die Augen und fasste ihn wortlos an, um sich seiner Realität zu vergewissern.

»Ja, überprüf es nur. Thomas glaubte auch erst an Jesu leibhaftige Auferstehung, als er seine Hand in die Wundmale legte. Glaub mir, es war kein Traum, was du in der Sauna erlebt hast. Ich habe dir doch gesagt, ich komme wieder. Und? Hast du dich entschieden?«

»Ja, ich habe mich entschieden«, antwortete Stoller mit einer Entschlossenheit, die ihn selbst überraschte. »Ich habe die Wahrheit erkannt. Ich bin tatsächlich auserwählt, die Welt vor dem Untergang zu retten.«

Das Gesicht des Predigers hellte sich auf. »Das klingt gut. Sehr gut sogar.«

»Der Gottes-Algorithmus würde die Menschen in den Wahnsinn treiben und die Welt ins Chaos stürzen, Himmel und Erde würden untergehen.«

Peters Augen verengten sich. »Was redest du?«

»Niemand darf unvorbereitet und ohne eigene Anstrengung, ohne Überwindung, nur durch eine simple Technologie mit der Wahrheit in Berührung kommen. Wer Gott sucht, muss einen weiten und beschwerlichen Weg gehen und sich durch enge, unscheinbare Pforten zwängen. Wer ihn finden will, muss den Willen zum Weg haben. Im Brief an die Epheser schreibt Paulus: ›Wir wollen uns, von der Liebe geleitet, an die Wahrheit halten und in allem wachsen, bis wir Ihn erreicht haben.‹ Nicht eine blinde Technologie, sondern das Erkennen und Erfüllen der persönlichen Aufgabe führt zum Ziel. Es geht um Selbst- und Gotteserkenntnis.«

»Ja«, pflichtete Peter nachdrücklich bei, »mit Hilfe des Petrus-Schlüssels!«

»Nein! Wenn die Aufgabe des Menschen in dieser Erkenntnis liegt, so darf er keine Abkürzung nehmen, weil das Leben dann keinen Sinn mehr hat. Die Menschen würden nicht mehr arbeiten, sich abmühen und plagen, sich durch Schmerz und Leid wühlen, durch den Nebel ihres undurchsichtigen Daseins quälen. Es gäbe kein suchendes und tastendes Voranschreiten durch den dunklen Tunnel zum Licht. Und es gäbe keine Trennung mehr, keine Unterscheidung von Leben und Tod, Himmel und Erde, richtig und falsch, gut und böse. Der Einsatz der Frequenz würde den geistigen Untergang der Menschheit bewirken. Der Untergang der Welt wäre eine schöne Rache für dich, keine Frage.«

»Willst du wirklich darauf hinaus?«, schrie Peter unwirsch. »Okay, pass auf«, sagte er mit unterdrücktem Zorn, »wenn du willst, fangen wir noch mal bei null an. Ich mische die Karten neu. Wie wäre das, wenn wir von vorn beginnen? Du musst dich nur mit mir verbünden. Einverstanden?«

»Nein! Ich mache da nicht mit! Es steht geschrieben: ›Du sollst deinen Gott nicht versuchen.‹ Mit Elektrotechnik und Gehirnwäsche den Himmel zu öffnen ist Hochmut! Nur Gott entscheidet, wer hinter den Vorhang schauen darf, wem er seine Reiche vor der Zeit zeigt. Es ist seine Gnadengabe, ein göttliches Geschenk. Erleuchtung und Gottes Gnade erlangt man nur durch Überwindung und Liebe. Nicht die Technik öffnet den wahren Himmel, sondern nur die Offenheit eines kindlichen Gemütes und der Liebe, durch die alle Anhaftung überwunden wird. Allein die Liebe führt zum Licht, weil Liebe Licht ist.«

»Unsinn! Die Menschen würden Gott erkennen. Was soll daran schlecht sein?«

»Die Menschen würden verrückt werden, wenn sie auf Knopfdruck Erleuchtung erlangen würden. Sie müssen geschützt werden vor einer Wahrheit, die sie nicht verkraften können.«

»Warte, so warte doch!«, rief Peter verzweifelt. »Wir sind noch nicht am Ende, ich hoffe auf die Wende!«

»Die Hoffnung stirbt zuletzt, aber sie stirbt, denn du kannst meine Entscheidung nicht mehr drehen! Man kann die Verbindung mit dem Göttlichen zwar künstlich befördern und anregen, aber ohne Liebe, ohne ein offenes und überraschungsfähiges Herz bringt das nichts. Wie war das mit dem Hohelied der Liebe: ›Und wenn ich alle Erkenntnis weiß, aber keine Liebe habe, so bin ich nichts.‹ Und Pascal schrieb: ›Ein Tropfen Liebe ist mehr als ein Ozean Verstand.‹ Ohne Liebe ist alles nichts!«

»Hör auf mit der Liebe!«, brüllte Peter Faust zornesrot. »Niemand braucht Liebe, aber alle brauchen Erkenntnis!«

»Aber nicht Erkenntnis auf Knopfdruck! Man kann die Welt nicht zu ihrem Glück zwingen. Die Menschen würden in religiösen Wahn verfallen, unter Psychosen leiden. Ihr Gehirn könnte die plötzliche Erkenntnis Gottes niemals verarbeiten. So ein Himmelsschlüssel ist kein Spielzeug und er ist kein ...«

»Halt ein«, fiel der Vielgestaltige ihm ins Wort, »gib deiner Rede Rast! Was du nicht alles zu erzählen hast! So klein du bist, so groß bist du Phantast.«

»Was faselst du da?«

»Sei schlau und vertrau! Du hast den Schlüssel zur Befreiung und Beglückung der Menschheit, den darfst du nicht verbergen, nicht verstecken, nicht verheimlichen!«

»Schon klar, dass du dich sträubst. Weil du nichts erzeugen, nichts schaffen, nichts schöpfen kannst, willst du alles zerstören. Du kann nichts beherrschen und kontrollieren, also willst du totales Chaos stiften, alles verkehren, Himmel und Erde vertauschen, oben und unten. Der Polsprung, die Umpolung von Gottes Schöpfung ist dein Plan. Statt Leben Tod, statt Schöpfung Vernichtung.«

»Nun warte doch!«

»Und für dein großes Zerstörungswerk hast du mich ausersehen. *Du* hast mich zur Entdeckung des Himmels und des Petrus-Schlüssels geführt, um mich zu versuchen. Du hast den Gottes-Code schon lange, nur kannst du ihn nicht nutzen. *Ich* soll dein Werkzeug sein. Doch da hast du Pech gehabt. Denn da ist Gott vor. Gott hat mich erwählt, ja. Er hat mich dazu auserwählt, dich zu stoppen. Ich bin der Auserwählte, der dem Teufel widerstehen und den Schlüssel zerstören muss! Ich werde meinen Auftrag erfüllen. Ja, ich werde die Welt retten und die Menschheit von dieser Gefahr erlösen, indem ich den Petrus-Schlüssel oder Gottes-Code oder Algorithmus oder Frequenz oder wie sonst der Himmelsschlüssel heißt, *vernichte*!«

»Halt ein, Mensch, halt ein! Du weißt, das darf nicht sein! Sei klug und sei vernünftig, mal' aus, was wird zukünftig. Du wirst der reichste Mensch der Erde sein, mit Gold und Gütern, Weib und Wein. *Alles* wird dir allein gehören, du allein wirst *alle* betören. Glaub mir, es ist echt! Vertrau, ich hab doch recht!«

»Nein, du hast verloren! Es ist Schluss, Aus, Ende! Es ist vorbei! Weg mit dir, Satan!«

Das Gesicht des Bösen wurde zu Stein, alles Leben wich aus Peter Faust. Schwarze Flammen züngelten aus seinen geschrumpften Augen. Stoller holte tief Luft. Während er ausatmete, verschwand der Versucher und löste sich in Nichts auf.

Stoller schluckte unbehaglich und tastete in der Luft, wo Peter Faust gestanden hatte. Metatron drängte sich miauend an seine Füße. Mephisto krächzte Stollers Namen.

Panische Angst vor dem Wahnsinn ergriff ihn. Er stand kurz vor einem Tränenausbruch. Das Klingeln seines Handys riss ihn aus diesem Moment größter Verunsicherung.

Anna sagte aufgeregt, es gebe Neuigkeiten, sie müsse ihn sofort sehen und ihm etwas Wichtiges erzählen.

»Geht es um Daniel?«

Nein, darum ging es nicht.

99

Die Glocken der Friedhofskapelle schlugen zwölf Mal an diesem sonnigen Freitag im Mai, an dem das Thermometer zum ersten Mal über zwanzig Grad kletterte. Der Hochfrühling feierte Premiere, begleitet von fröhlichem Vogelgesang.

Anna stürmte mit einer Champagnerflasche in die Wohnung, streifte hastig Jacke und Schuhe ab, ergriff ohne ein Wort Stollers Hand und zog ihn ins Schlafzimmer.

»Anna …«

»Sag nichts.« Sie fasste seine Schultern und drückte ihn aufs Bett. »Warte, ich komm gleich.« Sie rannte in die Küche, kam mit zwei Sektkelchen zurück und hüpfte aufs Bett. Im Schneidersitz setzte sie sich ihm gegenüber und entkorkte mit burschikosen Bewegungen den Champagner. Ihre Wangen leuchteten rot vor Aufregung, die Augen strahlten fiebrig.

»Was ist los?«

»Ich muss dir was sagen, Max.«

Sein Blick wanderte aus dem Fenster zu den Trauerweiden, deren Äste unter dem leuchtend blauen Himmel sanft im Wind wogen. Er musste an den Tag denken, an dem er sterben wollte. An seinem vierzigsten Geburtstag, in der Mitte seines Lebens, war er neu geboren worden in ein besseres Leben. War das nicht ein guter Grund zum Feiern? Wie anders hatte die Welt vor drei Monaten ausgesehen. Als er hatte sterben wollen, führte er ein Leben in Einsamkeit und ohne Liebe. Nun war alles anders.

Ein Trompeter spielte wieder einmal *My Way* für einen Toten, während Anna den Korken aus der Flasche zog. Sie reichte ihm ein Glas und füllte es. Dann schenkte sie sich selber ein, stellte die Flasche auf den Holzstuhl, hielt ihm ihr Glas entgegen und sah ihm dabei in die Augen.

»Na sag schon«, drängte er amüsiert, »wie lautet die frohe Botschaft?«

Sie holte tief Luft und sprach es aus: »Ich bin schwanger.«

Mit offenem Mund starrte er sie an. Stoller konnte es kaum glauben – er hatte seinen Schatz gefunden.

DANKSAGUNGEN

Dieser Roman hat mich länger begleitet und beschäftigt als erwartet. Mein allerherzlichster Dank allen Helferinnen und Unterstützerinnen, Mutmachern und Ratgebern auf diesem steinigen Weg! Amorita Simonita für Inspiration und die erste Kladde. Meinen Freunden und Kollegen Thomas Franke und Roland Oßwald für kritische Diskussionen, zahlreiche Anregungen und wertvolle Tipps. Ein herzliches Dankeschön an Bauingenieur Wolfgang Häcker für fachlichen Rat zum Statikwesen und die Stoller-Vorlage, und an meinen Weggefährten aus Schul- und Zivildienstzeiten Prof. Dr. Markus Böggemann für die Musikberatung und Teilhabe an seinem enzyklopädischen Wissen. Georg Oßwald gilt mein besonderer Dank für die Erlaubnis zur detailgetreuen Wiedergabe seines Nahtoderlebnisses am Beach of Death. Lieben Dank an meine Erstleserinnen Irma und Annette für nützliche Impulse, an die Testleserinnen Naoise, Lena und Martina für ihr lehrreiches Feedback, und die Teilleserinnen Marie, Maria, Viola, John, Elana, Raphaela, Tom, Gabriele, Simone und Felix für ihre hilfreiche Meinung. Besten Dank an meine Lektorinnen Christiane Geldmacher und Simone Philipp für ihre Korrekturen und Hinweise, an Emir Orucevic für das geniale Coverdesign, und Ingeborg Helzle für Satz und Herstellung. Bei den Literaturagentinnen Rose Bienia und Carla Armado bedanke ich mich für ihren Glauben an die Geschichte, ohne den ich ihn vielleicht selbst verloren hätte. Vielen Dank allen anderen Beteiligten, die ich hier vergessen habe.

Mein größter Dank gilt allen Leserinnen und Lesern – DIR! Ich hoffe, die Lektüre hat dich unterhalten und inspiriert. Falls dir das Buch gefallen hat, würde ich mich über eine Rezension auf Amazon sehr freuen. Herzlichen Dank!

Kontakt: **me@21e.de**